甘肅中醫藥大學

GANSU UNIVERSITY OF CHINESE MEDICINE

1978

甘肅中醫藥大學圖書館藏珍貴古籍圖録

李金田　主編

國家圖書館出版社

圖書在版編目（CIP）數據

甘肅中醫藥大學圖書館藏珍貴古籍圖録／李金田主編.—北京：國家圖書館出版社，2016.4

ISBN 978-7-5013-5806-9

Ⅰ.①甘…　Ⅱ.①李…　Ⅲ.①中國醫藥學—古籍—圖書目録　Ⅳ.①Z838

中國版本圖書館CIP數據核字（2016）第061098號

書　　名　甘肅中醫藥大學圖書館藏珍貴古籍圖録
編　　者　李金田　主編
責任編輯　王雷　許海燕
裝幀設計　九雅工作室

出　　版　國家圖書館出版社（100034　北京市西城區文津街7號）
　　　　　（原書目文獻出版社　北京圖書館出版社）
發　　行　（010）66114536　66126153　66151313　66175620
　　　　　66121706（傳真），66126156（門市部）
E-mail　nlcpress@nlc.cn（郵購）
Website　www.nlcpress.com→投稿中心
經　　銷　新華書店
印　　裝　北京信彩瑞禾印刷廠
版　　次　2016年4月第1版　2016年4月第1次印刷

開　　本　889×1194（毫米）　1/16
印　　張　18.5

書　　號　ISBN 978-7-5013-5806-9
定　　價　280.00圓

編纂委員會

甘肅省財政廳、甘肅省教育廳2014年省級財政支持高等學校重大專項

甘肅中醫藥大學“圖書館館藏古籍數字化服務建設項目”

成　果

序

印刷術、火藥、指南針，爲我國之三大發明。英人弗蘭西斯·培根在《新工具》一書中說："這三種發明將全世界事物的面貌和狀態都改變了，又從而產生無數的變化。印刷術在文學，火藥在戰爭，指南針在航海中都發揮了巨大作用。歷史上没有任何帝國、宗教或顯赫人物，能比這三大發明對人類事物有更大的影響力。我們現在很清楚地知道發明是來自中國的。"如果再加上造紙術，則成爲我國的四大發明。

唐貞觀間，我國又發明了雕版印刷，代替了竹木簡牘。此後，宋元以降，官刻有廣文館進士韋宿、大理評事張致用等，私刻尤多。迨至明代官私刻家，如監本、内府本、藩府本，以及家刻本等，不可勝數。值得一提的是自明萬曆迄清順治初年，歷時40餘載，成書600餘種之汲古閣主人常熟毛晉。毛氏藏書震海内，雕槧布寰宇，經史百家咸備，其有功於學術，誠非淺尠，有明十三朝，無出其右者。再如明天啓、崇禎間吴興人閔氏及凌氏，爲刻印套版之最著者。如閔齊伋之老、莊、列三子及《楚辭》與唐代韓、柳諸集，皆爲精刻朱墨套印本。凌濛初、凌汝亨氏所刻，則稍遜於閔刻。

圖録之著，屬於版本目録之學。自清光緒初年，南皮張之洞《書目答問》問世，而後莫友芝之《郘亭知見傳本書目》《宋元舊本書經眼録》，以及民國紀元後潘明訓（宗周）之《寶禮堂宋本書録》，潘承弼、顧廷龍之《明代版本圖録初編》先後刊行，對於版本目録之學，厥功甚偉，而對於學子之見聞亦廣矣。

目前，從事古籍保護工作的隊伍，日益龐大，隨之而來的問題，就是青年人很難看到宋元實物，衹能藉助於圖録一睹宋元版本。雖然這衹能從中看到版式及字體，對於紙墨則不易知曉；然而“慰情聊勝於無”，能看到圖録已經很不容易了。

自2007年以來，國家圖書館出版社陸續出版了四批《國家珍貴古籍名録圖録》，彙集了全國的珍善本圖籍，洋洋大觀，美不勝收，嘉惠後學，豈淺鮮哉。

我校自1978年建校以來，即注重圖書資料之搜集。圖書館建館之初，即有古籍室之設。30餘年以來，由古籍室到古籍部，藏書達1997部，其中善本160餘部，如元至治三年（1323）阮桂榮序刻本之《聞人氏痘疹論》，可稱鎮館之寶。他如成化刻《奇效良方》，雖有抄配，求諸今日，亦爲不可多得之本。再如《家藏蒙筌》一書，雖爲道光刻本，但據目前所知，國内僅存二部，其一藏中國醫學科學院，但稍有殘缺，我館所藏，雖亦有殘損，但僅爲序及部分目録，與正文無涉，無傷大雅，堪比孤本。文史古籍方面，館藏亦不乏佳刻。

圖録對於從事古籍保護整理的工作者來説，是很有幫助的，如20世紀《中國古籍善本書目》的編纂，就爲全國圖書館界培養了一批古籍整理人才。對見不到宋元實物的青年人來説，也可從中一飽眼福。總之，《圖録》的問世，是古籍保護整理中的一件大事，今當我校圖書館藏《圖録》編成之際，喜而書之如上。

歲在柔兆涒灘之病月

增莽張紹重書於古金城之洴澼絖齋

前言

中醫藥文化是中華民族的優秀文化瑰寶，也是華夏子孫爲之奮鬥數千年的寶貴財富。習近平總書記指出："中醫藥學凝聚着深邃的哲學智慧和中華民族幾千年的健康養生理念及其實踐經驗，是中國古代科學的瑰寶，也是打開中華文明寶庫的鑰匙。"中醫藥古籍則是這一偉大寶庫之所以傳承千年最爲重要的知識載體，也是中醫藥爲中華民族繁衍發展發揮重要作用的歷史見證與文獻寶庫。

甘肅中醫藥大學圖書館雖然典藏古籍數量有限，但爲了保護好這些寶貴財富，圖書館工作者們付出了艱辛的努力。自建校以來，學校就始終秉承中醫藥古籍保護與利用并重的指導思想，歷經幾代人近40年的辛勤挖掘、徵集、修復保護與積澱，現館藏古籍共18000册；其中，中醫古籍6000餘册，文史古籍12400餘册；館藏綫裝醫學古籍1420種中，最早刻本爲元代至治三年（1323）的《聞人氏痘疹論》，及朝鮮内府刻《東醫寶鑑》和日本刻《聿修堂叢書》單行本等；館藏綫裝善本古籍中，《聞人氏痘疹論》、明正德十四年（1519）刻本《爾雅翼》、明萬曆年間積慶堂刻本《新鍥雲林神彀》及明代刻本《訂補明醫指掌》四部古籍均已入選第二批《甘肅省珍貴古籍名録》；此外，明天啓四年（1624）天德堂刻版《類經》，也是一部難得的研究《黄帝内經》的古籍善本。同時，館藏南北朝寫本《金剛般若波羅蜜經》、唐寫本《大般若波羅蜜多經卷第一百七十五》、9—10世紀藏文寫本《大乘無量壽宗要經》等敦煌卷子，具有極高的歷史研究價值，并已分别入選第二批《國家珍貴古籍名録》和第一批《甘肅省珍貴古籍名録》。

多年來，我校積極開展館藏古籍的挖掘、開發與研究工作，并取得了許多成就。1988年夏，我校承辦了由中國中醫研究院主辦的"全國中醫院校古典醫籍整理工作會議"。2014年，我校"圖書館館藏古籍數字化服務建設項目"，獲得甘肅省財政廳、教育廳省屬高校重大專項支持；通過該項目的建設，將實現我校圖書館館藏古籍標準化、智能化管理與數字化閲讀，從而構建數字化、智能化、集成化、知識化的"一站式"古籍信息資源共享服務，必將有效增强館藏古籍的科學研究、傳承發展與社會服務水平，爲我校積極參與甘肅中醫藥文化示範省與華夏文明傳承創新區建設，主動融入"一帶一路"國家發展戰略，促進甘肅中醫藥走向世界創造了條件。

在"圖書館館藏古籍數字化服務建設項目"的大力支持下，《甘肅中醫藥大學圖書館藏珍貴古籍圖録》（以下簡稱《圖録》）編寫組積極開展了古籍文獻的整理，小心翼翼、有條不紊，在數字化處理方面細緻入微、一絲不苟。幾經商榷，最終定稿，付梓以印。本《圖録》共收入敦煌石室寫經5部，中醫藥學古籍108部，文史類古籍50部；本《圖録》不僅全面展示了我校古籍保護成果，彰顯了我校館藏古籍精華，也是社會各界人士更好地認識我校館藏古籍的渠道，更是彰顯我省厚重的中醫藥歷史文化的一部典藏著作，而且有力地促進了古籍普查等古籍保護其他各項工作的順利開展。

在此，希望本書的出版能够進一步彰顯其實用價值，爲我校、我省乃至我國的中醫藥事業發展做出應有的貢獻。

2015年12月8日

凡例

依據國務院辦公廳《關於進一步加强古籍保護工作的意見》（國辦發〔2007〕6號）及《文化部關於進一步加强古籍保護工作的通知》（文社文發〔2011〕12號）文件精神，結合甘肅省古籍保護工作聯席會議的相關指示，現出版《甘肅中醫藥大學圖書館藏珍貴古籍圖録》，目的在於進一步加强我校珍貴古籍的整理、出版、研究和利用，提高全社會對古籍保護工作的認識，更好地傳承中華民族優秀傳統文化。

爲使《甘肅中醫藥大學圖書館藏珍貴古籍圖録》能够準確、簡明地反映我校館藏特點，特製定此《圖録》凡例。

一、收録原則：收入甘肅中醫藥大學圖書館藏清乾隆六十年（1795）之前的古籍善本，另館藏重要的醫學稿本、鈔本、校本酌收，共計163種。

二、編排原則：本書分爲敦煌石室寫經、中醫藥學古籍（包括元刻本、明刻本、清刻本、域外刻本）及文史類古籍三大類。各類以下，均以時間順序編排。

三、題名原則：題名著録本書書名、卷數、著者、版本。

四、選圖原則：每種古籍選圖一至三幀不等，以正文卷端爲主，酌加牌記、題跋或其他能反映版本特徵的書影。

五、著録原則：主要進行客觀著録，著録順序爲順序號、書名、著者、版本、存卷、版框尺寸、行款、邊欄、書口、刻工、鈐印等。入選《國家珍貴古籍名録》《甘肅省珍貴古籍名録》者，標注名録號。

六、本書書影均采用原件拍攝。

目録

敦煌石室寫經

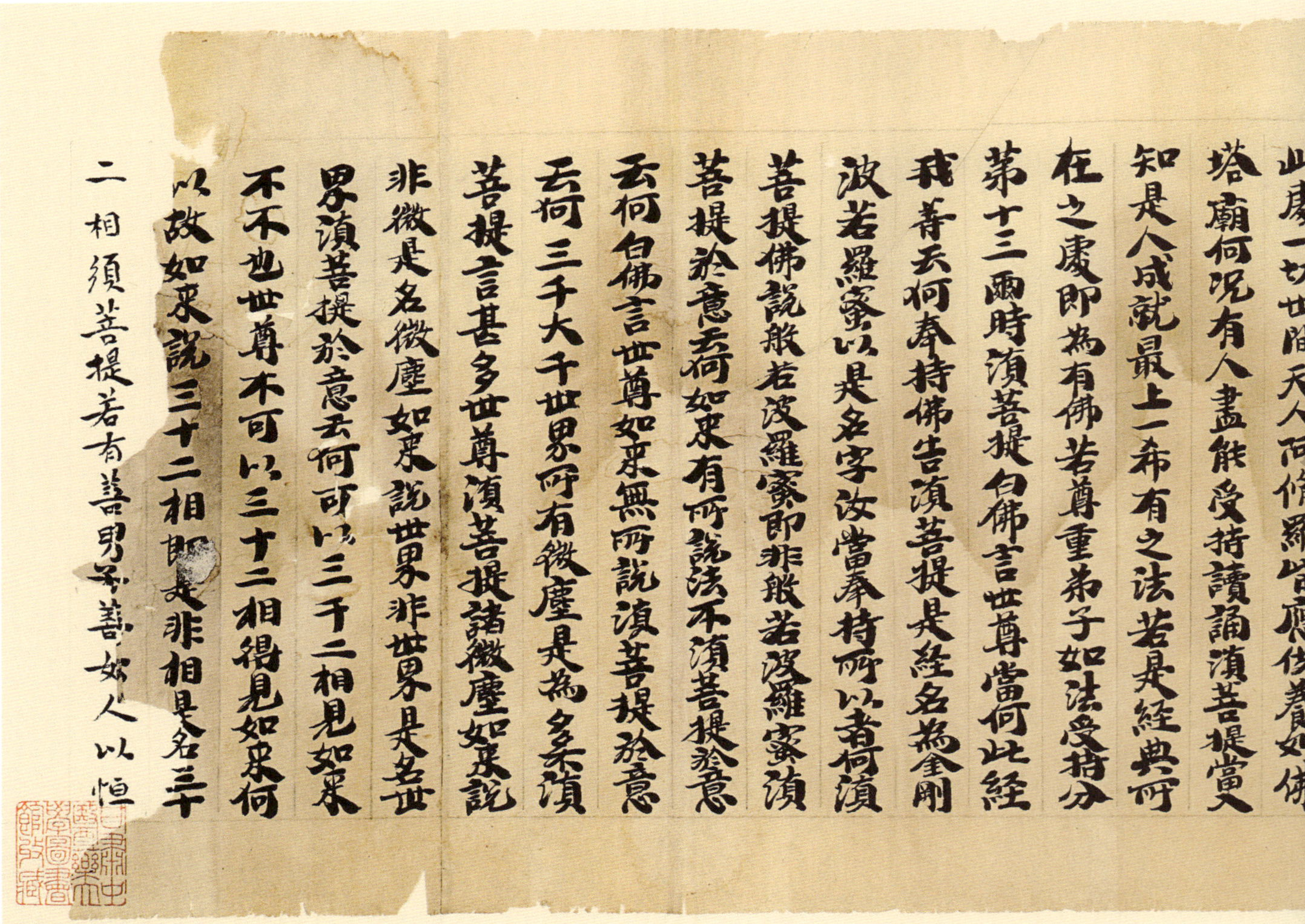

0001　金剛般若波羅蜜經　（後秦）三藏法師鳩摩羅什譯　南北朝寫本　國家珍貴古籍名録編號：02415　甘肅省珍貴古籍名録編號：0029

卷軸裝，卷長189厘米，高24厘米。天頭：2.8厘米，地腳：2.6厘米，烏絲欄寬2厘米。存兩紙，前一紙三十七行，後一紙六十行，總九十七行，行十七字。首尾俱殘，首起“菩提若菩薩有我相”，尾訖“三十二相”。

莊嚴淨土分第十
佛告須菩提於意云何如來昔在然燈佛於
法實無所得須菩提於意云何菩薩莊嚴
佛土不不也世尊何以故莊嚴佛土者即非莊
嚴是故須菩提諸菩薩摩訶薩應如是生
清淨心不應住色生心不應住聲香味觸法
生心應無所住而其心須菩提譬如有人身
如須彌山王於意云何是身為大不須菩
提言甚大世尊何以故佛說非身是名大
身無為法勝分第十一須菩提如恒河
中所有沙數如是沙等恒河於意云何是諸恒河
沙寧為多不須菩提言甚多世尊但諸恒河尚
多無數何況其沙須菩提我今實言告汝々
若有善男子善女人以七寶滿爾所恒河沙
數三千大千世界以用布施得福多不須菩
提言甚多世尊佛告須菩提若善男子善
女人於此經中乃至受持四句偈等為他人
說而此福德勝前福德尊重聖教分第十二

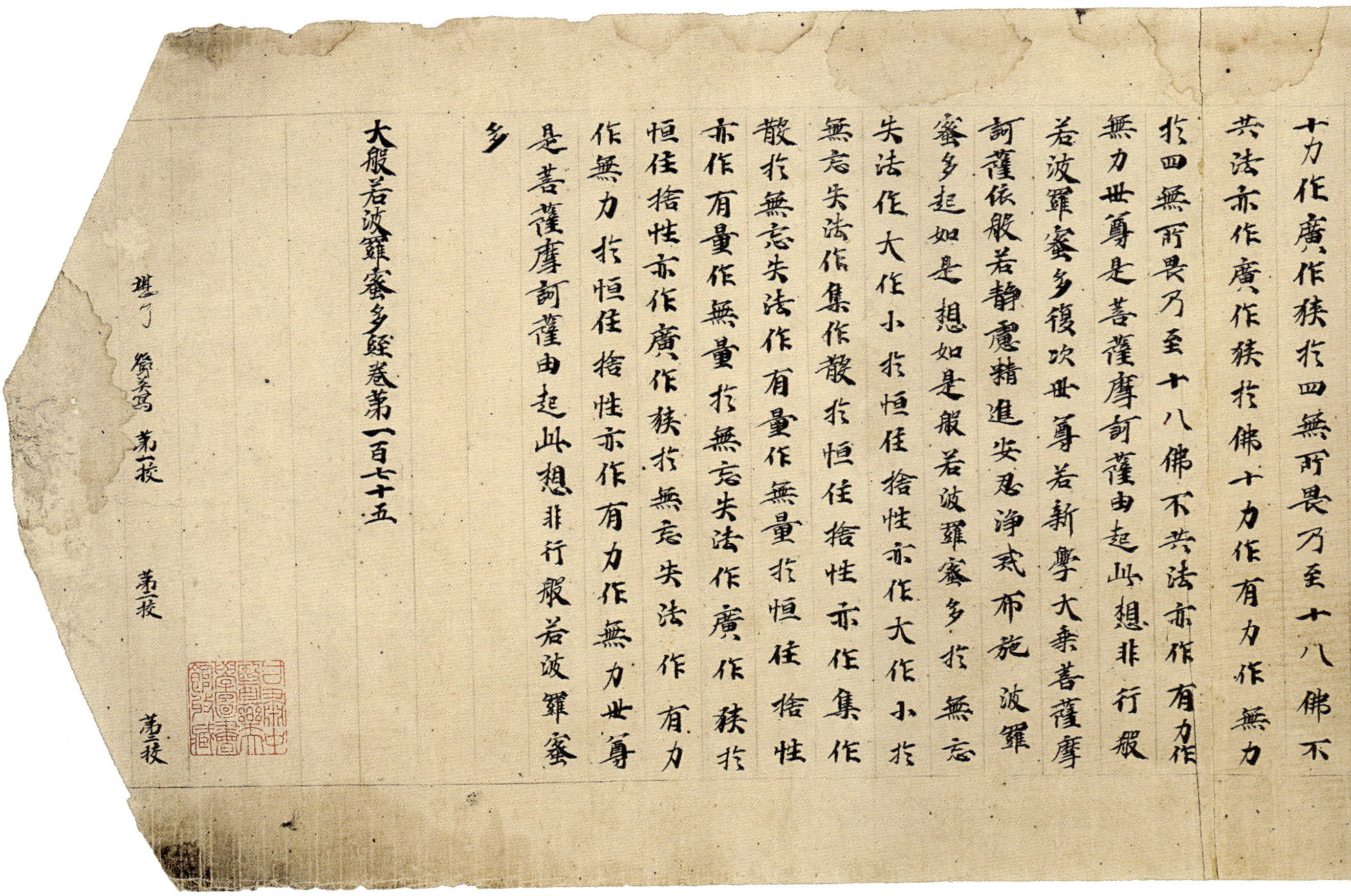
十力作廣作狹於四無所畏乃至十八佛不
共法亦作廣作狹於佛十力作有力作無力
於四無所畏乃至十八佛不共法亦作有力作
無力世尊是菩薩摩訶薩由起此想非行般
若波羅蜜多復次世尊若新學大乘菩薩摩
訶薩依般若靜慮精進安忍淨戒布施波羅
蜜多起如是想如是般若波羅蜜多於無忘
失法作大作小於恒住捨性亦作大作小於
無忘失法作集作散於恒住捨性亦作集作
散於無忘失法作有量作無量於恒住捨性
亦作有量作無量於無忘失法作廣作狹於
恒住捨性亦作廣作狹於無忘失法作有力
作無力於恒住捨性亦作有力作無力世尊
是菩薩摩訶薩由起此想非行般若波羅蜜
多

大般若波羅蜜多經卷第一百七十五

勘了 鄧英寫 第一校

第二校

第三校

0002　大般若波羅蜜多經卷第一百七十五　（唐）三藏法師玄奘譯　唐寫本　國家珍貴古籍名録編號：02407　甘肅省珍貴古籍名録編號：0051

卷長412.3厘米，高25.8厘米，天頭3.1厘米，地脚2.9厘米，烏絲欄寬1.69厘米。白麻紙，存九紙，單紙長47.8厘米，書二十八行，行十七字，總二百三十八行。首殘尾全，首起“訶薩由起”，尾題“大般若波羅蜜多經卷第一百七十五”，卷背有“第一百七十五”六字。卷尾題記：“勘了/鄧英寫/第一校/第二校/第三校。”在敦煌寫經中，鄧英所寫的《大般若波羅蜜多經》，目前已知有五件，此爲其中一件。

波羅蜜多起如是想如是般若波羅蜜多於
空解脫門作大作小於無相無願解脫門亦
作大作小於空解脫門作集作散於無相無
願解脫門亦作集作散於空解脫門作有量
作無量於無相無願解脫門亦作有量作無
量於空解脫門作廣作狹於無相無願解脫
門亦作廣作狹於空解脫門作有力作無力
於無相無願解脫門亦作有力作無力世尊
是菩薩摩訶薩由起此想非行般若波羅蜜
多復次世尊若新學大乘菩薩摩訶薩依般
若靜慮精進安忍淨戒布施波羅蜜多起如
是相如是般若波羅蜜多於五眼作大作小
於六神通亦作大作小於五眼作集作散於
六神通亦作集作散於五眼作有量作無量
於六神通亦作有量作無量於五眼作廣作
狹於六神通亦作廣作狹於五眼作有力作
無力於六神通亦作有力作無力世尊是菩
薩摩訶薩由起此相非行般若波羅蜜多復
次世尊若新學大乘菩薩摩訶薩依般若靜
慮精進安忍淨戒布施波羅蜜多起如是想
如是般若波羅蜜多於佛十力作大作小於
四無所畏四無礙解大慈大悲大喜大捨十
八佛不共法亦作大作小於佛十力作集作
散於四無所畏乃至十八佛不共法亦作集

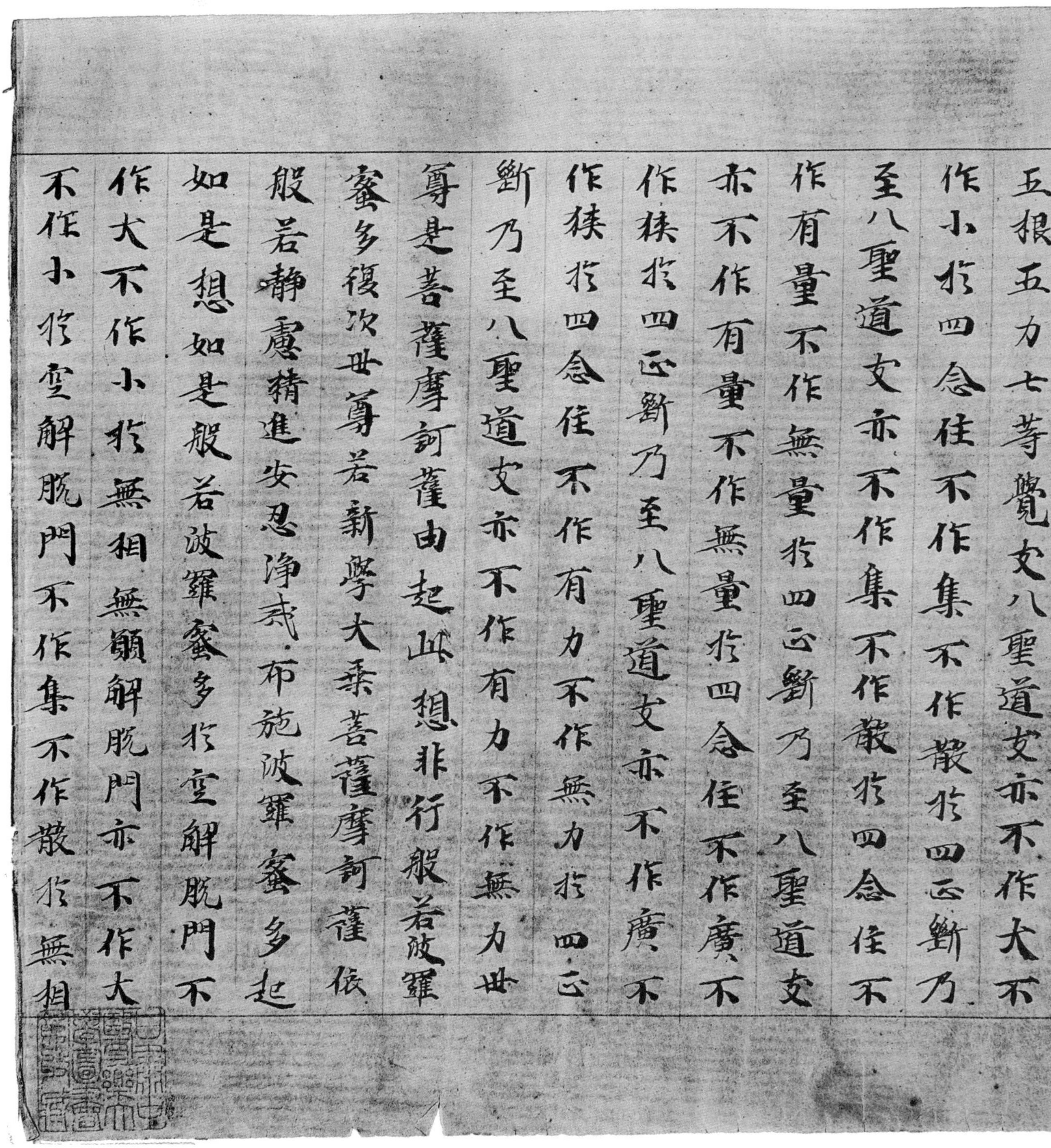
五根五力七等覺支八聖道支亦不作大不
作小於四念住不作集不作散於四正斷乃
至八聖道支亦不作集不作散於四念住不
作有量不作無量於四正斷乃至八聖道支
亦不作有量不作無量於四念住不作廣不
作狹於四正斷乃至八聖道支亦不作廣不
作狹於四念住不作有力不作無力於四正
斷乃至八聖道支亦不作有力不作無力世
尊是菩薩摩訶薩由起此想非行般若波羅
蜜多復次世尊若新學大乘菩薩摩訶薩依
般若靜慮精進安忍淨戒布施波羅蜜多起
如是想如是般若波羅蜜多於空解脫門不
作大不作小於無相無願解脫門亦不作大
不作小於空解脫門不作集不作散於無相

0003　大般若波羅蜜多經卷第一百七十五　（唐）三藏法師玄奘譯　唐寫本

卷長76.5厘米，高25.8厘米，天頭3.1厘米，地脚2.9厘米，烏絲欄寬1.6厘米。白麻紙，存兩紙，前紙十七行，後紙二十八行，行十七字，總四十五行。首尾俱殘。首起："於集滅道聖諦亦不作廣不作狹。"尾訖："不作集不作相於無相。"從經卷紙張尺寸、書寫形式、字體風格觀，疑亦爲鄧英所書。

是想如是般若波羅蜜多於八解脫不作大
不作小於八勝處九次第定十遍處亦不作
大不作小於八解脫不作集不作散於八勝
處九次第定十遍處亦不作集不作散於八
解脫不作有量不作無量於八勝處九次第
定十遍處亦不作有量不作無量於八解脫
不作廣不作狹於八勝處九次第定十遍處
亦不作廣不作狹於八解脫不作有力不作
無力於八勝處九次第定十遍處亦不作有
力不作無力世尊是菩薩摩訶薩由起此想
非行般若波羅蜜多復次世尊若新學大乘
非行般若波羅蜜多復次世尊若新學大乘
菩薩摩訶薩依般若靜慮精進安忍淨戒布
施波羅蜜多起如是想如是般若波羅蜜多

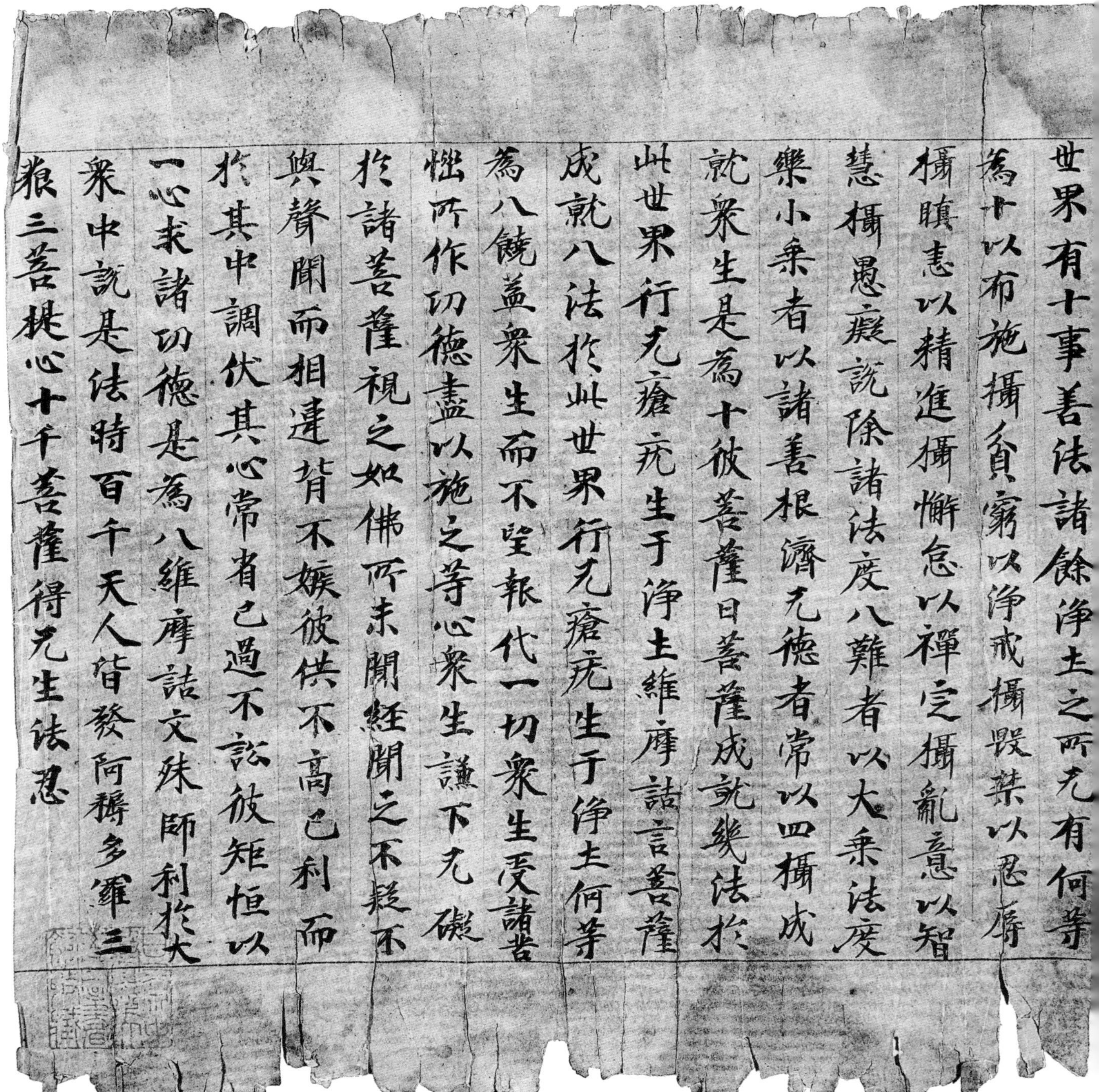

世界有十事善法諸餘淨土之所无有何等
爲十以布施攝貧窮以淨戒攝毀禁以忍辱
攝瞋恚以精進攝懈怠以禪定攝亂意以智
慧攝愚癡說除諸法度八難者以大乘法度
樂小乘者以諸善根濟无德者常以四攝成
就衆生是爲十彼菩薩曰菩薩成就幾法於
此世界行无瘡疣生于淨土維摩詰言菩薩
成就八法於此世界行无瘡疣生于淨土何等
爲八饒益衆生而不望報代一切衆生受諸苦
惱所作功德盡以施之等心衆生謙下无礙
於諸菩薩視之如佛所未聞經聞之不疑不
與聲聞而相違背不嫉彼供不高己利而
於其中調伏其心常省己過不訟彼短恒以
一心求諸功德是爲八維摩詰文殊師利於大
衆中說是法時百千天人皆發阿耨多羅三
藐三菩提心十千菩薩得无生法忍

0004 維摩詰所說經香積佛品第十 （後秦）三藏法師鳩摩羅什譯 唐寫本

卷長72厘米，高25.7厘米，天頭3.2厘米，地脚3.2厘米，烏絲欄寬1.6厘米。硬黄紙，行十七字，總四十六行。首尾俱殘。首起“妙香亦如衆香國土”，尾訖“十千菩薩得無生法忍”。

義語是无義語報是貪嫉是貪嫉報是瞋惱
是瞋惱報是邪見是邪見報是慳悋是慳悋報
是毀戒是毀戒報是瞋恚是瞋恚報是懈怠是
懈怠報是亂意是亂意報是愚癡是愚癡報
是結戒是持戒是犯戒是應作是不應作是
鄣礙是不鄣礙是得罪是離罪是淨是垢
是有漏是无漏是邪道是正道是有為是无
為是世間是涅槃以難化之人心如猨猴故以
若干種法制禦其心乃可調伏譬如象馬
懁悷不調加諸楚毒乃至徹骨然後調伏如
是剛強難化眾生故以一切苦切之言乃可
入律彼諸菩薩聞說是已皆曰未曾有也如
世尊釋迦牟尼佛隱其无量自在之力乃以
貧所樂法度脫眾生斯諸菩薩亦能勞謙以
无量大悲生是佛土維摩詰言此土菩薩於
諸眾生大悲堅固誠如所言然其一世饒益

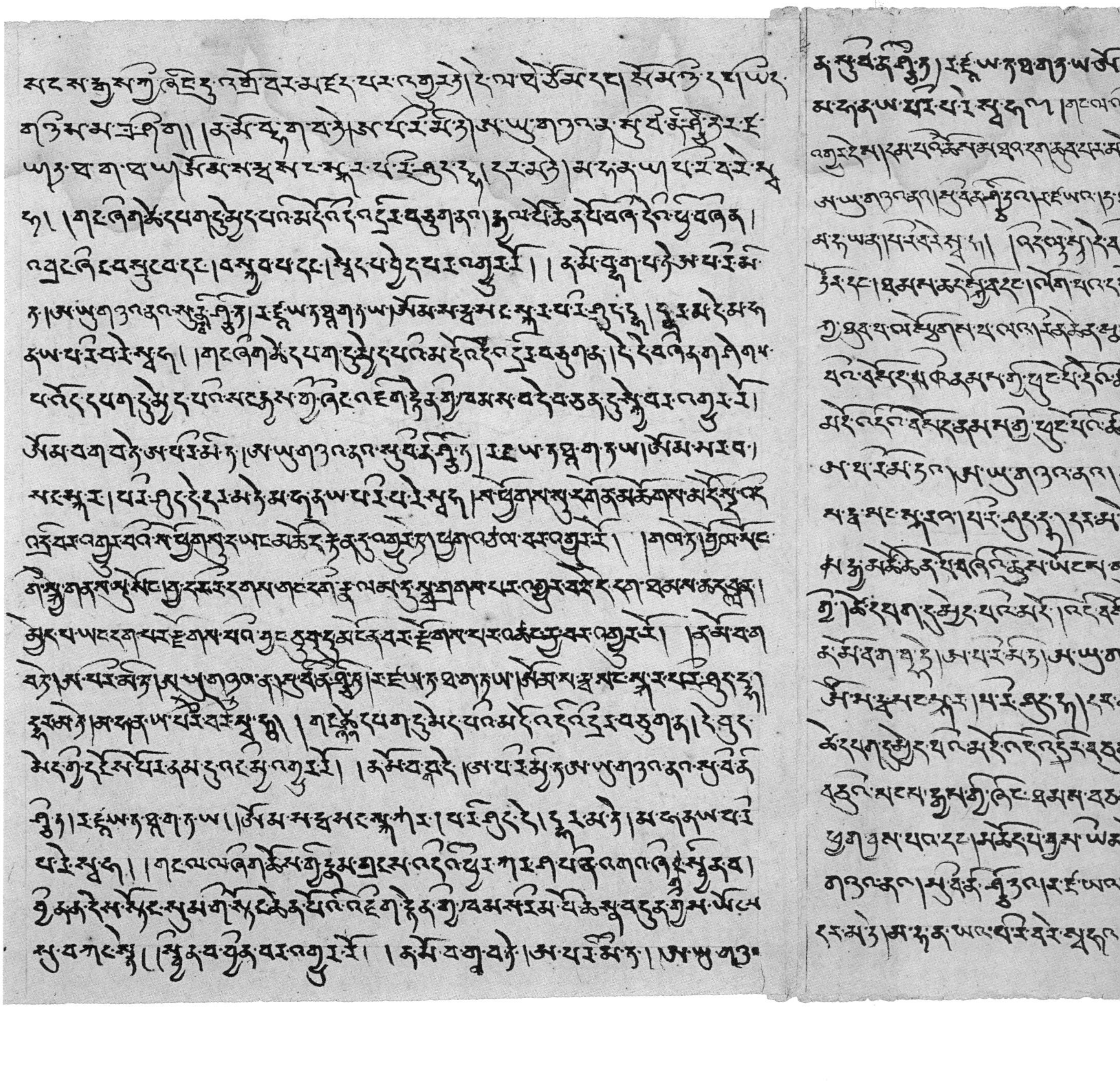

0005　大乘無量壽宗要經　（唐）尼當李旦抄　9至10世紀敦煌古藏文寫本　國家珍貴古籍名録編號：06611　甘肅省珍貴古籍名録編號：0340

卷軸裝。首尾俱全。卷長137厘米，高30.3厘米，存三紙，單紙廣45.6厘米，左右二欄。有題記“尼當李旦抄寫完畢”。抄寫者爲吐蕃經生。

…ས་ཧ་སྐཱ་ར་པ་རི་ཤུདྡྷེ། དྷ་ར་མ་ཏེ་
…ཚེ་ཐུང་བ་འདི་ལས། མཆོད་པ་བྱེད་པར་
…ར་རོ། །ན་མོ་བྷ་ག་ཝ་ཏེ། ཨ་པ་རི་མི་ཏ།
…སམ་ས་ཧ་སྐཱ་ར། པ་རི་ཤུདྡྷེ། དྷ་ར་མ་ཏེ།
…ས་པའི་རྣམ་པར་གྲགས་པ་དང་། གཙུག
…ང་། གསེར་སྦྱིན་དང་། འོད་སྲུང་ས་དང་། ཤཱཀ
…། མཆོད་པ་ཙམ་པ་ཀྱིས། མཆོད་པར་བྱས་
…བར་སྐྱེ་ནས་སོ། །ཚེ་དཔག་དུ་མེད་པའི་
…ར་སྐྱེ་ནས་སོ། །ན་མོ་བྷ་ག་[illegible]ཏེ།
…ཏེ་ཛོ་ར་ཛཱ་ཡ། ཏ་ཐཱ་ག་ཏཱ་ཡ། ཨརྷ
…ཡ། པ་རི་ཝཱ་རེ་སྭཱ་ཧཱ། །འདི་ལྟ་སྟེ།
…ཐོགས་པའི་མི་རི་རྣམས། །སྲུང་བར་རྣམས
…ཀྱི་ཕྱུང་པའི་ཚེར་ཆེ་བཀྲོང་བར་སྐྱེ་རྣམས།
…སུ་བི་ནི་ཤྩི་ཏ། ར་ཛཱ་ཡ། ཏ་ཐཱ་ག་ཏ་ཡ།
…ར་ཡལ། པ་རི་ཝཱ་རེ་སྭཱ་ཧཱ། །གང་ཞིག
…ར་བ་བྱེད་པར་འགྱུར་བ་དེ་ནི། ཕྱོགས
…ཅི་ཤེས་པ། ཐམས་ཅད་ལའོ།
…ན་ཐ་ག་ཏ་ཡ། ཨ་པ་རི་མི་ཏ། ཨ་ཡུ
…ཡང་། སེམས་ས་ཧ་སྐཱ་ར། པ་རི་ཤུདྡྷ
…ཐའི་སྟོབས་ཀྱིས་སངས་རྒྱས་ཡང་།

རབ་འཕགས་སོ། །སྐྱེའི་སེང་གེས་སྦྱིན་པའི་སྟོབས་རྟོགས་ནས་ནི། །སྙིང་རྗེའི་གྲོང་ཁྱེར་དུ་ཡང་འཇུག་པ་ན། །སྦྱིན་པའི་སྟོབས
ཀྱི་སྒྲ་ནི་གྲགས་པར་འགྱུར། །ཚུལ་ཁྲིམས་སྟོབས་ཀྱིས་སངས་རྒྱས་ཡང་དག་འཕགས་སོ། །སྐྱེའི་སེང་གེས
ཚུལ་ཁྲིམས་སྟོབས་རྟོགས་ནས་ནི། །སྙིང་རྗེའི་གྲོང་ཁྱེར་དུ་ཡང་འཇུག་པ་ན། །ཚུལ་ཁྲིམས་སྟོབས་ཀྱི་སྒྲ་ནི
གྲགས་པར་འགྱུར། །བཟོད་པའི་སྟོབས་ཀྱིས་སངས་རྒྱས་ཡང་དག་འཕགས་སོ། །སྐྱེའི་སེང་གེས་བཟོད་པའི
སྟོབས་རྟོགས་ནས་ནི། །སྙིང་རྗེའི་གྲོང་ཁྱེར་དུ་ཡང་འཇུག་པ་ན། །བཟོད་པའི་སྟོབས་ཀྱི་སྒྲ་ནི་གྲགས་པར
འགྱུར། །བརྩོན་འགྲུས་སྟོབས་ཀྱིས་སངས་རྒྱས་ཡང་དག་འཕགས་སོ། །སྐྱེའི་སེང་གེས་བརྩོན་འགྲུས
སྟོབས་རྟོགས་ནས། །སྙིང་རྗེའི་གྲོང་ཁྱེར་དུ་འང་འཇུག་པ་ན། །བརྩོན་འགྲུས་སྟོབས་ཀྱི་སྒྲ་ནི་གྲགས་པར
པར་འགྱུར། །བསམ་གཏན་སྟོབས་ཀྱིས་སངས་རྒྱས་ཡང་དག་འཕགས[illegible]འི་སེང་གེས་བསམ་གཏན
སྟོབས་རྟོགས་ནས་ནི། །སྙིང་རྗེ[illegible]ར་དུ་འང་འཇུག་པ་ན། །བསམ་གཏན[illegible]ཀྱི་སྒྲ་ནི་གྲགས་པར
འགྱུར། །ཤེས་རབ་སྟོབས་ཀྱིས་སངས་རྒྱས་ཡང་དག་འཕགས། །སྐྱེའི་སེང་གེས་ཤེས་རབ་སྟོབས
རྟོགས་ནས་ནི། །སྙིང་རྗེའི་གྲོང་ཁྱེར་དུ་འང་འཇུག་པ་ན། །ཤེས་རབ་སྟོབས་ཀྱི་སྒྲ་ནི་གྲགས་པར་འགྱུར། །
ན་མོ་བྷ་ག་ཝ་ཏེ། ཨ་པ་རི་མི་ཏ། ཨ་ཡུ་རྒྱཱ་ན། སུ་བི་ནི་ཤྩི་ཏ། ར་ཛཱ་ཡ། ཏ་ཐཱ་ག་ཏཱ་ཡ། ཨརྷ
ས་རྦ་སཾ་སྐཱ་ར། པ་རི་ཤུདྡྷེ། དྷ་ར་མ་ཏེ། ག་ག་ན། ས་མུད་ག་ཏེ། ས་བྷ་ཝ་བི་ཤུདྡྷེ། །བཅོམ་ལྡན་འདས་ཀྱིས
དེ་སྐད་ཅེས་བཀའ་སྩལ་ནས། །འཇམ་དཔལ་གཞོན་ནུར་གྱུར་པ་དང་། ལྷ་དང་མི་དང་། ལྷ་མ་ཡིན་དང་།
དྲི་ཟ་ལ་སོགས་པའི་འཁོར་དེ་དག་ཐམས་ཅད། །བཅོམ་ལྡན་འདས་ཀྱིས་གསུངས་པ་ལ་
མངོན་པར་བསྟོད་དོ། །

༄། །ཚེ་དཔག་དུ་མེད་པ་ཞེས་བྱ་བ་ཐེག་པ་ཆེན་པོའི་མདོ་རྫོགས་སོ། །

ཇེ་ལྷང་ལུ་བཙན་ཞིབ་མོ་ཡ། །

中醫藥學古籍

元刻本

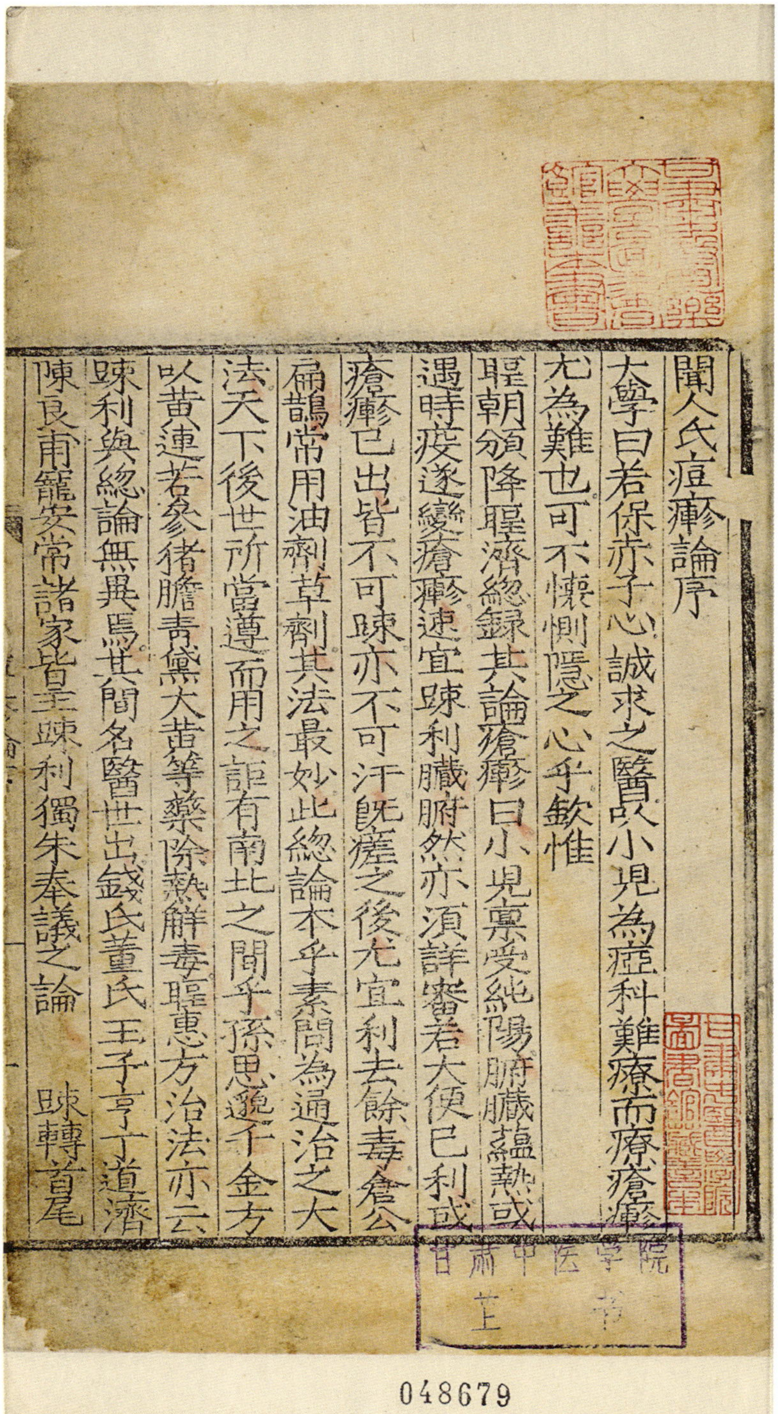

聞人氏痘疹論序

大學曰若保赤子心誠求之醫只小兒為瘂科難療而瘡疹尤為難也可不懷惻隱之心乎欽惟

聖朝頒降聖濟總録其論瘡疹曰小兒稟受純陽腑臟蘊熱或遇時疫遂變瘡疹速宜疎利臟腑然亦須詳審若大便已利或瘡疹已出皆不可疎亦不可汗既瘥之後尤宜利去餘毒倉公扁鵲常用油劑草劑其法最妙此總論本乎素問為通治之大法天下後世所當遵而用之詎有南北之間乎孫思邈千金方以黄連苦參豬膽青黛大苦等藥除熱解毒聖惠方治法亦云疎利與總論無異焉其間名醫世出錢氏董氏王子亨丁道濟陳良甫寵安常諸家皆主疎利獨朱奉議之論　疎轉首尾

0006　聞人氏痘疹論三卷　（宋）聞人規撰　元至治三年癸亥（1323）懷慶府同知東魯丁永嶸刻本

框高18厘米，廣14.2厘米。半葉十一行，行二十四字，小字雙行同，白口，左右雙邊。甘肅省珍貴古籍名録編號：0475。

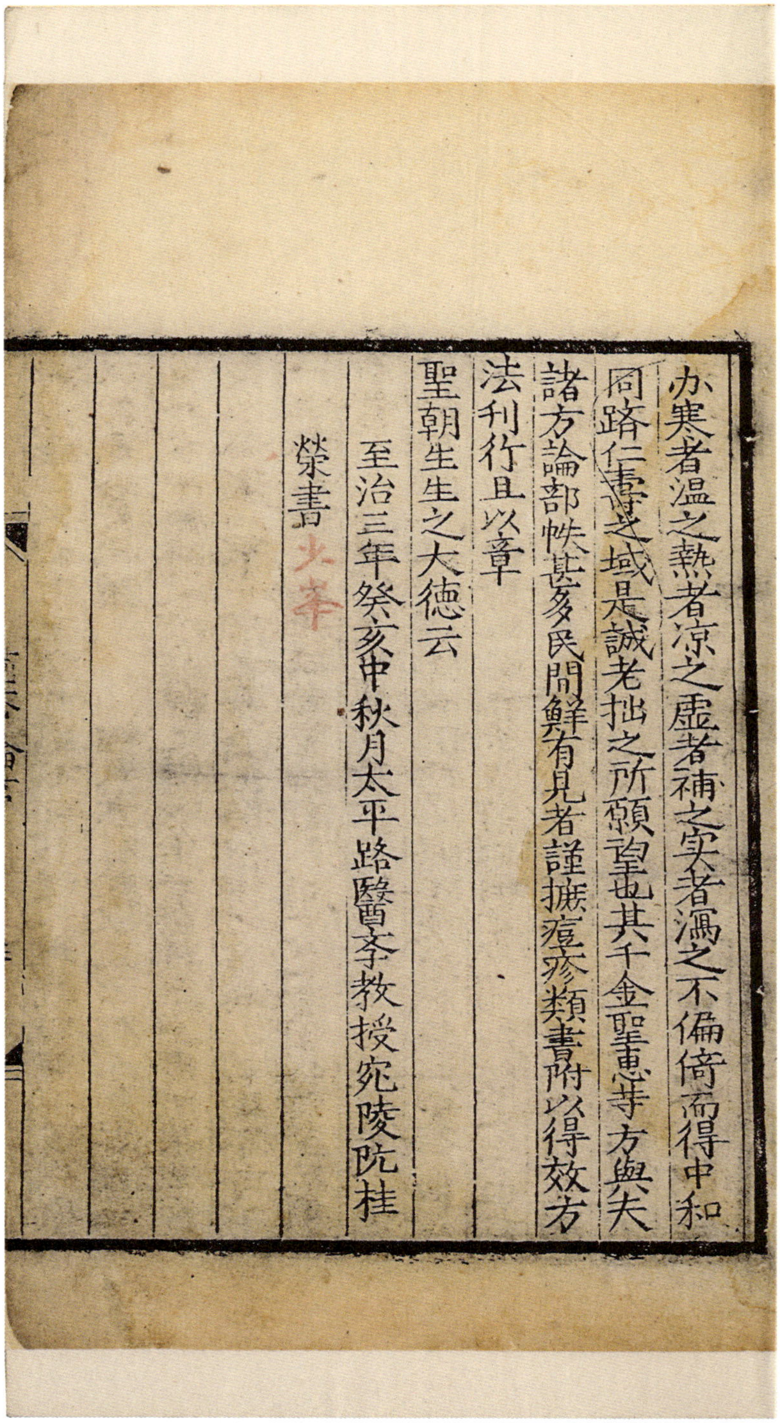

办寒者温之熱者凉之虚者補之实者瀉之不偏倚而得中和同踏仁壽之域是誠老拙之所願望也其千金聖惠等方與夫諸方論部帙甚多民間鮮有見者謹摭瘡疹類書附以得效方法刊行且以章

聖朝生生之大德云

至治三年癸亥中秋月太平路醫學教授宛陵阮桂榮書

閻氏瘡疹論卷之一　　懷慶府同知東魯丁永嶸校刊

小兒必患瘡疱者何

此由在胞中受穢濁故也凡小兒瘡疱或作於幼年或發於壯歲古人預療之術載在方策千金方云兒初生用綿裹指急拭去口中污血不爾則啼聲一發嚥下入腹致生諸疾又令飲以甘草湯吐出胸中之惡仍服生地黃汁一蜆殼許利下惡物至如今之人用黃連淡豉亦所以革惡穢也穢惡既革則可使瘡疱不作雖作亦稀少也

四臟皆有證腎獨無證者何

小兒在胞中食穢濁以養五臟生下則其毒當出故瘡疱發作之時悉見其證呵欠頓悶者肝也乍凉乍熱手足冷多睡者脾

明刻本

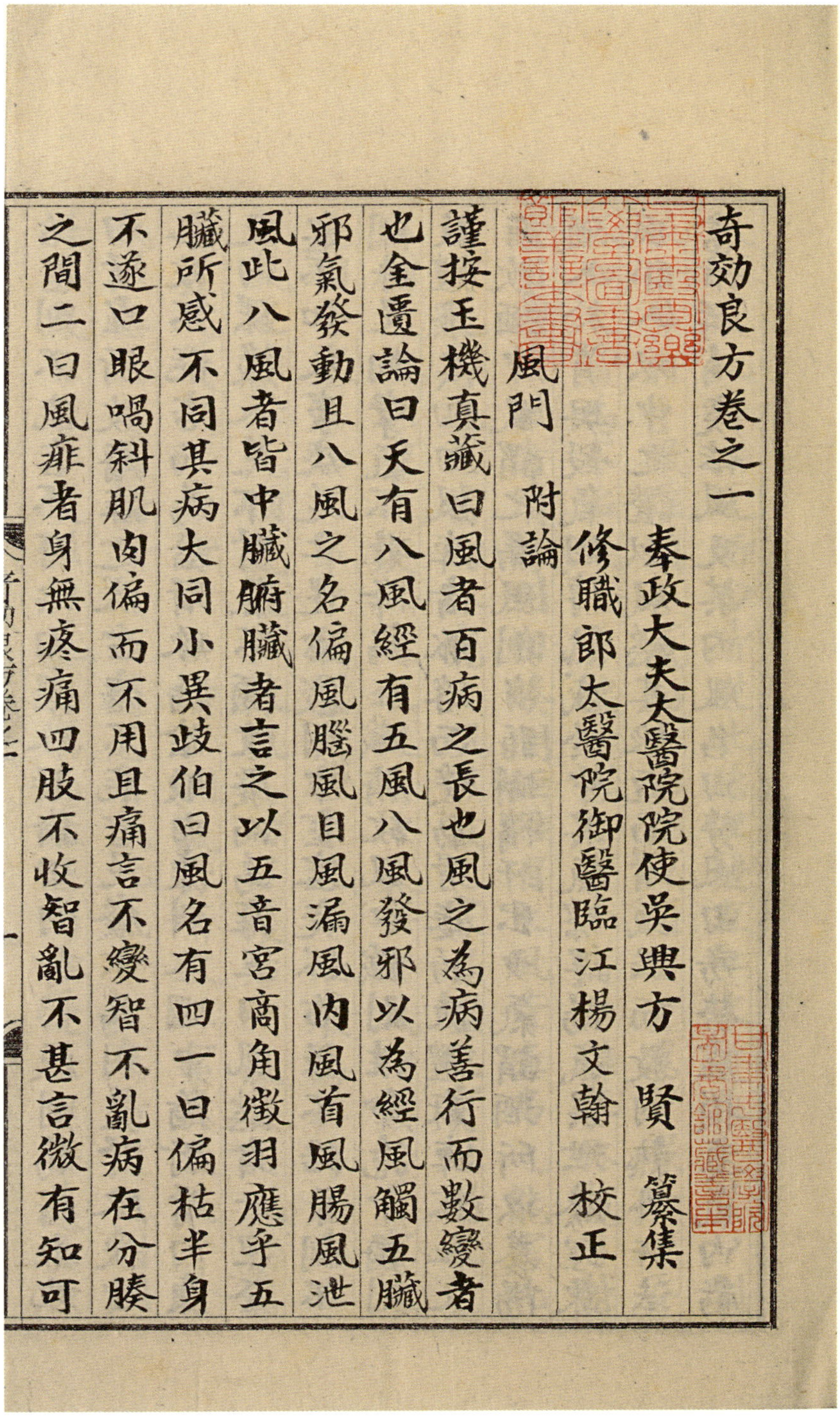

奇効良方卷之一

奉政大夫太醫院院使吳興方　賢　纂集

修職郎太醫院御醫臨江楊文翰　校正

風門　附論

謹按玉機真藏曰風者百病之長也風之為病善行而數變者也金匱論曰天有八風經有五風八風發邪以為經風觸五臟邪氣發動且八風之名偏風腦風目風漏風内風首風腸風泄風此八風者皆中臟腑臟者言之以五音宮商角徵羽應乎五臟所感不同其病大同小異岐伯曰風名有四一曰偏枯半身不遂口眼喎斜肌肉偏而不用且痛言不變智不亂病在分腠之間二曰風痱者身無疼痛四肢不收智亂不甚言微有知可

0007　奇効良方六十九卷　（明）董宿原輯　方賢續纂　楊文翰校正　明成化六年庚寅（1470）刻本（有抄配）

框高21.7厘米，廣14.2厘米。半葉十一行，行二十四字，小字雙行同，上下黑口，四周雙邊。

奇効良方巻之四

寒門　附論

論曰夫中寒者寒爲天地殺厲之氣人中之者其病速而危倉卒受邪生命暴絶蓋由胃氣大虛而又觸冒大寒胃虛則肺不能生旺而皮毛之氣先絶氣弱則表失衛護而寒邪易於外入使周身陽氣遏絶而不行四肢厥逆禁固而僵直故口噤目瞪而色青白或自汗表絶或下痢内脱内外俱虛而寒邪獨盛治或稍緩脉散而死岐伯曰冬三月此爲閉藏水氷地坼無擾乎陽早卧晩起必待日光乃去寒就温之意寒者天地爲殺厲之氣在天爲寒在地爲水在人臟爲腎而寒喜中腎若中之者拘急攣痛昏不知人但言寒喜中腎而不言他臟中者且如辛苦

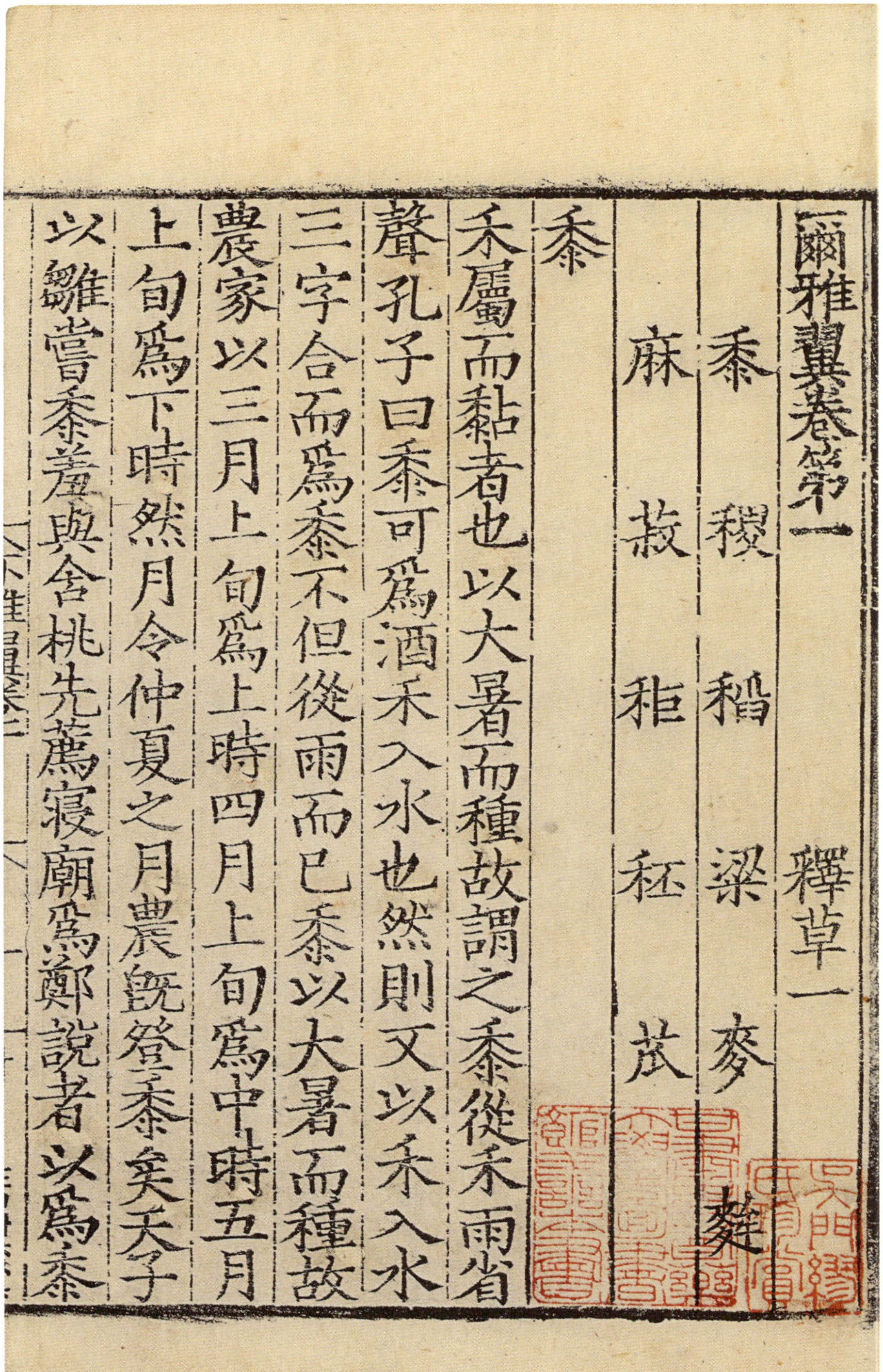

爾雅翼卷第一　釋草一

黍　稷　稻　粱　麥　麰

麻　菽　秬　秠　苠

黍

禾屬而黏者也以大暑而種故謂之黍從禾雨省聲孔子曰黍可爲酒禾入水也然則又以禾入水三字合而爲黍黍不但從雨而已黍以大暑而種故農家以三月上旬爲上時四月上旬爲中時五月上旬爲下時然月令仲夏之月農既登黍矣天子以雛嘗黍羞與含桃先薦寢廟爲鄭說者以爲黍

0008　爾雅翼三十二卷（存一至三十卷）　（宋）羅願撰　明正德十四年己卯（1519）羅文殊覆宋刻本

框高19.4厘米，廣14.8厘米。半葉十行，行十九字，小字雙行同，白口，左右雙邊。甘肅省珍貴古籍名録編號：0485。有“吳門繆氏玩賞”印。

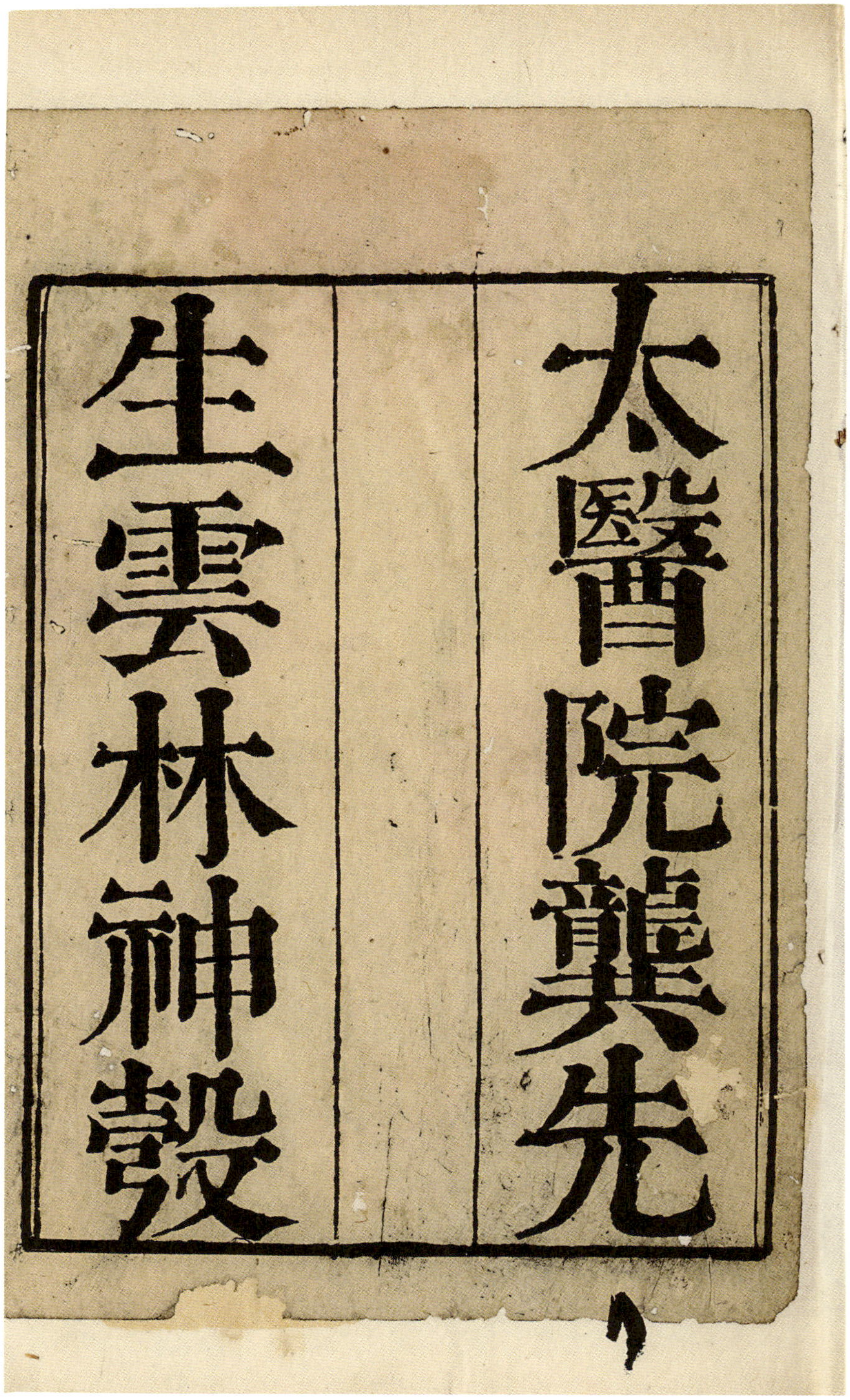
太醫院龔先
生雲林神彀

0009　新鍥雲林神彀四卷　（明）龔廷賢撰　明萬曆十九年辛卯（1591）積慶堂刻本

框高20.4厘米，廣14.3厘米。半葉九行，行二十字，小字雙行同，白口，左右雙邊。甘肅省珍貴古籍名録編號：0543。

新鍥雲林神彀卷之一

太醫院醫官金谿雲林龔廷賢子才編著

男懋陞　仝校

門生同邑吳濟民

歌曰　雲林清隱著岐黃、檃括歌中要審詳。某脉某證分虚實、何方何藥辯淄澠。勘破玄機如中鵠。勿勞岐路問亡羊。醫家有此眞神彀萬世蒼生慶澤長。

眞中風

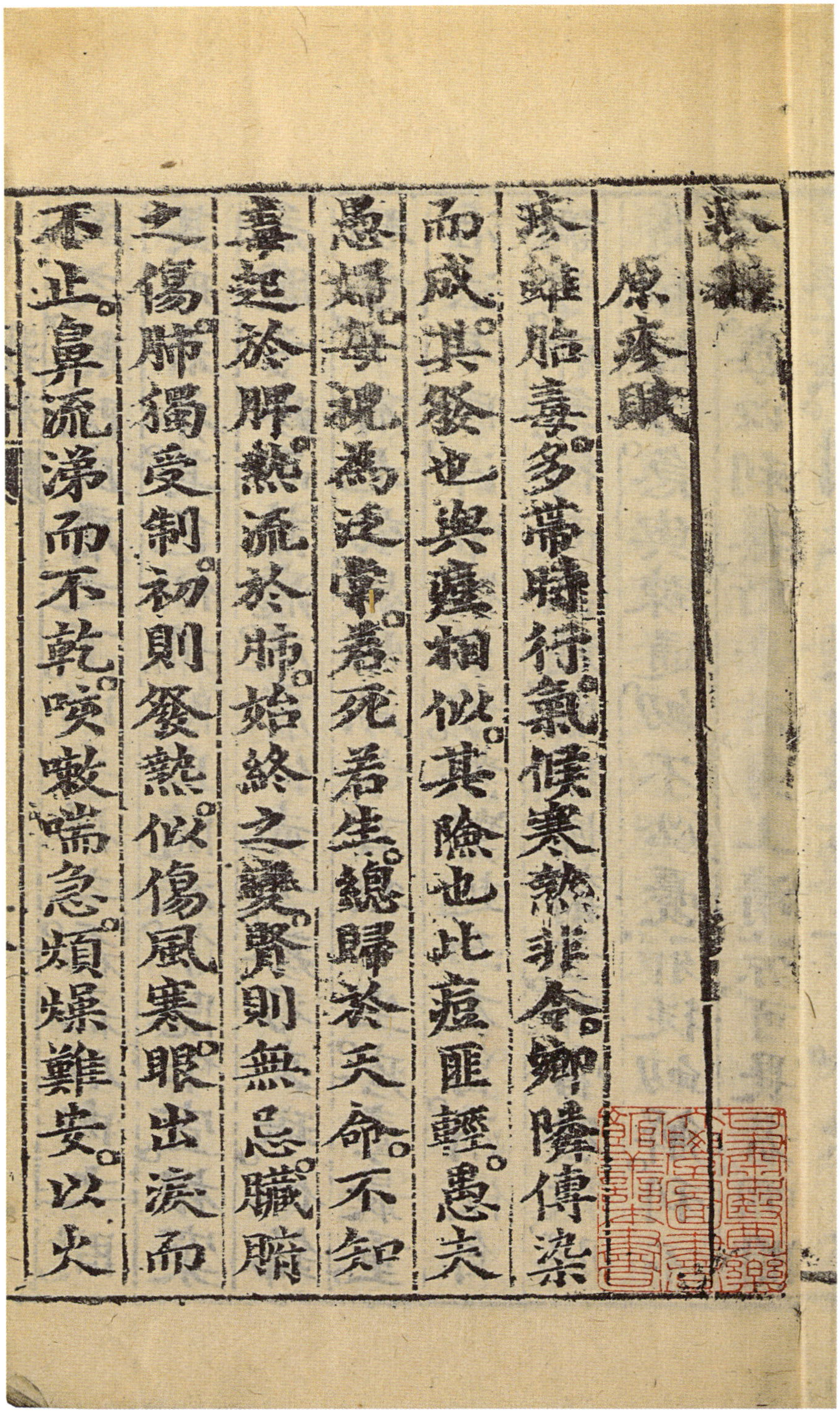

疹科

原疹賦

疹雖胎毒。多帶時行氣候寒熱非令。鄉隣傳染而成。其發也與痘相似。其險也比痘匪輕。愚夫愚婦每視為泛常。看死若生。總歸於天命。不知毒起於脾熱。流於肺。始終之變。實則無忌臟腑之傷肺獨受制。初則發熱似傷風寒。眼出淚而不止。鼻流涕而不乾。咳嗽喘急。煩燥難安。以火

0010　疹科二卷　（明）孔弘擢撰　明萬曆三十二年甲辰（1604）王繼濂刻本

框高20.7厘米，廣14.6厘米。半葉八行，行十八字，小字雙行不等，白口，四周單邊。

水煎調敗蒲蓆灰服之

茅花湯

當歸尾　茅花　生地黃　梔子仁

黃芩　玄參　水煎調百草霜服之

○發熱蒸蒸吐利同　或時滯下作腸鳴

火邪內迫宜清解　法向時行疹毒詳

疹毒發熱之時。或吐。或利。或滯。皆火邪內迫

上行則吐。下行則利。甚則裏急後重而為滯

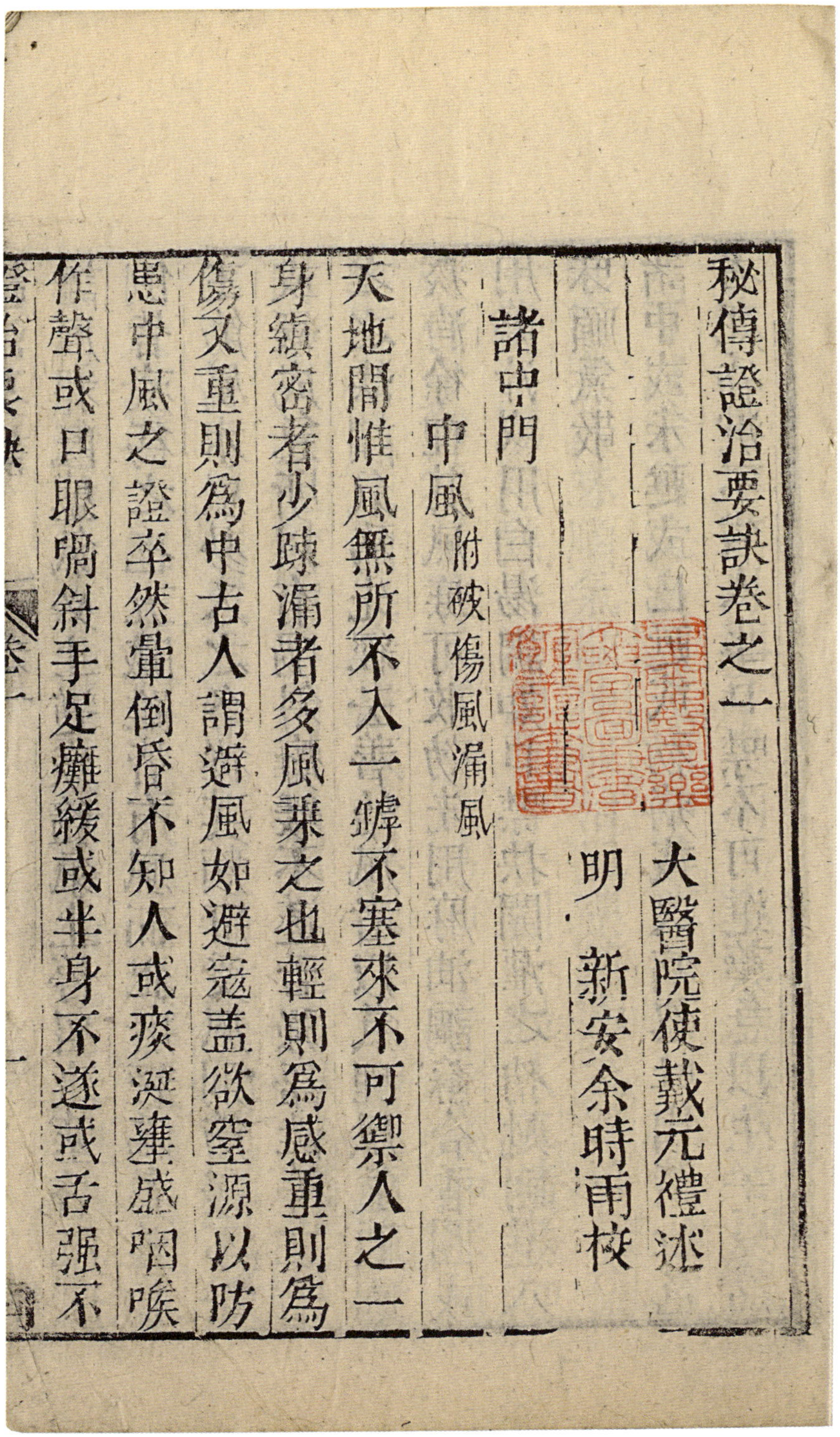

秘傳證治要訣卷之一

大醫院使戴元禮述

明　新安余時雨校

諸中門

中風　附破傷風漏風

天地間惟風無所不入一罅不塞來不可禦人之一身纔密者少疎漏者多風乘之也輕則爲感重則爲傷又重則爲中古人謂避風如避寇盖欲窒源以防患中風之證卒然暈倒昏不知人或痰涎壅盛咽喉作聲或口眼喎斜手足癱緩或半身不遂或舌强不

證治要訣　卷一　一

0011　證治要訣十二卷　（明）戴思恭撰　明萬曆刻本

框高19.7厘米，廣14.1厘米。半葉十行，行二十字，小字雙行同，白口，左右雙邊。

重鐫官板丹
大業堂梓行
溪心法附餘

0012　丹溪心法附餘二十四卷卷首一卷　（明）方廣編　明嘉靖大業堂刻本

框高21.8厘米，廣14.2厘米。半葉十一行，行二十六字，小字雙行同，白口，四周單邊。

丹溪心法附餘中風卷之一

外感門上

中風一

附中氣　預防中風

丹溪心法

○中風大率主血虚有痰治痰爲先次養血行血或屬虚挾火（一作痰）與濕又須分氣虚血虚　半身不遂大率多痰在左屬死血少（一作瘀）血在右屬痰有熱并氣虚　左以四物湯加桃仁紅花竹瀝姜汁右以二陳湯四君子等湯加竹瀝姜汁　痰壅盛者口眼喎斜者不能言者皆當用吐法一吐不已再吐輕者用瓜蒂一錢或稀涎散或鰕汁以鰕半斤入醬葱薑等料物水煮先喫鰕次飲汁後以鵝翎探引吐痰用鰕者盖引其風出耳重者用藜蘆半錢或三分加麝香少

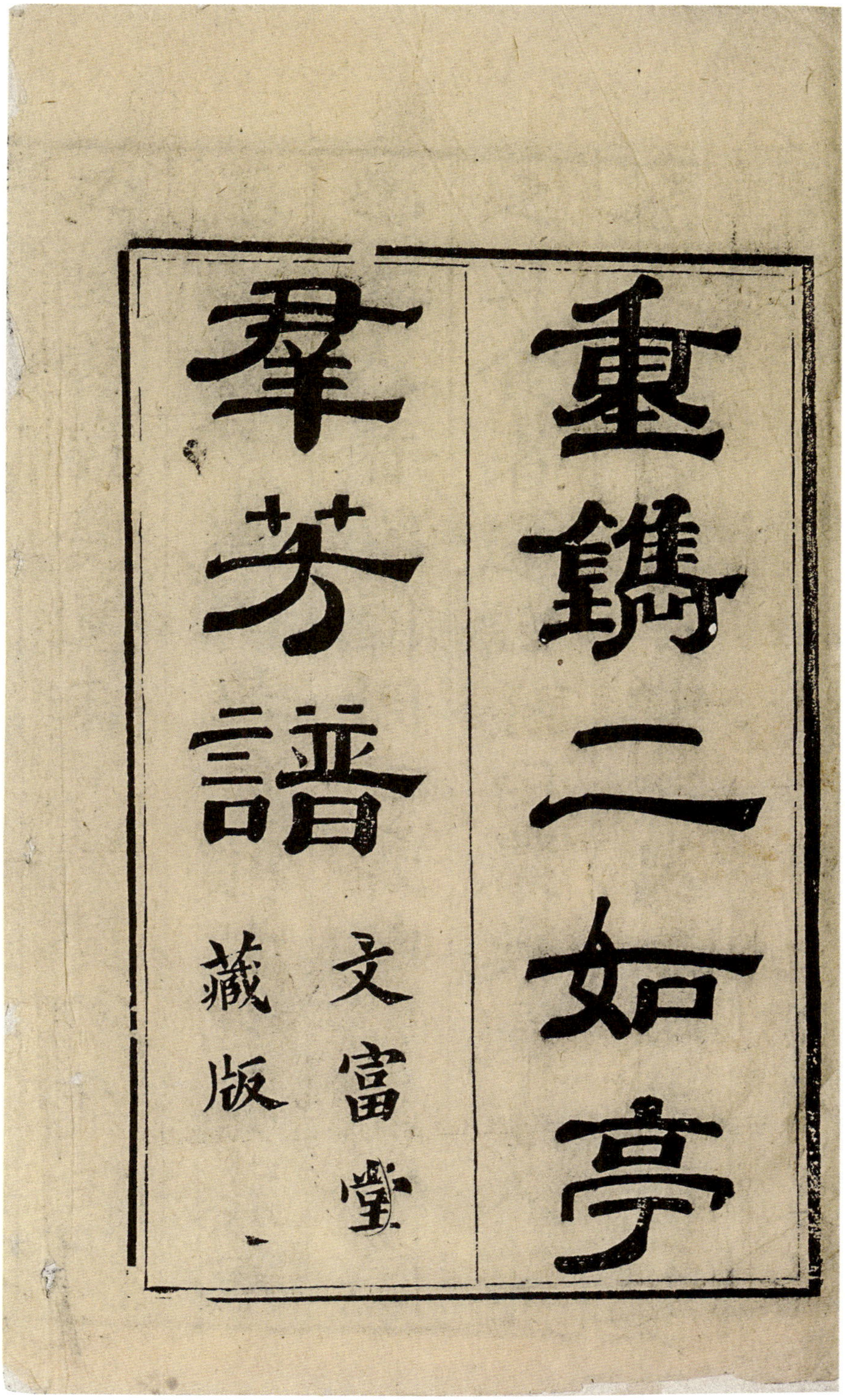

重鐫二如亭

羣芳譜

文富堂藏版

0013　二如亭群芳譜二十八卷卷首一卷　（明）王象晋撰　陳繼儒等校　明天啓元年辛酉（1621）文富堂刻本

框高17.3厘米，廣14.2厘米。半葉八行，行十八字，小字雙行同，白口，四周單邊。

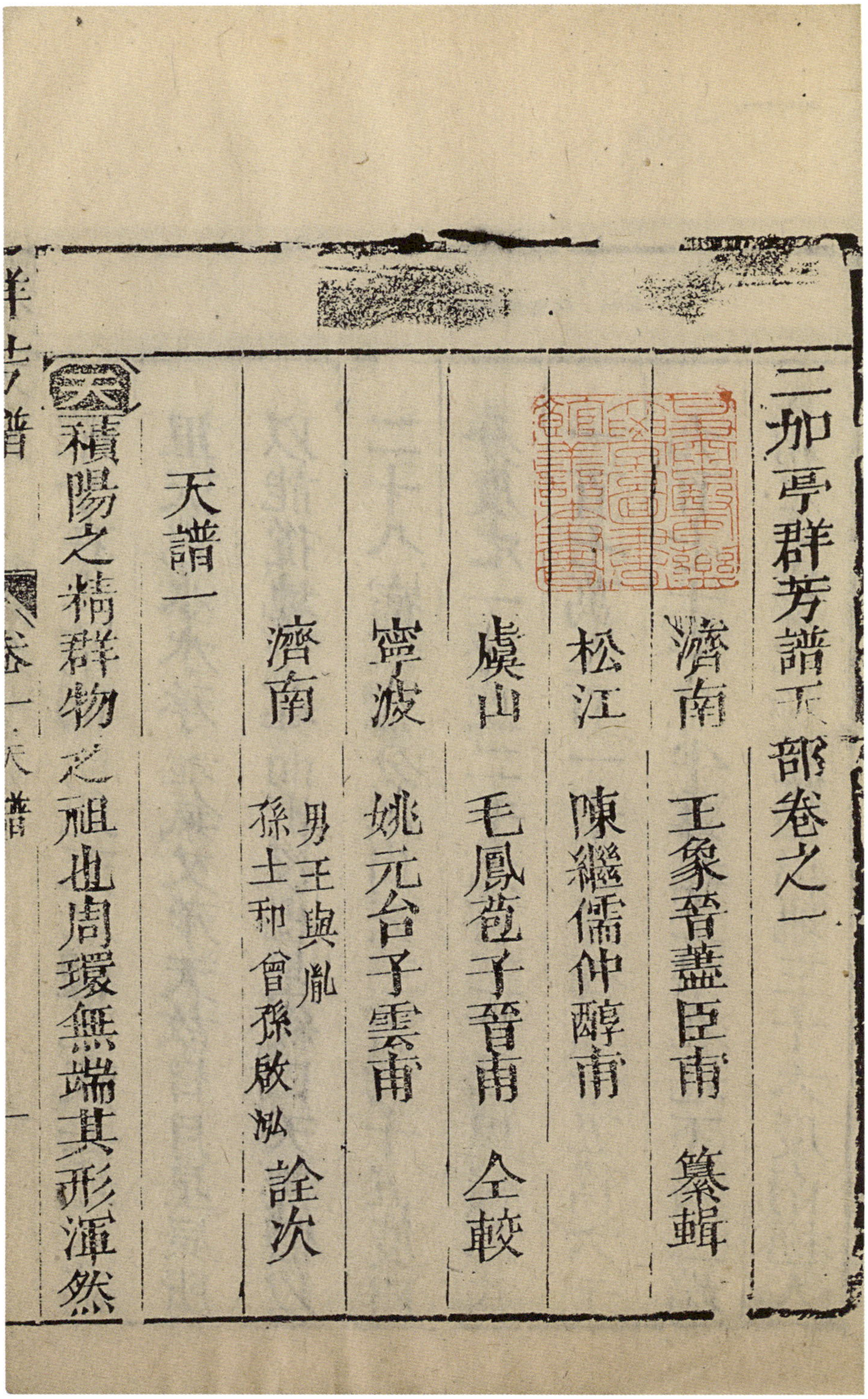

二加亭群芳譜天部卷之一

濟南　王象晉藎臣甫　纂輯

松江　陳繼儒仲醇甫

虞山　毛鳳苞子晉甫　仝較

寧波　姚元台子雲甫

濟南　男王與胤　孫士和　曾孫啟泓　詮次

天譜一

天　積陽之精群物之祖也周環無端其形渾然

群芳譜　卷一　天譜　一

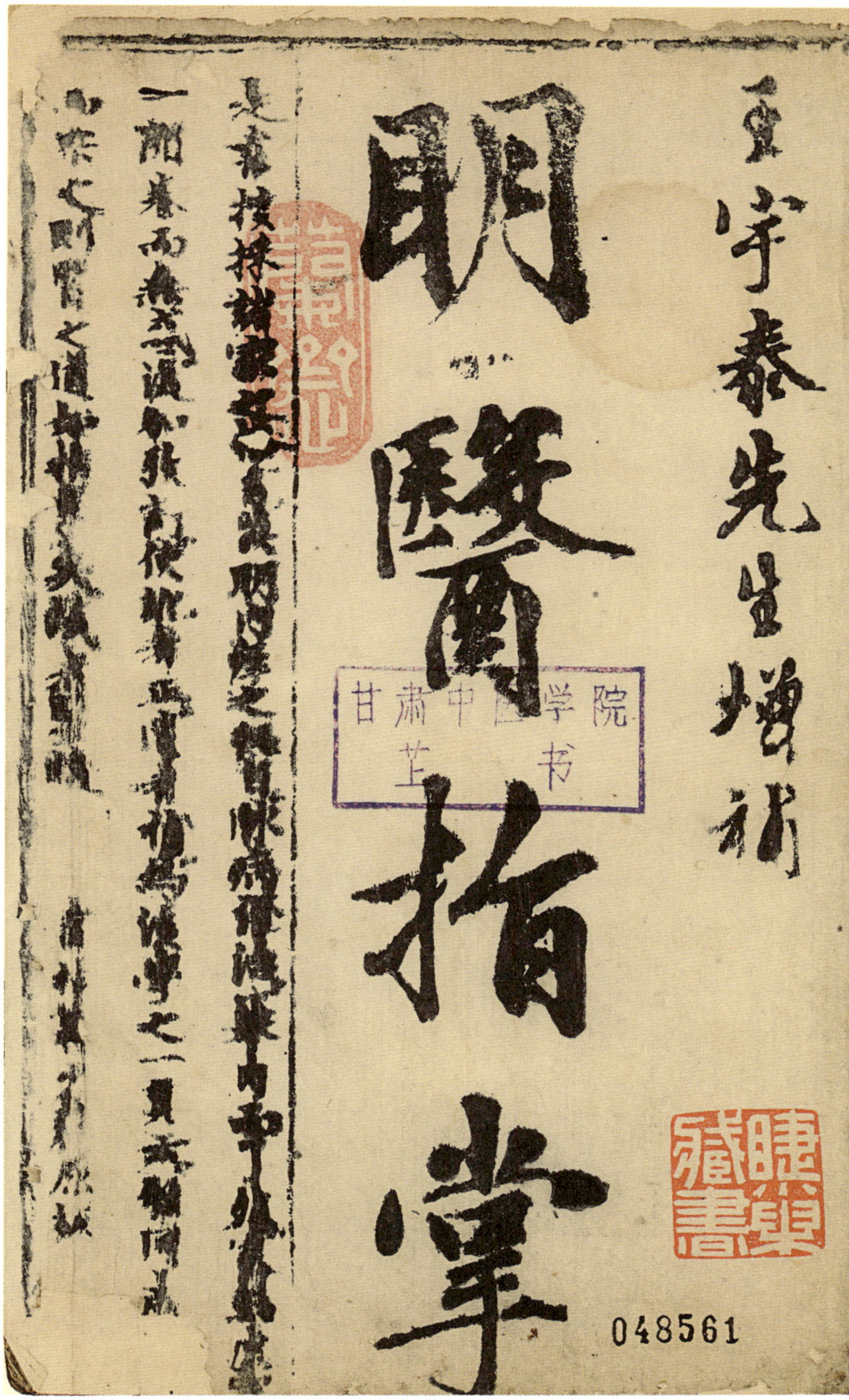

0014　訂補明醫指掌十卷　（明）皇甫中撰　明天啓二年壬戌（1622）刻本

框高20.2厘米，廣13.5厘米。半葉九行，行二十字，小字雙行同，白口，四周單邊。甘肅省珍貴古籍名録編號：0550。有“南州”“花源草堂”“玉溪樵隱”“映朔所臧”“大千”等印。

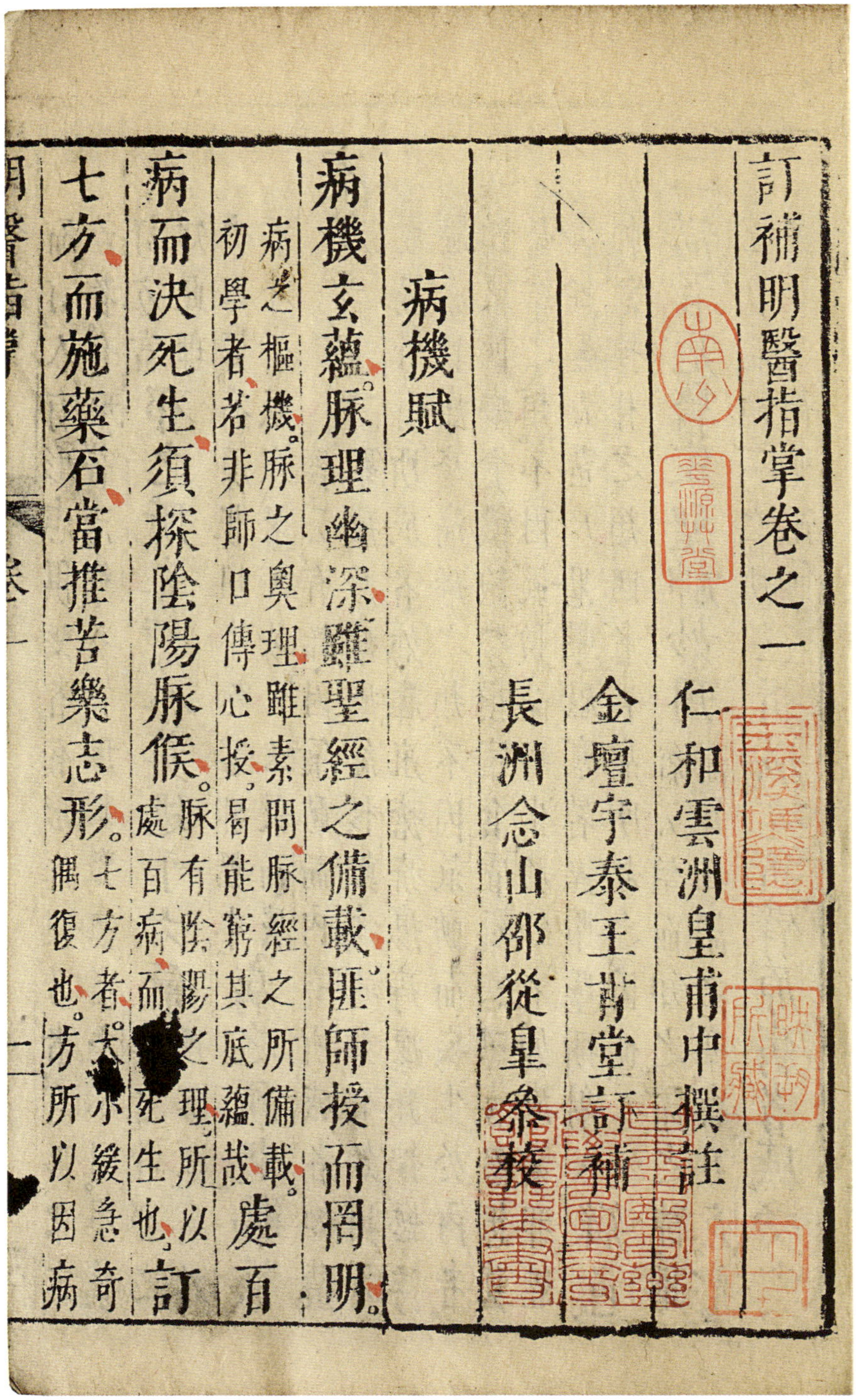

訂補明醫指掌卷之一

仁和雲洲皇甫中撰註

金壇字泰王肯堂訂補

長洲念山邵從皐參校

病機賦

病機玄蘊，脉理幽深，雖聖經之備載，匪師授而罔明。病之樞機，脉之奧理，雖素問脉經之所備載，初學者若非師口傳心授，曷能窮其底蘊哉。處百病而決死生，須探陰陽脉候。脉有陰陽之理，所以處百病而決死生也。訂七方而施藥石，當推苦樂志形。七方者，大小緩急奇偶復也。方所以因病

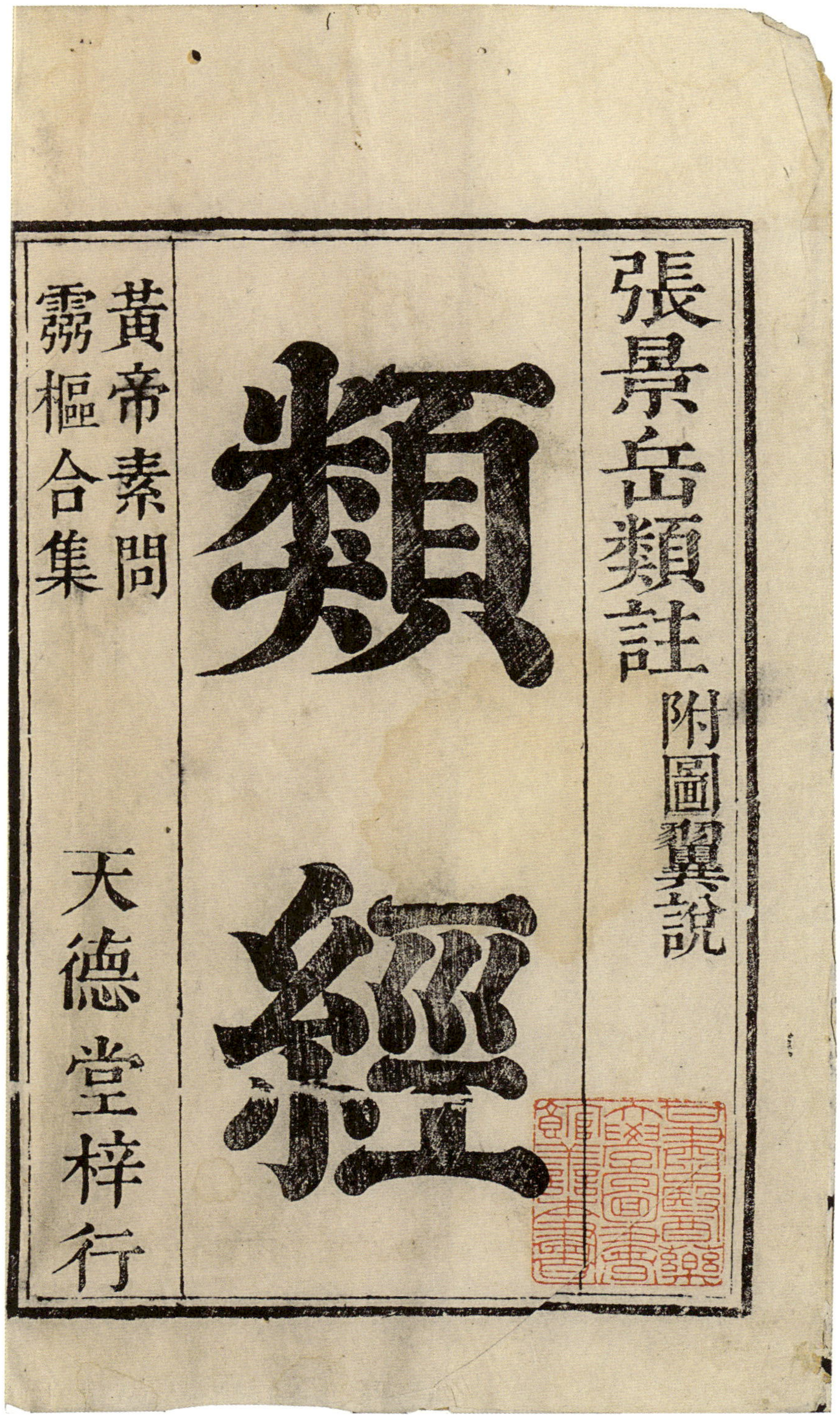

張景岳類註 附圖翼說
類經
黃帝素問 靈樞合集
天德堂梓行

0015　類經三十二卷附類經圖翼十一卷附翼四卷　（明）張介賓類注　明天啓四年甲子（1624）天德堂刻本

框高21.6厘米，廣13.7厘米。半葉八行，行十八字，小字雙行同，白口，四周單邊。

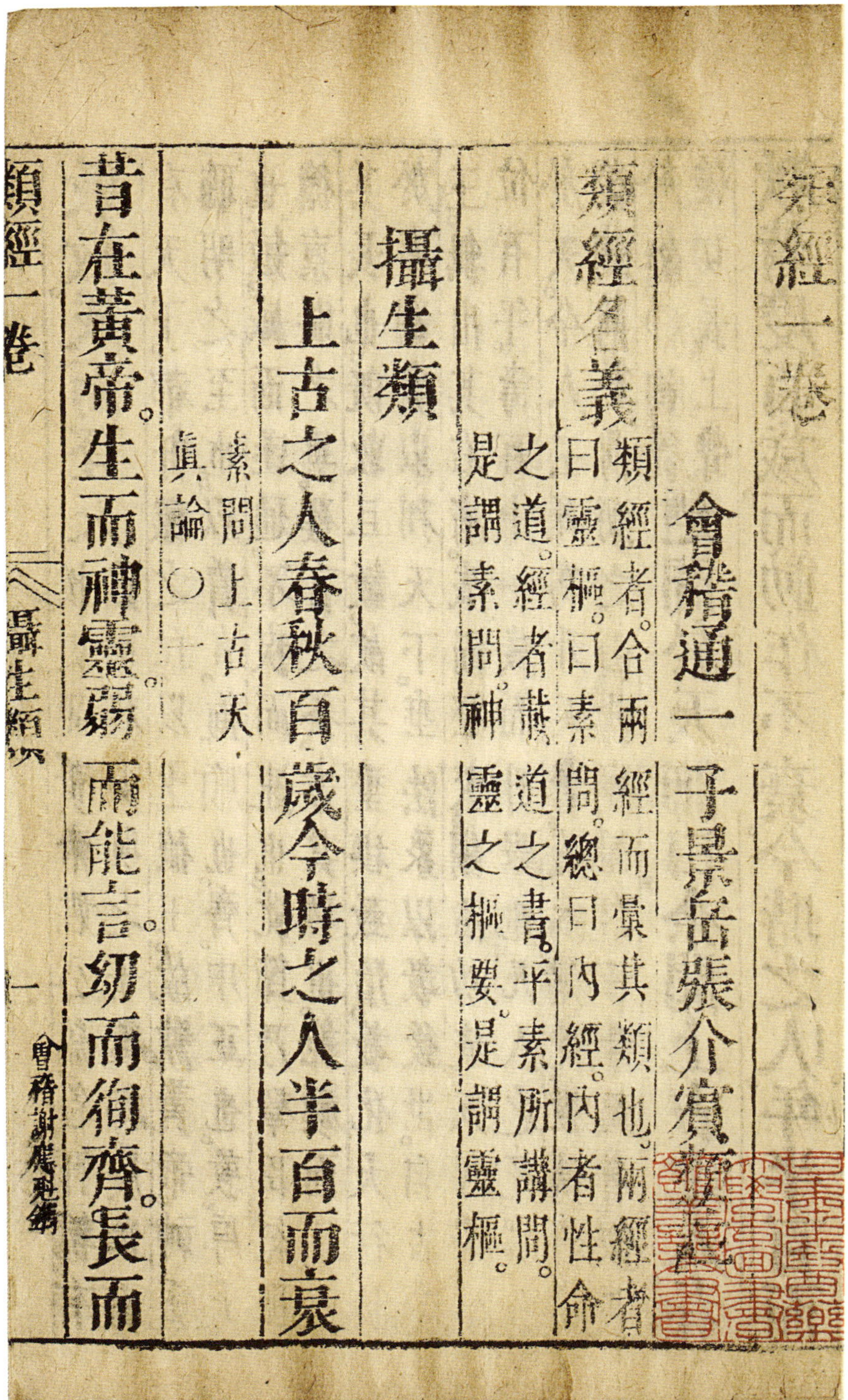

類經一卷

會稽通一子景岳張介賓類注

類經名義　類經者。合兩經而彙其類也。兩經者曰靈樞。曰素問。總曰内經。内者性命之道。經者載道之書。平素所講問。是謂素問。神靈之樞要。是謂靈樞。

攝生類

上古之人春秋百歲今時之人半百而衰

素問上古天真論　〇一

昔在黃帝。生而神靈。弱而能言。幼而徇齊。長而

類經一卷　攝生類　一　會稽謝應兆鐫

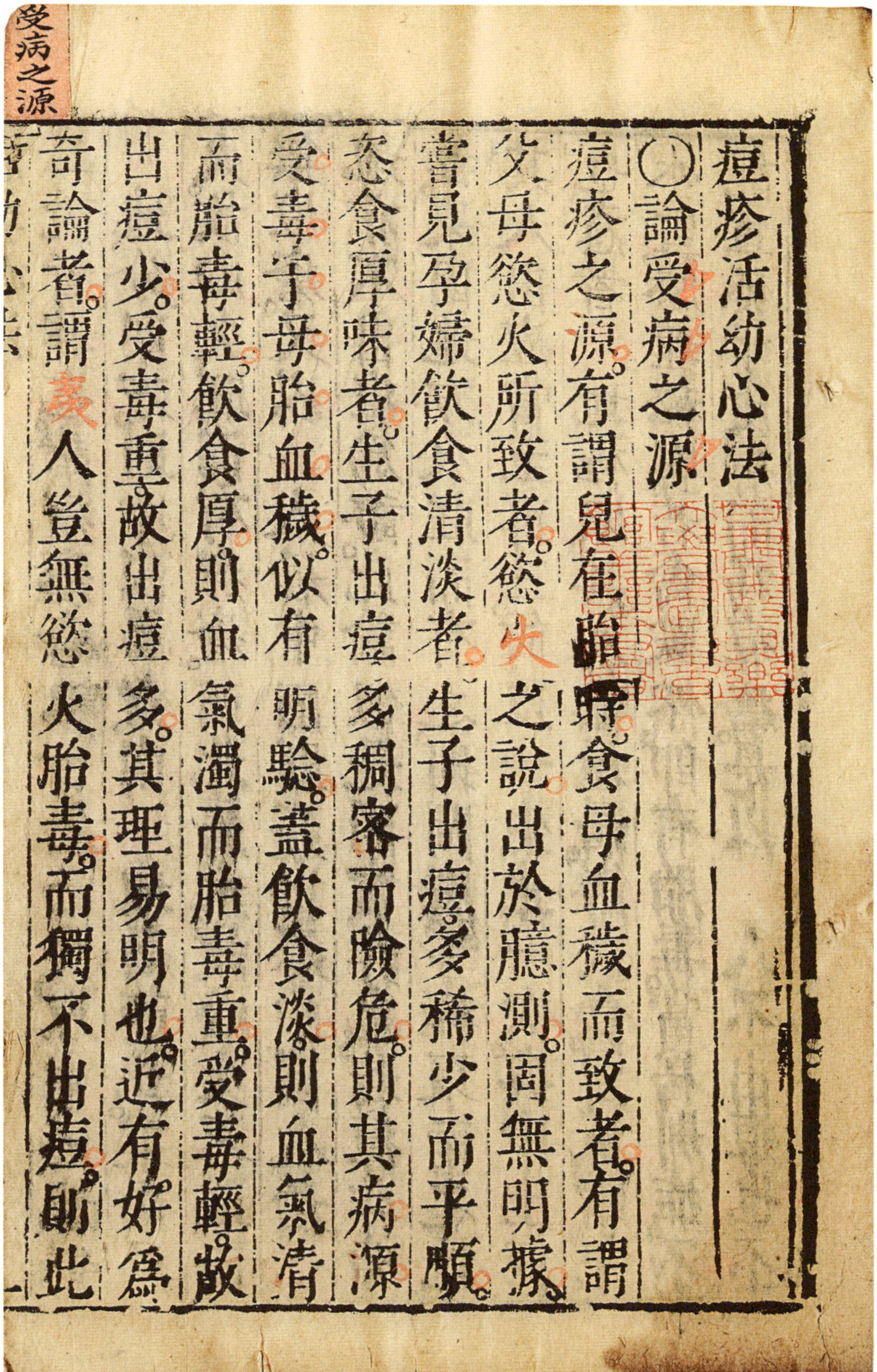
受病之源

痘疹活幼心法

○論受病之源

痘疹之源。有謂兒在胎時。食母血穢而致者。有謂父母慾火所致者。慾火之說。出於臆測。固無明據。嘗見孕婦飲食清淡者。生子出痘多稀少而平順。恣食厚味者。生子出痘多稠密而險危。則其病源受毒于母胎血穢。似有明驗。蓋飲食淡則血氣清而胎毒輕。飲食厚則血氣濁而胎毒重。受毒輕故出痘少。受毒重故出痘多。其理易明也。近有好爲奇論者。謂人豈無慾火胎毒。而獨不出痘。即此

0016　痘疹活幼心法八卷卷末一卷　（明）聶尚恒撰　明崇禎六年癸酉（1633）閔齊伋刻本

框高19.6厘米，廣12.9厘米。半葉十行，行十九字，小字雙行同，白口，左右雙邊。

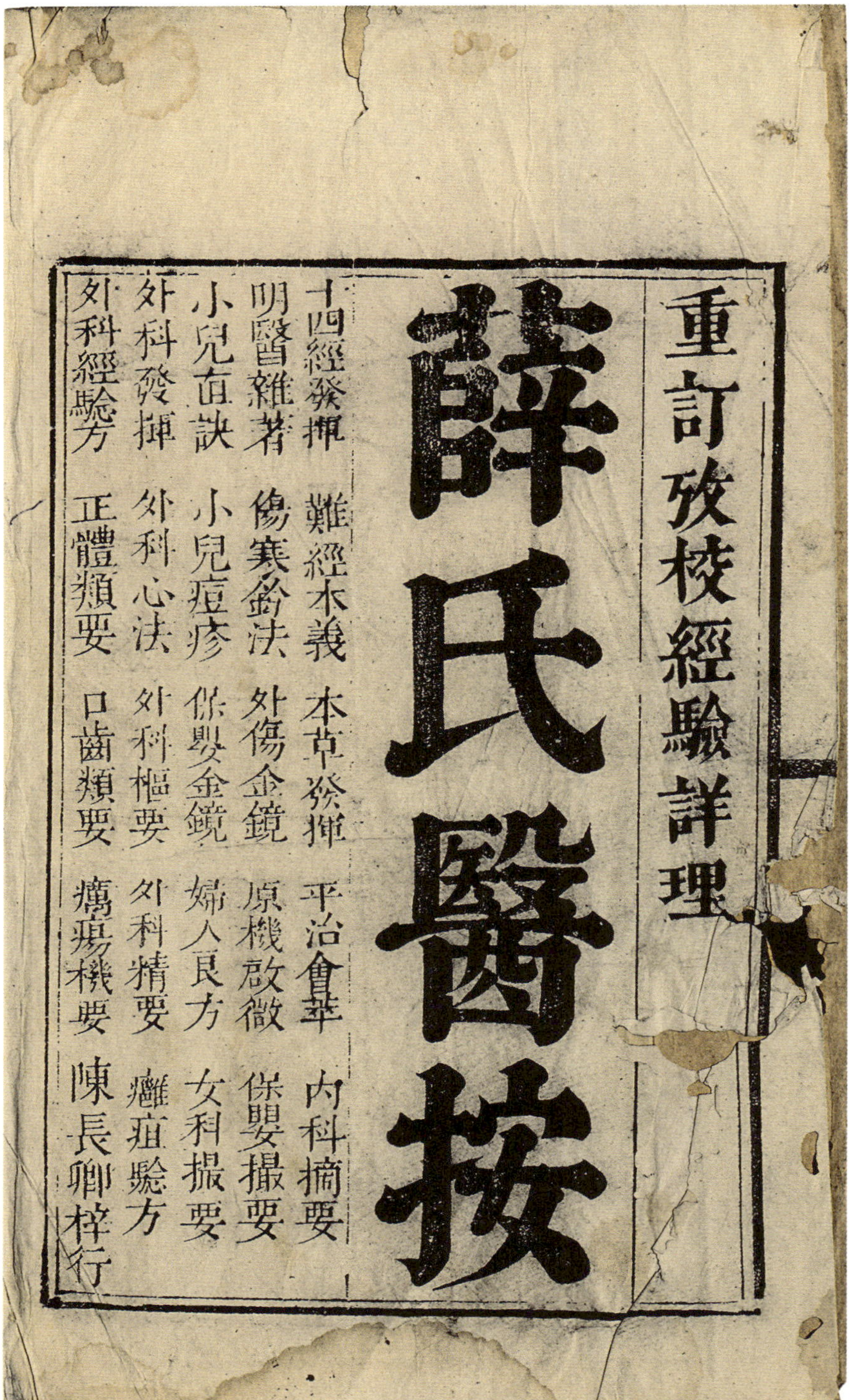

重訂攷校經驗詳理

薛氏醫按

十四經發揮　難經本義　本草發揮　平治會萃　內科摘要
明醫雜著　傷寒鈐法　外傷金鏡　原機啓微　保嬰撮要
小兒直訣　小兒痘疹　保嬰金鏡　婦人良方　女科撮要
外科發揮　外科心法　外科樞要　外科精要　癰疽驗方
外科經驗方　正體類要　口齒類要　癘瘍機要

陳長卿梓行

0017　薛氏醫按二十四種　（明）吴琯輯　明陳長卿刻本

框高20.4厘米，廣13.5厘米。半葉十行，行二十字，小字雙行同，白口，四周單邊。

十四經發揮卷上

薛氏醫按

許昌滑壽著　吴郡薛鎧校

新安　吴玄有閲

手足陰陽流注篇

凡人兩手足各有三陰脈三陽脈以合爲十二經也

三陰謂太陰少陰厥陰三陽謂陽明太陽少陽也

人兩手足各有三陰脈三陽脈相合為十二經也

手三陰謂太陰肺經少陰心經厥陰心胞經手三陽謂陽明大腸經太陽小腸經少陽三焦經足三陰謂太陰脾經少陰腎經厥陰肝經足三陽謂陽

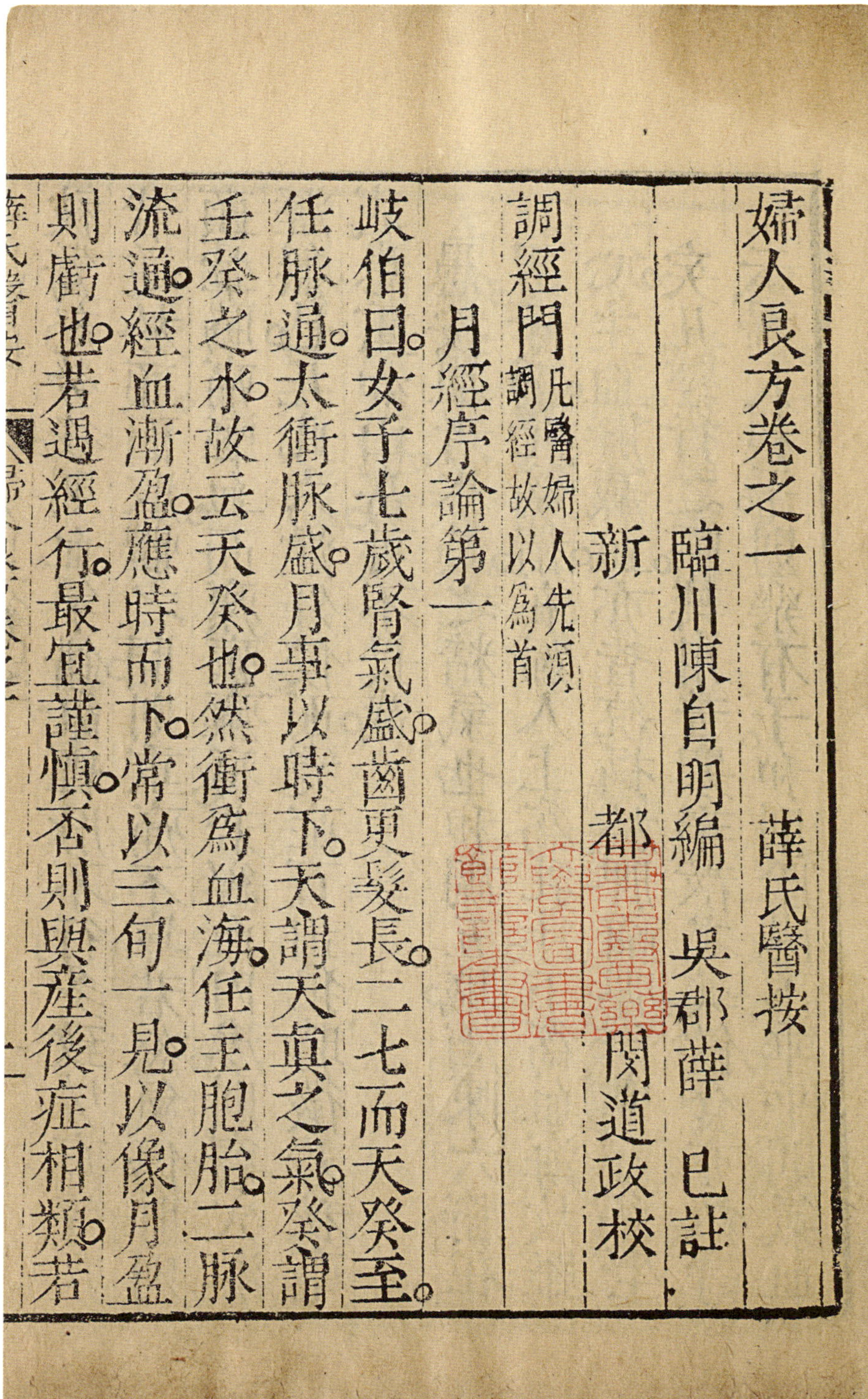

婦人良方卷之一　　薛氏醫按

臨川陳自明編　吴郡薛　己註

新　都　閔道政校

調經門 凡醫婦人先須調經故以爲首

月經序論第一

岐伯曰。女子七歲腎氣盛。齒更髮長。二七而天癸至。任脉通。太衝脉盛。月事以時下。天謂天真之氣。癸謂壬癸之水。故云天癸也。然衝爲血海。任主胞胎。二脉流通。經血漸盈。應時而下。常以三旬一見。以像月盈則虧也。若遇經行。最宜謹慎。否則與產後症相類。若

0018　婦人良方二十四卷　（宋）陳自明撰　薛己注　閔道政校　閔道政刻本

框高19.8厘米，廣13.6厘米。半葉十行，行二十字，小字雙行同，白口，左右雙邊。

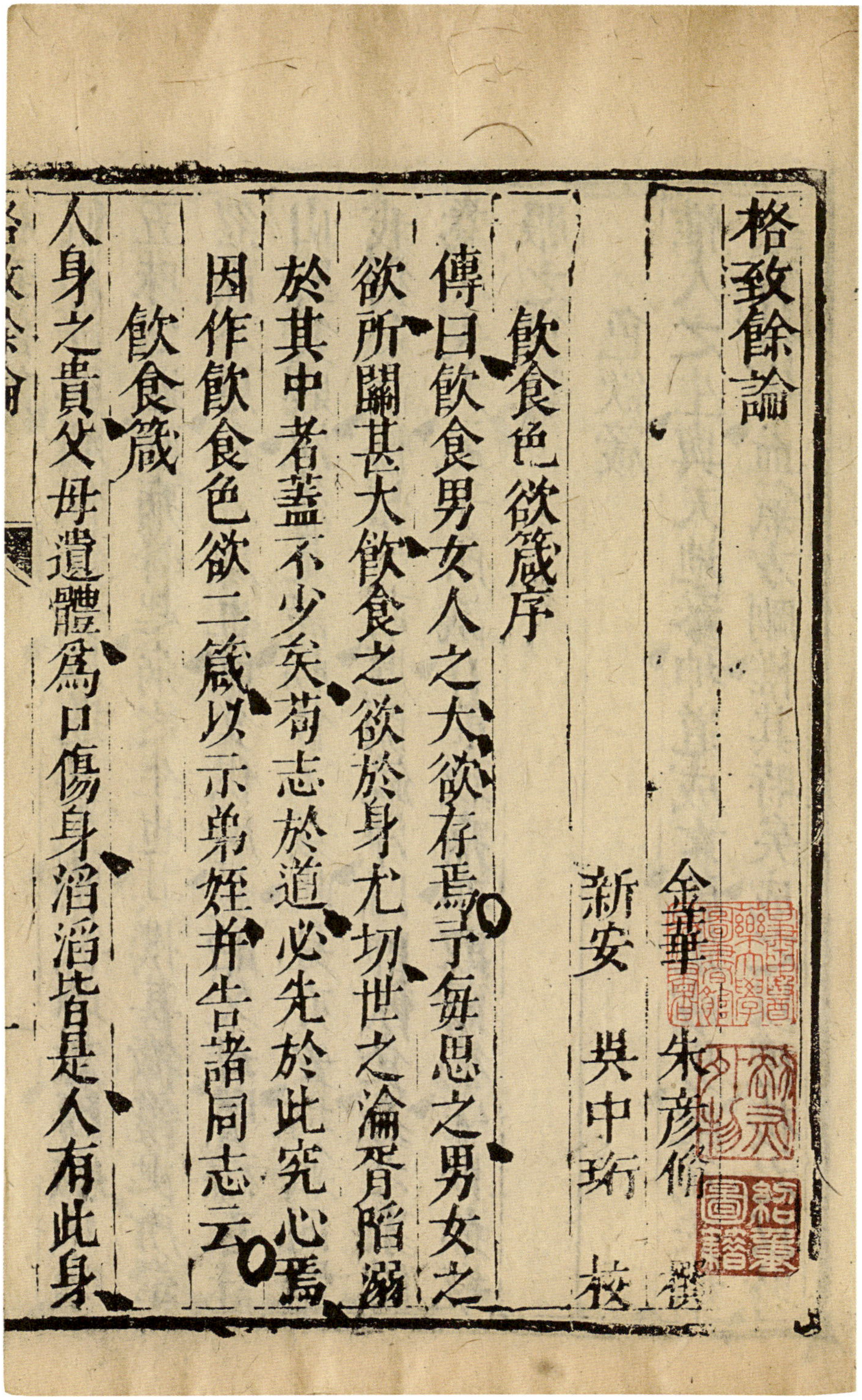

格致餘論

金華　朱彥脩　撰

新安　吳中珩　校

飲食色欲箴序

傳曰飲食男女人之大欲存焉予每思之男女之欲所關甚大飲食之欲於身尤切世之淪胥陷溺於其中者蓋不少矣苟志於道必先於此究心焉因作飲食色欲二箴以示弟姪并告諸同志云

飲食箴

人身之貴父母遺體爲口傷身滔滔皆是人有此身

0019　格致餘論一卷　（元）朱震亨撰　（明）吳中珩校刻本

框高20厘米，廣13.6厘米。半葉十行，行二十字，白口，四周雙邊。張紹重先生捐贈本。

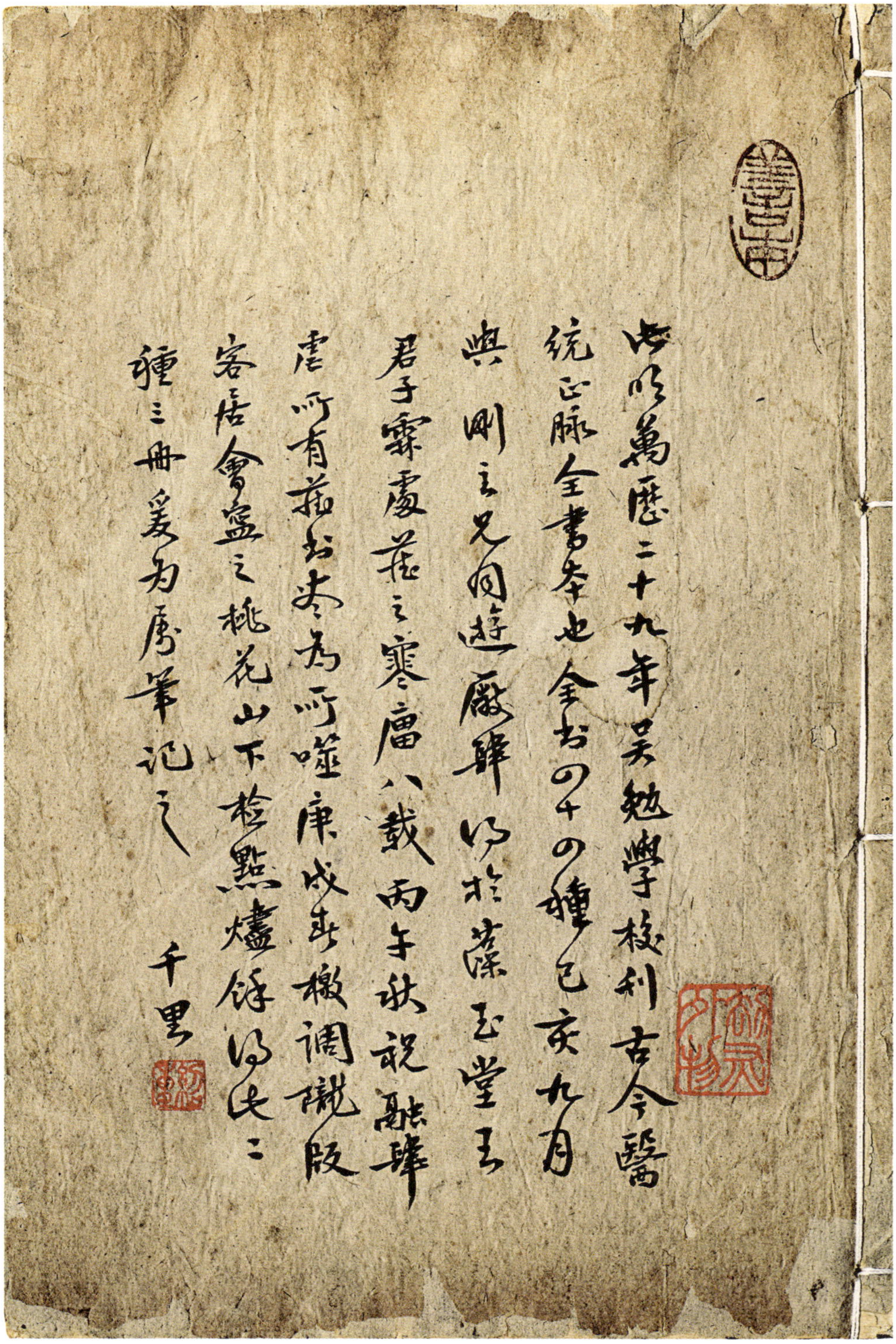
此明萬歷二十九年吳勉學校刊古今醫統正脈全書本也全書四十四種己亥九月與剛主兄同遊廠肆得於藻玉堂王君子霖處藏之寒齋八載丙午秋說融肆虐所有藏書悉為所噬庚戌年撥調隴阪客居會寧之桃花山下檢點燼餘得此二種三冊爰為扉筆記之

千里

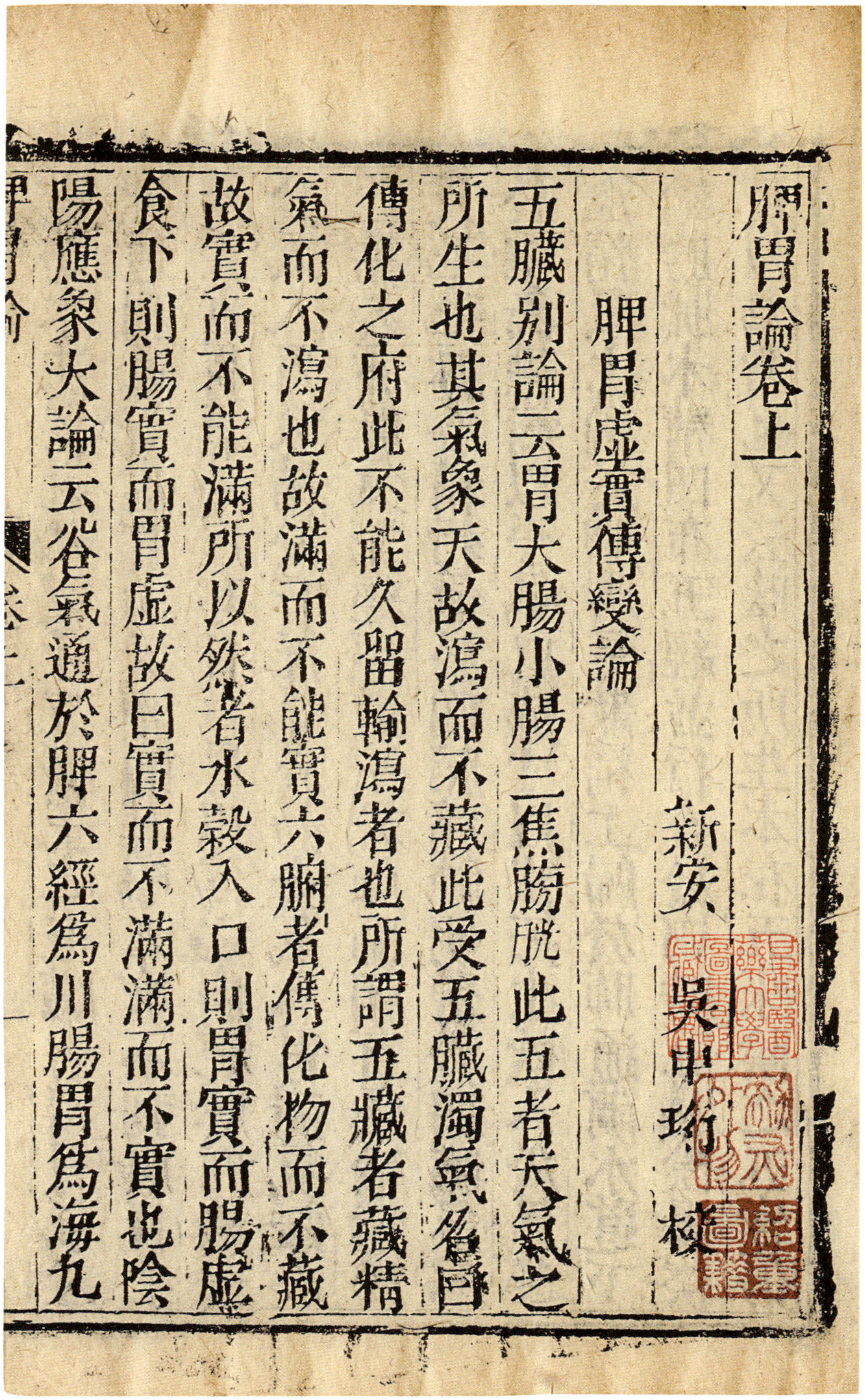
脾胃論卷上

新安　吳中珩　校

脾胃虛實傳變論

五臟別論云胃大腸小腸三焦膀胱此五者天氣之所生也其氣象天故瀉而不藏此受五臟濁氣名曰傳化之府此不能久留輸瀉者也所謂五臟者藏精氣而不瀉也故滿而不能實六腑者傳化物而不藏故實而不能滿所以然者水穀入口則胃實而腸虛食下則腸實而胃虛故曰實而不滿滿而不實也陰陽應象大論云谷氣通於脾六經為川腸胃為海九

脾胃論　卷上　一

0020　脾胃論三卷　（金）李杲撰　（明）吳中珩校刻本

框高20厘米，廣13.6厘米。半葉十行，行二十字，白口，小字雙行同，四周雙邊。張紹重先生捐贈本。

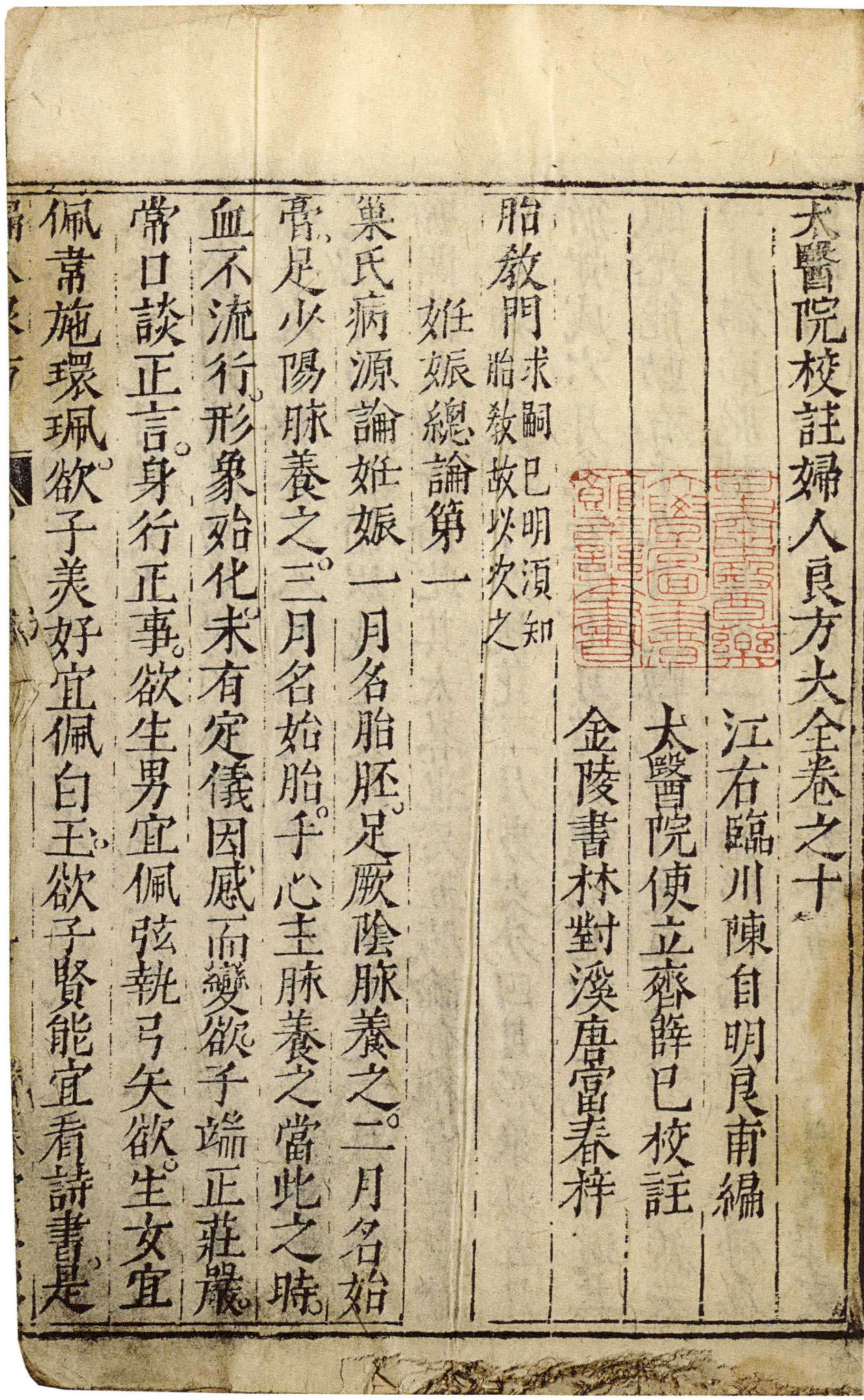

太醫院校註婦人良方大全卷之十

江右臨川陳自明良甫編

太醫院使立齋薛己校註

金陵書林對溪唐富春梓

胎教門 求嗣已明須知胎教故以次之

妊娠總論第一

巢氏病源論妊娠一月名胎胚足厥陰脉養之二月名始膏足少陽脉養之三月名始胎手心主脉養之當此之時血不流行形象始化未有定儀因感而變欲子端正莊嚴常口談正言身行正事欲生男宜佩弦執弓矢欲生女宜佩帶施環珮欲子美好宜佩白玉欲子賢能宜看詩書是

0021　婦人良方大全二十四卷　（宋）陳自明編　（明）薛己校注　明富春堂刻本

框高19.8厘米，廣13.6厘米。半葉十一行，行二十二字，小字雙行同，白口，四周雙邊。

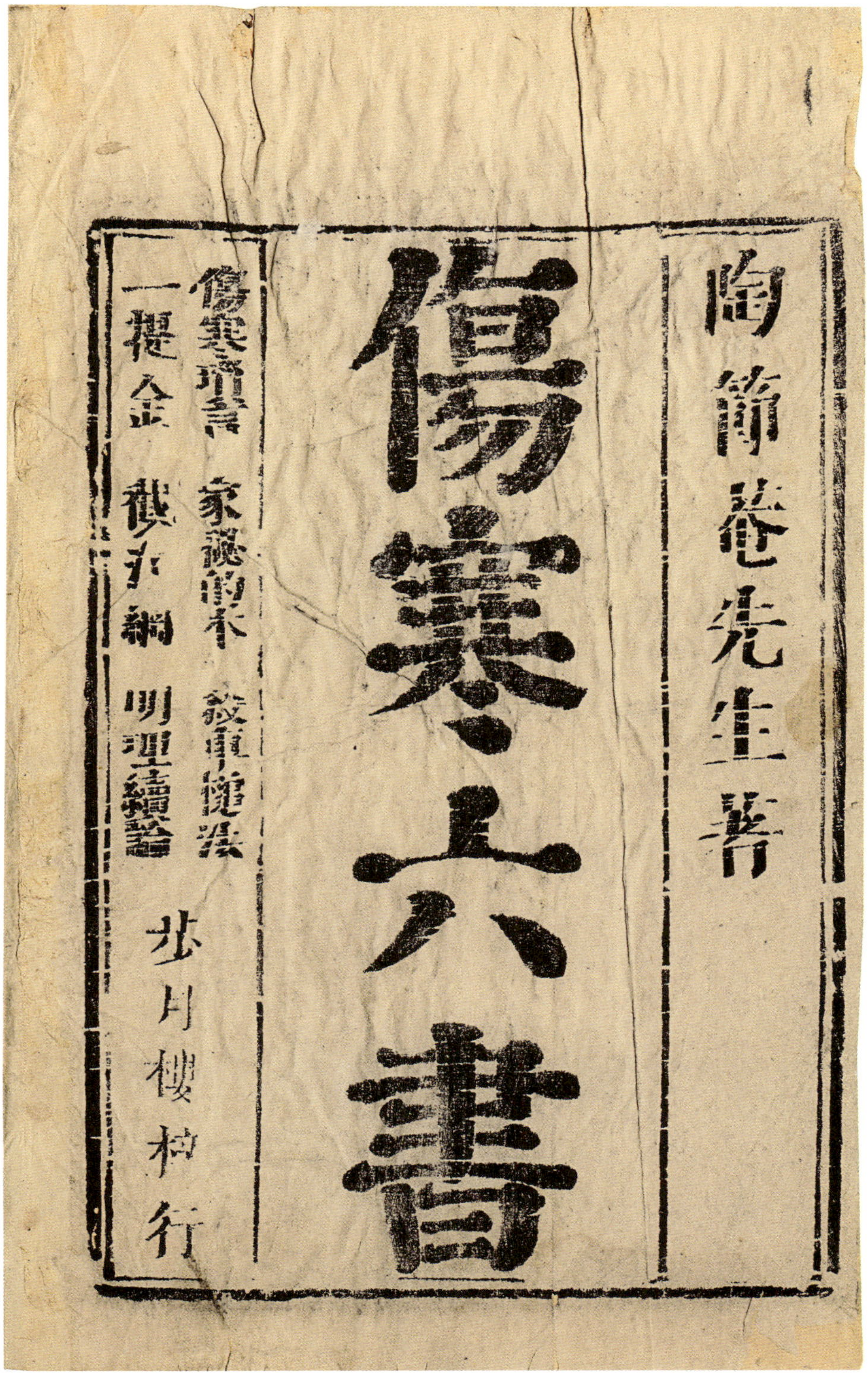

陶節菴先生著

傷寒六書

傷寒瑣言　家秘的本　殺車槌法

一提金　截江網　明理續論

步月樓梓行

0022　傷寒六書六卷　（明）陶華撰　明步月樓刻本

框高20厘米，廣13.5厘米。半葉十行，行二十字，小字雙行同，白口，四周雙邊。

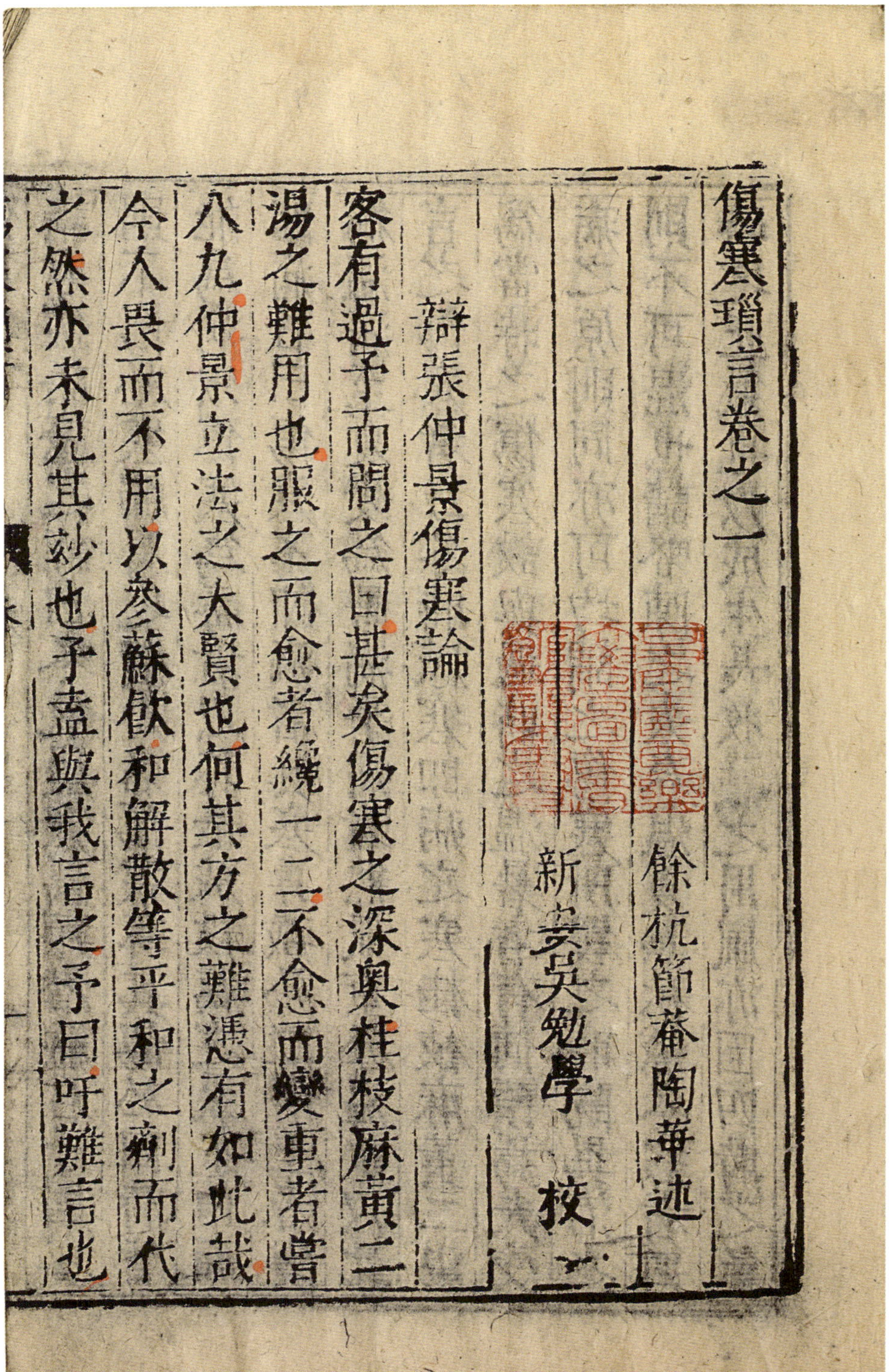
傷寒瑣言卷之一

餘杭節菴陶華述

新安吳勉學　校

辯張仲景傷寒論

客有過予而問之曰甚矣傷寒之深奧桂枝麻黄二湯之難用也服之而愈者纔一二不愈而變重者嘗八九仲景立法之大賢也何其方之難憑有如此哉今人畏而不用以參蘇飲和解散等平和之劑而代之然亦未見其妙也予盍與我言之予曰吁難言也

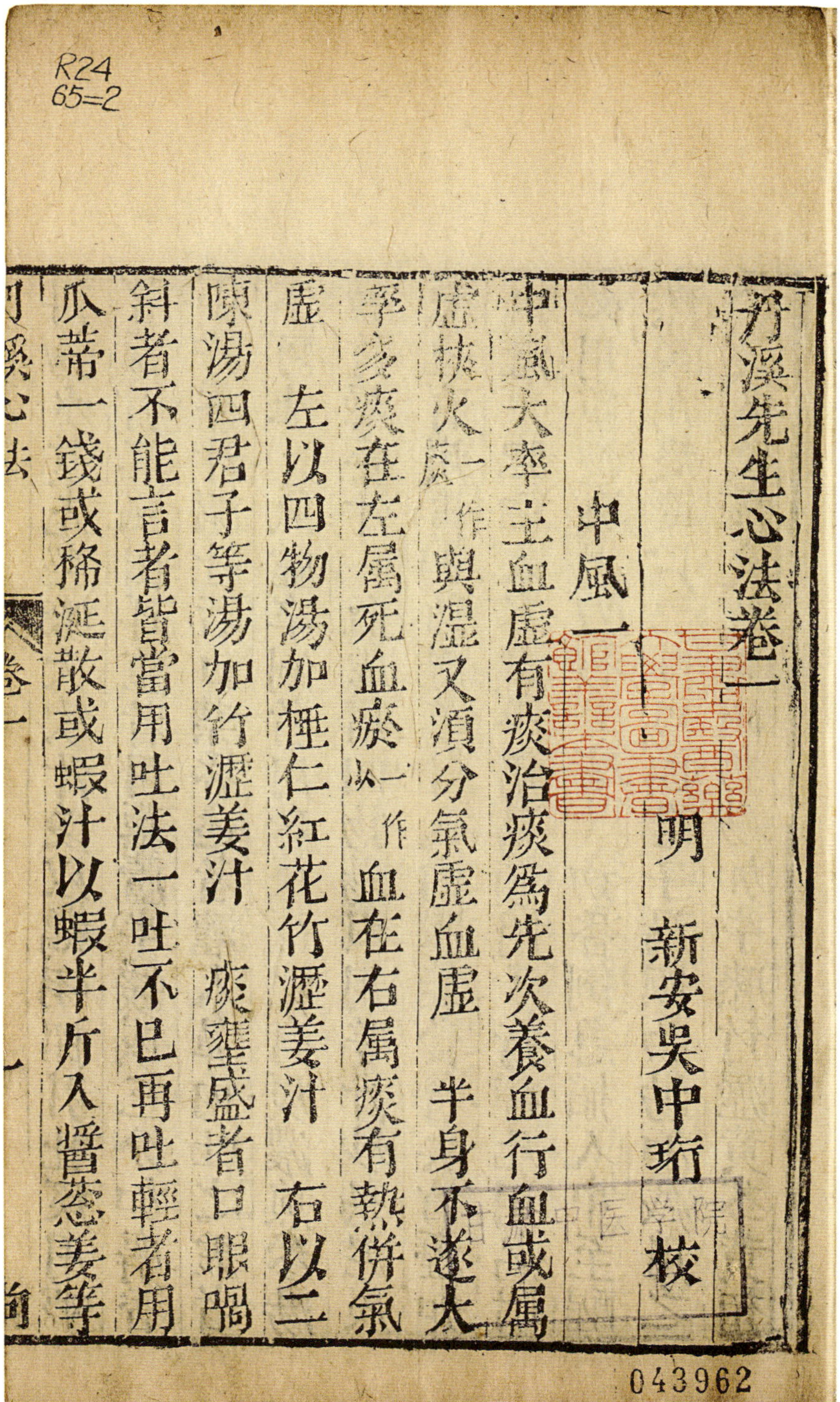
R24
65=2

丹溪先生心法卷一

明　新安吳中珩　校

中風一

中風大率主血虛有痰治痰爲先次養血行血或屬虛挾火一作痰與濕又須分氣虛血虛　半身不遂大率多痰在左屬死血瘀一作少血在右屬痰有熱并氣虛　左以四物湯加桃仁紅花竹瀝姜汁　右以二陳湯四君子等湯加竹瀝姜汁　痰壅盛者口眼喎斜者不能言者皆當用吐法一吐不已再吐輕者用瓜蒂一錢或稀涎散或蝦汁以蝦半斤入醬葱姜等

丹溪心法　卷一　一

043962

0023　丹溪心法五卷　（明）吳中珩校　明尚德堂刻本
框高19.5厘米，廣13.5厘米。半葉十行，行二十字，小字雙行不等，白口，四周雙邊。

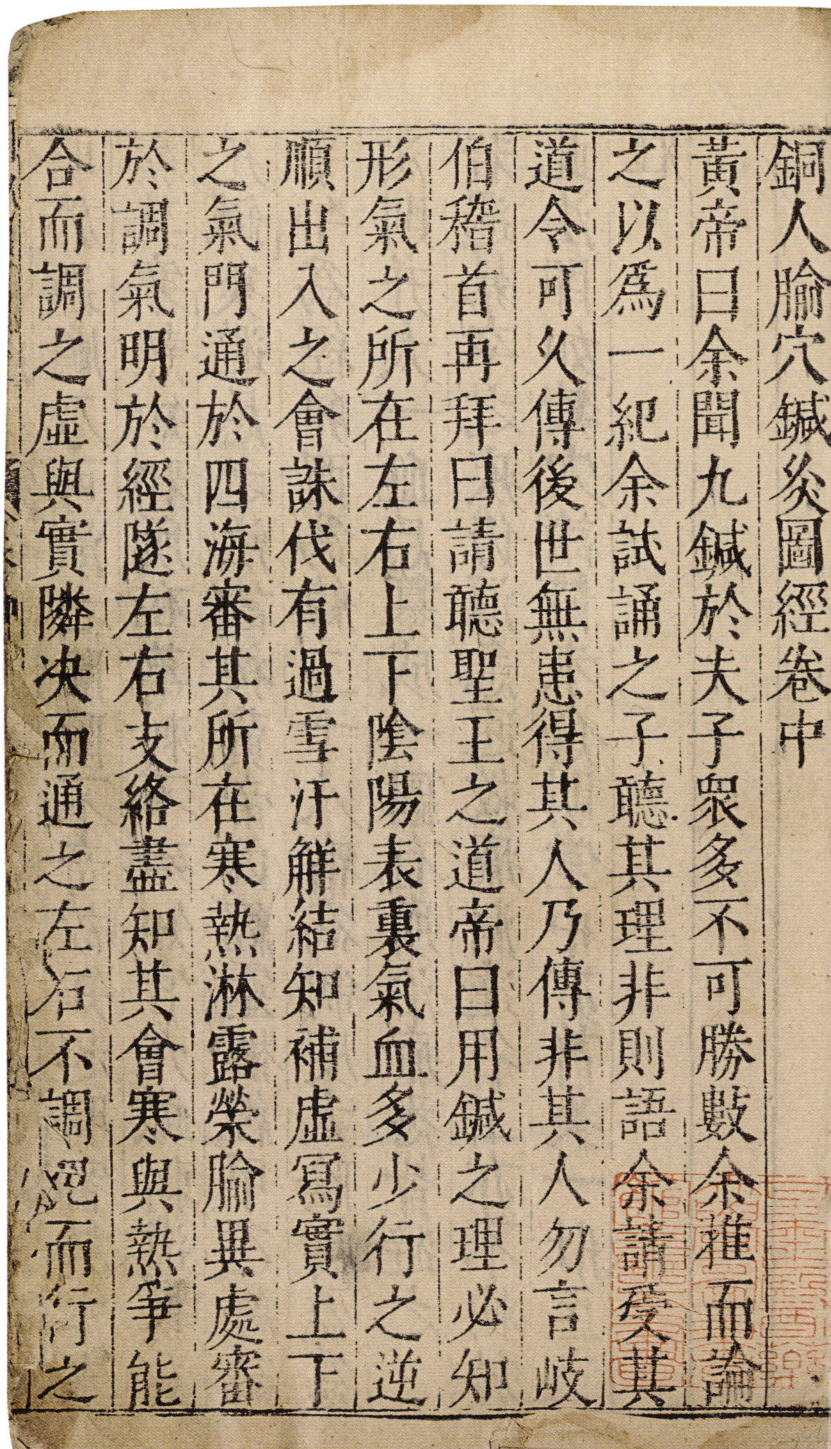

銅人腧穴鍼灸圖經卷中

黃帝曰余聞九鍼於夫子衆多不可勝數余推而論之以爲一紀余試誦之子聽其理非則語余請受其道令可久傳後世無患得其人乃傳非其人勿言岐伯稽首再拜曰請聽聖王之道帝曰用鍼之理必知形氣之所在左右上下陰陽表裏氣血多少行之逆順出入之會誅伐有過雪汗解結知補虛寫實上下之氣門通於四海審其所在寒熱淋露榮腧異處審於調氣明於經隧左右支絡盡知其會寒與熱爭能合而調之虛與實鄰决而通之左右不調把而行之

0024　銅人腧穴鍼灸圖經三卷　（宋）王惟一撰　明刻本

框高21.1厘米，廣13.2厘米。半葉十行，行二十字，小字雙行，白口，四周雙邊。

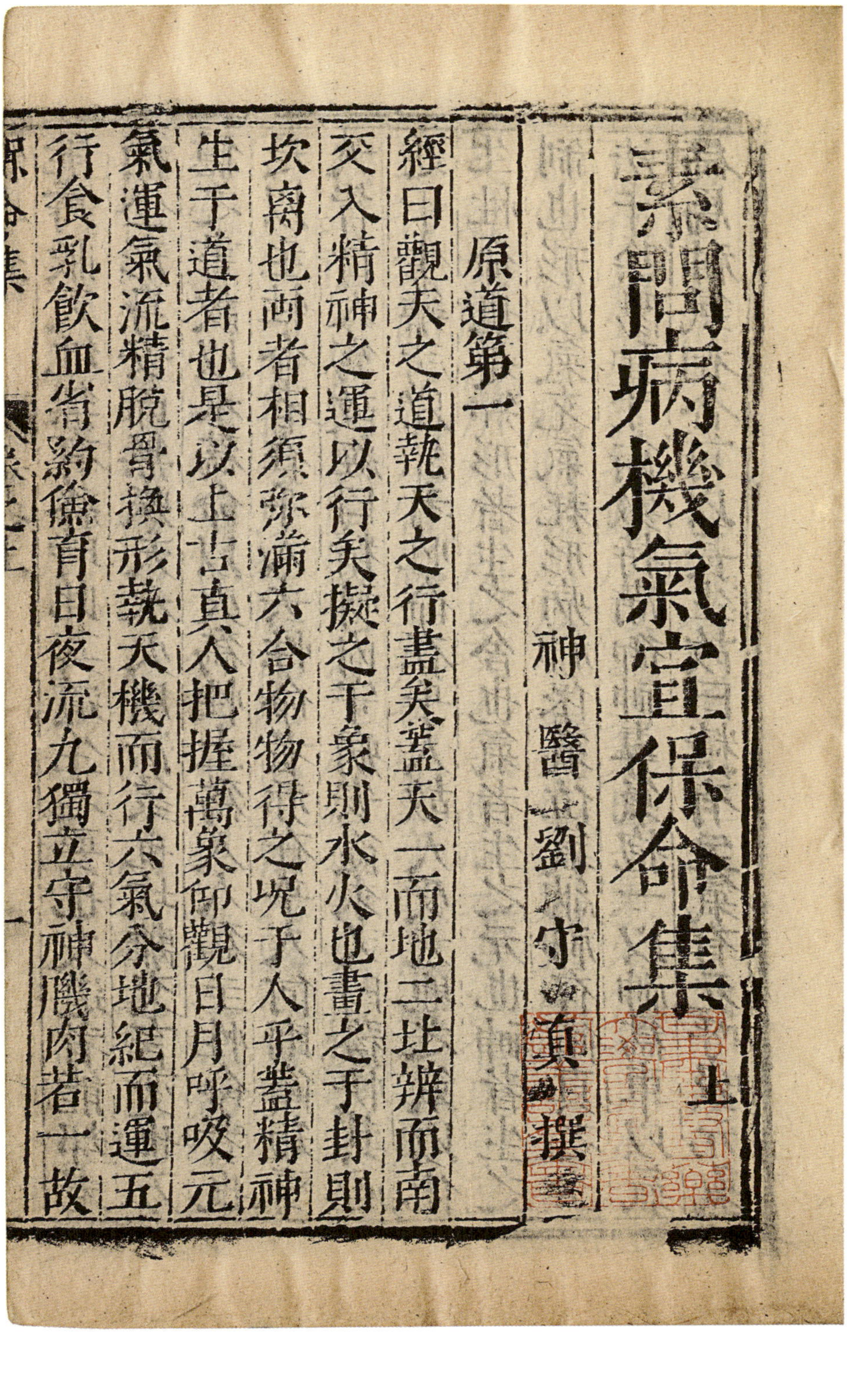
素問病機氣宜保命集　上

神醫劉守眞撰

原道第一

經曰觀天之道執天之行盡矣蓋天一而地二北辨而南交入精神之運以行矣擬之于象則水火也畫之于卦則坎離也兩者相須弥滿六合物物得之况于人乎蓋精神生于道者也是以上古眞人把握萬象仰觀日月呼吸元氣運氣流精脫骨換形執天機而行六氣分地紀而運五行食乳飲血省約俻育日夜流九獨立守神肌肉若一故

保命集　卷之上　一

0025　劉河間傷寒三書二十卷　（金）劉元素撰　明刻本

框高19.5厘米，廣12.7厘米。半葉十行，行二十二字，白口，四周雙邊。

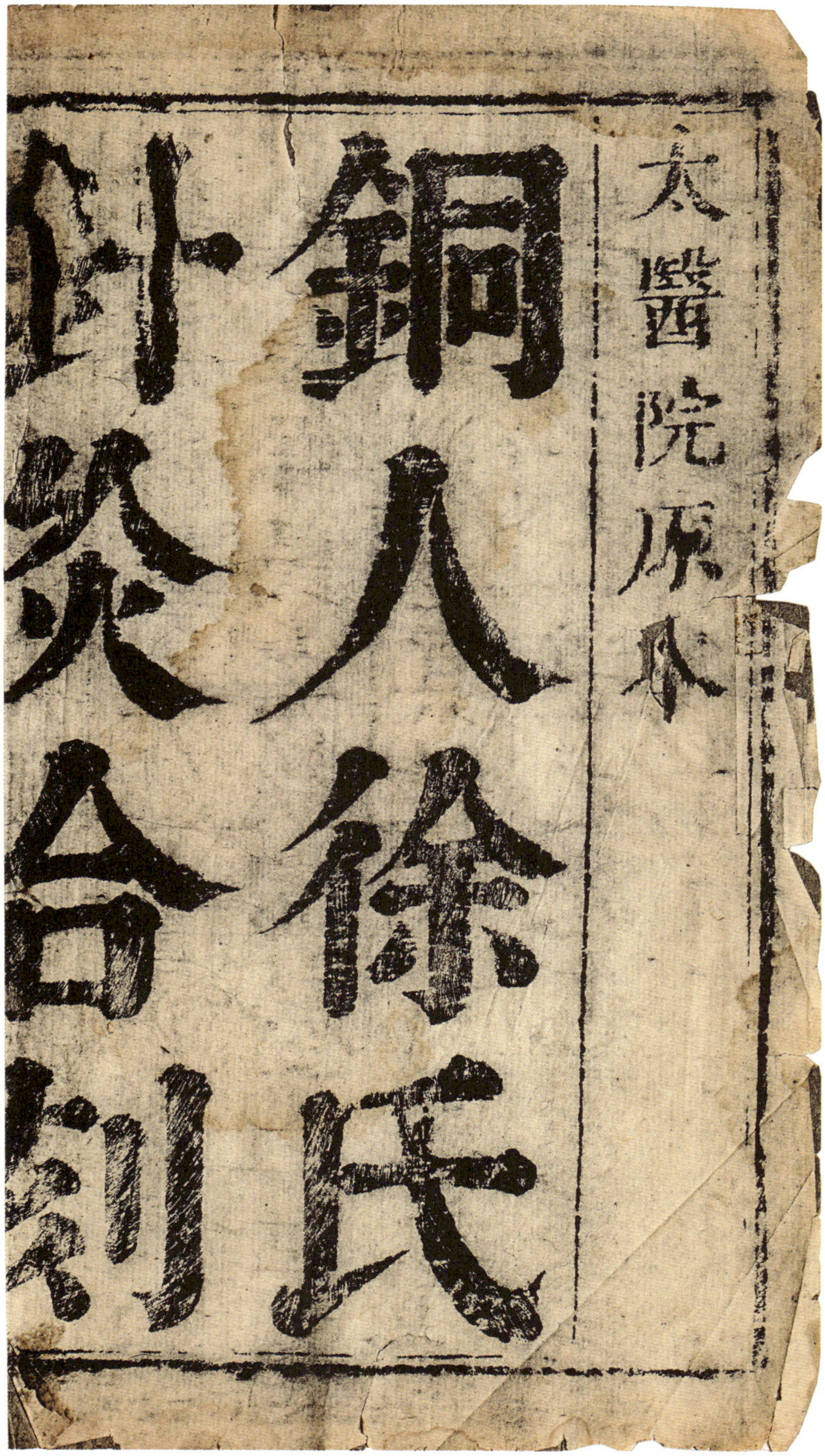

太醫院原本

銅人徐氏

針灸合刻

0026　銅人徐氏針灸合刻　明太醫院参訂　明刻本

框高21.1厘米，廣13.3厘米。半葉十行，行二十五字，小字雙行同，白口，四周單邊。

穴腧都數

仰人頭面部

神庭一穴直鼻柱在額上入髮際五分

上星一穴在額上直鼻入髮際一寸陷中容豆

顖會一穴在上星後一寸陷中

前頂一穴在顖會後一寸五分骨陷中

百會一穴在前頂後一寸五分頂中央旋毛陷

中容指

曲差二穴俠神庭傍一寸五分在髮際也

五處二穴俠上星傍一寸五分

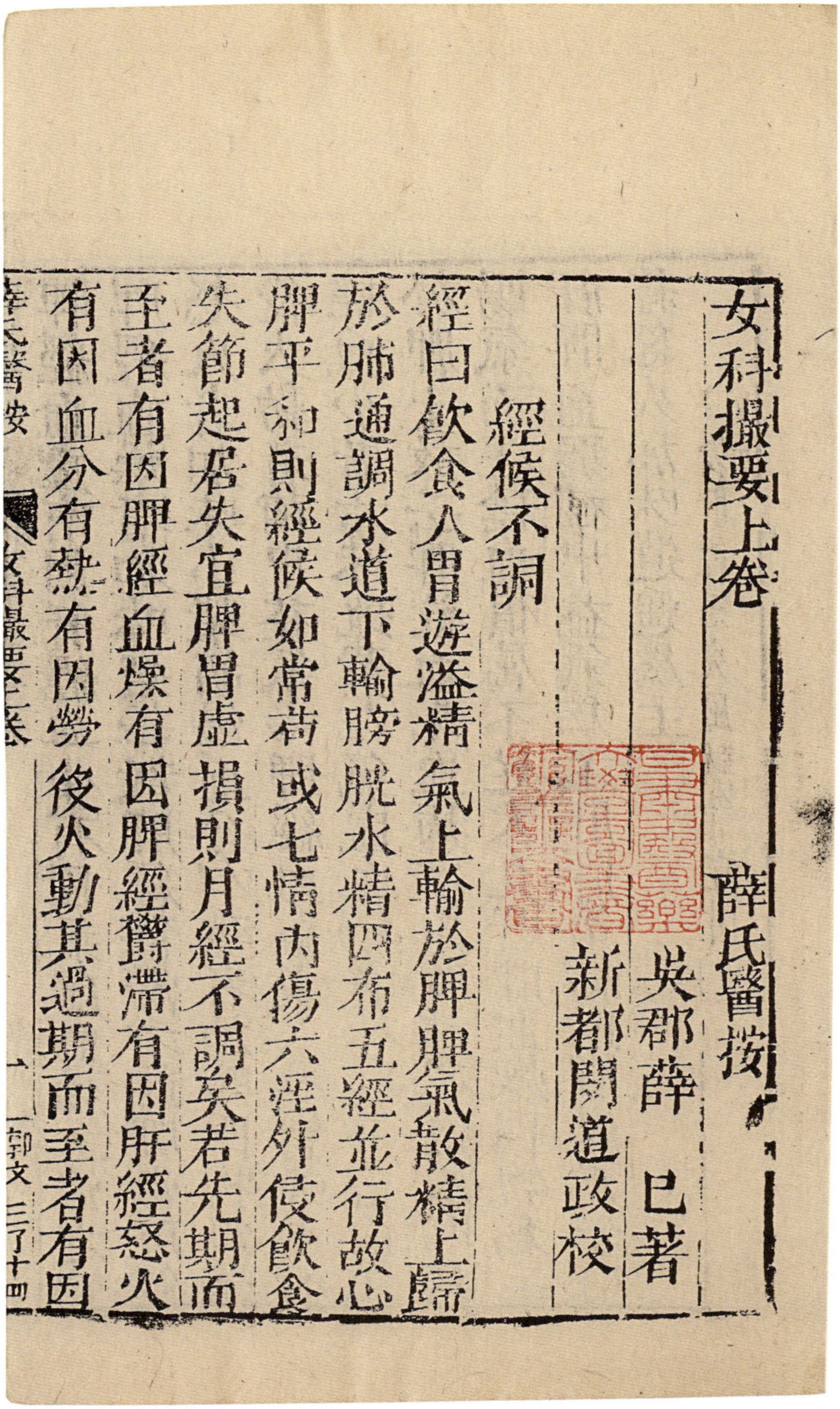

女科撮要上卷　　　　薛氏醫按

吳郡薛　已著

新都閔道政校

經候不調

經曰飲食入胃遊溢精氣上輸於脾脾氣散精上歸於肺通調水道下輸膀胱水精四布五經並行故心脾平和則經候如常苟或七情内傷六淫外侵飲食失節起居失宜脾胃虚損則月經不調矣若先期而至者有因脾經血燥有因脾經鬱滯有因肝經怒火有因血分有熱有因勞役火動其過期而至者有因

薛氏醫按　女科撮要上卷　一　郭文　三百十四

0027　女科撮要三卷　（明）薛己著　閔道政校　明刻本

框高19.4厘米，廣13.8厘米。半葉十行，行二十字，小字雙行同，白口，左右雙邊。

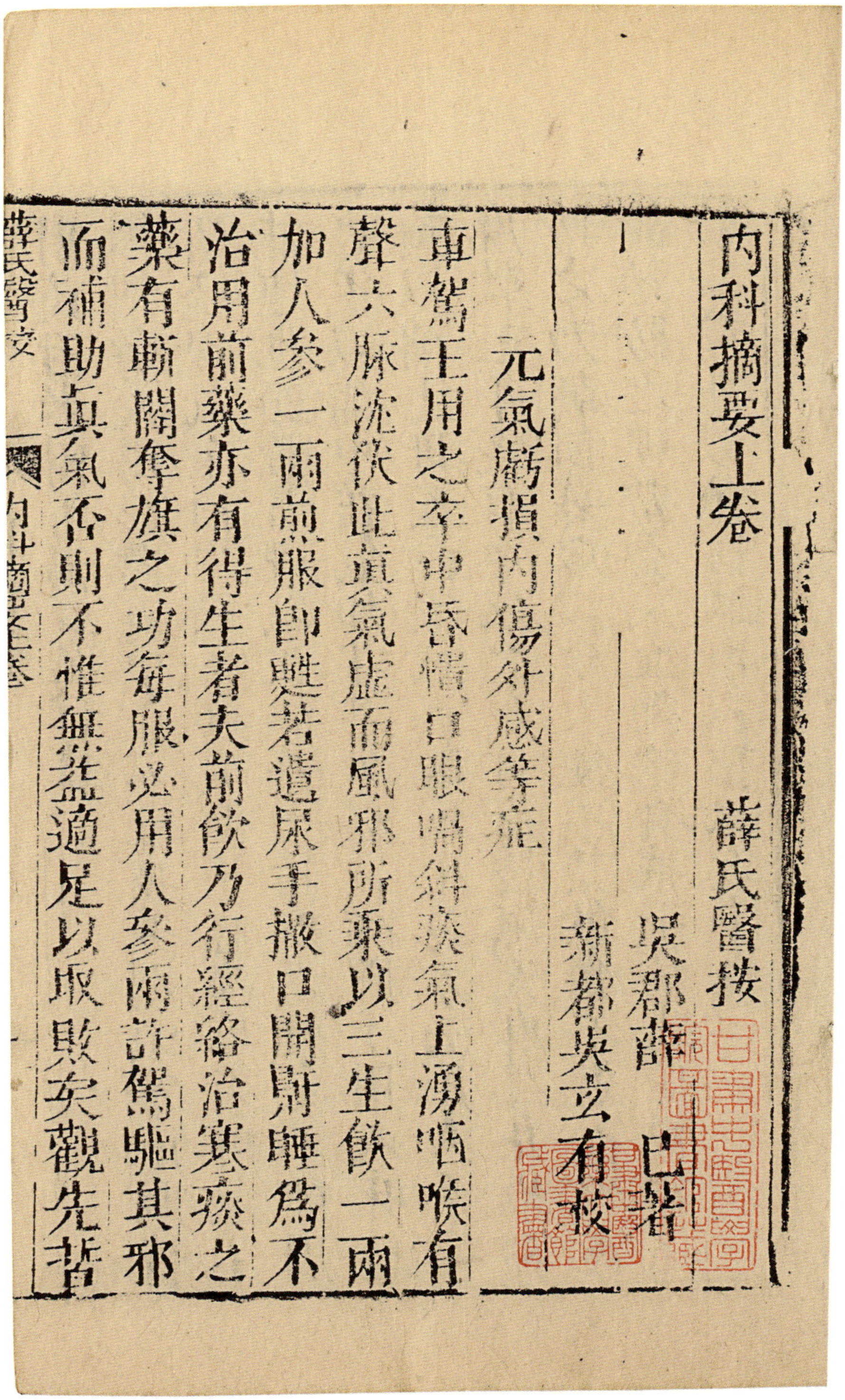
內科摘要上卷

薛氏醫按

吳郡薛 己著

新都吳玄有校

元氣虧損内傷外感等症

車駕王用之卒中昏憒口眼喎斜痰氣上湧咽喉有聲六脉沉伏此眞氣虚而風邪所乘以三生飲一兩加人參一兩煎服即甦若遺尿手撒口開鼾睡爲不治用前藥亦有得生者夫前飲乃行經絡治寒痰之藥有斬關奪旗之功每服必用人參兩許駕驅其邪而補助眞氣否則不惟無益適足以取敗矣觀先哲

薛氏醫按　内科摘要上卷　一

0028　内科摘要三卷　（明）薛己著　明刻本

框高19.9厘米，廣13.9厘米。半葉十行，行二十字，小字雙行同，白口，左右雙邊。

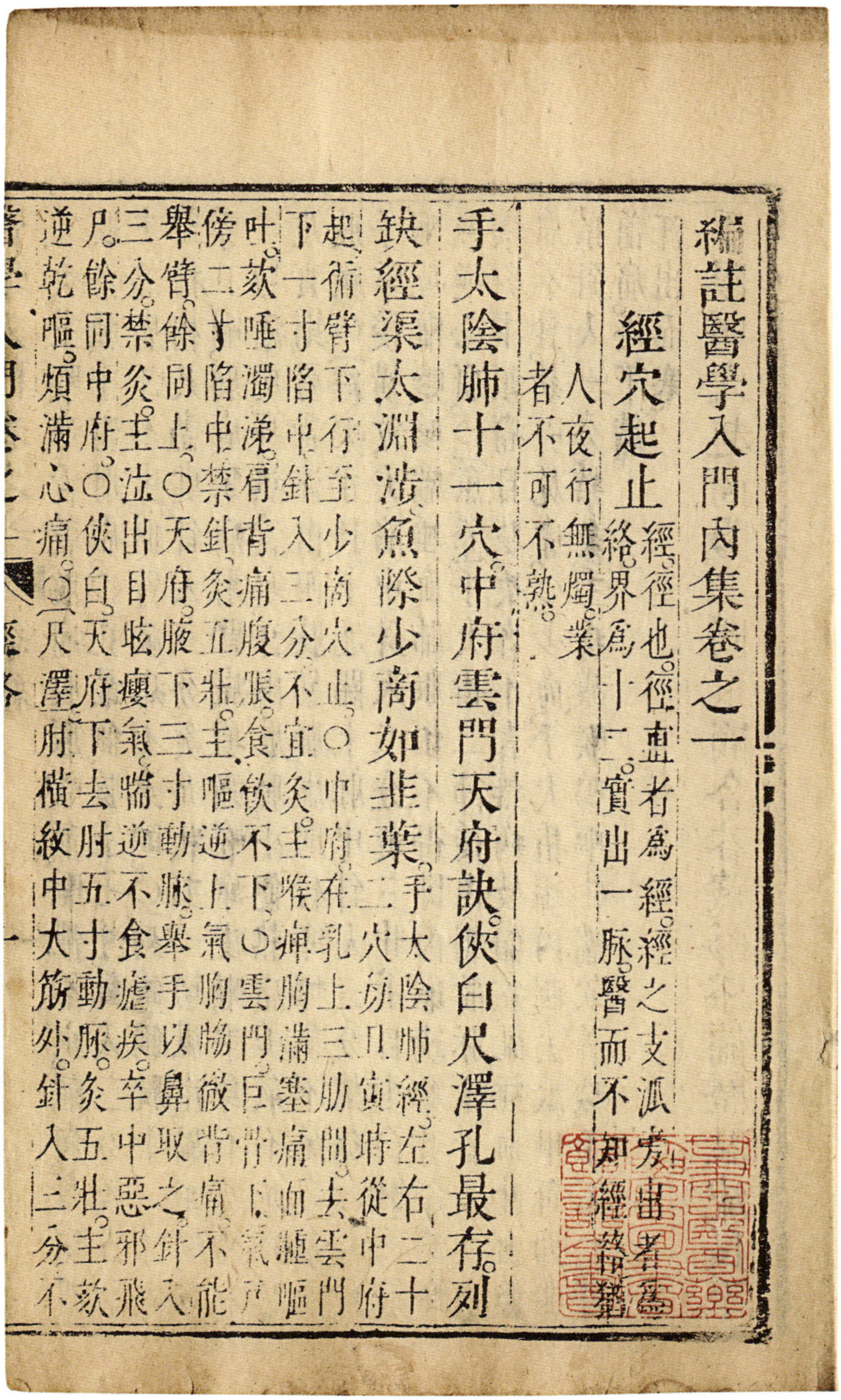
編註醫學入門內集卷之一

經穴起止 經徑也徑直者爲經經之支派旁出者爲絡界爲十二實出一脉醫而不知經絡猶人夜行無燭業者不可不熟

手太陰肺十一穴，中府雲門天府訣，俠白尺澤孔最存，列缺經渠太淵涉，魚際少商如韭葉。手太陰肺經左右二十二穴始自胸中府起循臂下行至少商穴止○中府在乳上三肋間去雲門下一寸陷中針入三分不宜灸主喉痺胸滿塞痛血嘔吐欬唾濁涕肩背痛腹脹食飲不下○雲門巨骨下氣戶傍二寸陷中禁針灸五壯主嘔逆上氣胸脇徹背痛不能舉臂餘同上○天府腋下三寸動脈舉手以鼻取之針入三分禁灸主泣出目眩癭氣喘逆不食瘧疾卒中惡邪飛尸餘同中府○俠白天府下去肘五寸動脈灸五壯主欬逆乾嘔煩滿心痛○尺澤肘橫紋中大筋外針入三分不

醫學入門卷之一 經絡 一

0029　醫學入門七卷卷首一卷　（明）李梴編　明刻本

框高22.6厘米，廣13.8厘米。半葉九行，行二十二字，小字雙行同，白口，左右雙邊。

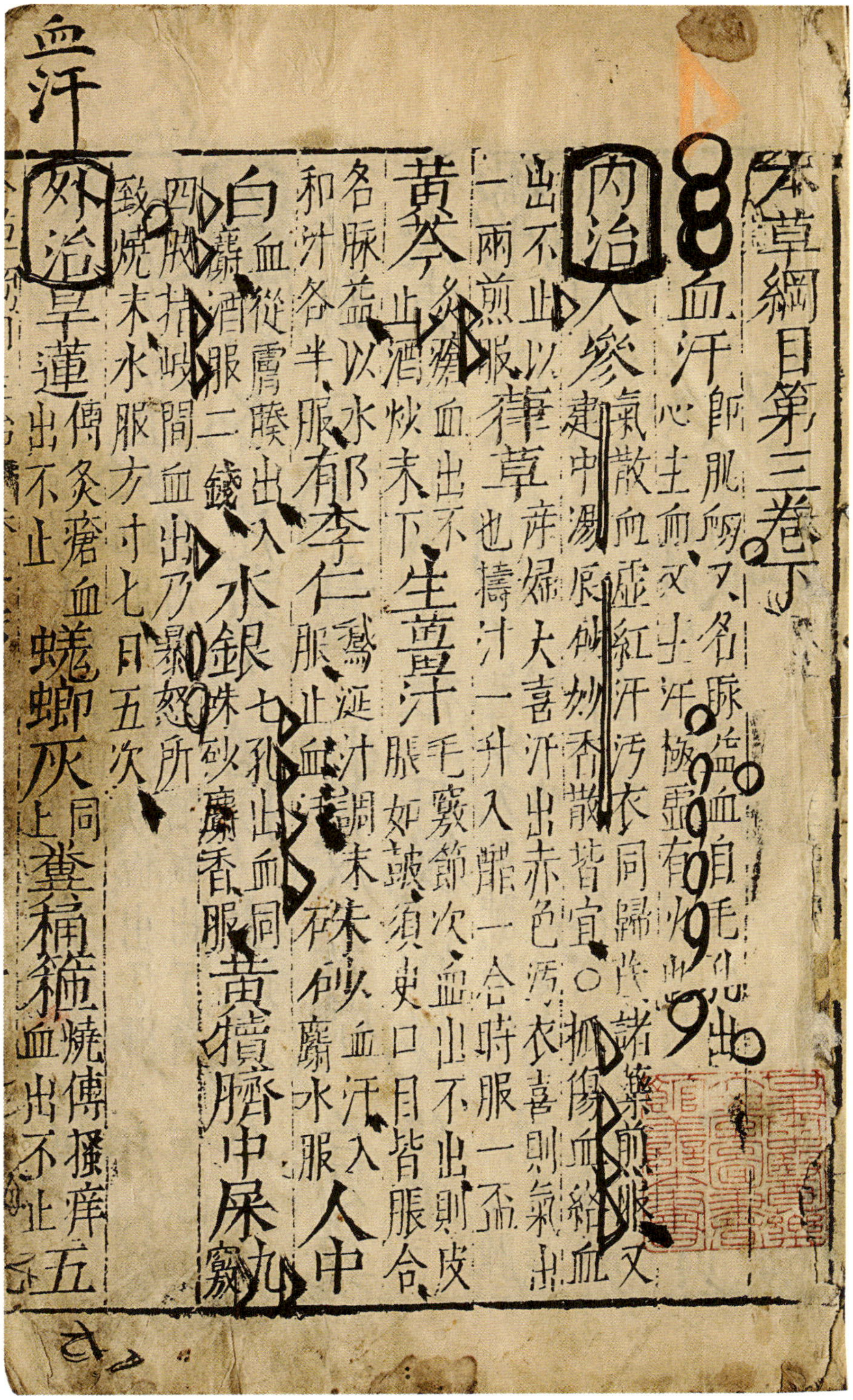
本草綱目第三卷下

血汗 卽肌衄，又名脈溢，血自毛孔出。心主血，又主汗，極虛有火也。

內治 人參 氣散血虛，紅汗污衣，同歸耆諸藥煎服。又建中湯、辰砂妙香散皆宜。○撲傷血絡，血出不止，以一兩煎服。

葎草 產婦大喜，汗出赤色污衣，喜則氣散也。擣汁一升，入醋一合，時服一盃。

黃芩 灸瘡血出不止，酒炒末，

生薑汁 毛竅節次血出，不出則皮脹如鼓，須臾口目皆脹合，名脈溢。以水和汁各半服。

郁李仁 鵞梨汁調末服，止血汗。

朱砂 血汗，入麝水服。

人中白 血從膚腠出，入麝酒服二錢。

水銀 七孔出血，同朱砂、麝香服。

黃犢臍中屎 九竅四肢指岐間血出，乃暴怒所致，燒末，水服方寸匕，日五次。

外治 旱蓮 傅灸瘡血出不止。

蟯蝍灰 同上。

糞桶箍 燒傅搔痒，血出不止。

0030　本草綱目（存三、四、四四至四九卷）　（明）李時珍著　明刻本

框高22厘米，廣15.4厘米。半葉九行，行二十字，小字雙行同，白口，四周單邊。

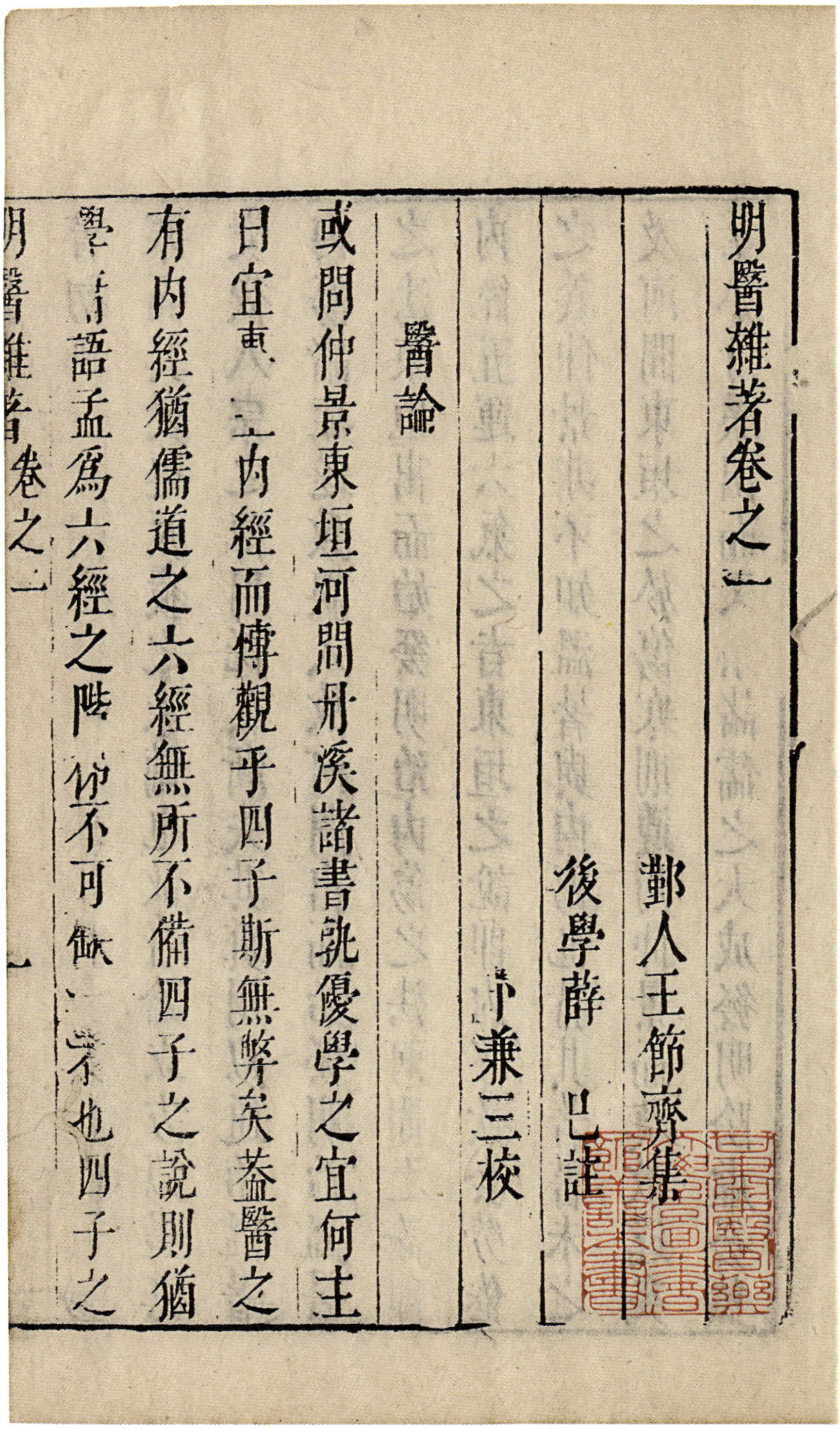

明醫雜著卷之一

鄞人王節齋集

後學薛　己註

[illegible]兼三校

醫論

或問仲景東垣河間丹溪諸書孰優學之宜何主

曰宜專主内經而博觀乎四子斯無弊矣蓋醫之

有内經猶儒道之六經無所不備四子之說則猶

學者語孟爲六經之階梯不可缺一者也四子之

明醫雜著卷之一　一

0031　明醫雜著六卷　（明）王綸撰　薛己注　明刻本

框高20.4厘米，廣13.6厘米。半葉九行，行十八字，小字雙行同，白口，四周單邊。

清刻本

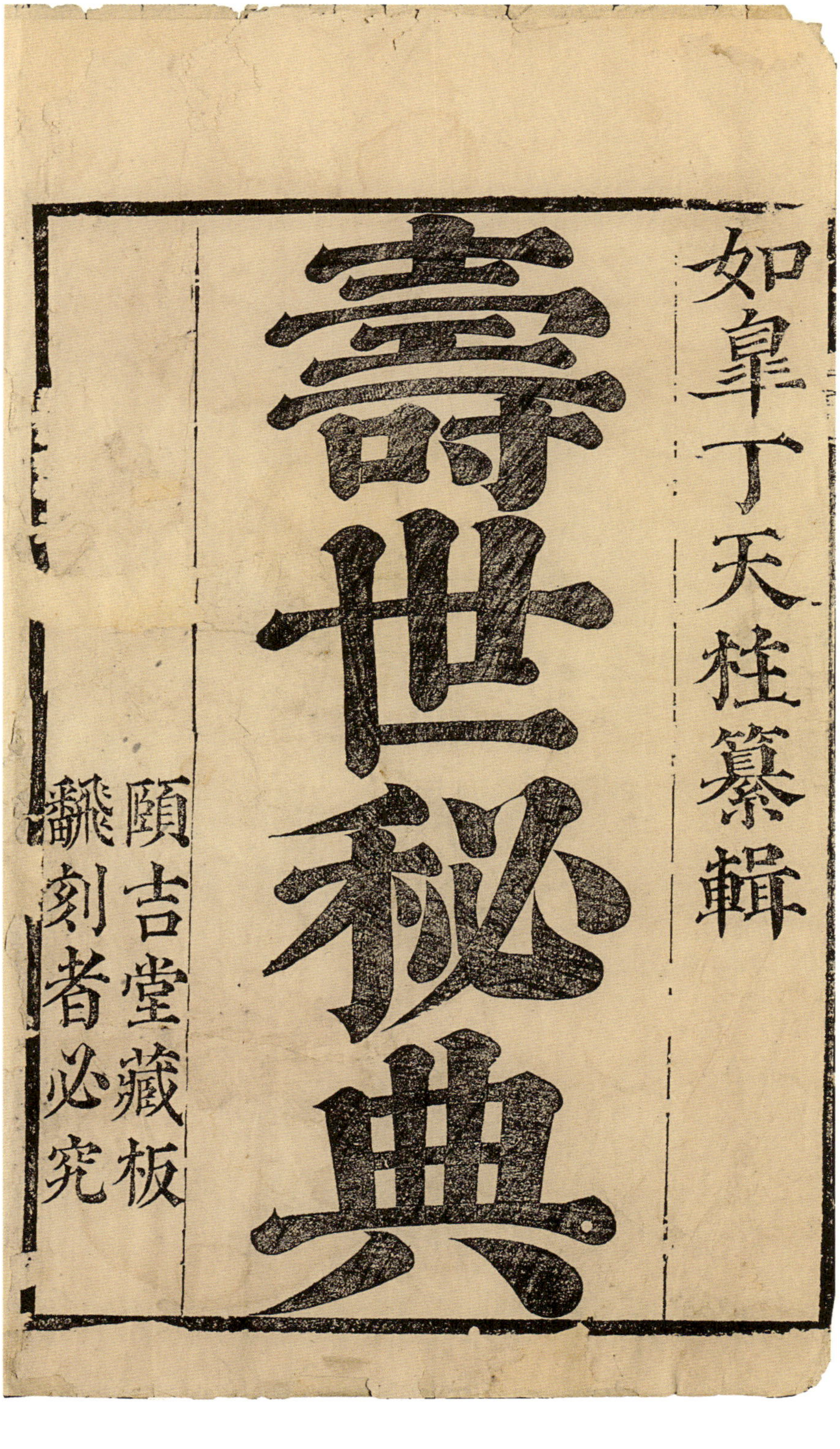

0032　壽世秘典十八卷　（清）丁其譽編　清順治十八年辛丑（1661）頤吉堂刻本

框高20.1厘米，廣14.5厘米。半葉九行，行二十字，小字雙行同，白口，四周單邊。

壽世秘典卷一

如皋丁其譽蜚公甫纂輯　男丁啟運翕庵甫

大冶余國柱佺廬甫參閱　男丁啟光蔚遠甫　校正

同學沈一鳳歷正甫考訂　孫丁長發履祥甫 仁復齋甫　正字

月覽

歲時通典

春 春蠢也物至此時皆蠢動也

東方爲春春曰青陽亦曰芳春陽春風曰惠風景曰

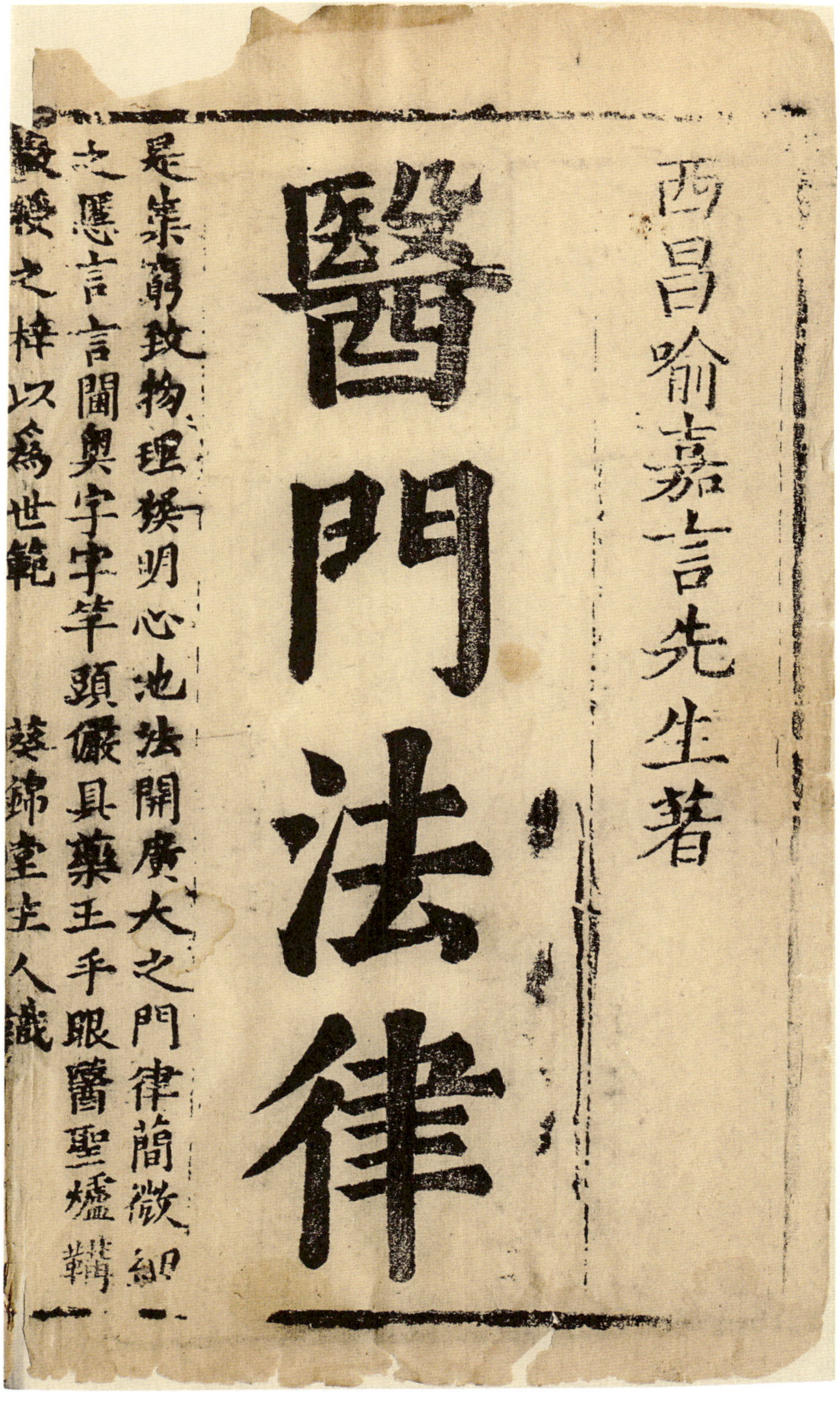

0033　醫門法律六卷　（清）喻昌撰　清順治葵錦堂刻本

框高20厘米，廣12.1厘米。半葉九行，行二十字，小字雙行不等，白口，四周單邊。

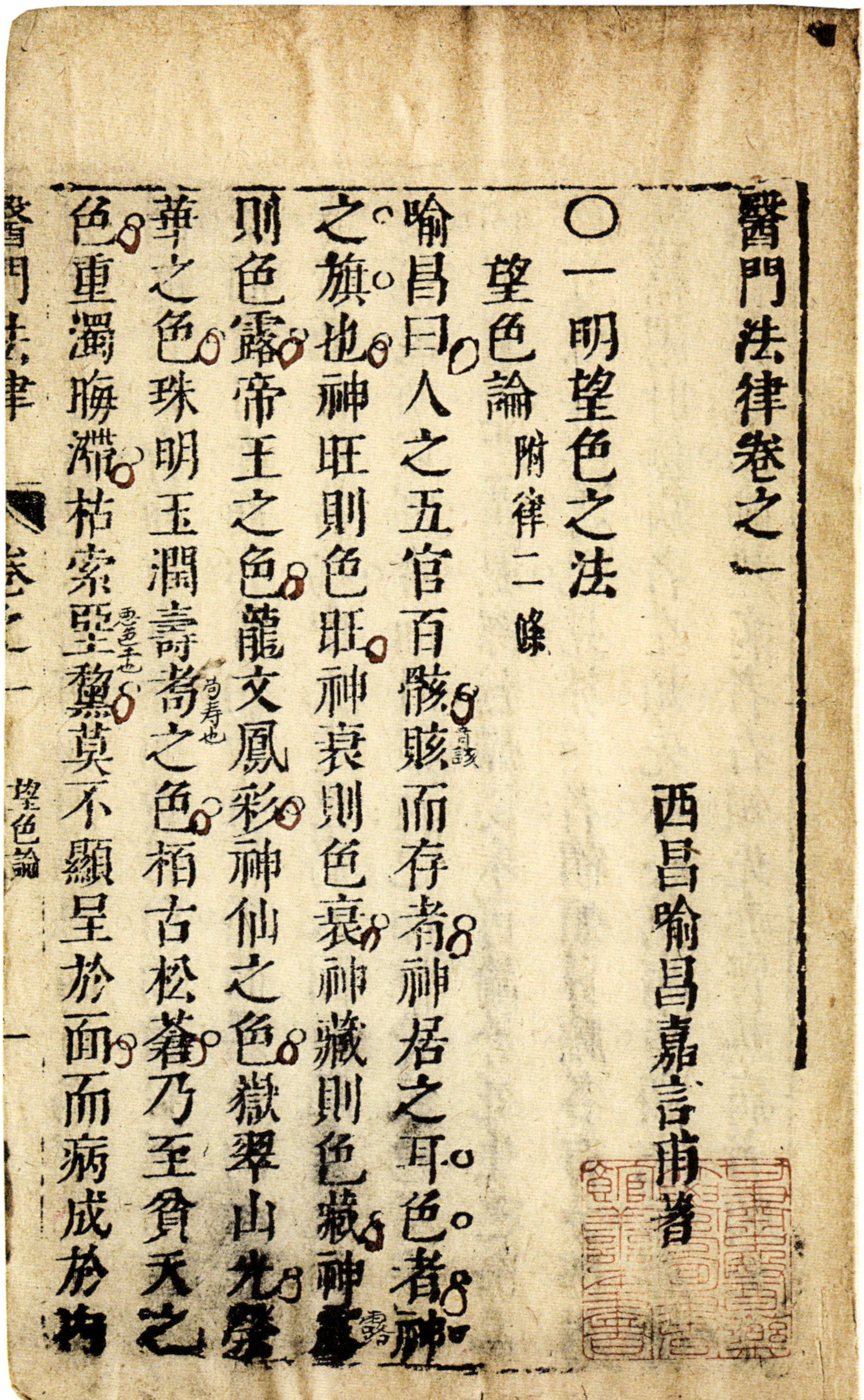

醫門法律卷之一

西昌喻昌嘉言甫著

○一明望色之法

望色論 附律二條

喻昌曰人之五官百骸賅而存者神居之耳色者神之旗也神旺則色旺神衰則色衰神藏則色藏神露則色露帝王之色龍文鳳彩神仙之色嶽翠山光榮華之色珠明玉潤壽耇之色柏古松蒼乃至貧夭之色重濁晦滯枯索堊黧莫不顯呈於面而病成於內

醫門法律 卷之一 望色論 一

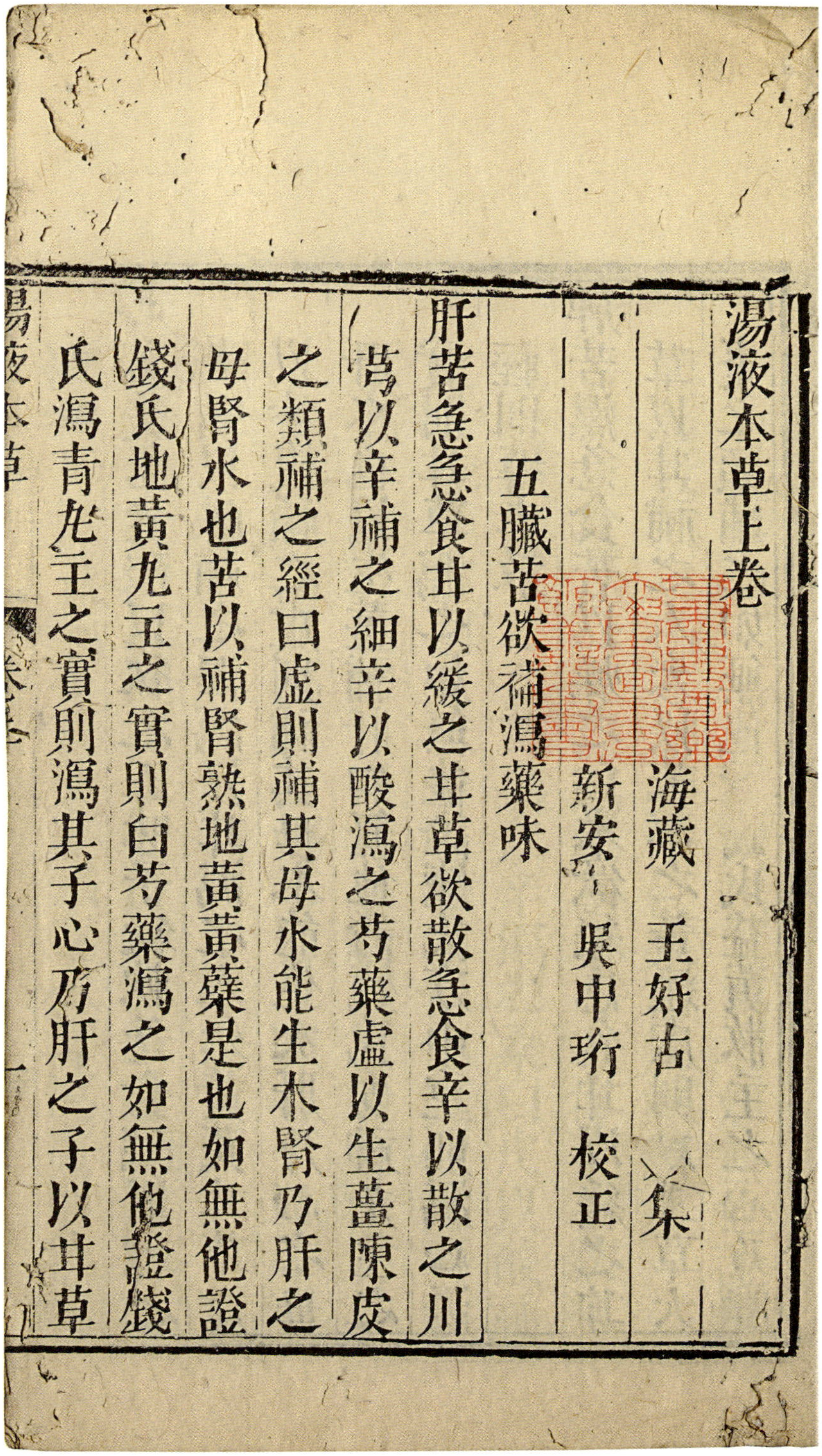
湯液本草上卷

海藏　王好古　集

新安　吳中珩　校正

五臟苦欲補瀉藥味

肝苦急急食甘以緩之甘草欲散急食辛以散之川芎以辛補之細辛以酸瀉之芍藥虛以生薑陳皮之類補之經曰虛則補其母水能生木腎乃肝之母腎水也苦以補腎熟地黃黃蘗是也如無他證錢氏地黃丸主之實則白芍藥瀉之如無他證錢氏瀉青丸主之實則瀉其子心乃肝之子以甘草

湯液本草　卷上　一

0034　湯液本草三卷　（元）王好古撰　吴中珩校正　清順治、康熙間刻本

框高19.7厘米，廣13.7厘米。半葉十行，行二十字，小字雙行同，白口，四周雙邊。有“劉子韶書東”印。

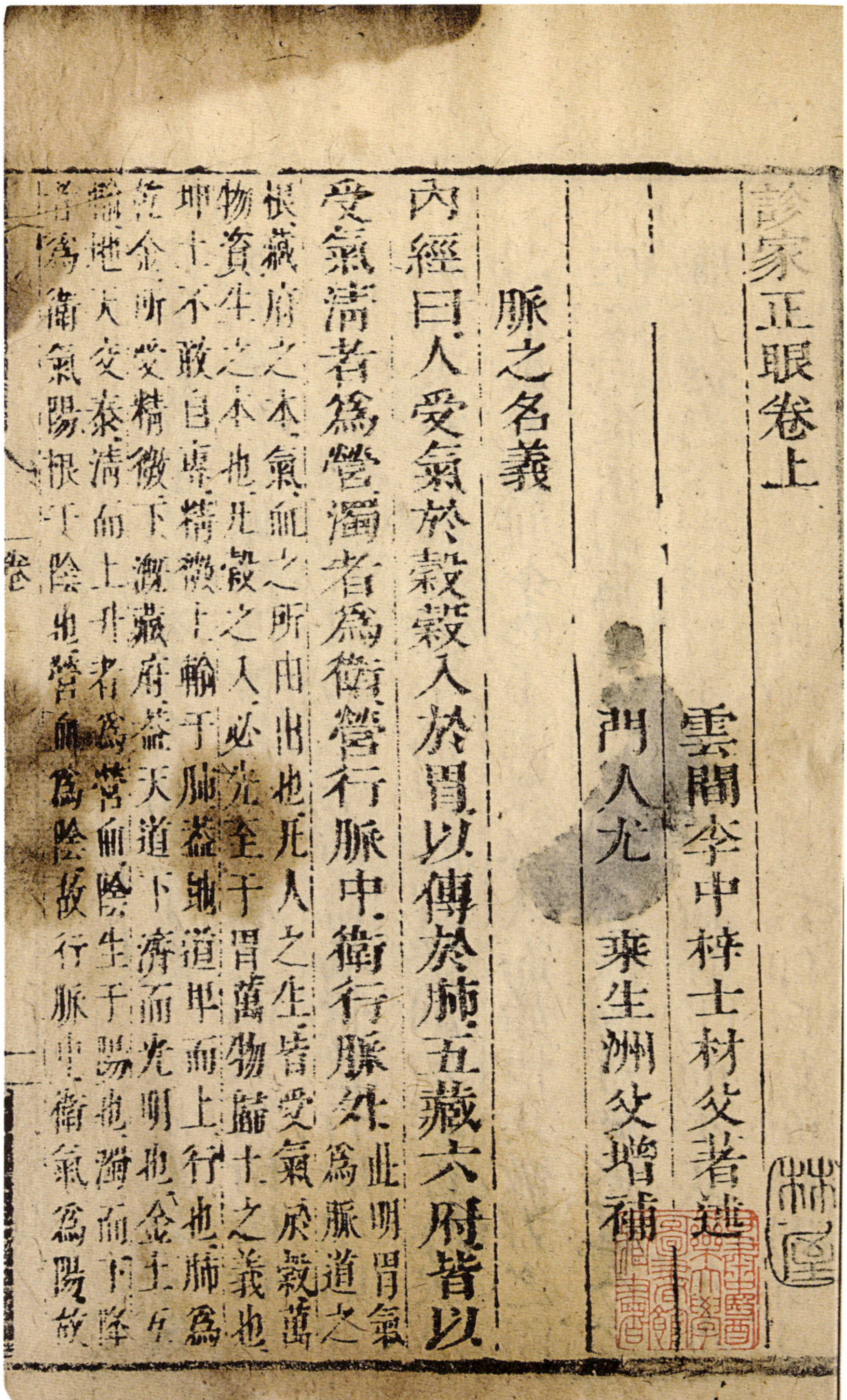

診家正眼卷上

雲間李中梓士材父著述

門人尤乘生洲父增補

脈之名義

內經曰人受氣於穀穀入於胃以傳於肺五藏六府皆以受氣清者爲營濁者爲衛營行脈中衛行脈外此明胃氣爲脈道之根藏府之本氣血之所由出也凡人之生皆受氣於穀萬物資生之本也凡穀之入必先至于胃萬物歸土之義也坤土不敢自專精微上輸于肺猶地道卑而上行也肺爲乾金所受精微下溉藏府若天道下濟而光明也金土互輸地天交泰清而上升者爲營血陰生于陽也濁而下降者爲衛氣陽根于陰也營血爲陰故行脈中衛氣爲陽故

0035　診家正眼二卷　（清）尤乘增補　清康熙六年丁未（1667）刻本

框高18.2厘米，廣12.4厘米。半葉九行，行二十二字，小字雙行同，白口，四周單邊。

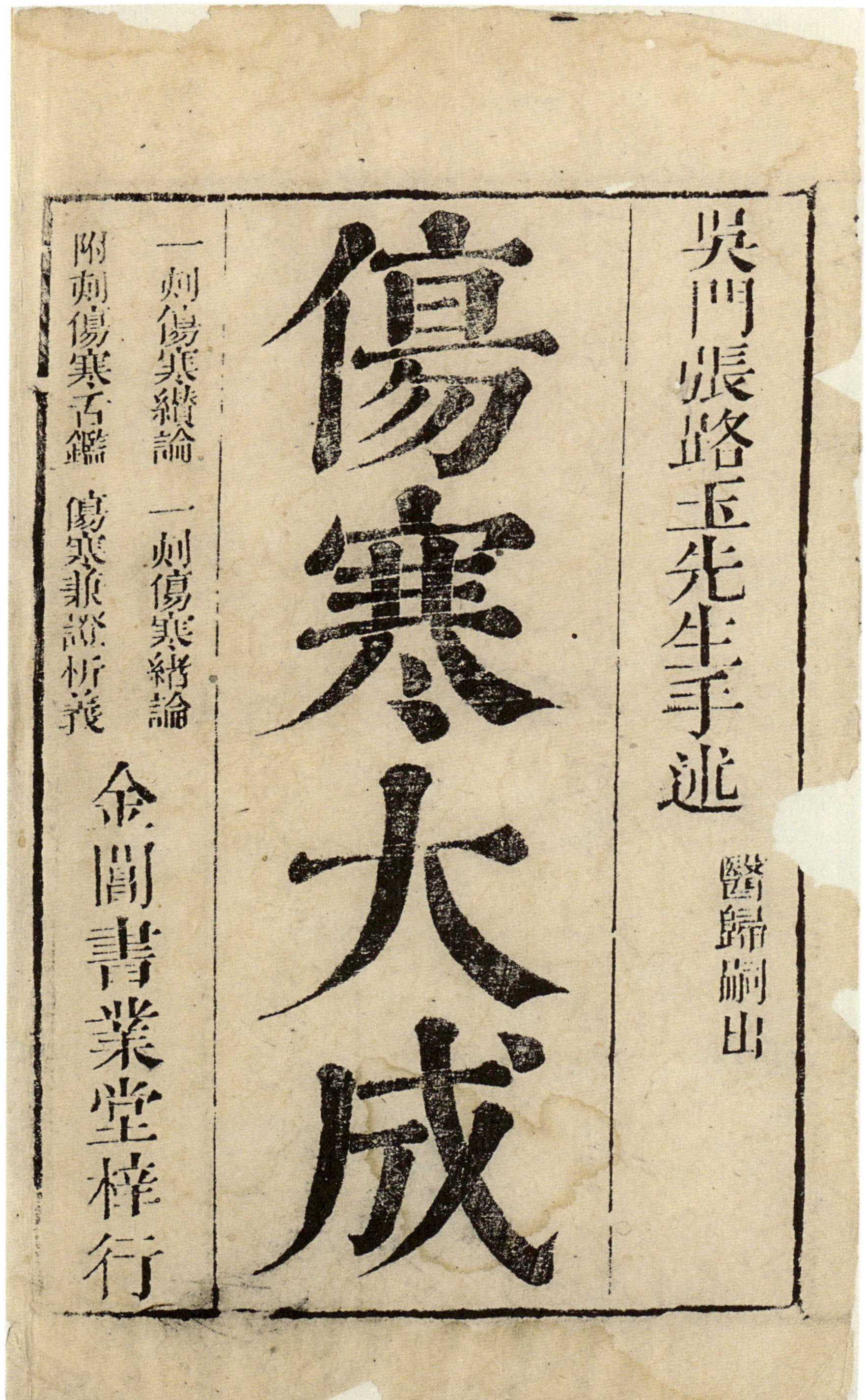

吳門張路玉先生手述

醫歸嗣出

傷寒大成

一刻傷寒纘論　一刻傷寒緒論

附刻傷寒舌鑑　傷寒兼證析義

金閶書業堂梓行

0036　**傷寒大成**　（清）張璐等撰　清康熙六年丁未（1667）金閶書業堂刻書

框高20.1厘米，廣13.4厘米。半葉九行，行二十字，小字雙行同，白口，四周單邊。

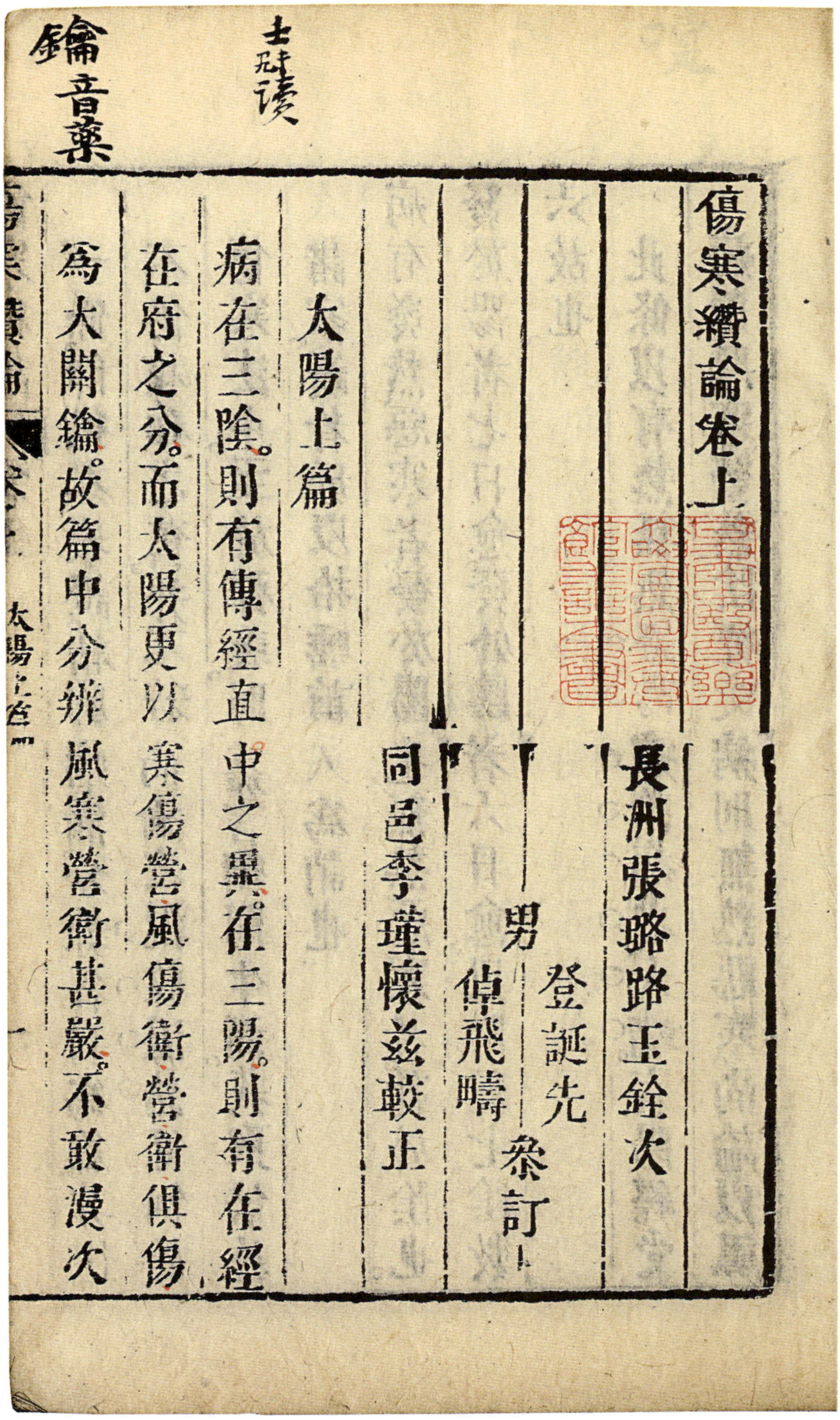

鑰音藥

傷寒纘論卷上

長洲張璐路玉銓次

男登誕先 倬飛疇 參訂

同邑李瑾懷玆較正

太陽上篇

病在三陰。則有傳經直中之異。在三陽。則有在經在府之分。而太陽更以寒傷營風傷衛營衛俱傷爲大關鑰。故篇中分辨風寒營衛甚嚴。不敢漫次

傷寒纘論 卷上 太陽上篇 一

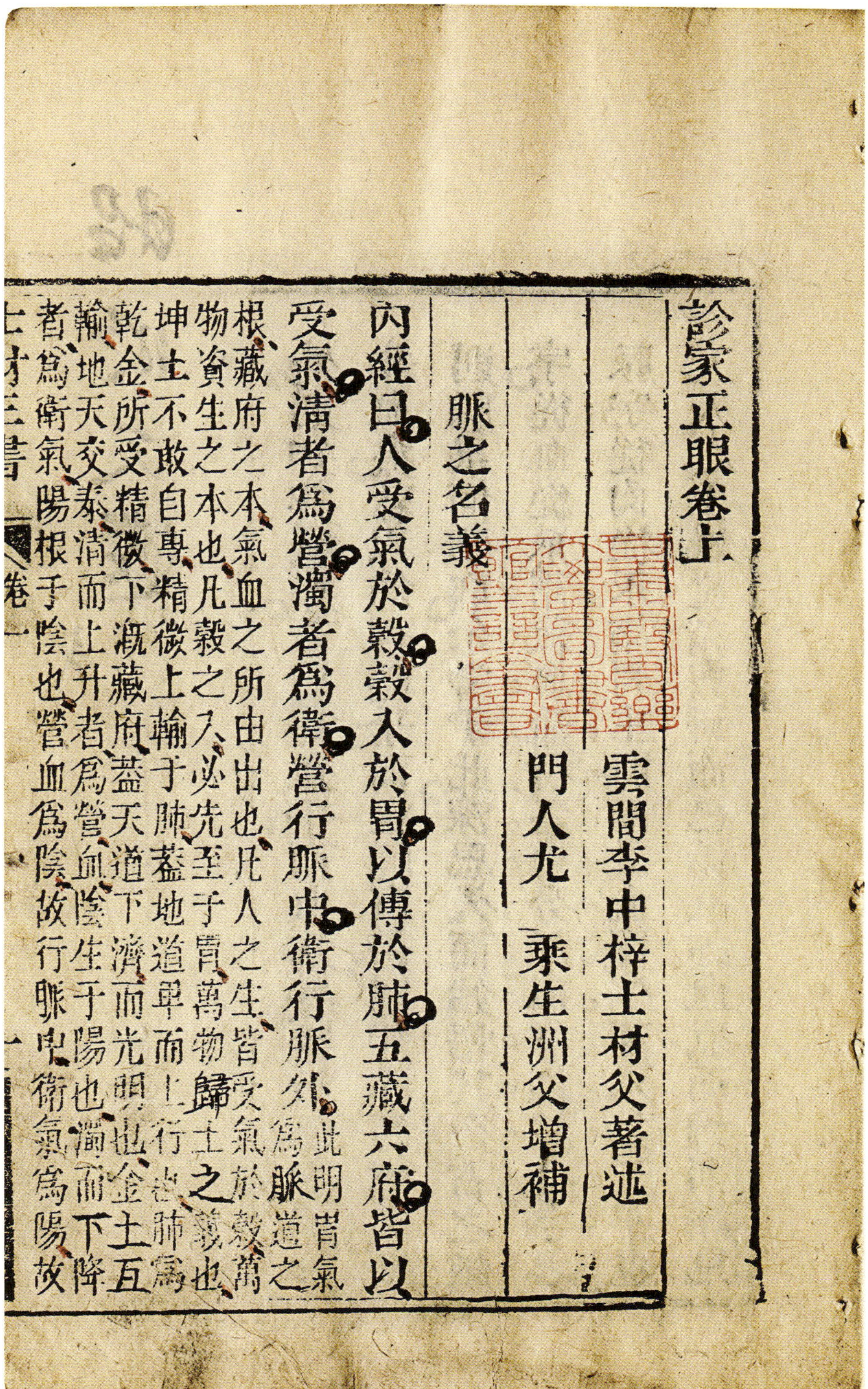
診家正眼卷上

雲間李中梓士材父著述

門人尤　乘生洲父增補

脈之名義

內經曰人受氣於穀穀入於胃以傳於肺五藏六府皆以受氣清者爲營濁者爲衛營行脈中衛行脈外此明胃氣爲脈道之根藏府之本氣血之所由出也凡人之生皆受氣於穀萬物資生之本也凡穀之入必先至于胃萬物歸土之義也坤土不敢自專精微上輸于肺蓋地道卑而上行者肺爲乾金所受精微下溉藏府蓋天道下濟而光明也金土互輸地天交泰清而上升者爲營血陰生于陽也濁而下降者爲衛氣陽根于陰也營血爲陰故行脈中衛氣爲陽故

士材三書　卷一　一

0037　士材三書　（明）李中梓撰　（清）尤乘增補　清康熙六年丁未（1667）刻本

框高17.5厘米，廣12.3厘米。半葉九行，行二十二字，小字雙行同，白口。

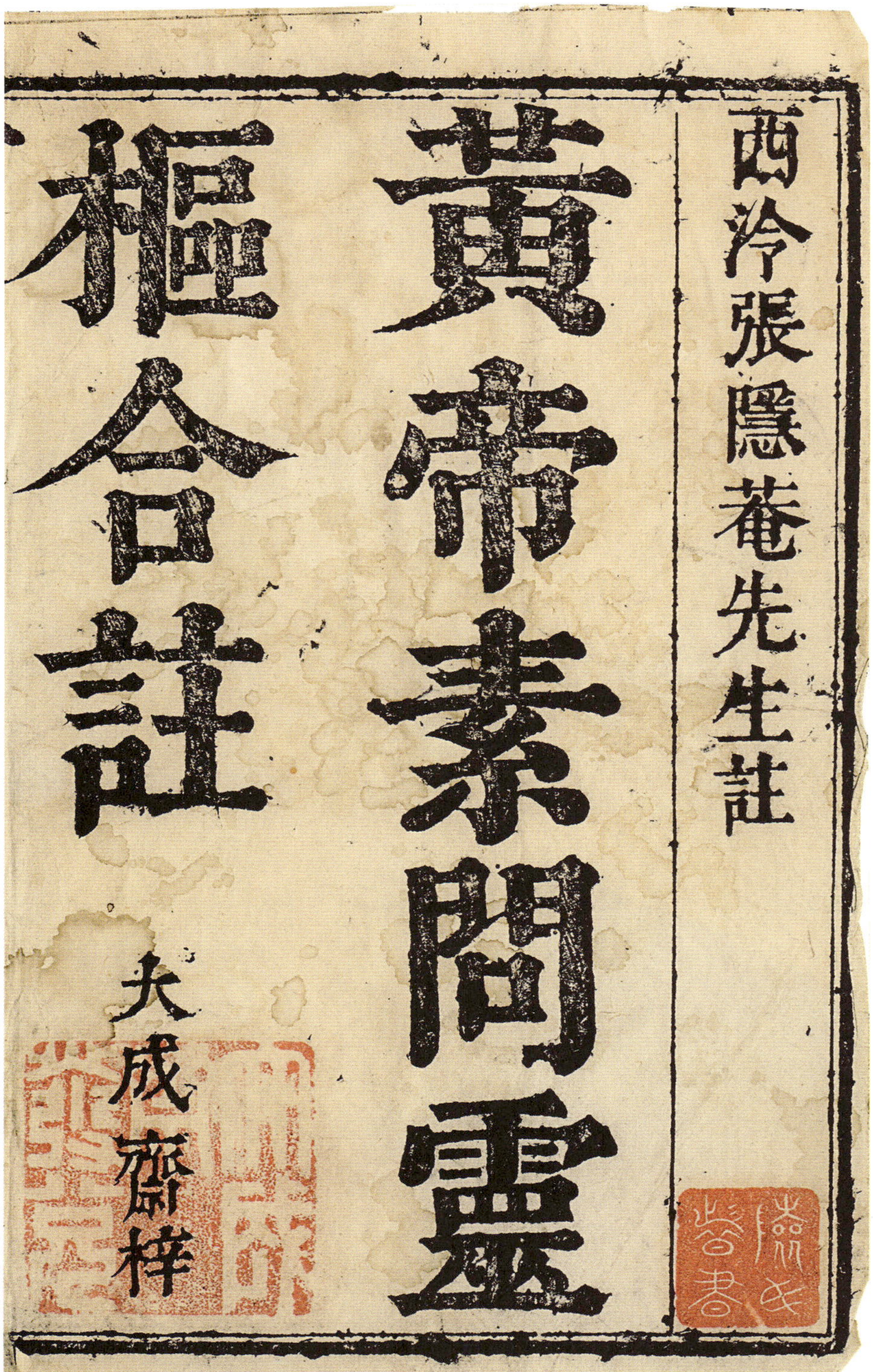

0038　黄帝内經素問靈樞合注　（清）張志聰集注　清康熙九年庚戌（1670）大成齋刻本

框高19.5厘米，廣13.1厘米。半葉九行，行二十字，小字雙行同，白口，左右雙邊。有“林屋”印。

黄帝内經素問卷之一

錢塘張志聰隱菴集註
同學莫承藝仲超叅訂
門人朱景韓濟公校正

上古天真論篇第一

上古謂所生之來天真天乙始生之真元也首四篇論調精神氣血所生之來謂之精故首論精兩精相搏謂之神故次論神氣乃精水中之生陽故後論氣

昔在黄帝生而神靈弱而能言幼而徇齊長而敦敏成而登天徇音循長上聲○按史記黄帝姓公孫名軒轅有熊國君少典之子繼神農氏而有

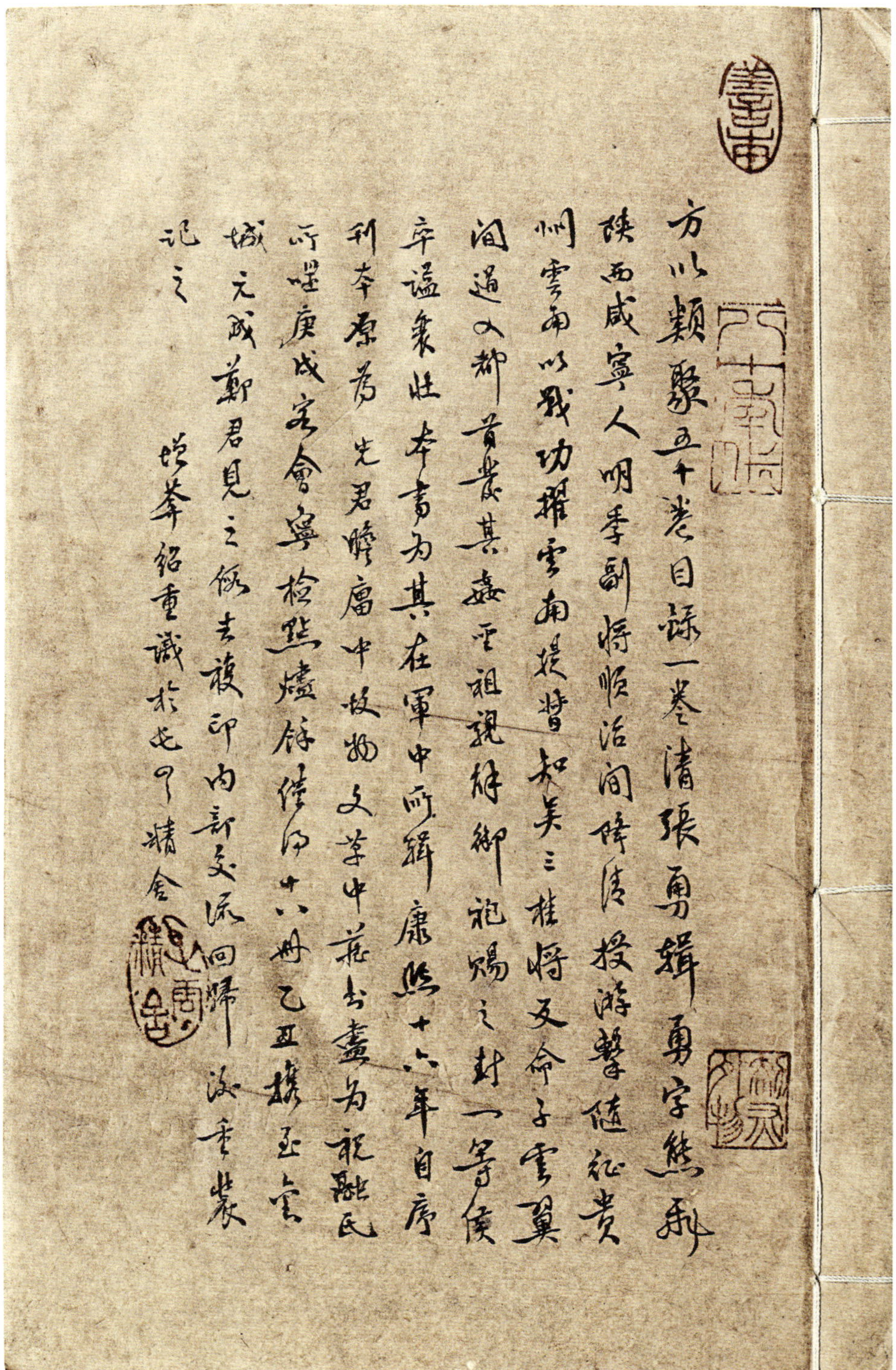
方以類聚五十卷目録一卷清張勇輯勇字非熊陝西咸寧人明季副將順治間降清授游擊隨征貴州雲南以戰功擢雲南提督知吳三桂將反命子雲翼閒道入都首發其姦聖祖親解御袍賜之封一等侯卒謚襄壯本書為其在軍中所輯康熙十六年自序刊本原為先君贈廬中故物文革中藏書盡為祝融氏所攫庚戌安會寧檢點燼餘僅得十八冊乙丑攜至金城文成鄭君見之假去複印內部交流回歸後重裝記之
峻峯紹重識於屯了精舍

0039　方以類聚五十卷存十八卷　（清）張勇輯　清康熙十六年丁巳（1677）刻本

框高23厘米，廣15.3厘米。半葉八行，行二十一字，白口，四周單邊。張紹重先生捐贈本。

傷暑

必自汗背寒面垢神思倦甚暑傷氣而不傷形也暑熱病外症相似但熱病脉盛暑病脉虚

○伏暑發熱作渴嘔惡及赤白痢消渴腸風酒毒泄瀉諸病並宜酒煮黄龍丸王之川黄連一觔切以好酒二升半煮乾焙研糊丸梧子大每五十熟水下日三

○伏暑傷冷二氣交錯中脘痞結或泄或嘔或霍亂

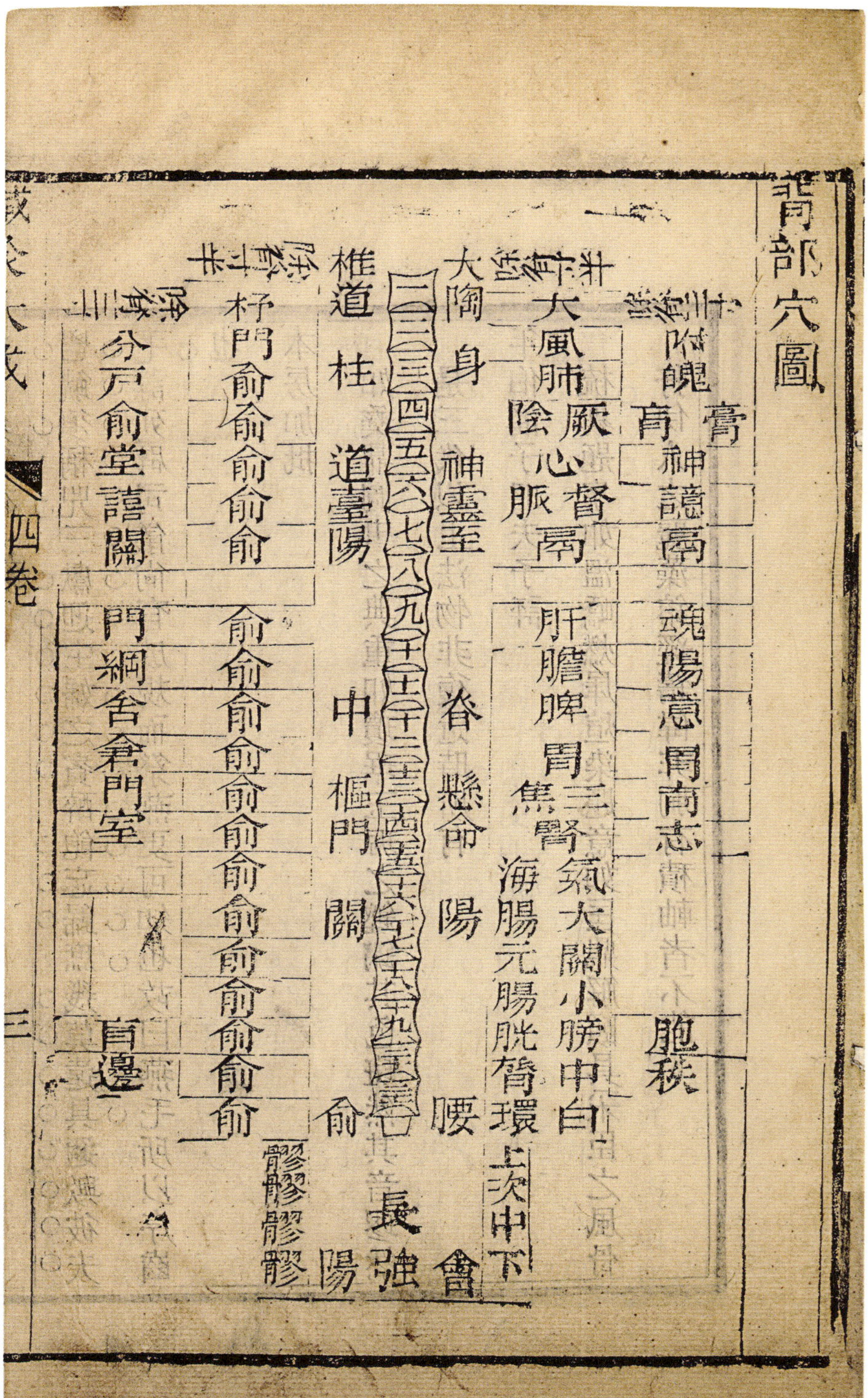

0040　鍼灸大成十卷　（明）楊繼洲原撰　靳賢補輯重編　清康熙十九年庚申（1680）平陽李月桂刻本

框高18厘米，廣11.7厘米。半葉十行，行二十二字，小字雙行同，白口，四周雙邊。

針道源流

素問十二卷。世稱黃帝岐伯問荅之書。及觀其旨意。殆非一時之言。而所撰述。亦非一人之手。劉向指爲諸韓公子所著。程子謂出戰國之末。而其大畧正如禮記之萃於漢儒。而與孔子子思之言並傳也。蓋靈蘭秘典。五常正大。六元正紀等篇。無非闡明陰陽五行生制之理。配象合德。實切於人身。其諸色脉病名。針刺治要。皆推是理以廣之。而皇甫謐之甲乙。楊上善之太素。亦皆本之於此。而微有異同。醫家之綱法。無越於是書矣。然按西漢藝文志。有內經十八卷。及扁

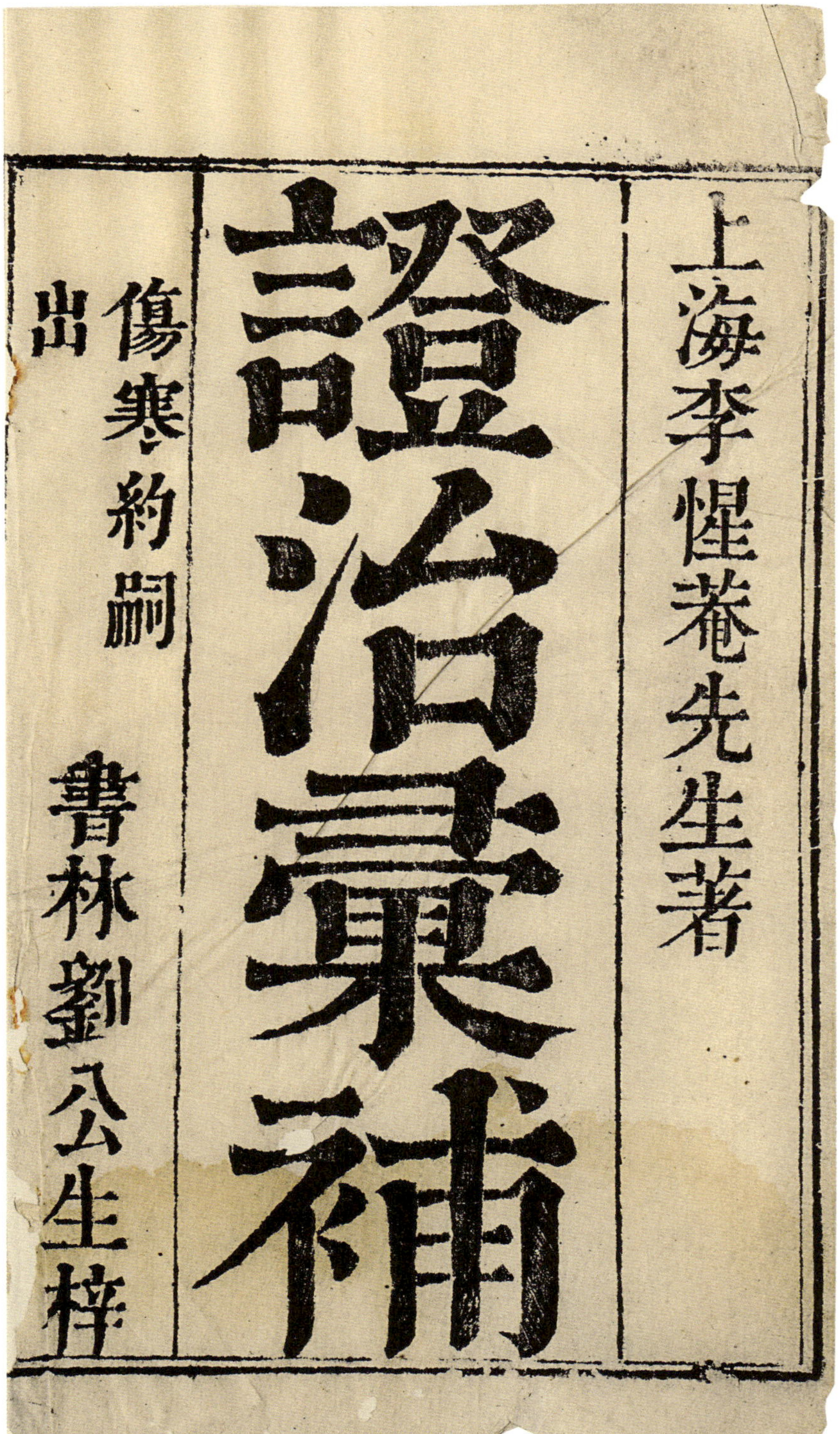
上海李惺菴先生著
證治彙補
傷寒約嗣
出
書林劉公生梓

0041　證治彙補八卷　（清）李用粹撰　清康熙二十六年丁卯（1687）書林劉公生梓

框高19.6厘米，廣13.7厘米。半葉十行，行二十字，小字雙行同，白口，左右雙邊。

證治彙補卷之一

門人唐玉書翰文

袁　謙豫來

上海李惺菴先生著

姪邦俊彥章

男　讀丕文

諧揆文仝較

中風章

大意

風者百病之始也又曰百病之長也善行而數變內經大法有四一曰偏枯半身不遂也二曰風痱四肢不舉也三曰風癔卒倒不語也四曰風痺遍身疼痛也岐伯四症爲

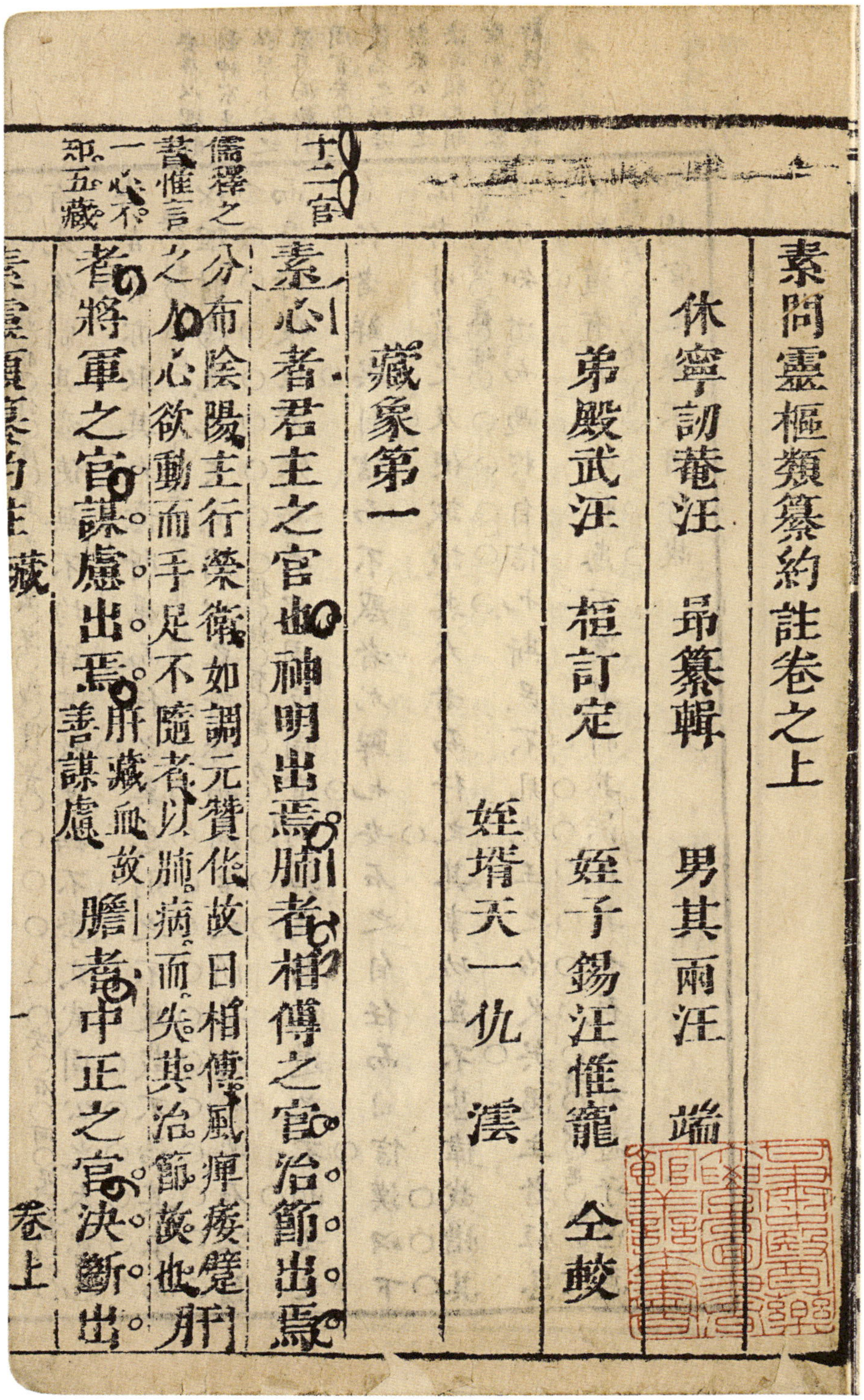

十二官

儒釋之書惟言一心不知五藏

素問靈樞類纂約註卷之上

休寧訒菴汪　昂纂輯　男其兩汪　端

弟殿武汪　桓訂定　姪子錫汪惟寵　仝較

姪壻天一仇　澐

藏象第一

素心者君主之官也神明出焉肺者相傅之官治節出焉

分布陰陽主行榮衛如調元贊化故曰相傅風痺痿躄之心心欲動而手足不隨者以肺病而失其治節故也肝

者將軍之官謀慮出焉肝藏血故善謀慮膽者中正之官決斷出

素靈類纂約註　藏　一　卷上

0042　素問靈樞類纂約註三卷　（清）汪昂撰　清康熙二十八年己巳（1689）刻本

框高19.7厘米，廣13.1厘米。半葉八行，行二十二字，小字雙行同，白口，四周單邊。

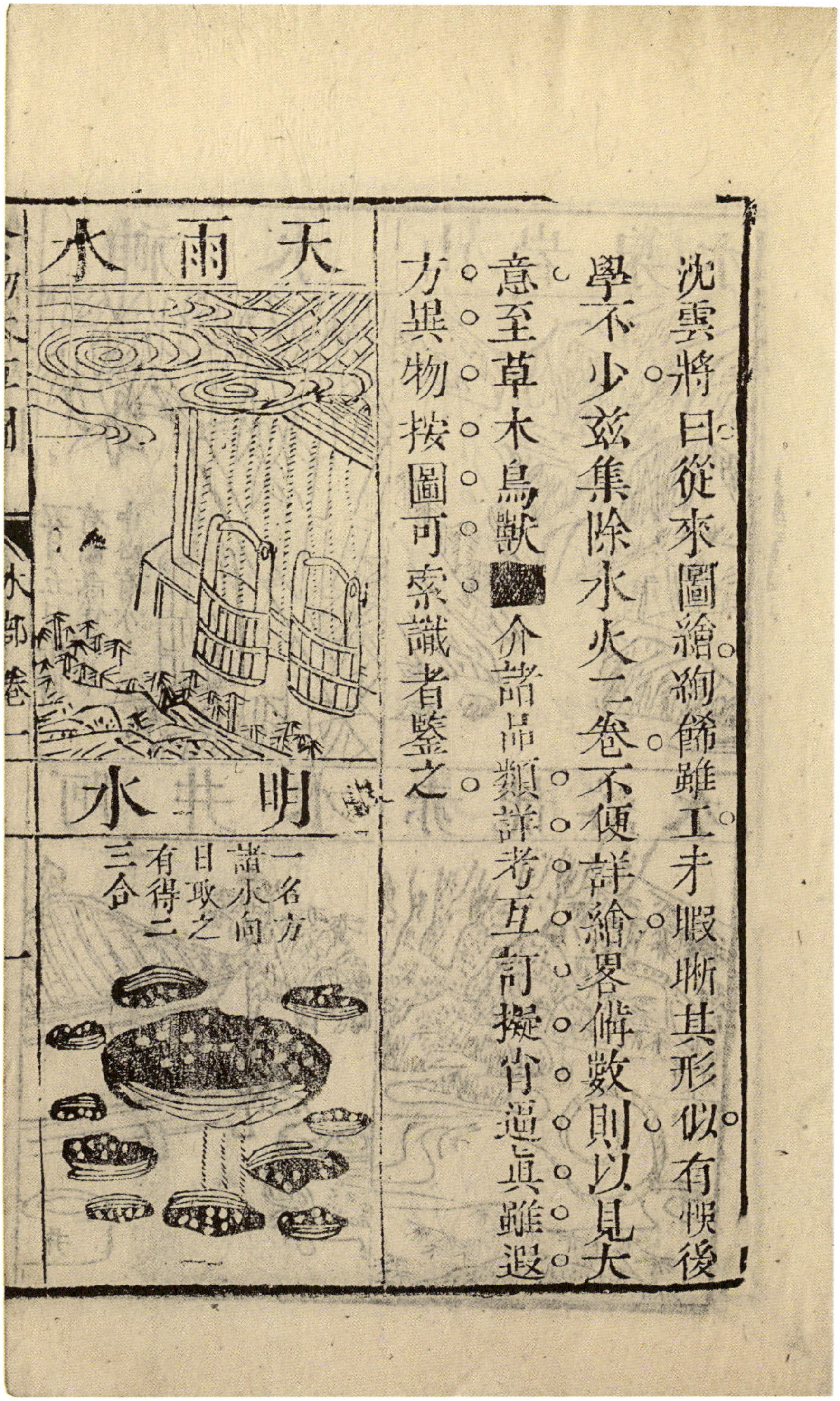

沈雲將曰從來圖繪刻飾雖工未暇晰其形似有悞後學不少玆集除水火二卷不便詳繪畧備數則以見大意至草木鳥獸■介諸品類詳考互訂擬肖逼真雖遐方異物按圖可索識者鑒之

0043　食物本草會纂十二卷　（清）沈李龍編　清康熙三十年辛未（1691）欲静樓刻本

框高18.3厘米，廣11.6厘米。半葉九行，行二十二字，小字雙行同，白口，四周單邊。

食物本草會纂卷一

西湖沈李龍雲將甫纂輯　孫　渭鴻舉

姪孫　潛南河　校閲

水部

沈雲將曰水爲坎象其文横則爲☰縱則爲☵其體純陰其用純陽上則爲雨露霜雪下則爲江海河泉流止寒溫氣之所鍾飲其甘鹹淡苦味之殊人不同昔人分别九州水土以辨人之强弱壽夭蓋水爲萬物之源土爲萬物之母飲資於水食資於土天之生人水穀以養

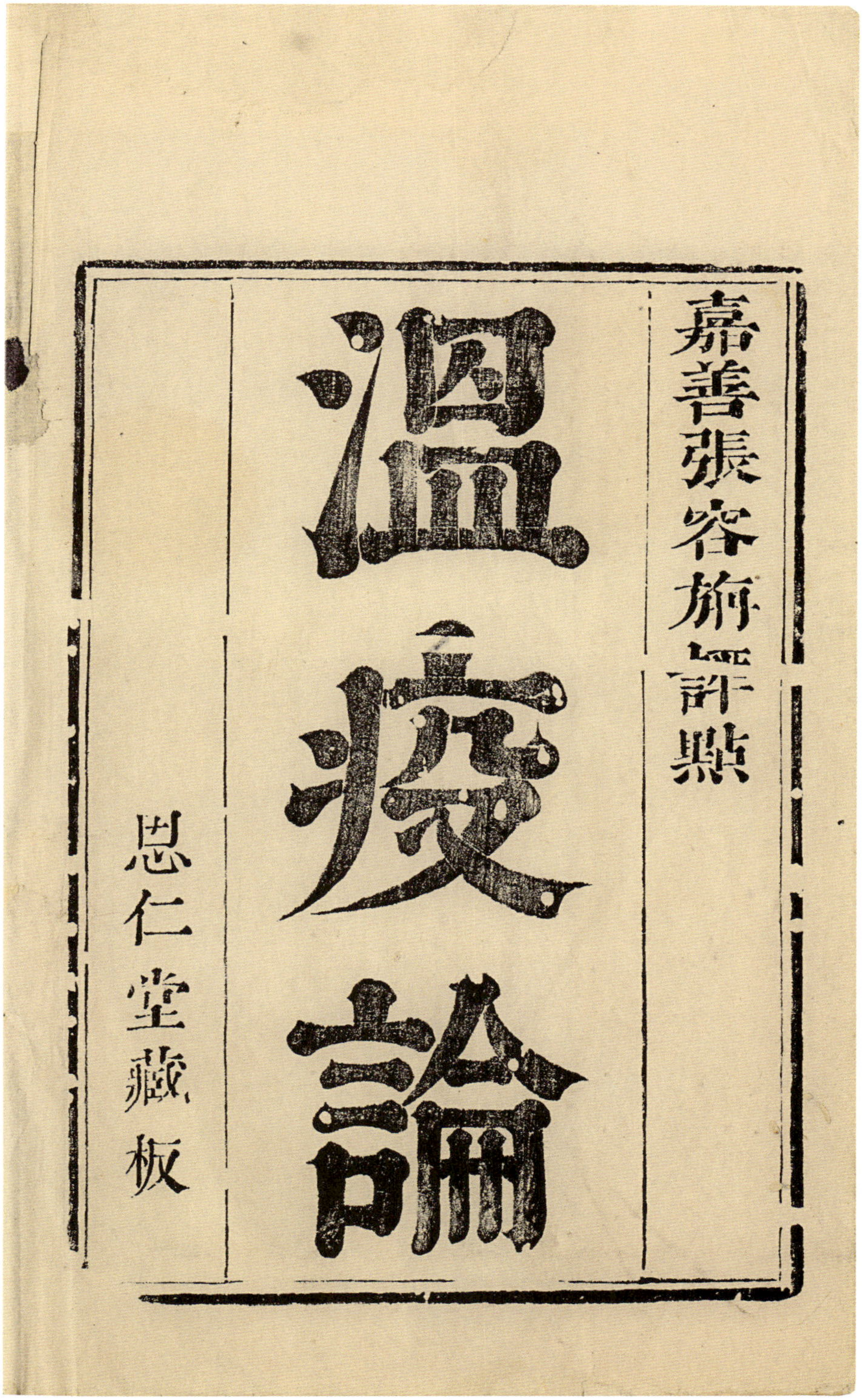
嘉善張容旃評點

溫疫論

恩仁堂藏板

0044　瘟疫論二卷　（明）吴有性撰　清康熙三十三年甲戌（1694）刻本

框高18.8厘米，廣13.7厘米。半葉九行，行二十字，小字雙行同，白口，左右雙邊。有“汪憲奎印”“秋浦”印。

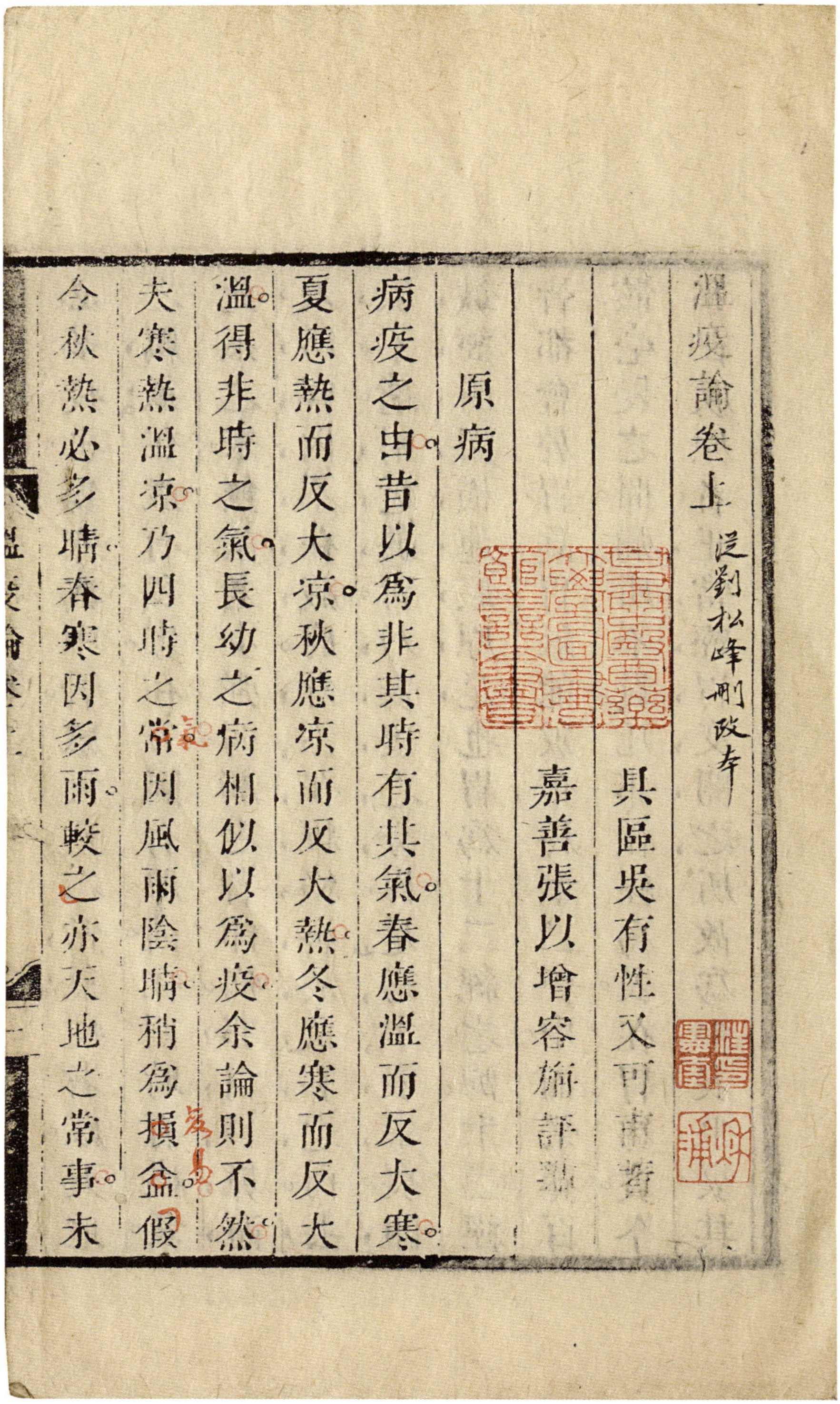

溫疫論卷上　延劉松峰刪改本

具區吳有性又可甫著

嘉善張以增容旃評點

原病

病疫之由昔以爲非其時有其氣春應溫而反大寒夏應熱而反大凉秋應凉而反大熱冬應寒而反大溫得非時之氣長幼之病相似以爲疫余論則不然夫寒熱溫凉乃四時之常因風雨陰晴稍爲損益假令秋熱必多晴春寒因多雨較之亦天地之常事未

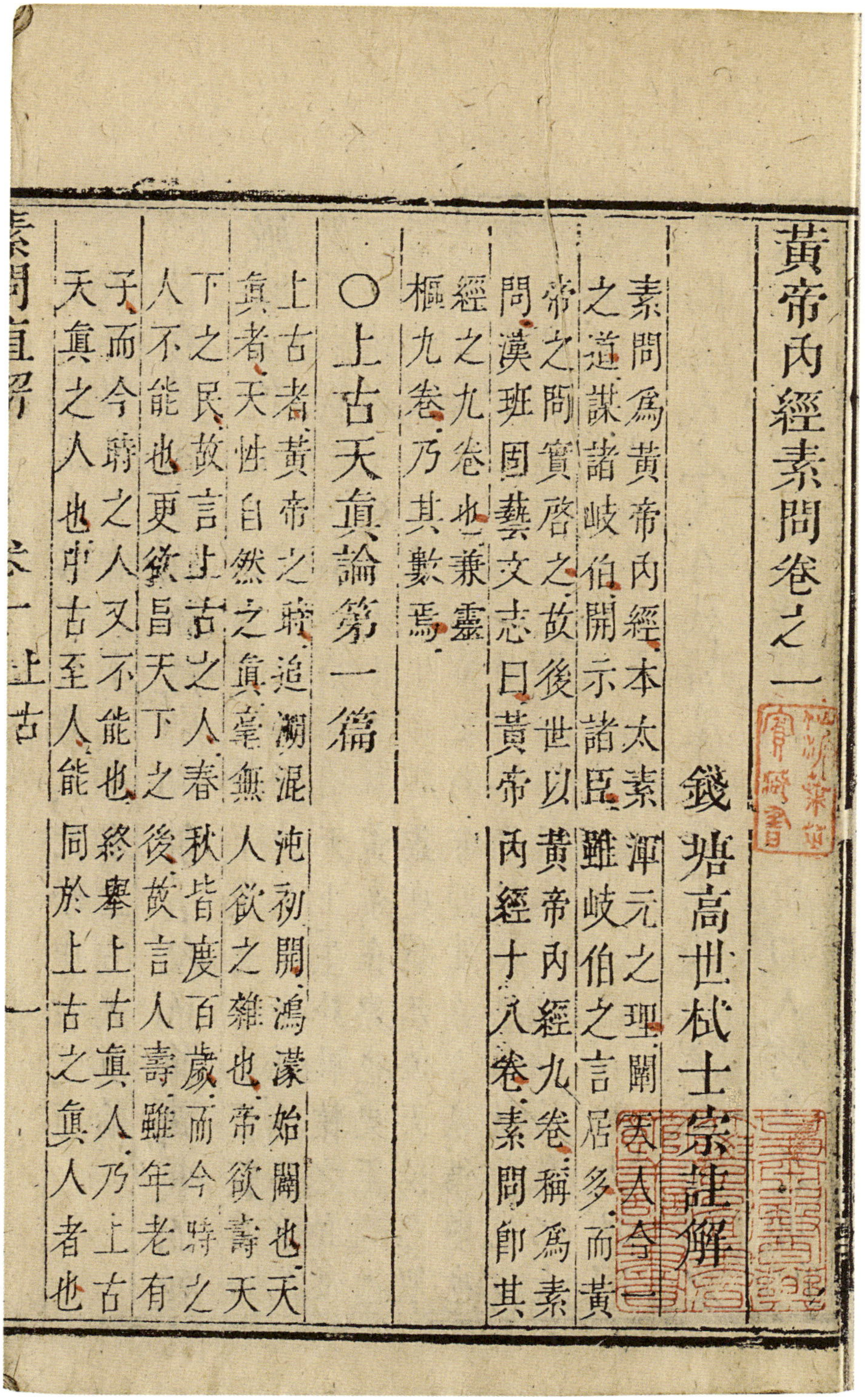
黃帝內經素問卷之一

錢塘高世栻士宗註解

素問爲黃帝內經本太素渾元之理闡天人合一之道謀諸岐伯開示諸臣雖岐伯之言居多而黃帝之問實啓之故後世以黃帝內經九卷稱爲素問漢班固藝文志曰黃帝內經十八卷素問卽其經之九卷也兼靈樞九卷乃其數焉

○上古天眞論第一篇

上古者黃帝之時追溯混沌初開鴻濛始闢也天眞者天性自然之眞毫無人欲之雜也帝欲壽天下之民故言上古之人春秋皆度百歲而今時之人不能也更欲昌天下之後世故言人壽雖年老有子而今時之人又不能也終舉上古眞人乃上古天眞之人也中古至人能同於上古之眞人者也

素問直解　卷一　上古　一

0045　黃帝內經素問直解九卷　（清）高世栻注解　清康熙三十四年乙亥（1695）侶山堂刻本

框高19.2厘米，廣12.9厘米。半葉九行，行二十字，小字雙行同，白口，四周雙邊。有“仙源葉芝賓藏書”印。

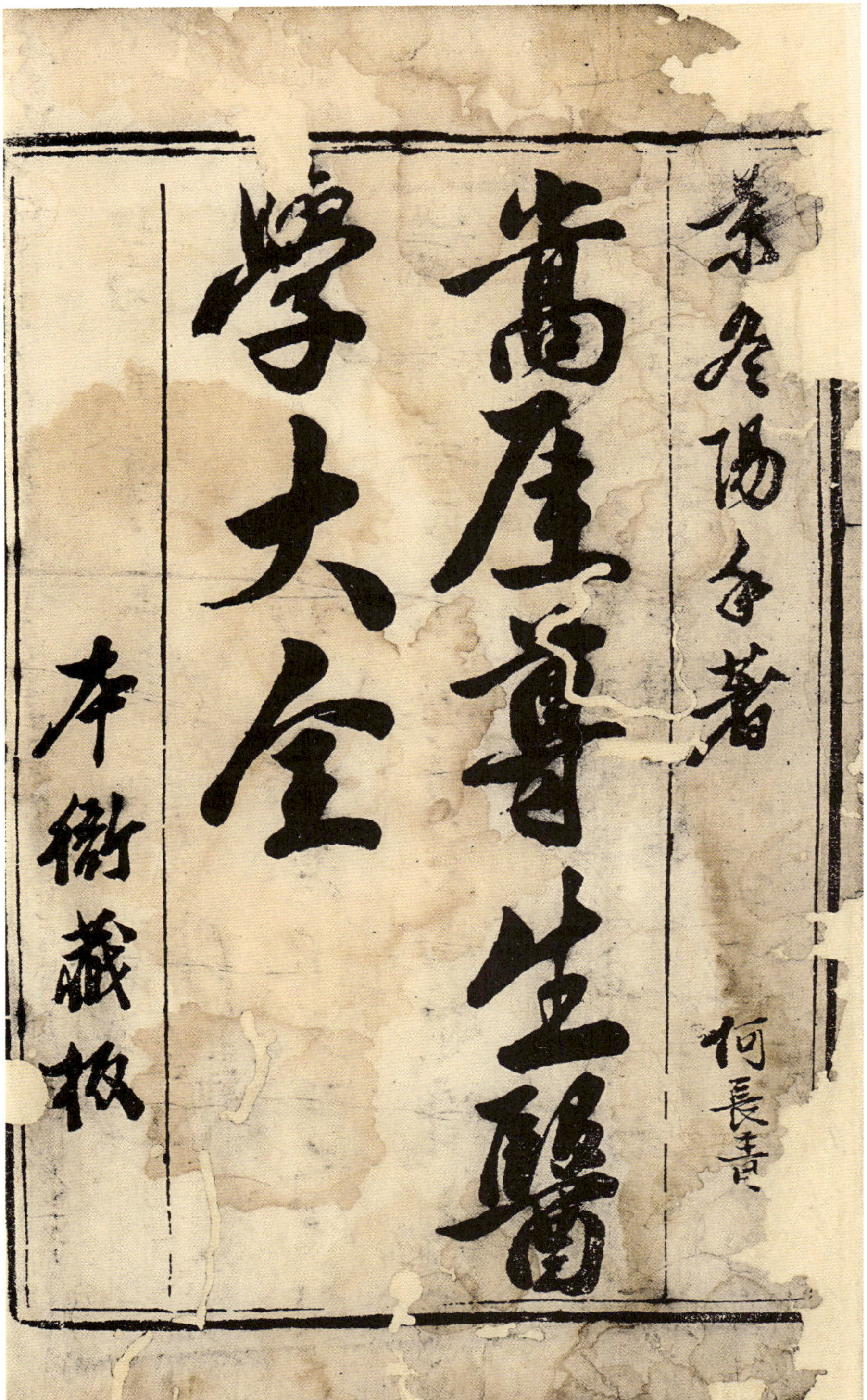

0046　嵩崖尊生全書十五卷　（清）景日珍撰　清康熙三十五年丙子（1696）刻本

框高19.6厘米，廣13.5厘米。半葉十行，行二十四字，小字雙行同，白口，四周雙邊。

嵩厓尊生書卷之一

五運歌

甲己土運乙庚金　水運丙辛木丁壬　惟有戊癸是火運
五運之化仔細尋

五運陰陽老少歌

甲丙戊庚壬是陽乙丁己辛癸爲陰陰陽既定分太少陽太陰少是爲眞太者有餘少不足先天後天于是分

五音建五運客主歌

角木徵火土中宫商金羽水次第行主運初角終于羽客運之行各不同

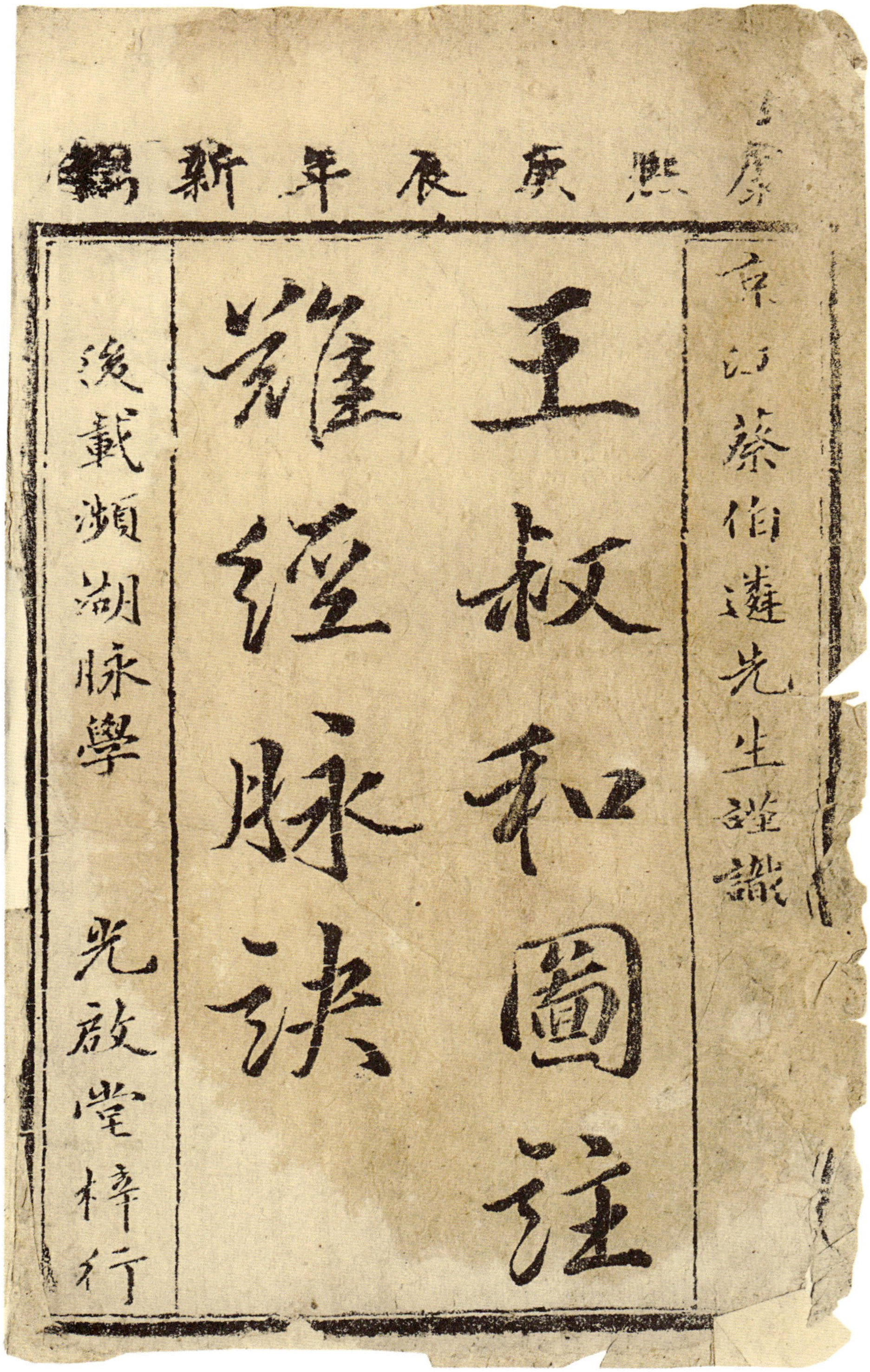

0047　圖註脉訣辨真四卷　（晋）王叔和撰　（明）張世賢注　清康熙三十九年庚辰（1700）光啓堂刻本

框高21厘米，廣13.1厘米。半葉九行，行二十字，小字雙行同，白口，四周單邊。有“扈淑儀印”印。

圖註脉訣辨真卷之二

西晉　王叔和　譔

四明　張世賢　註

脉賦

欲測疾兮生死，須詳脉兮有靈。

脉理通乎神明，可推測疾病之死生。

左辨心肝之理，右察脾肺之情。

左手寸部心脉，關部肝脉。右手寸部肺脉，關部脾脉。

此爲寸關所主。

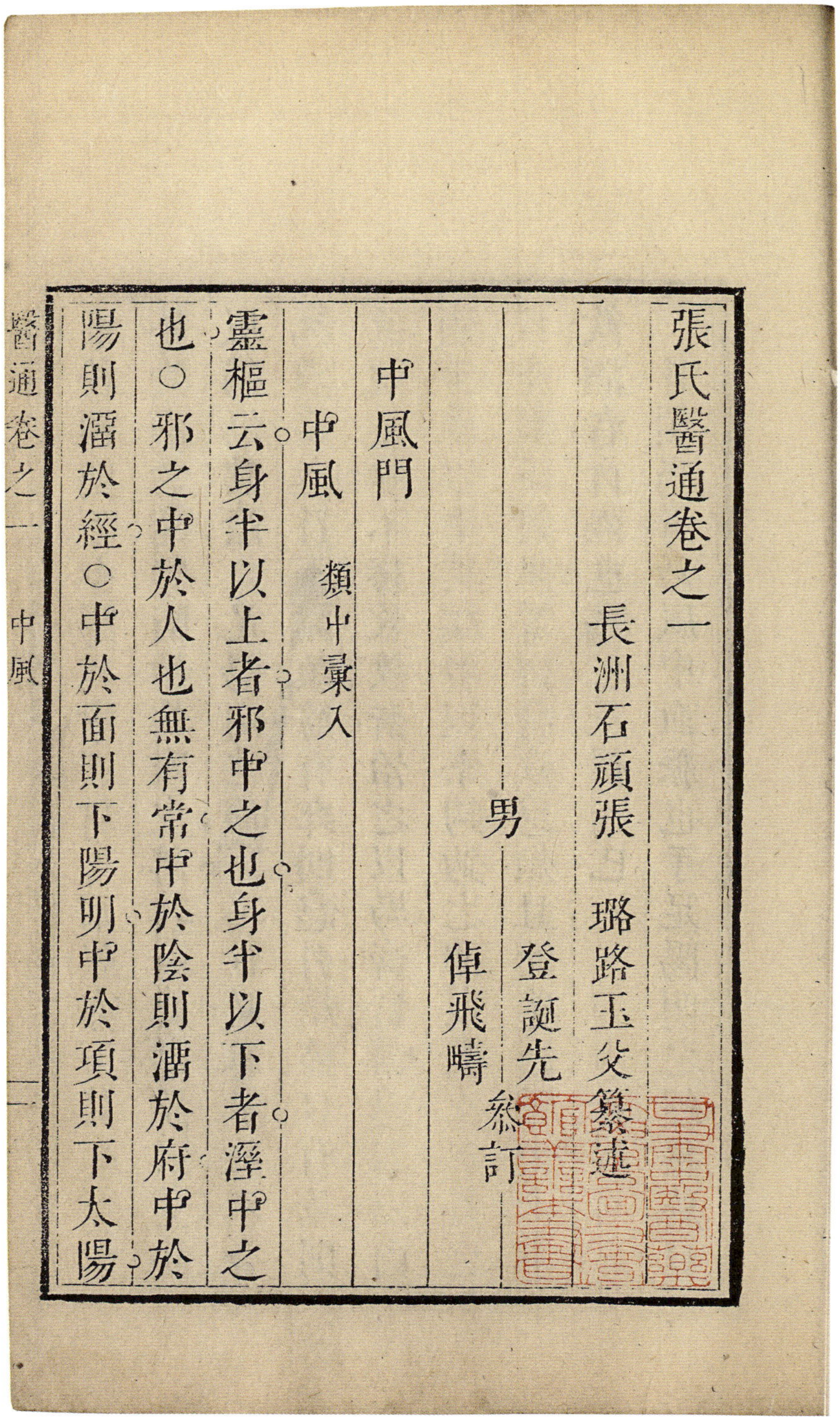

張氏醫通卷之一

長洲石頑張　璐路玉父纂述

男　登誕先　倬飛疇　叅訂

中風門

中風　類中彙入

靈樞云身半以上者邪中之也身半以下者溼中之也○邪之中人也無有常中於陰則溜於府中於陽則溜於經○中於面則下陽明中於項則下太陽

醫通卷之一　中風　一

0048　張氏醫通十六卷　（清）張璐撰　清康熙四十八年己丑（1709）刻本

框高18.5厘米，廣12.1厘米。半葉九行，行二十字，白口，四周雙邊。

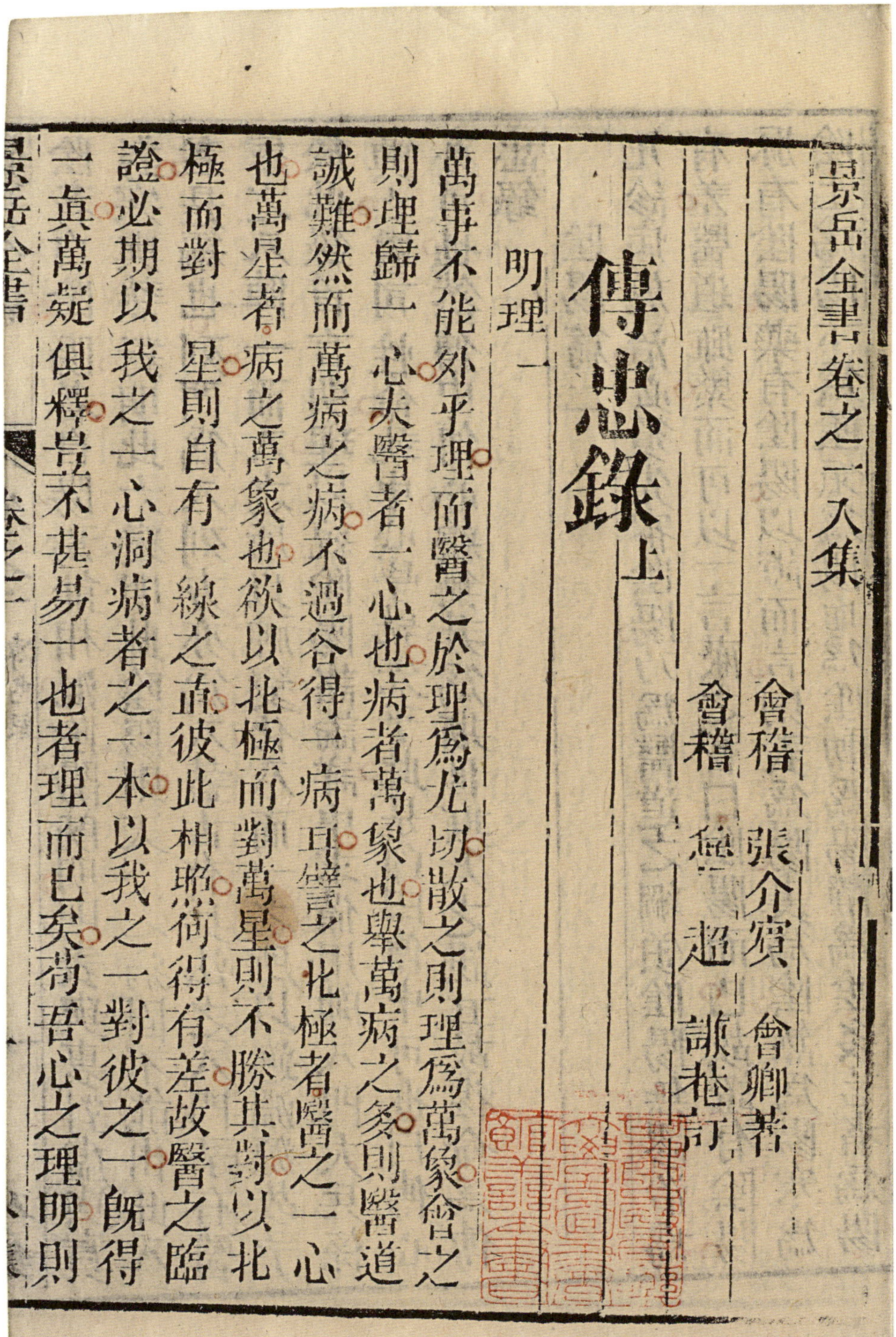

景岳全書卷之一入集

會稽　張介賓　會卿著

會稽　魯　超　謙菴訂

傳忠錄上

明理一

萬事不能外乎理而醫之於理爲尤切散之則理爲萬象會之則理歸一心夫醫者一心也病者萬象也舉萬病之多則醫道誠難然而萬病之病不過各得一病耳譬之北極者醫之一心也萬星者病之萬象也欲以北極而對萬星則不勝其對以北極而對一星則自有一線之索彼此相照茍得有差故醫之臨證必期以我之一心洞病者之一本以我之一對彼之一既得一真萬疑俱釋豈不甚易一也者理而已矣茍吾心之理明則

景岳全書　卷之一　入集

0049　景岳全書六十四卷　（明）張介賓撰　清康熙四十九年庚寅（1710）會稽魯超刻本

框高20.5厘米，廣14.7厘米。半葉十三行，行二十四字，白口，左右雙邊。

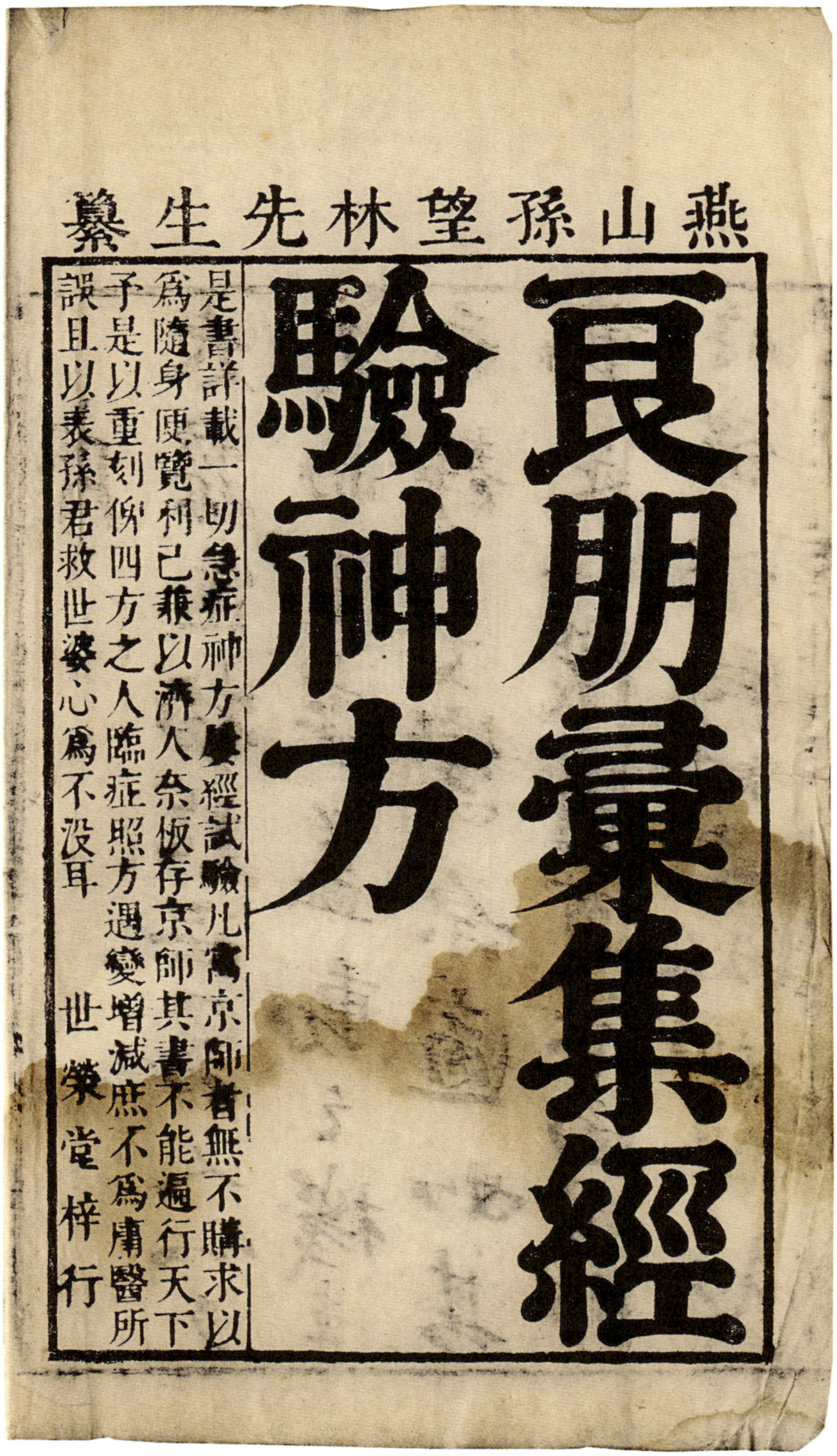

燕山孫望林先生纂

良朋彙集經驗神方

是書詳載一切急症神方彙經試驗凡寓京師者無不購求以爲隨身便覽利已兼以濟人奈板存京師其書不能遍行天下予是以重刻俾四方之人臨症照方遇變增減庶不爲庸醫所誤且以表孫君救世婆心爲不沒耳

世榮堂梓行

0050　良朋彙集經驗神方五卷　（清）孫偉編　清康熙五十年辛卯（1711）世榮堂刻本

框高19.7厘米，廣14.5厘米。半葉十行，行二十字，小字雙行同，白口，四周單邊。

新刊良朋彚集卷之一

古燕孫 偉望林甫 較輯
長白吳化善德倍甫 梓訂

中風門

通關散

治中風不語不省人事牙關緊閉湯水不入者以此吹之

生南星 生半夏 猪牙皂各等分

右為細末用少許吹鼻內有嚏可治無嚏不可治

又通關散

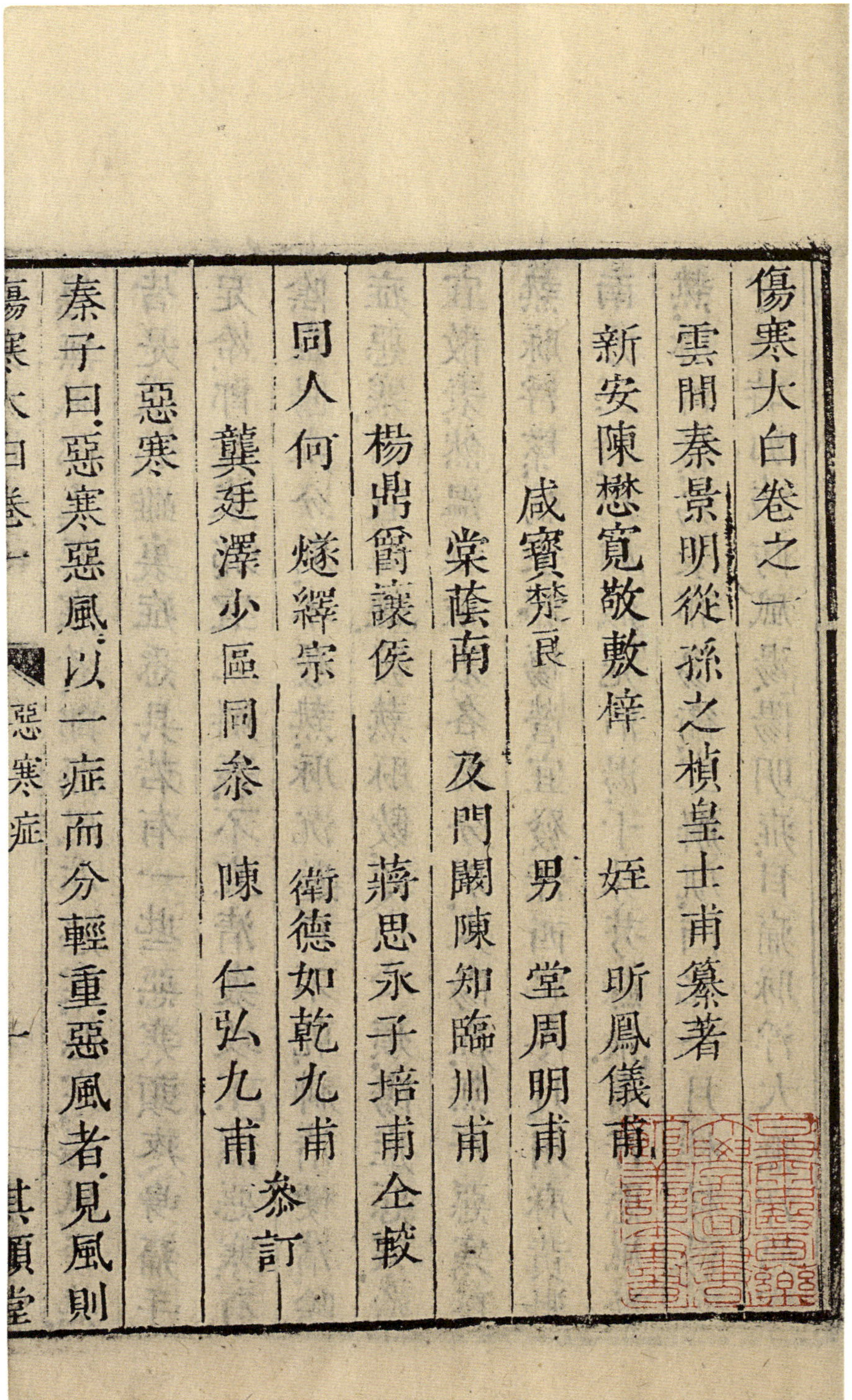

傷寒大白卷之一

雲間秦景明從孫之楨皇士甫纂著

新安陳懋寬敬敷梓　姪　斯鳳儀甫

咸寶梵艮　男　堂周明甫

棠蔭南　及門關陳知臨川甫

楊冉爵讓侯　蔣思永子培甫仝較

同人何燧繹宗　衛德如乾九甫　參訂

龔廷澤少匾同參　陳仁弘九甫

惡寒

秦子曰惡寒惡風以一症而分輕重惡風者見風則

傷寒大白卷一　惡寒症　一　其順堂

0051　傷寒大白四卷總論一卷　（清）秦之楨撰　清康熙五十三年甲午（1714）陳懋寬其順堂刻本

框高19.2厘米，廣14.1厘米。半葉十行，行二十字，白口，左右雙邊。

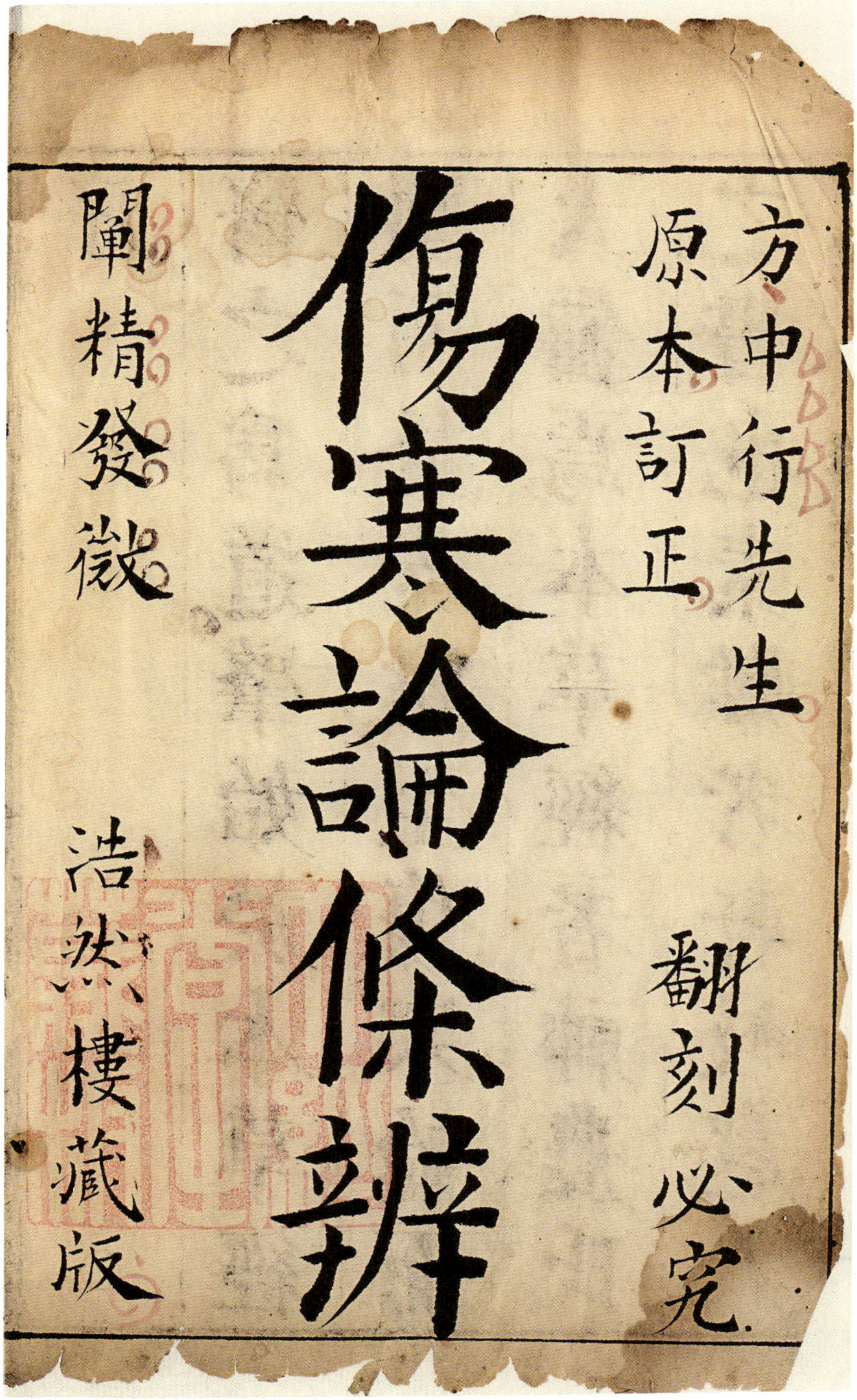
方中行先生原本訂正
傷寒論條辨
翻刻必究
闡精發微
浩然樓藏版

0052　傷寒論條辨八卷　（明）方有執撰　清康熙陳友恭校刻浩然樓藏版

框高20.7厘米，廣14.6厘米。半葉十行，行二十字，小字雙行同，白口，左右雙邊。

傷寒論條辨卷之一

新安方有執中行甫著　桐川陳友恭較

辨太陽病脉證并治上篇第一 凡六十六條 方二十

太陽一經，風寒所始，營衛二道，各自中傷。風則中衛，故以衛中風而病者為上篇。然風之為風，其義不一。故其為病，最為居多。所謂中風者，乃風寒暑溼之風也，與諸家方書之所謂中風云者，義不相同。諸家方書之所謂中風，蓋素問曰陽之氣以天地之疾風名之之風也，彼但以其所謂者為中風

傷寒論條辨　卷一　一　浩然樓

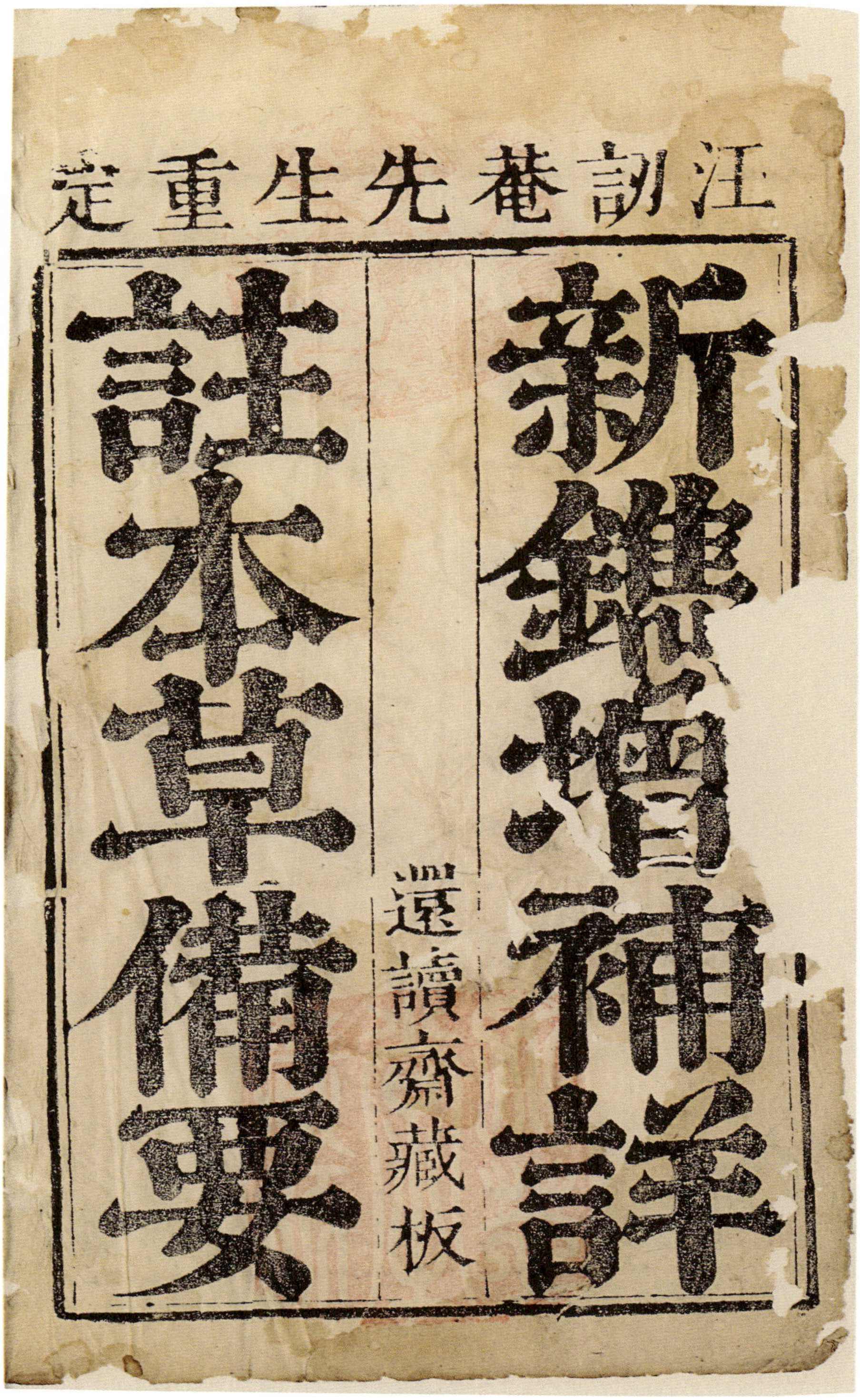
汪訒菴先生重定

新鐫增補詳註本草備要

還讀齋藏板

0053　增補詳註本草備要四卷　（清）汪昂撰　清康熙休寧吴德輝還讀齋刻本
框高19厘米，廣13.9厘米。半葉八行，行二十二字，小字雙行同，白口，四周單邊。

增訂本草備要卷之一

休寧汪　昂訒菴著輯　男汪　端其兩

弟汪　桓殿武參訂　姪汪惟寵子錫

同學鄭曾慶贊寰同訂　姪壻仇　澐天一同較

草部

補氣固表瀉火

黄耆　甘溫。生用固表。無汗能發。有汗能止。丹溪云黄耆大補陽虛自汗若表虛有邪發汗不出者服此又能自汗　溫分肉。實腠理。瀉陰火。解肌熱。

朱震亨號丹溪著本草補遺

炙用補中。益元氣。溫三焦。壯脾胃。脾胃一虛土不能生金則肺氣先絶脾胃

本草備要　卷一　黄耆　一　還讀齋

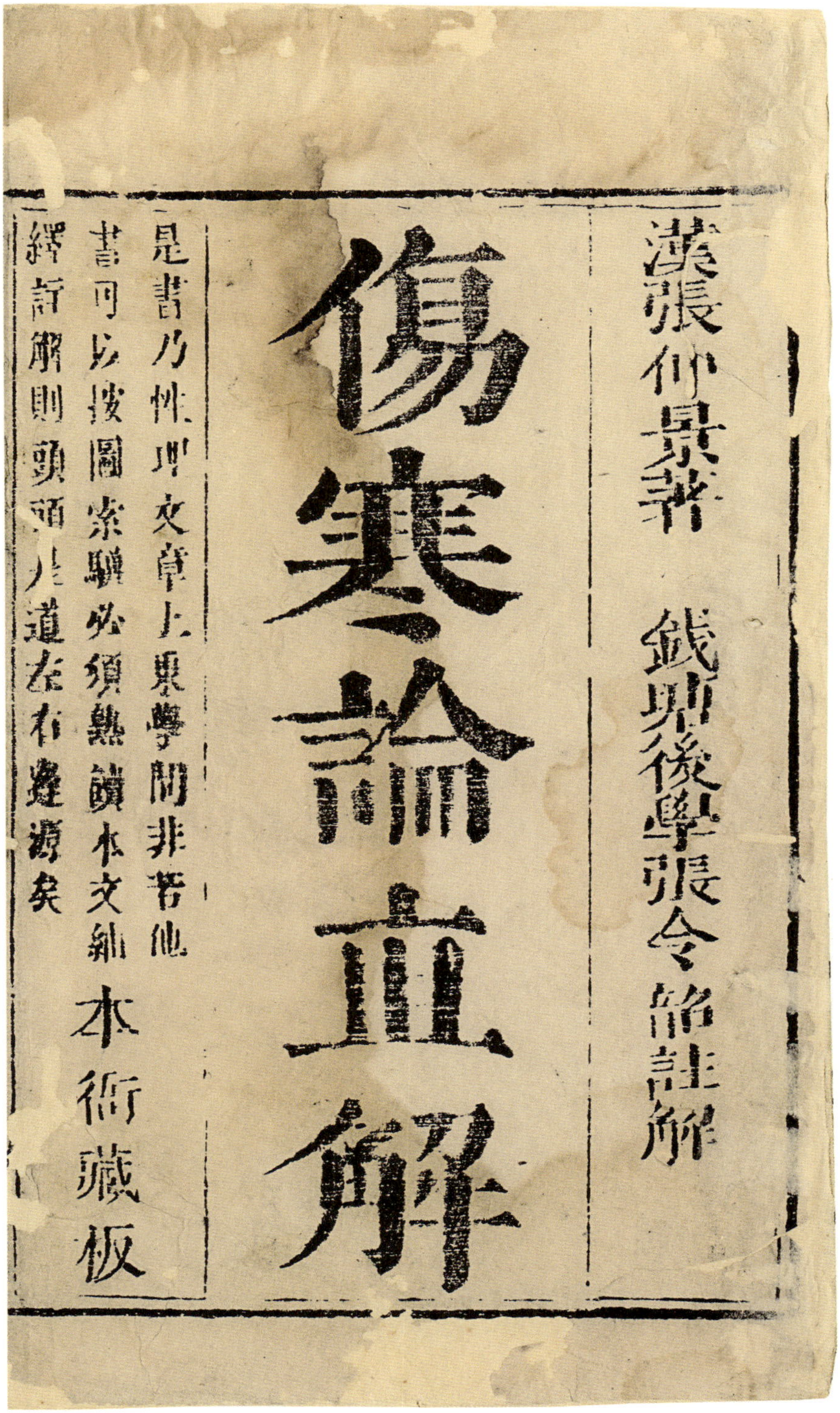

漢張仲景著　錢塘後學張令韶註解

傷寒論直解

是書乃性理文章上乘學問非若他書可以按圖索驥必須熟讀本文細繹詳解則頭頭是道左右逢源矣

本衙藏板

0054　傷寒論直解六卷　（清）張錫駒著　清康熙刻本

框高19.1厘米，廣13.8厘米。半葉九行，行二十字，小字雙行同，白口，左右雙邊。

傷寒論直解卷一

錢塘張錫駒令韶父詮解　門人　魏士俊子千　王元文燮菴　校

徐旭升上扶　王艮能聖欽　參訂　壻　王津鶴田

男　漢倬雲　漢位譽　皆爲校

辨脉法

○問曰。脉有陰陽。何謂也。答曰。凡脉大浮動數滑。此名陽也。脉沉濇弱弦微。此名陰也。凡陰病見陽脉者

傷寒直解　卷一　一

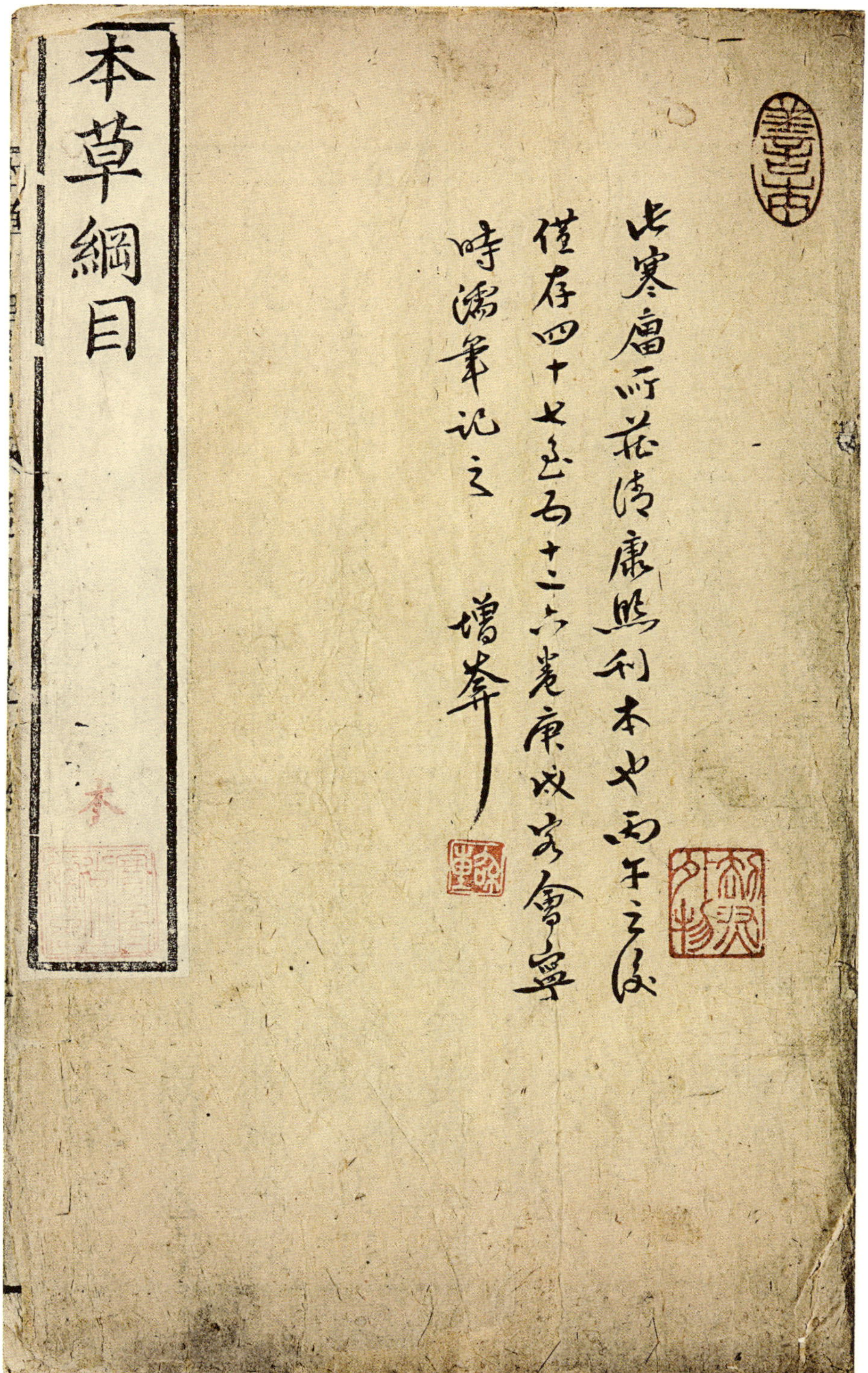

0055　本草綱目五十二卷　（明）李時珍著　清康熙刻本

框高20.9厘米，廣14.6厘米。半葉九行，行二十字，小字雙行同，白口，四周單邊。張紹重先生捐贈本。

本草綱目禽部第四十七卷

禽之一 水禽類二十三種

鶴 宋嘉祐

【釋名】仙禽綱目胎禽【時珍曰】鶴字篆文象翹首短尾之形一云白色皠皠故名八公相鶴經云鶴乃羽族之宗仙人之驥千六百年乃胎產則胎仙之稱以此世謂鶴不卵生者誤矣

【集解】禹錫曰鶴有白有玄有黃有蒼入藥用白者他色次之【時珍曰】鶴大於鵠長三尺高三尺餘喙長四寸丹頂赤目赤頰青脚修頸凋尾粗膝織指白羽黑翎亦有灰色蒼色者嘗以夜半鳴声唳雲霄雄鳴上風雌鳴下風声交而孕亦啖蛇虺聞降眞香烟則降其糞能化石皆物類相感也按相鶴經云鶴陽鳥也而遊于陰行必依洲渚止不集林木二年落子毛易黑點三年產伏又七年羽

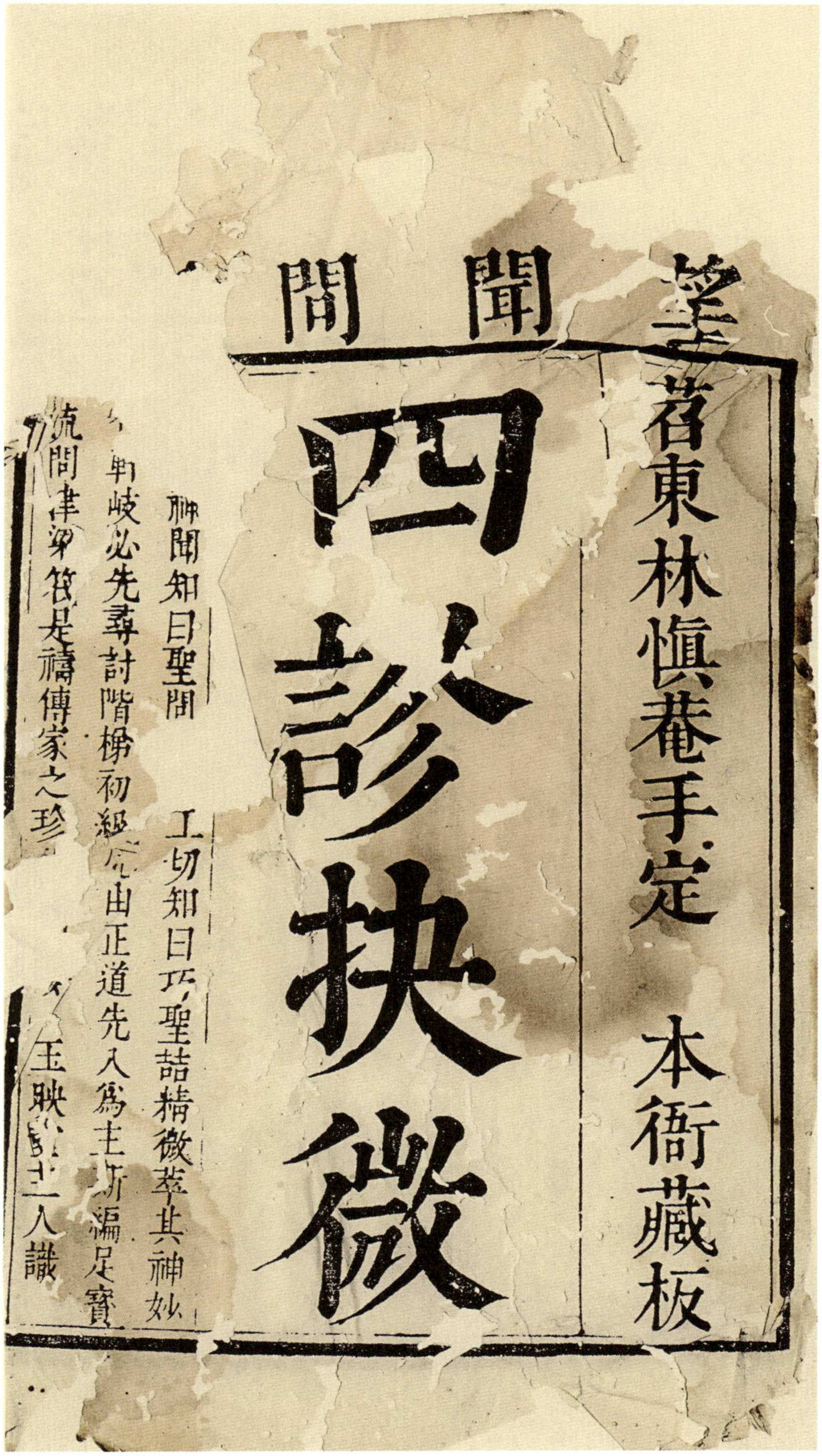

筆聞閣

茗東林愼菴手定

四診抉微

本衙藏板

神聞知曰聖聞

工切知曰巧聖喆精微萃其神妙

刊岐必先尋討階梯初級由正道先入爲主斯編足寶

流問津梁筏是禱傳家之珍

玉映堂主人識

0056　四診抉微八卷　（清）林之翰撰　清雍正四年丙午（1726）玉映堂刻本

框高18.6厘米，廣14.7厘米。半葉十行，行二十字，小字雙行同，白口，四周雙邊。

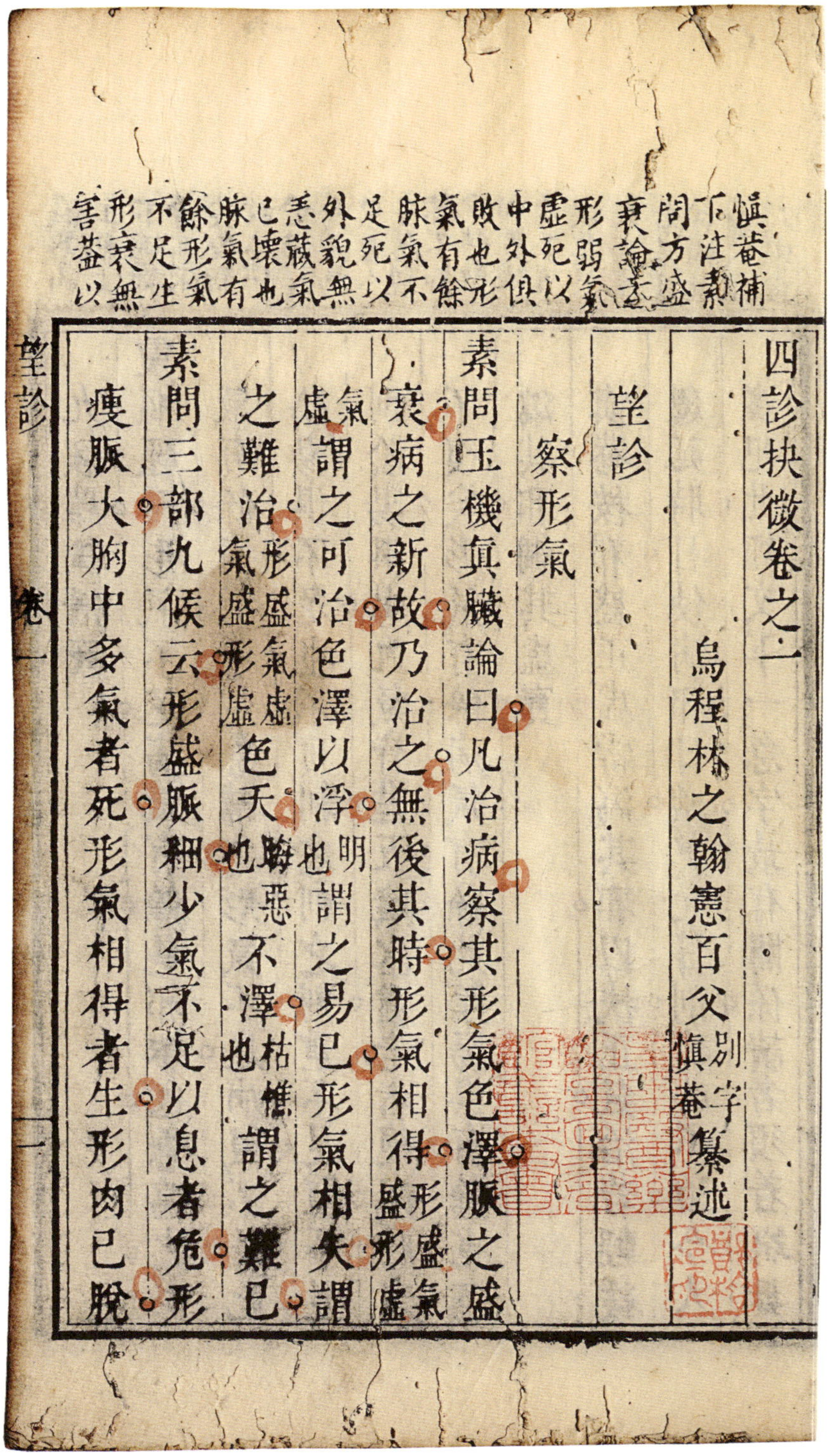

慎菴補下注素問方盛衰論云形弱氣虛死以中外俱敗也形氣有餘脉氣不足死以外貌無恙藏氣已壞也脉氣有餘形氣不足生以形衰無害蓋以

四診抉微卷之一

烏程林之翰憲百父（別字慎菴）纂述

望診

察形氣

素問玉機眞藏論曰凡治病察其形氣色澤脉之盛衰病之新故乃治之無後其時形氣相得（形盛氣盛形虛氣虛）謂之可治色澤以浮（明也）謂之易已形氣相失謂之難治（形盛氣虛氣盛形虛）色夭（晦惡也）不澤（枯憔也）謂之難已

素問三部九候云形盛脉細少氣不足以息者危形瘦脉大胷中多氣者死形氣相得者生形肉已脫

望診　卷一　一

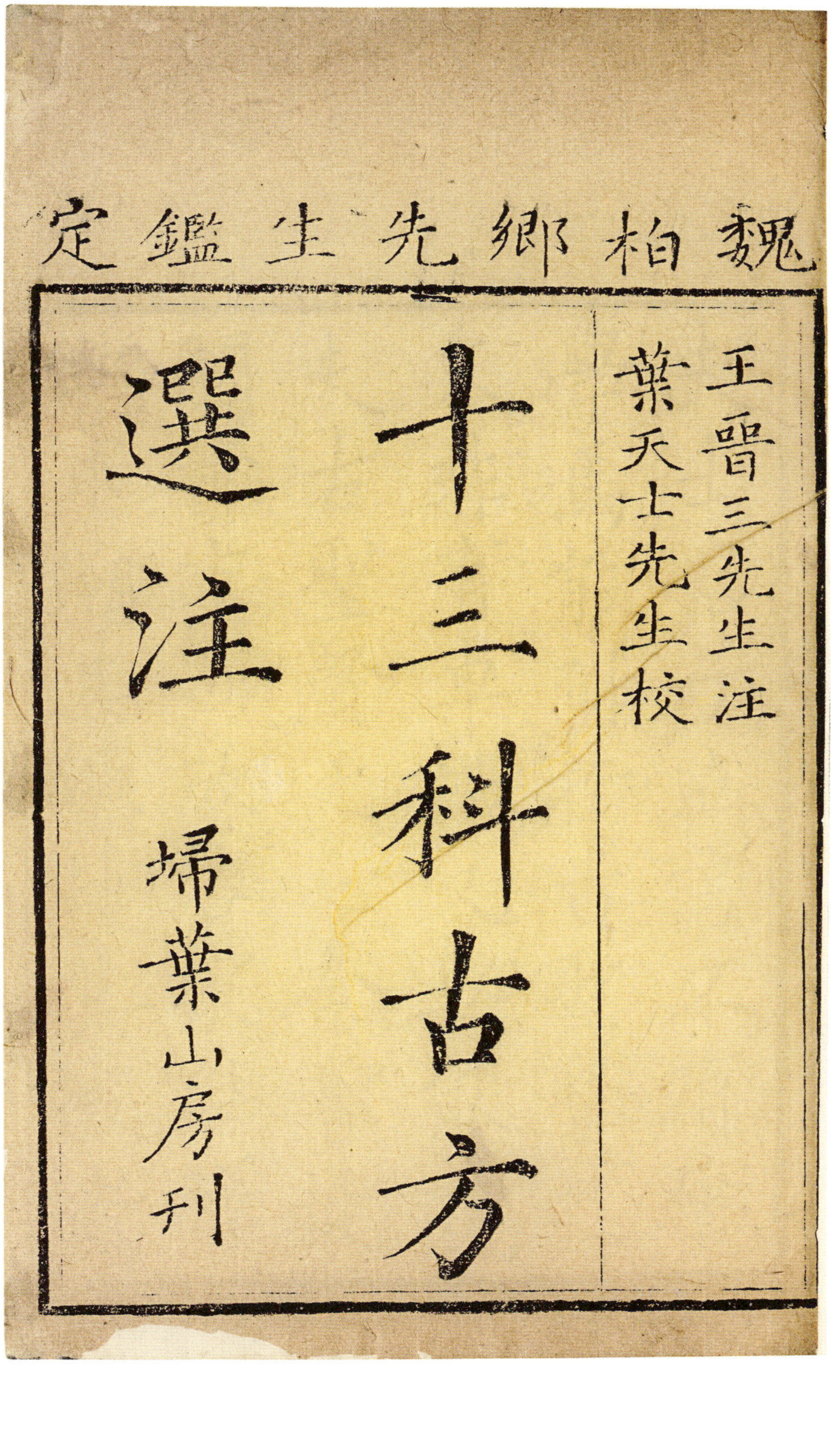
魏柏鄉先生鑑定

王晉三先生注
葉天士先生校

十三科古方選注

掃葉山房刊

0057　絳雪園古方選註三卷　（清）王子接注　葉天士校本　清雍正九年辛亥（1731）掃葉山房刻本

框高18.2厘米，廣13.3厘米。半葉十行，行二十二字，小字雙行同，白口，左右雙邊。

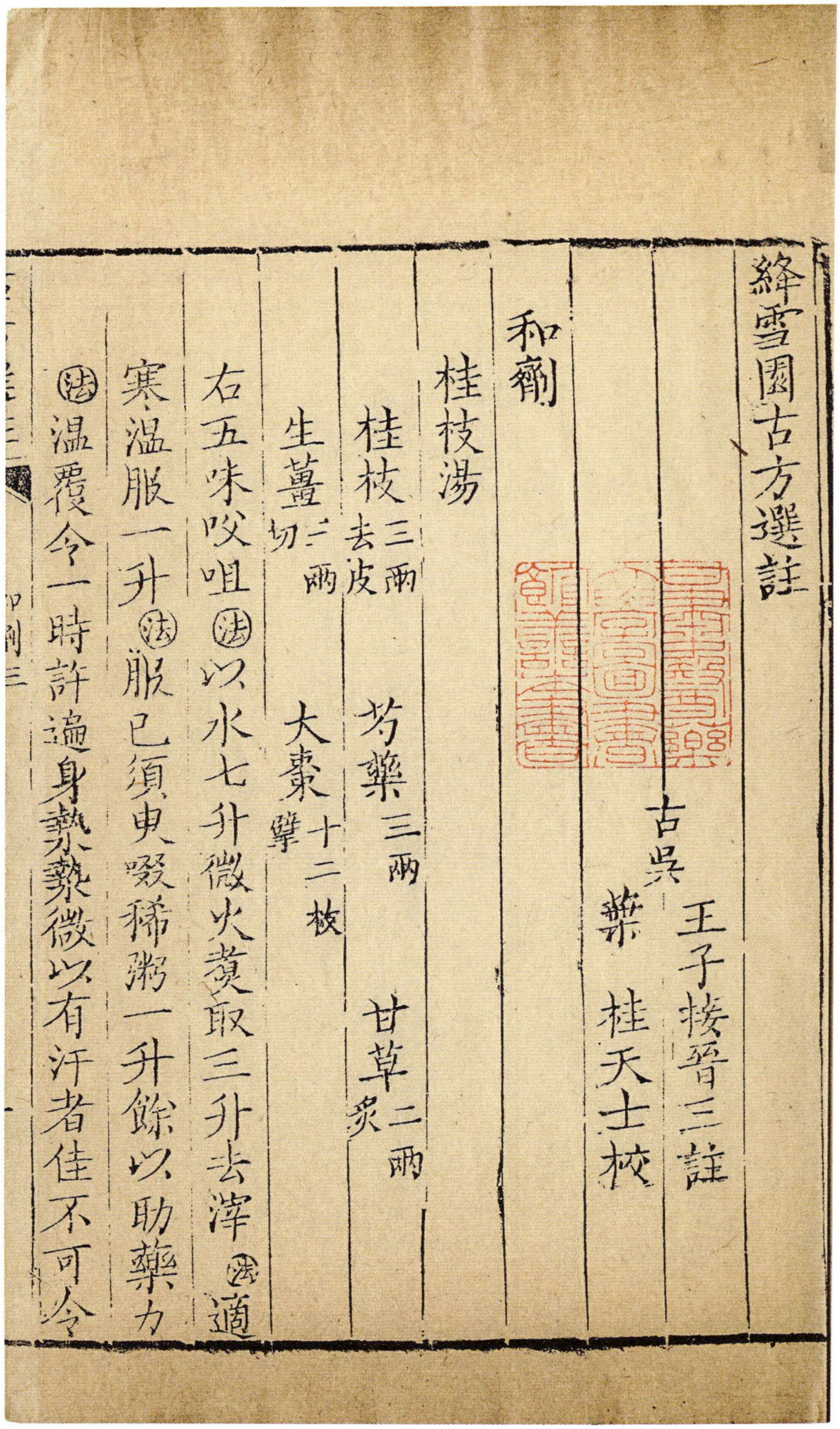

絳雪園古方選註

古吳 王子接晉三註

葉　桂天士校

和劑

桂枝湯

桂枝三兩去皮　芍藥三兩　甘草二兩炙

生薑三兩切　大棗十二枚擘

右五味㕮咀法以水七升微火煑取三升去滓法適寒溫服一升法服已須臾啜稀粥一升餘以助藥力法溫覆令一時許遍身漐漐微似有汗者佳不可令

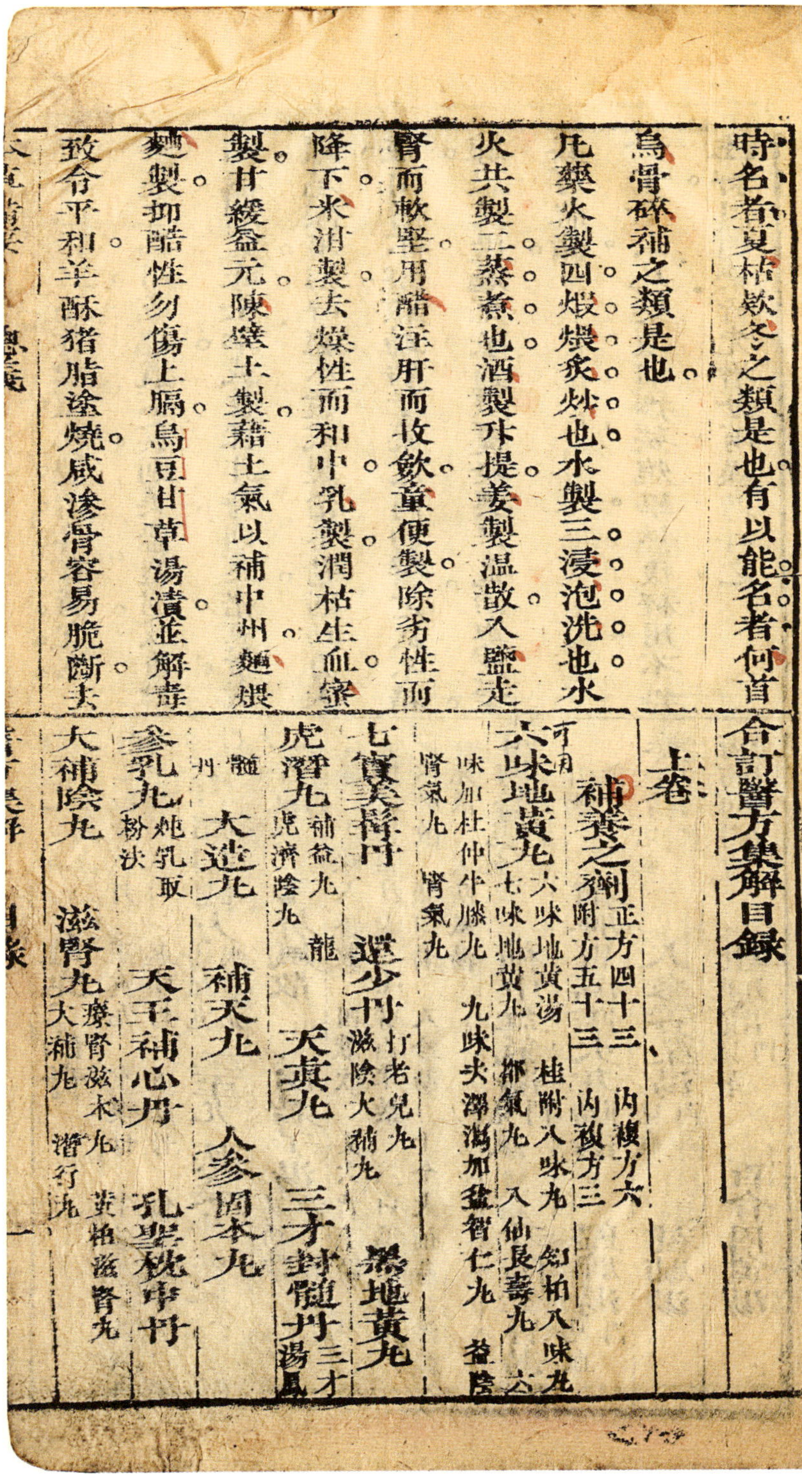

時名者如夏枯款冬之類是也有以能名者何首
烏骨碎補之類是也
凡藥火製四煆煨炙炒也水製三浸泡洗也水
火共製二蒸煮也酒製升提姜製溫散入鹽走
腎而軟堅用醋注肝而收斂童便製除劣性而
降下米泔製去燥性而和中乳製潤枯生血蜜
製甘緩益元陳壁土製藉土氣以補中州麪煨
麪製抑酷性勿傷上膈烏豆甘草湯漬並解毒
致令平和羊酥猪脂塗燒咸滲骨容易脆斷去

本草備要　總義

合訂醫方集解目錄

上卷

補養之劑 正方四十三 附方五十三 內複方六 內複方三

六味地黃丸 可用 六味地黃湯 七味地黃丸 桂附八味丸 知柏八味丸 都氣丸 入仙長壽丸 九味夫澤瀉加益智仁丸 益陰 味加杜仲牛膝丸 腎氣丸 腎氣丸

七寶美髯丹 還少丹 打老兒丸 滋陰大補丸 黑地黃丸

虎潛丸 補益丸 虎潛陰丸 龍 天真丸 三才封髓丹 三才湯 鳳

大造丸 補天丸 人參固本丸

參乳丸 炖乳取粉法 天王補心丹 孔聖枕中丹

大補陰丸 滋腎丸 療腎滋本丸 大補丸 潛行丸 黃柏滋腎丸

醫方集解　目錄　一

0058　本草醫方合編六卷　（清）汪昂編　清乾隆五年庚申（1740）綉谷胡學峰重刊經元堂刻本
框高24.1厘米，廣14.3厘米。上半葉九行，行十八字，下半葉十行，行二十二字，白口，四周單邊。

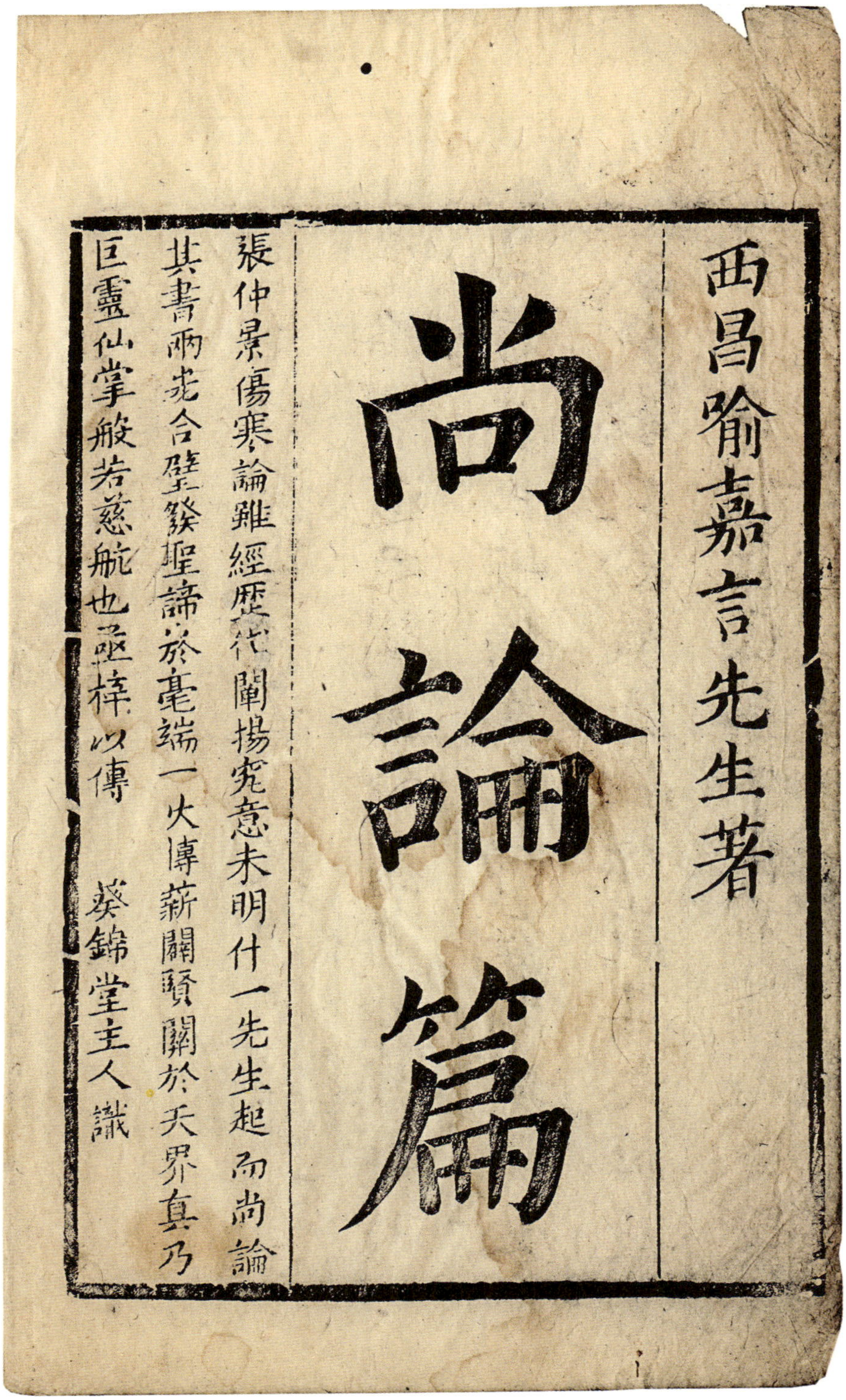

西昌喻嘉言先生著

尚論篇

張仲景傷寒論雖經歷代闡揚究竟未明什一先生起而尚論其書兩悉合璧發聖諦於毫端一火傳薪闢賢關於天界真乃巨靈仙掌般若慈航也亟梓以傳

葵錦堂主人識

0059　尚論篇四卷　（清）喻昌撰　清乾隆七年壬戌（1742）葵錦堂刻本

框高20.2厘米，廣13.2厘米。半葉九行，行二十字，小字雙行同，白口，四周單邊。

尚論張仲景傷寒、論重編三百九十七法卷之一

西昌喻昌嘉言甫著

論太陽經傷寒症治大意

王叔和當日編次仲景傷寒論、以辨痓濕暍脉證爲第一、以辨太陽病脉證爲第二、謂痓濕暍雖太陽經之見證、然宜應別論、故列之篇首、此等處最不妥當、豈有別論反在正論之前者、況旣應別論、即當明言所指、而故虛懸其篇、此叔和不究心之弊也、至於太陽經中、一槩混編合病併病、溫病壞

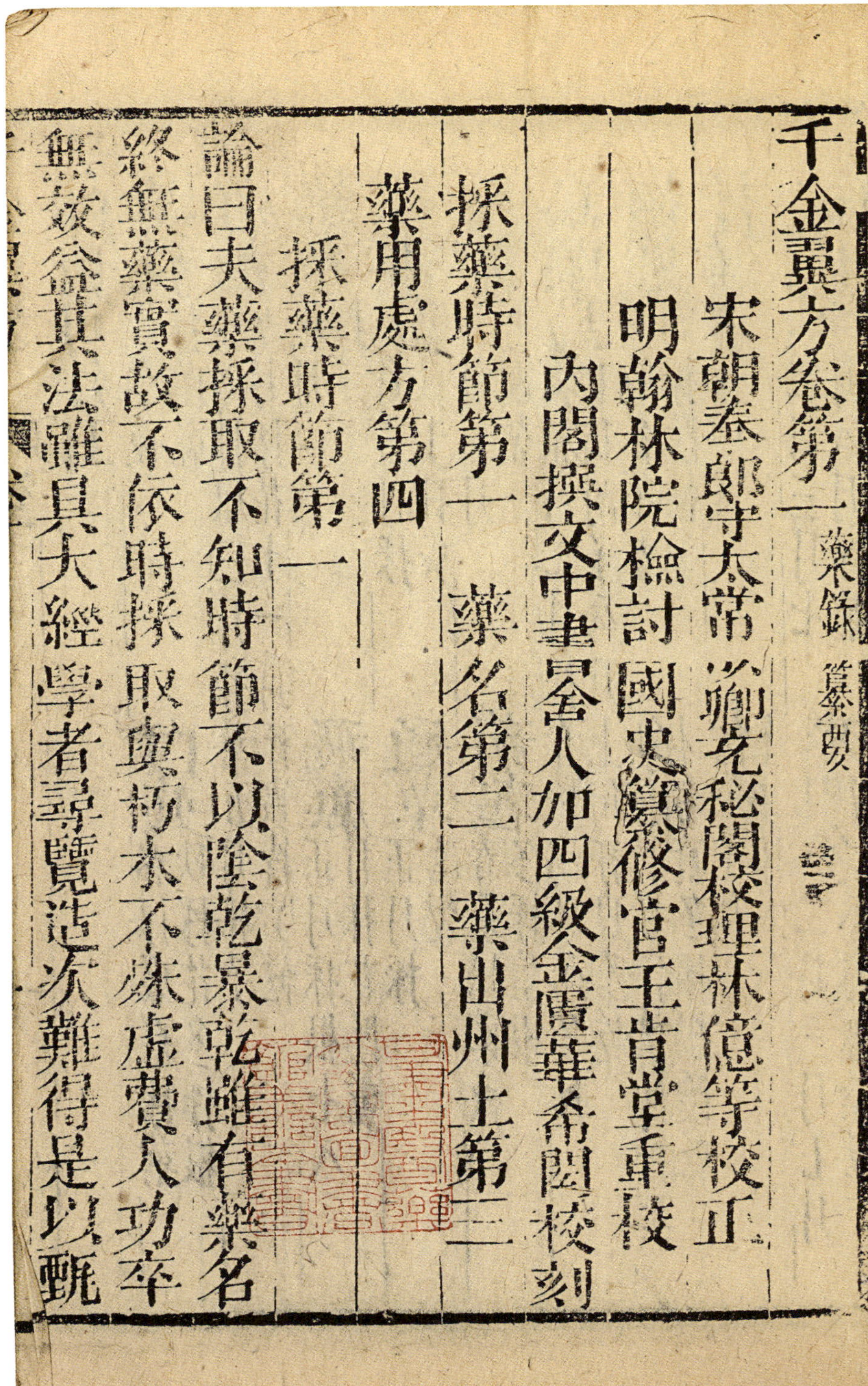
千金翼方卷第一　藥録纂要

宋朝奉郎守太常少卿充秘閣校理林億等校正

明翰林院檢討國史纂修官王肯堂重校

内閣撰文中書舍人加四級金匱華希閎校刻

採藥時節第一　藥名第二　藥出州土第三

藥用處方第四

採藥時節第一

論曰夫藥採取不知時節不以陰乾暴乾雖有藥名終無藥實故不依時採取與朽木不殊虚費人功卒無裨益其法雖具大經學者尋覽造次難得是以甄

0060　千金翼方三十卷　（唐）孫思邈撰　清乾隆十一年丙寅（1746）金匱華氏據元大德刻本覆刻本

框高21.2厘米，廣14.3厘米。半葉十行，行二十字，小字雙行同，白口，四周單邊。

0061　林氏活人録彙編十四卷　（清）林開燧撰　張在浚重編　清乾隆十六年辛未（1751）聽清書屋刻本

框高21.6厘米，廣12.7厘米。半葉八行，行二十二字，小字雙行同，白口，四周雙邊。

林氏活人錄彙編卷之一

三原張在浚念亭氏重輯

錢塘張　濤學海氏
　　　榕荔圃氏校正

中風門

或問人之於風也不曰冒不曰傷而獨曰中者何也既曰中風其邪必由表入裏自淺至深如何絶無頭疼鼻塞發熱畏風諸表證也

答曰天之八風自外而入感之輕者曰冒見冒風門感之

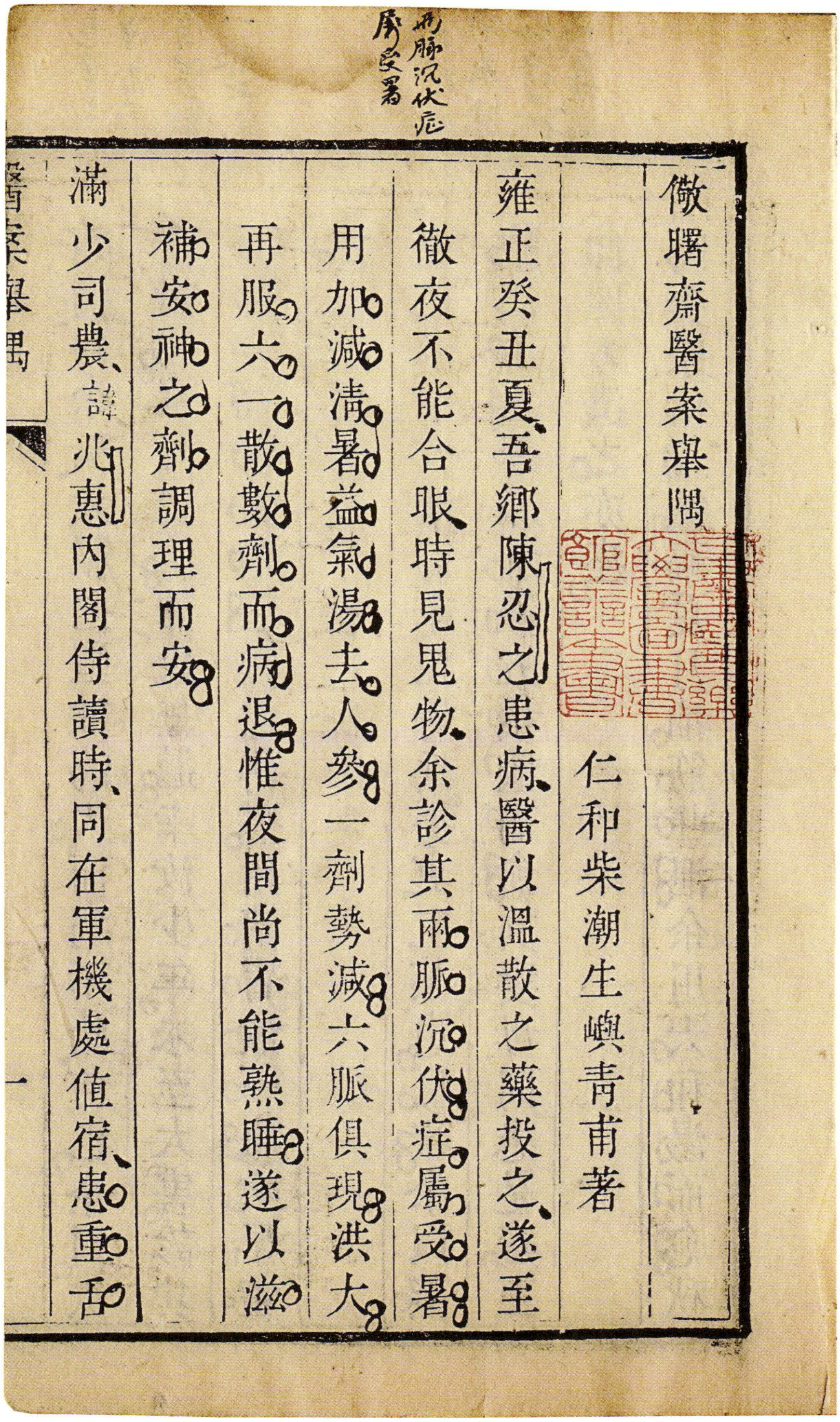
兩脈沉伏症屬受暑

徵曙齋醫案舉隅

仁和柴潮生嶼青甫著

雍正癸丑夏吾鄉陳忍之患病醫以溫散之藥投之遂至徹夜不能合眼時見鬼物余診其兩脈沉伏症屬受暑用加減清暑益氣湯去人參一劑勢減六脈俱現洪大再服六一散數劑而病退惟夜間尚不能熟睡遂以滋補安神之劑調理而安

滿少司農諱兆惠內閣侍讀時同在軍機處值宿患重舌

醫案舉隅　一

0062　**醫案舉隅一卷**　（清）柴潮生著　清乾隆十八年癸酉（1753）刻本
框高21.8厘米，廣13厘米。半葉八行，行二十二字，白口，四周雙邊。

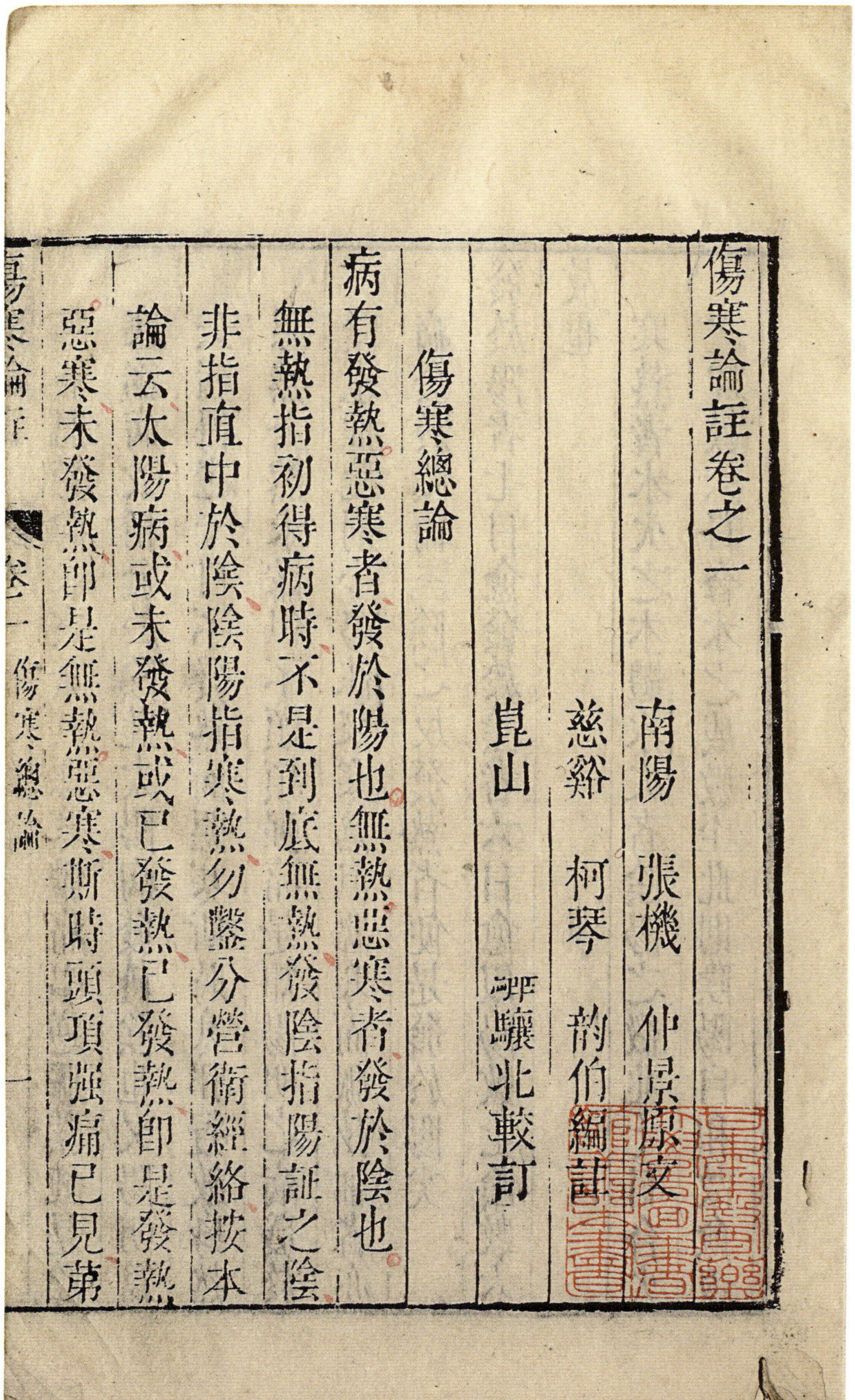

傷寒論註卷之一

南陽　張機　仲景原文

慈谿　柯琴　韵伯編註

崑山　[illegible]驤北較訂

傷寒總論

病有發熱惡寒者發於陽也無熱惡寒者發於陰也

無熱指初得病時不是到底無熱發陰指陽證之陰非指直中於陰陰陽指寒熱勿鑿分營衛經絡按本論云太陽病或未發熱或已發熱已發熱即是發熱惡寒未發熱即是無熱惡寒斯時頭項強痛已見第

傷寒論注　卷一　傷寒總論　一

0063　**傷寒來蘇集八卷**　（清）柯琴編　清乾隆二十年乙亥（1755）刻本　崑山綏福堂刻本

框高19.1厘米，廣13.2厘米。半葉十行，行二十一字，小字雙行同，白口，左右雙邊。

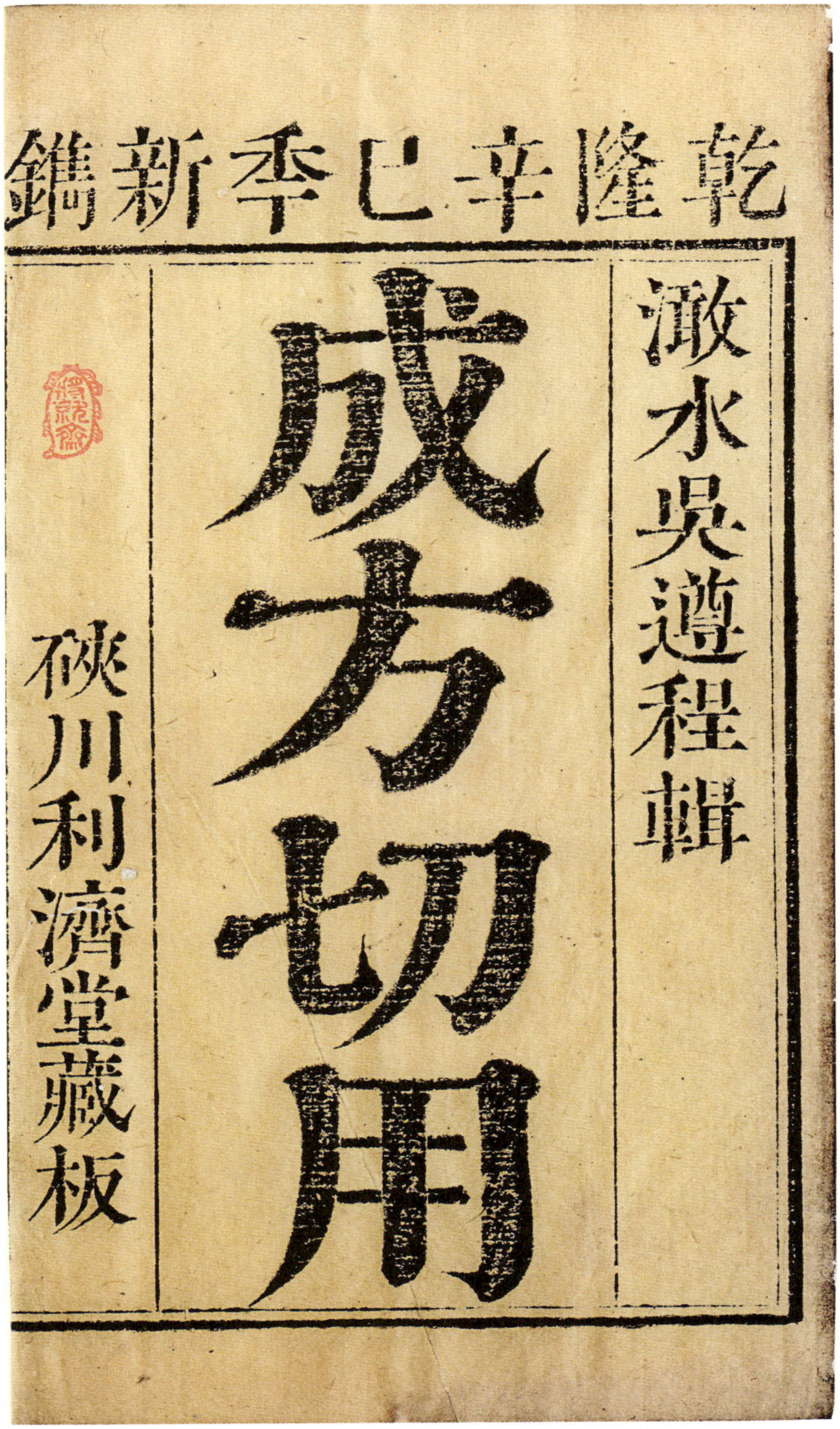
乾隆辛巳季新鐫

澉水吳遵程輯

成方切用

硤川利濟堂藏板

0064　成方切用二十六卷　（清）吴儀洛編　清乾隆二十六年辛巳（1761）吴氏利濟堂刻本
框高19.2厘米，廣14厘米。半葉九行，行十八字，小字雙行同，白口，左右雙邊。

吴氏醫學述第四種

武原吴儀洛遵程輯　門人周蘭九生庭
殷豫龍浩如同較

成方切用

内經方

内者，性命之道。經者，載道之書。其書乃黄帝與岐伯、鬼臾區、伯高、少師、少俞、雷公六臣講求而成。其方高簡奥妙，不易測識。今人罕能用之者。然既爲古聖之神方，自不得不録之，以冠於卷首。

用醇酒二十觔，蜀椒一升，乾薑一觔，桂心一觔，漬酒中，浸以綿絮布巾，用生桑炭炙巾，以熨寒痺所

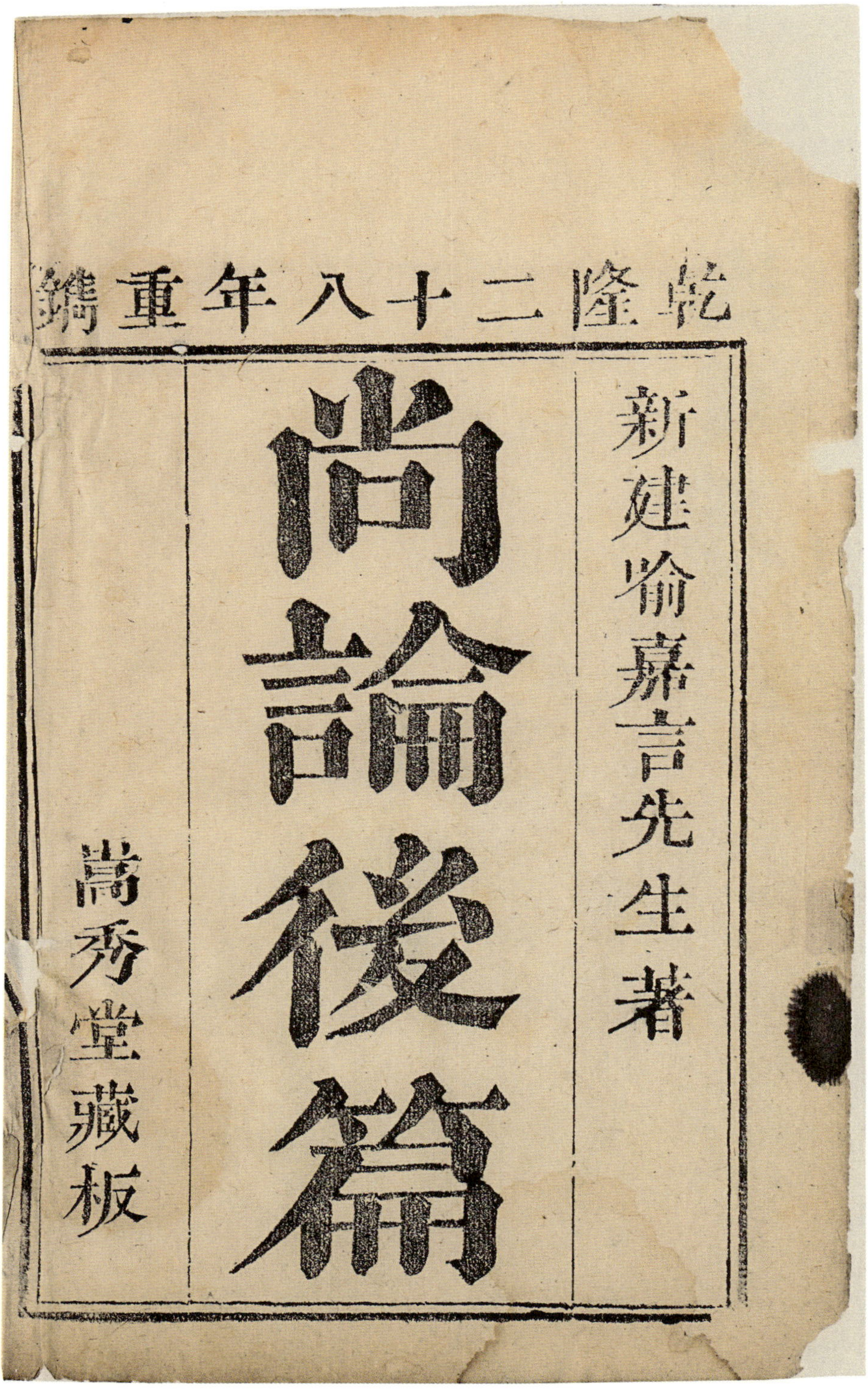

乾隆二十八年重鐫

新建喻嘉言先生著

尚論後篇

嵩秀堂藏板

0065　尚論後篇四卷　（清）喻昌撰　清乾隆二十八年癸未（1763）嵩秀堂刻本
框高18厘米，廣12.5厘米。半葉十行，行十九字，小字雙行同，白口。左右雙邊。

尚論張仲景傷寒論重編三百九十七法卷之一

西昌喻　昌嘉言甫著

黎川陳守誠伯常重梓

尚論春三月溫症大意

仲景書詳於治傷寒畧於治溫以法度俱錯出於治傷寒中耳後人未解義例故春溫一症漫無成法可師而況觸冒寒邪之病少感發溫氣之病多寒病之傷人什之三溫病之傷人什之七古今缺典莫此爲大昌特會內經之旨以暢發仲景不宣之奧然僭竊無似矣厥旨維何內

尚論後篇　卷之一　溫症上篇

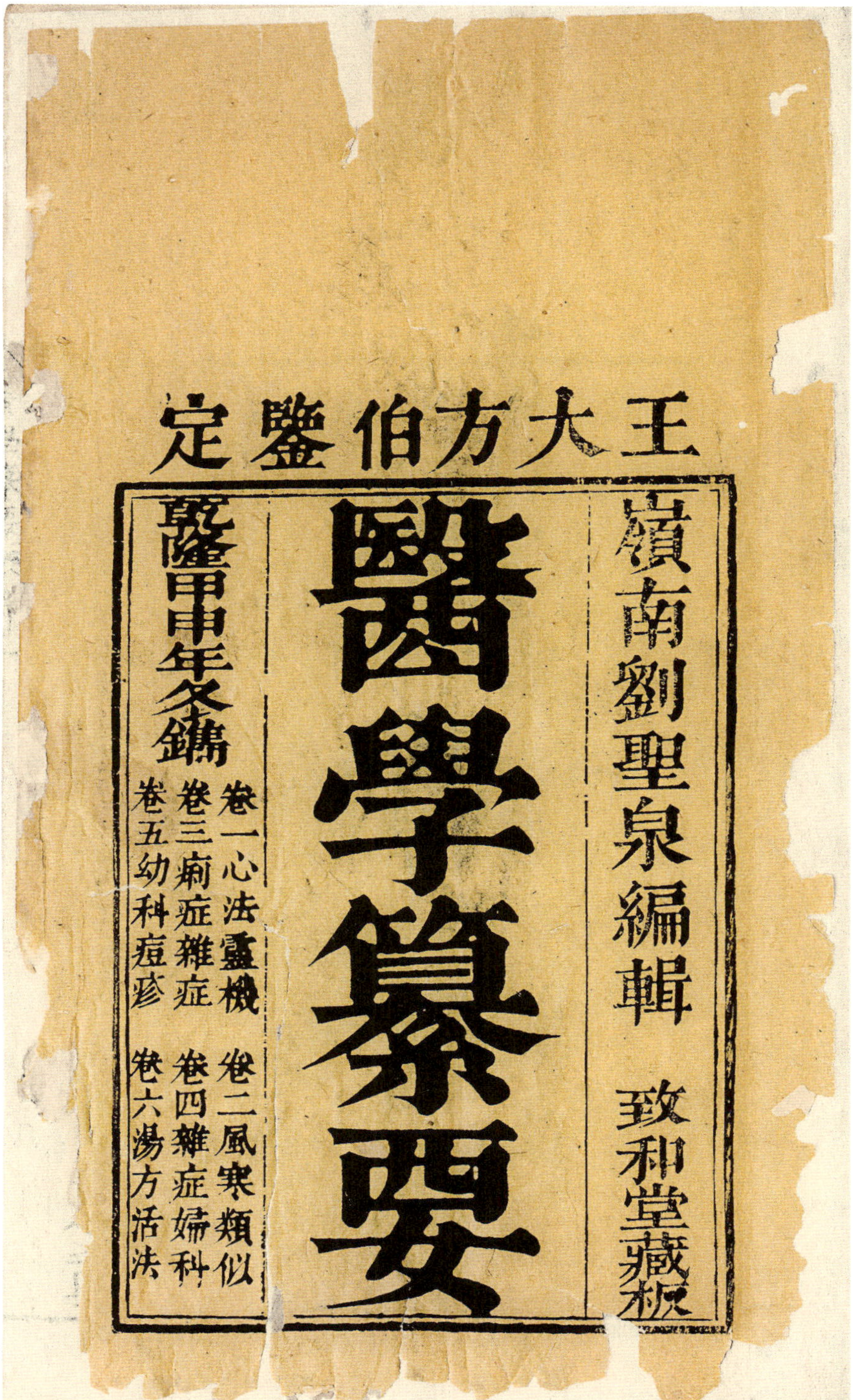

0066　醫學纂要六卷　（清）劉淵編　清乾隆二十九年甲申（1764）致和堂刻本

框高17.7厘米，廣11.1厘米。半葉九行，行二十四字，小字雙行不等，白口，左右雙邊。

醫學纂要心法靈機

嶺南後學劉　淵聖泉子編輯

内經撮要上

靈　兩神相摶合而成形常先身生是謂精上焦開發宣五穀味薰膚充身澤毛若霧露之漑是謂氣腠理發泄汗出溱溱是謂津穀入氣滿淖澤注於骨骨屬屈伸洩澤補益腦髓皮膚潤澤是謂液中焦受氣取汁變化而赤是謂血壅遏營氣令無所避是謂脈精脫者耳聾氣脫者目不明津脫者腠理開汗大泄液脫者骨屬屈伸不利色夭腦髓消脛痠耳數鳴血脫者色白夭然

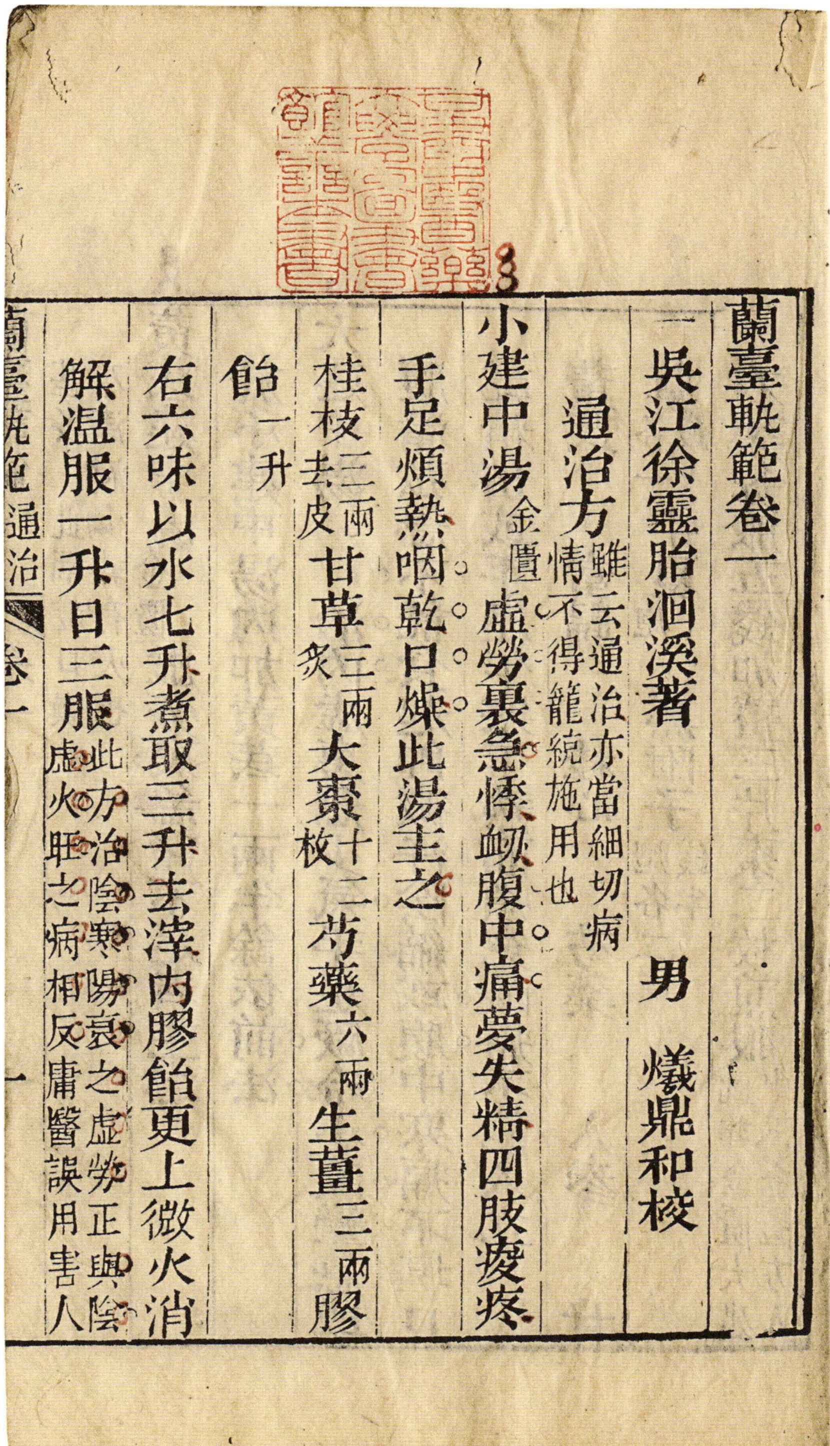

蘭臺軌範卷一

吳江徐靈胎洄溪著　男　爔鼎和校

通治方 雖云通治亦當細切病情不得籠統施用也

小建中湯 金匱 虛勞裏急悸衄腹中痛夢失精四肢痠疼手足煩熱咽乾口燥此湯主之

桂枝 三兩去皮 甘草 三兩炙 大棗 十二枚 芍藥 六兩 生薑 三兩 膠飴 一升

右六味以水七升煮取三升去滓內膠飴更上微火消解溫服一升日三服 此方治陰寒陽衰之虛勞正與陰虛火旺之病相反庸醫誤用害人

蘭臺軌範　通治　卷一　一

0067　蘭臺軌範八卷　（清）徐大椿撰　清乾隆二十九年甲申（1764）洄溪草堂原刻本

框高17.8厘米，廣12.9厘米。半葉九行，行二十二字，小字雙行同，白口，左右雙邊。

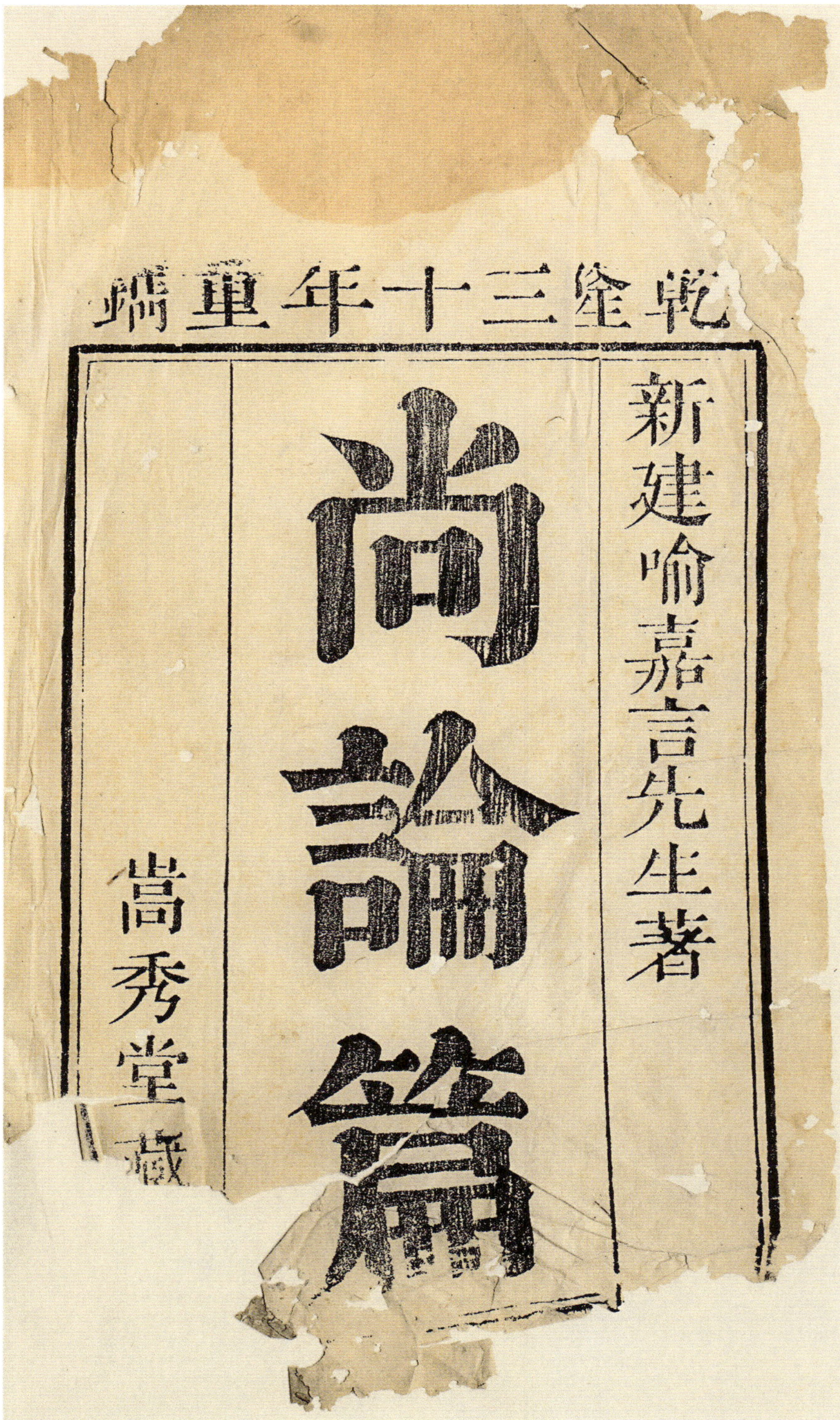

0068　尚論篇四卷　（清）喻昌撰　清乾隆三十年乙酉（1765）嵩秀堂刻本
框高17.7厘米，廣12.6厘米。半葉十行，行二十字，小字雙行同，白口，左右雙邊。

太陽經中篇凡寒傷營之證列於此篇法五十八條

西昌喻　昌嘉言甫著
黎川陳守誠伯常重梓

按上篇風傷衛之證用桂枝湯解肌者乃是不欲發汗以擾動其營也不擾其營但治其衛嘗有不及之弊不及則邪不盡去勢必傳入於裏故篇中兩解表裏之法居多此篇寒傷營之證用麻黃湯發汗者乃亟驅其邪盡從表出不使停留之法嘗有太過之弊太過則未免因邪傷正而虛候易生設有餘邪不盡者多未敢再汗但可和其營衛或

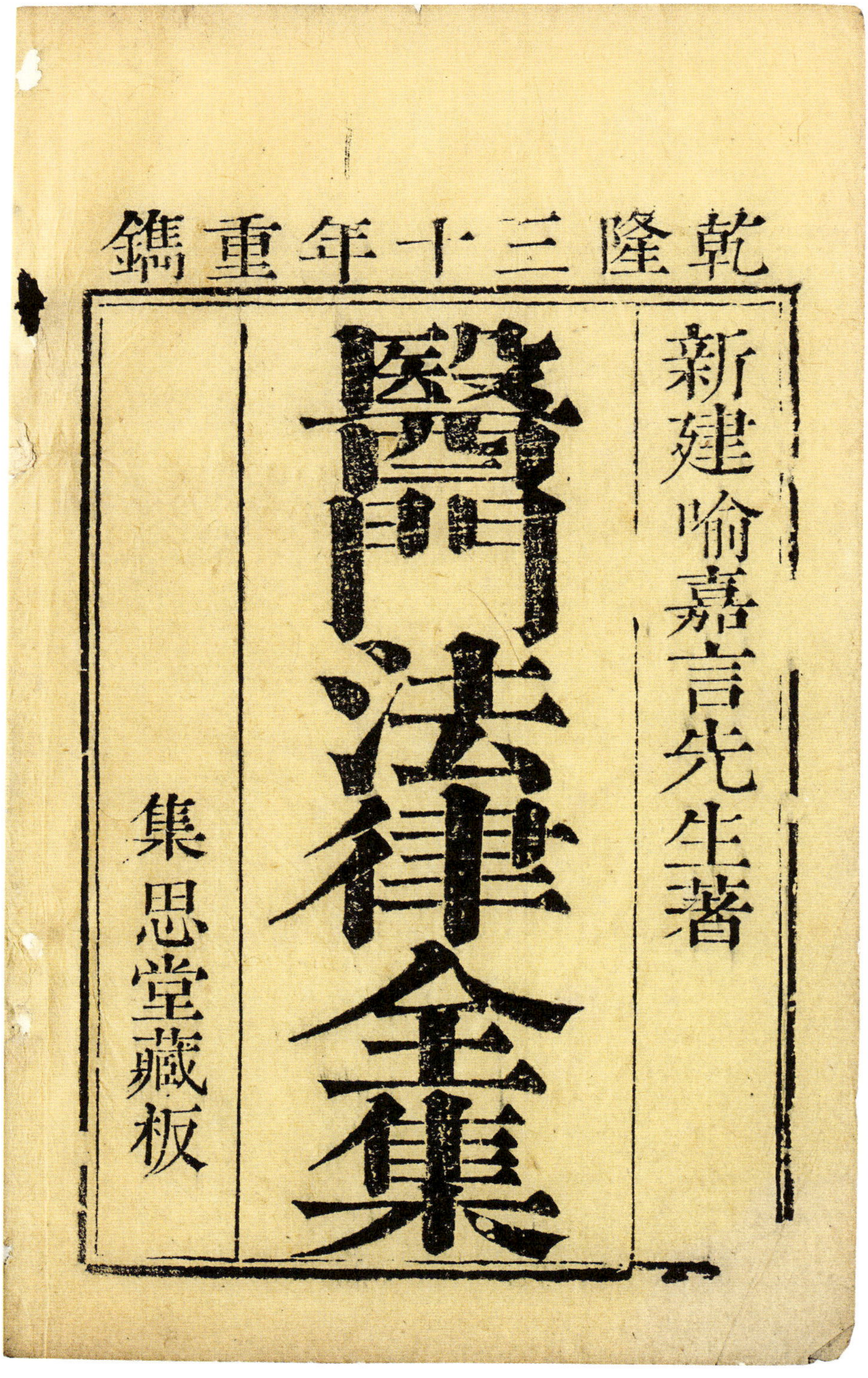

乾隆三十年重鐫

新建喻嘉言先生著

醫門法律全集

集思堂藏板

0069　醫門法律六卷　（清）喻昌撰　清乾隆三十年乙酉（1765）黎川陳守誠刻本集思堂藏板

框高18.2厘米，廣12.7厘米。半葉十行，行二十字，小字雙行同，白口，左右雙邊。

醫門法律卷之一

西昌喻　昌嘉言甫著
黎川陳守誠伯常重梓

○一明望色之法

望色論 附律二條

喻昌曰人之五官百骸賅而存者神居之耳色者神之旗也神旺則色旺神衰則色衰神藏則色藏神露則色露帝王之色龍文鳳彩神仙之色嶽翠山光榮華之色珠明玉潤壽耇之色柏古松蒼乃至貧夭之色重濁晦滯枯索垩黧莫不顯呈於面而病成於內

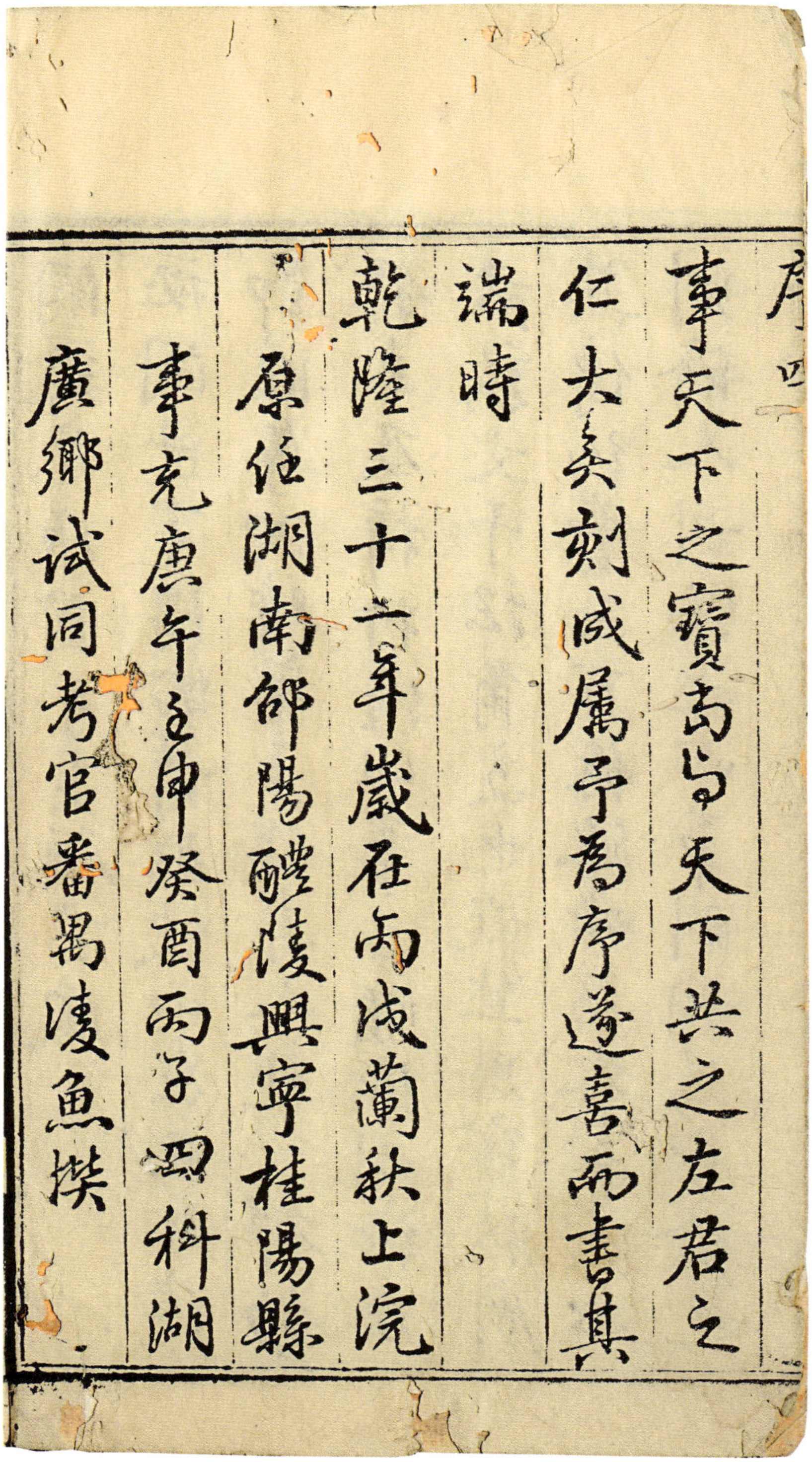
序　四

事天下之寶當與天下共之左君之
仁大矣刻成屬予為序遂喜而書其
端時
乾隆三十一年歲在丙戌蘭秋上浣
原任湖南邵陽醴陵興寧桂陽縣
事充庚午壬申癸酉丙子四科湖
廣鄉試同考官番禺淩魚撰

0070　**東醫寶鑑二十三卷**　（朝鮮）許浚等撰　清乾隆三十一年丙戌（1766）刻本
框高17.7厘米，廣12.3厘米。半葉八行，行二十一字，小字雙行同，白口，左右雙邊。

東醫寶鑑內景篇卷之一上

東醫忠勤貞亮扈　聖功臣崇祿大夫陽平君臣許浚奉　教撰

集例

臣謹按人身內有五臟六腑外有筋骨肌肉血脈皮膚以成其形而精氣神又爲臟腑百體之主故道家之三要釋氏之四大皆謂此也黃庭經有內景之文醫書亦有內外境象之圖道家以淸靜修養爲本醫門以藥餌針灸爲治是道得其精醫得其粗也今此書先以內景精氣神臟腑爲內篇次取外境頭面手足筋脈骨肉爲外篇又採五運六氣四象三法內傷外感諸病之證列爲雜篇末著湯液針灸以盡其變使病人開卷目擊則虛實輕重吉凶死生之兆明若水鏡庶無妄治夭折之患

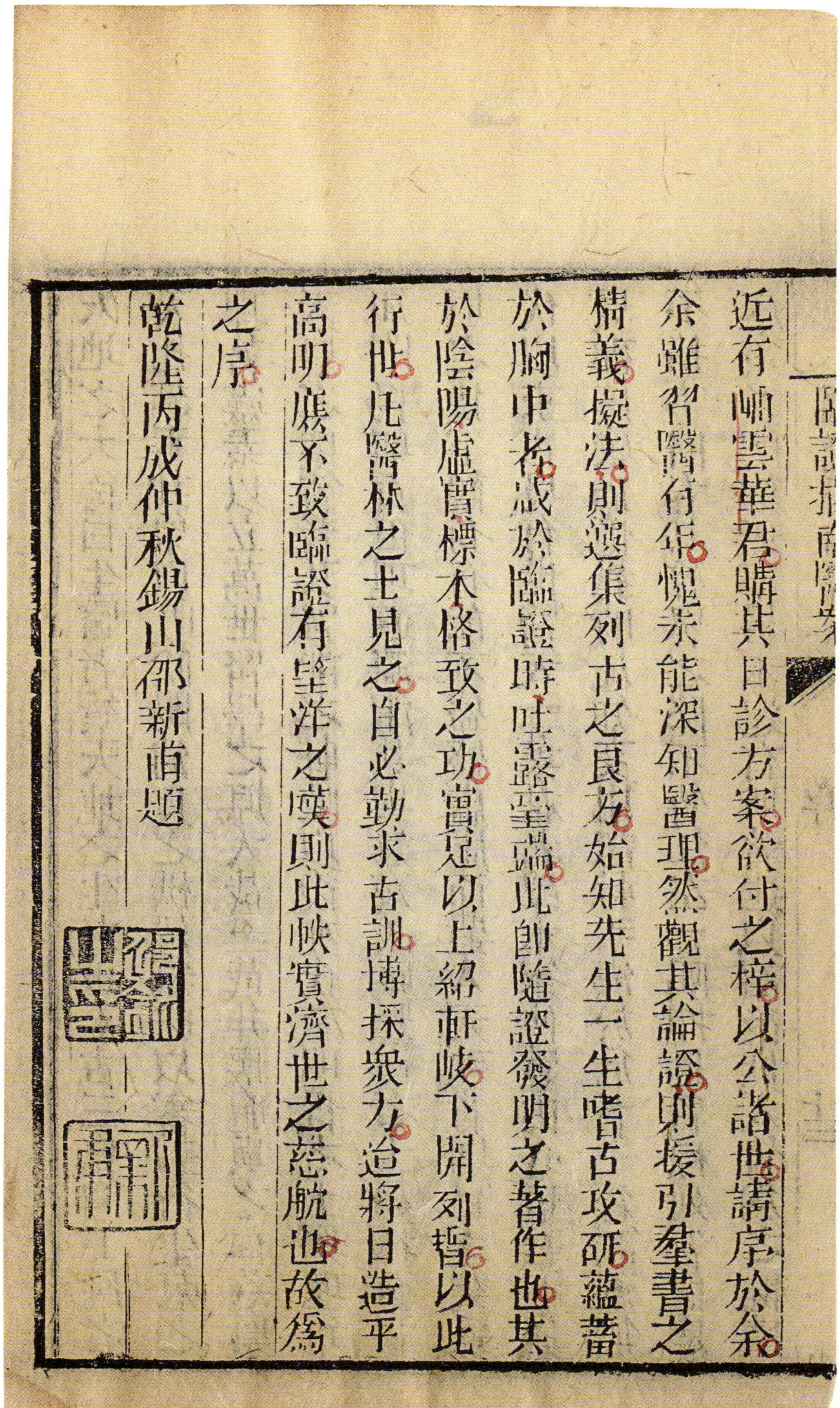

近有岵瞻華君購其日診方案欲付之梓以公諸世請序於余
余雖習醫有年愧未能深知醫理然觀其論證則援引羣書之
精義擬法則選集列古之良方始知先生一生嗜古攻研蘊蓄
於胸中者咸於臨證時吐露至論此即隨證發明之著作也其
於陰陽虛實標本格致之功實足以上紹軒岐下開列晳以此
行世凡醫林之士見之自必勤求古訓博採衆方迨將日造乎
高明庶不致臨證有望洋之嘆則此帙實濟世之慈航也故爲
之序

乾隆丙戌仲秋錫山邵新甫題

0071　臨證指南醫案十卷　（清）葉桂撰　華南田編　清乾隆三十一年丙戌（1766）序刻本

框高18.9厘米，廣13.6厘米。半葉十行，行二十二字，小字雙行同，白口，左右雙邊。

臨證指南醫案卷一

滸關李大瞻翰圃

古吳葉　桂天士先生著　錫山華南田岫雲同較

邵　銘新甫

中風

計　賢虛內風動

錢　偏枯在左血虛不榮筋骨內風襲絡脉左緩大

製首烏四兩烘　枸杞子去蒂二兩　歸身二兩用獨枝者去梢

淮牛膝二兩蒸　明天麻二兩麵煨　三角胡麻二兩打碎水洗十次烘

黃甘菊三兩水煎汁　川石斛四兩水煎汁　小黑豆皮四兩煎汁

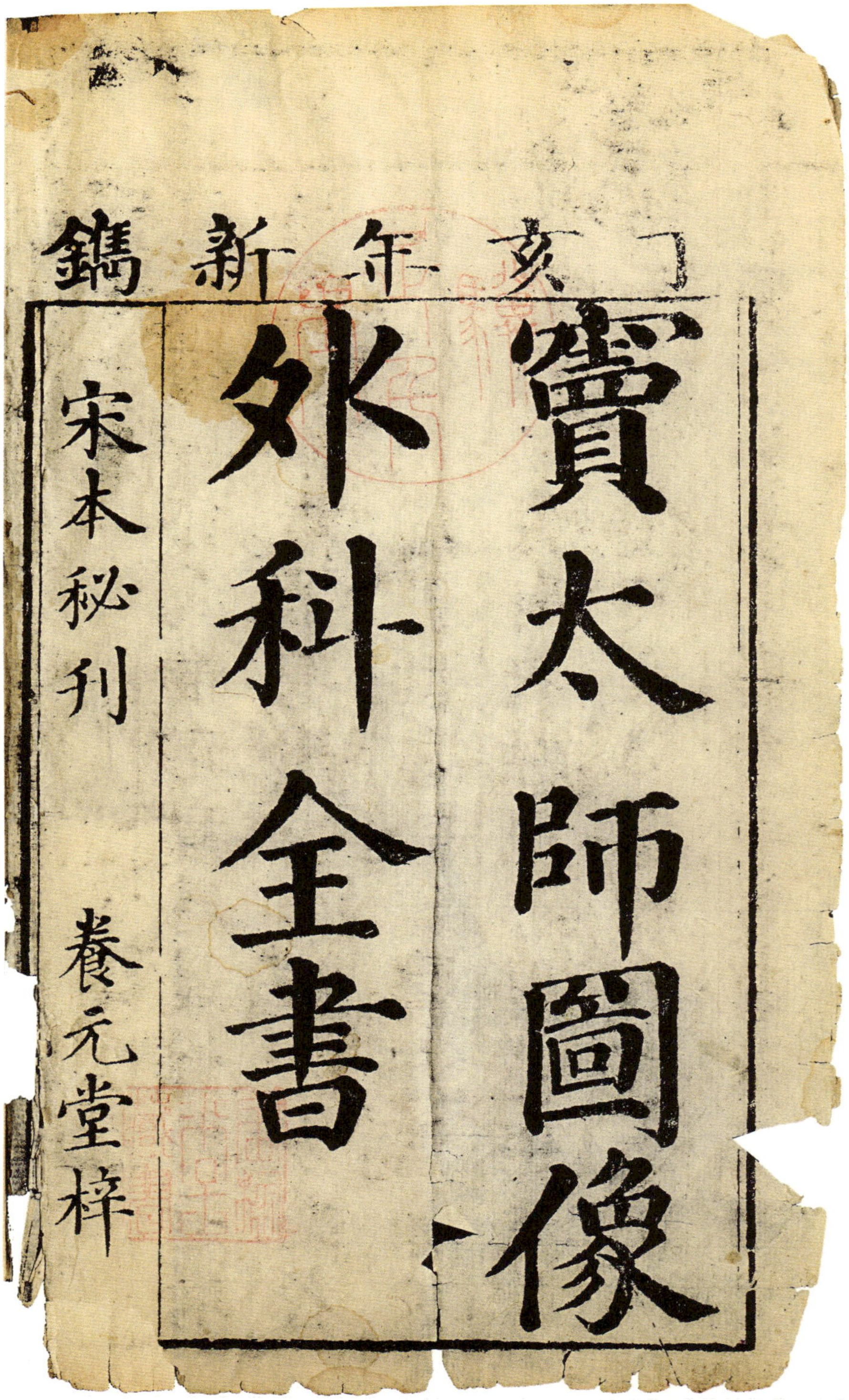

0072　竇太師圖像外科全書十三卷　（金）竇杰撰　（明）竇夢麟續增　清乾隆三十二年丁亥（1767）養元堂刻本

框高21.2厘米，廣14.2厘米。半葉十一行，行二十六字，小字雙行同，白口，左右雙邊。

瘡瘍經驗全書卷之一

宋燕山竇漢卿輯著　　天都洪瞻巖
　　　　　　　　　　桐川陳友恭仝校

咽喉說一

呼者因陽出吸者隨陰入呼吸之間肺經主之喉嚨巳下言六臟爲手足之陰咽門巳下言六腑爲手足之陽葢諸臟屬陰爲裏諸腑屬陽爲表以臟者藏也藏諸神流通也腑者府庫主出納水穀糟粕轉輸之謂也自喉嚨巳下六臟喉應天氣乃肺之系也以肺屬金乾爲天乾金也故天氣之道其中空長可以通氣息但喉嚨與咽竝行其實兩異而人多惑之葢喉嚨爲息道咽中下水穀其喉下接肺之系一云喉中三竅者非果喉中具三竅則水穀與氣各

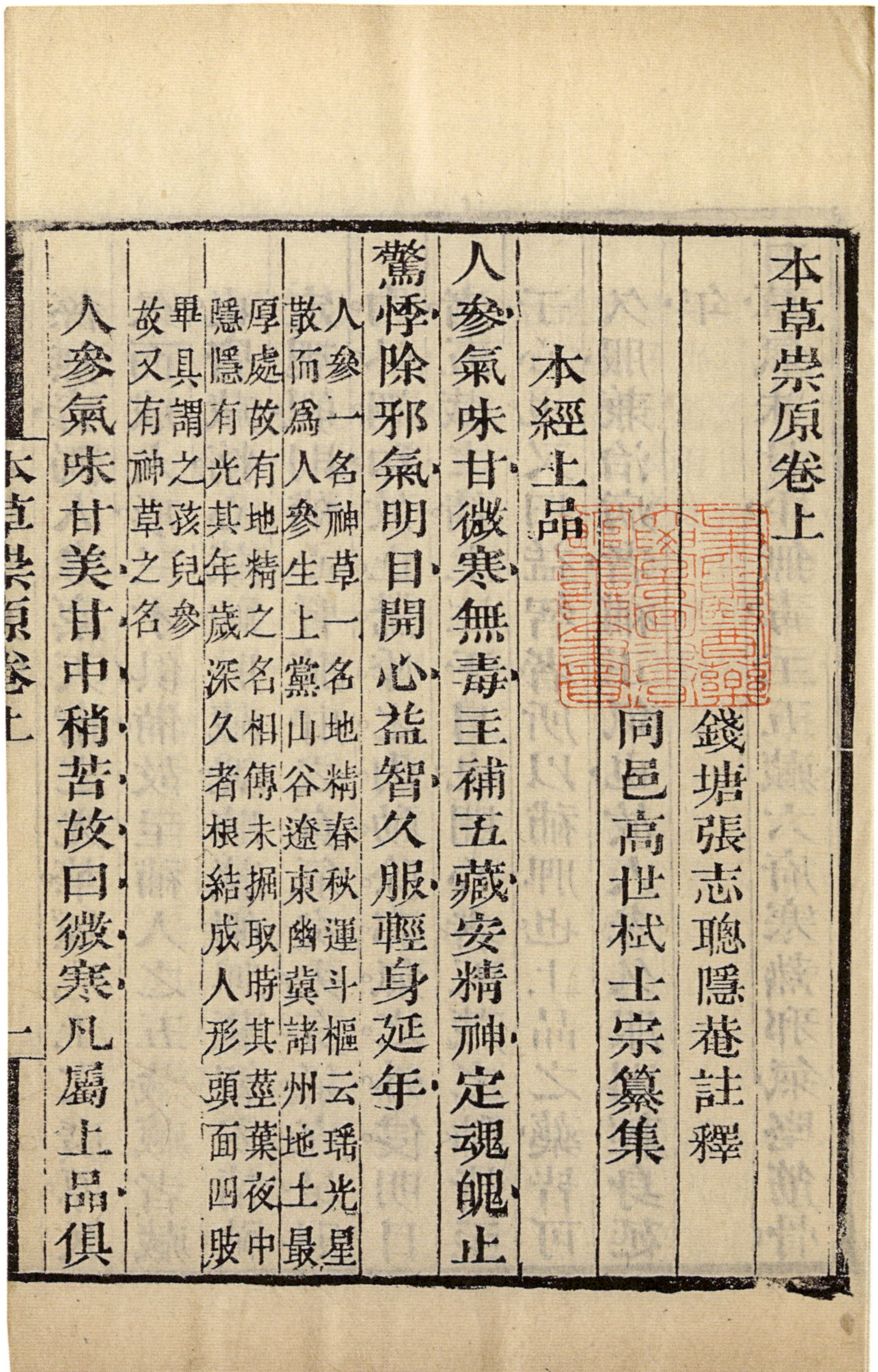
本草崇原卷上
錢塘張志聰隱菴註釋
同邑高世栻士宗纂集
本經上品
人參氣味甘微寒無毒主補五藏安精神定魂魄止驚悸除邪氣明目開心益智久服輕身延年
人參一名神草一名地精春秋運斗樞云瑶光星散而為人參生上黨山谷遼東幽冀諸州地土最厚處故有地精之名相傳未掘取時其莖葉夜中隱隱有光其年歲深久者根結成人形頭面四肢畢具謂之孩兒參故又有神草之名
人參氣味甘美甘中稍苦故曰微寒凡屬上品俱
本草崇原卷上　一

0073　本草崇原三卷　（清）張志聰撰　清乾隆三十二年丁亥（1767）王琦校刻本
框高17.4厘米，廣13.6厘米。半葉十行，行二十字，小字雙行同，上下黑口，左右雙邊。

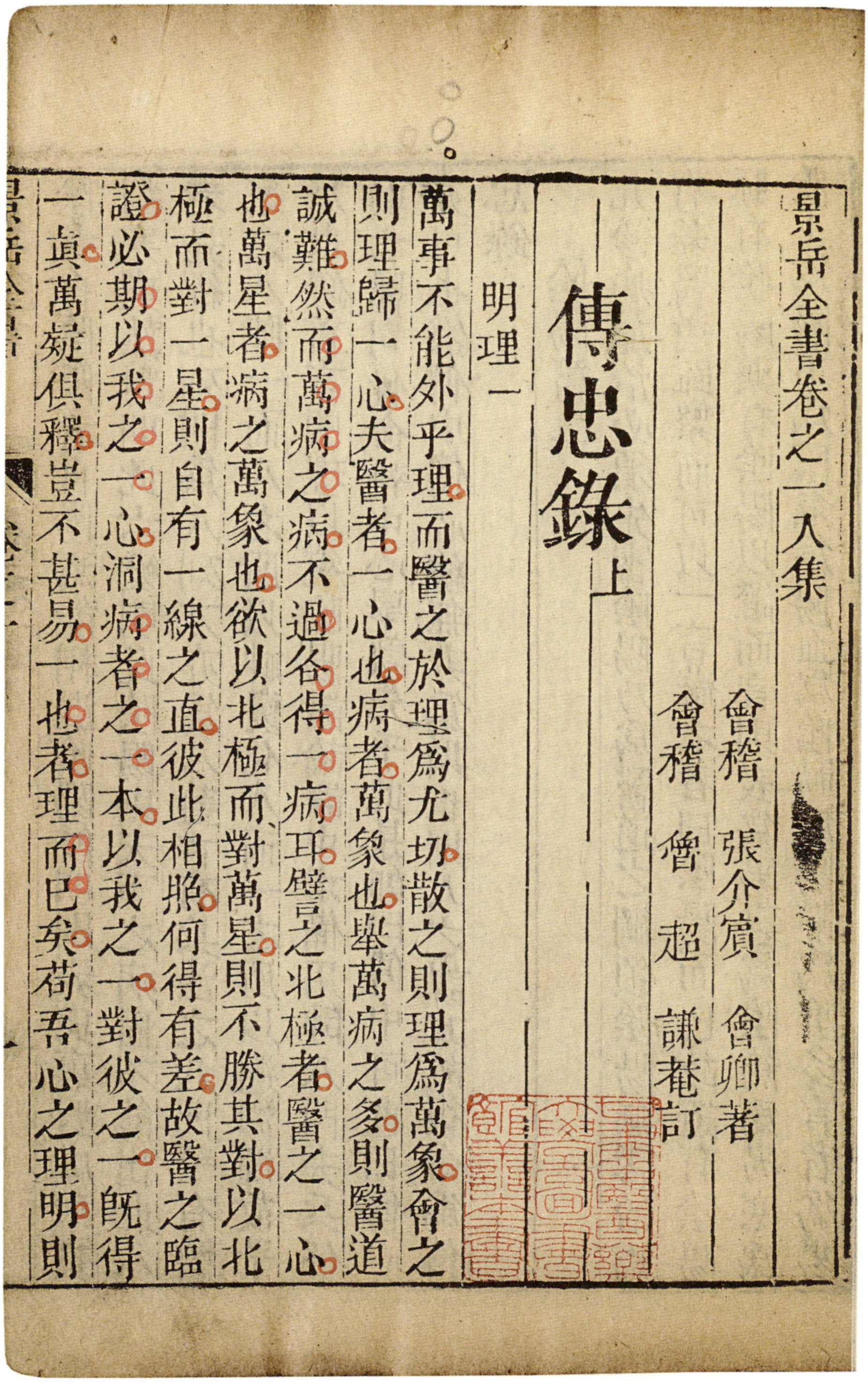

景岳全書卷之一入集

傳忠錄上

會稽 張介賓 會卿著

會稽 魯 超 謙菴訂

明理一

萬事不能外乎理而醫之於理爲尤切散之則理爲萬象會之則理歸一心夫醫者一心也病者萬象也舉萬病之多則醫道誠難然而萬病之病不過各得一病耳譬之北極者醫之一心也萬星者病之萬象也欲以北極而對萬星則不勝其對以北極而對一星則自有一線之直彼此相照何得有差故醫之臨證必期以我之一心洞病者之一本以我之一對彼之一既得一真萬疑俱釋豈不甚易一也者理而已矣苟吾心之理明則

0074　景岳全書六十四卷　（明）張介賓撰　清乾隆三十三年戊子（1768）趙郡藜照樓刻本

框高21.3厘米，廣14.9厘米。半葉十三行，行二十四字，白口，左右雙邊。

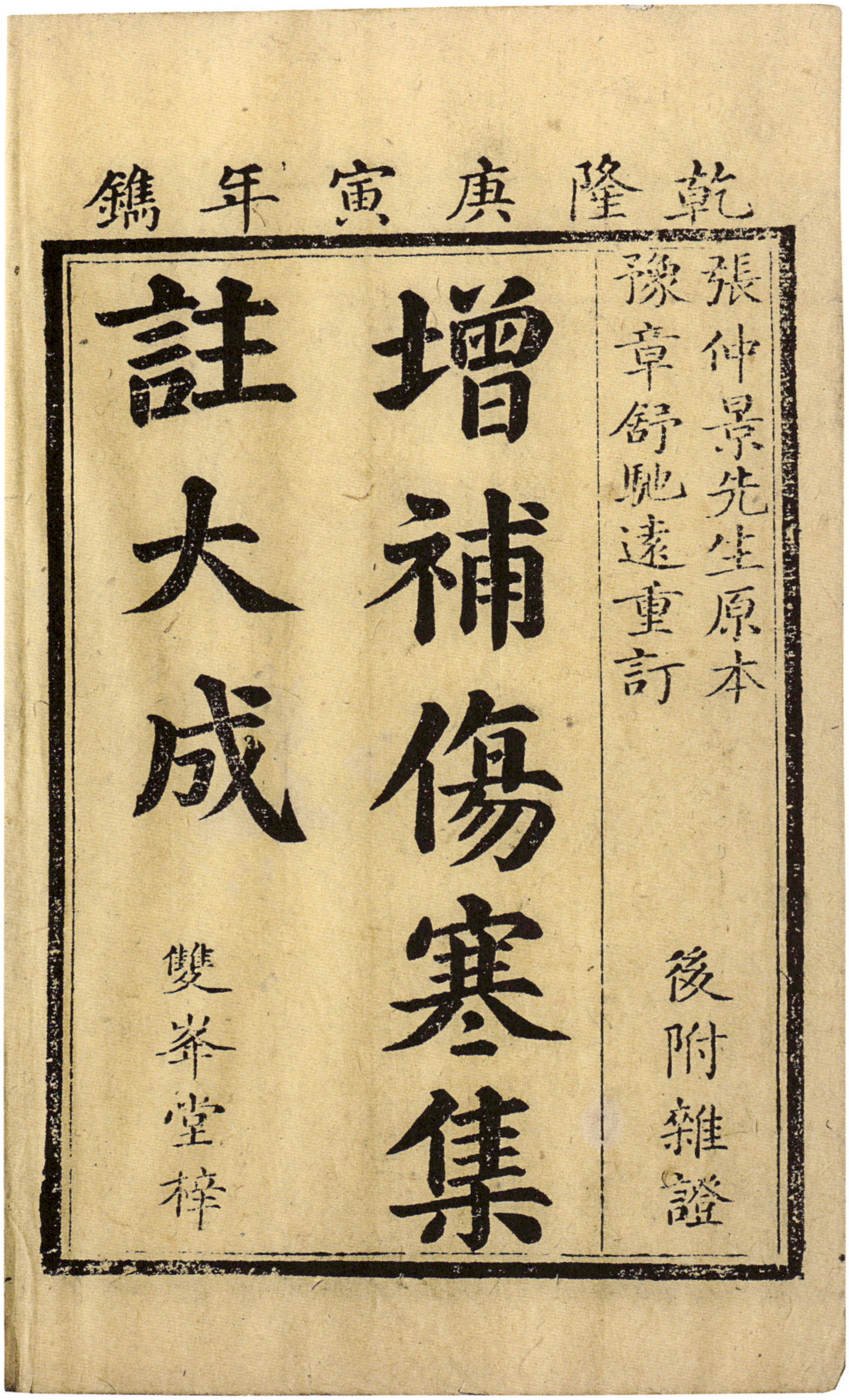

乾隆庚寅年鐫

張仲景先生原本
豫章舒馳遠重訂

增補傷寒集註大成

後附雜證

雙峯堂梓

0075　傷寒集註大成　（清）舒詔編　清乾隆三十五年庚寅（1770）雙峰堂刻本
框高16.6厘米，廣12.5厘米。半葉九行，行二十字，小字雙行同，白口，四周單邊。

重訂傷寒集註卷之一

進賢舒　詔　馳遠甫　輯

新建夏之翰卯晨甫叅訂

太陽經證治大意

喻嘉言曰：足太陽膀胱病，主表也，而表有營衛之不同，病有風寒之各異。風則傷衛，寒則傷營，風寒兼受則營衛兩傷。三者之病，各分疆界。仲景立桂枝湯、麻黃湯、大青龍湯，鼎足大綱三法，分治三證。風傷衛則用桂枝湯，寒傷營則用麻黃湯，風寒兩

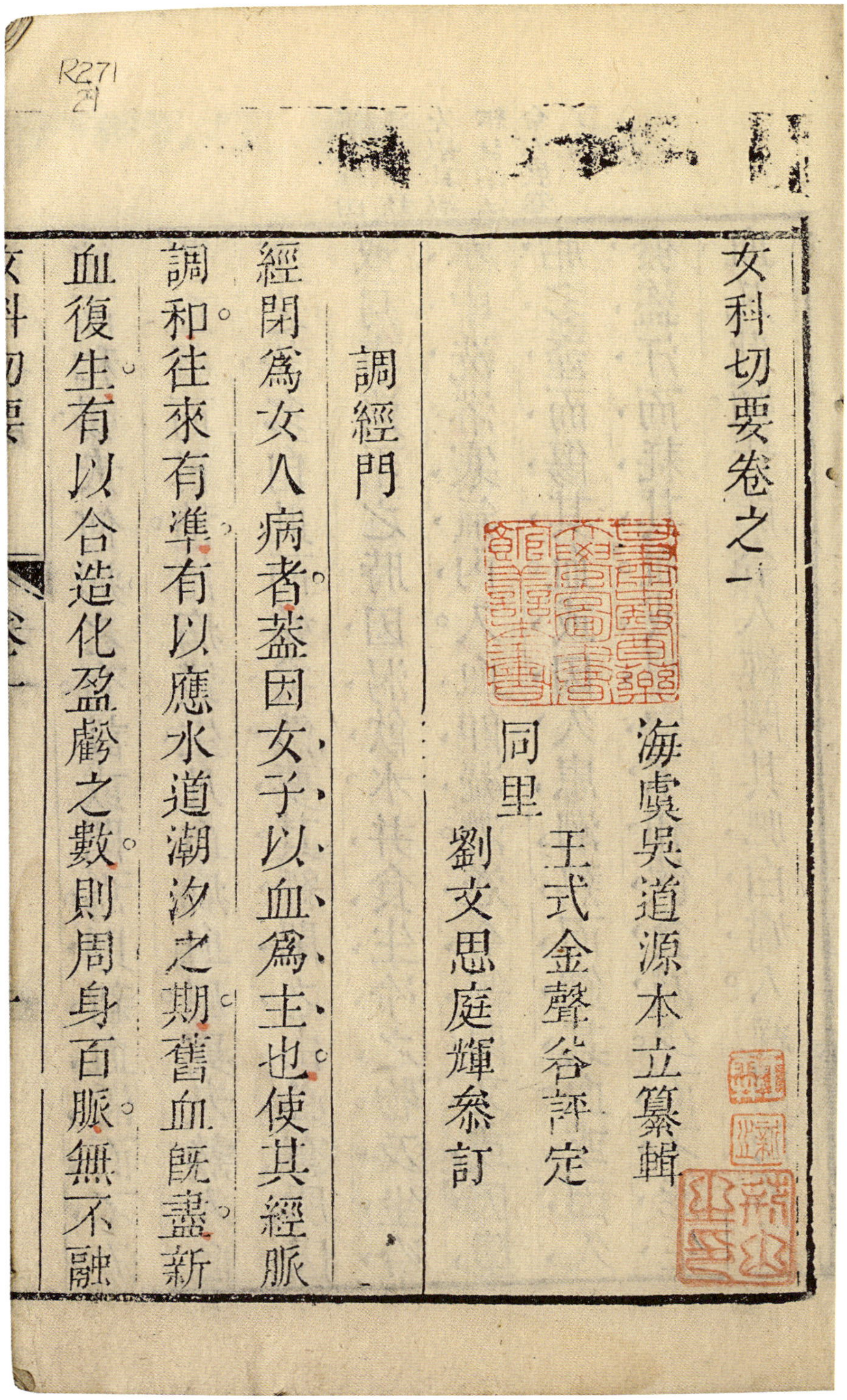

女科切要卷之一

海虞吳道源本立纂輯

王式金聲谷評定

同里

劉文思庭輝參訂

調經門

經閉爲女人病者蓋因女子以血爲主也使其經脈調和往來有準有以應水道潮汐之期舊血既盡新血復生有以合造化盈虧之數則周身百脈無不融

0076　女科切要八卷　（清）吴道源撰　清乾隆三十八年癸巳（1773）海虞吴氏家刻本

框高19.5厘米，廣14.3厘米。半葉八行，行二十字，小字雙行同，白口，左右雙邊。卷端有“王霖”“新之”“荆山之印”三印。

乾隆癸巳小春梅溪吳道源題年七

十有五

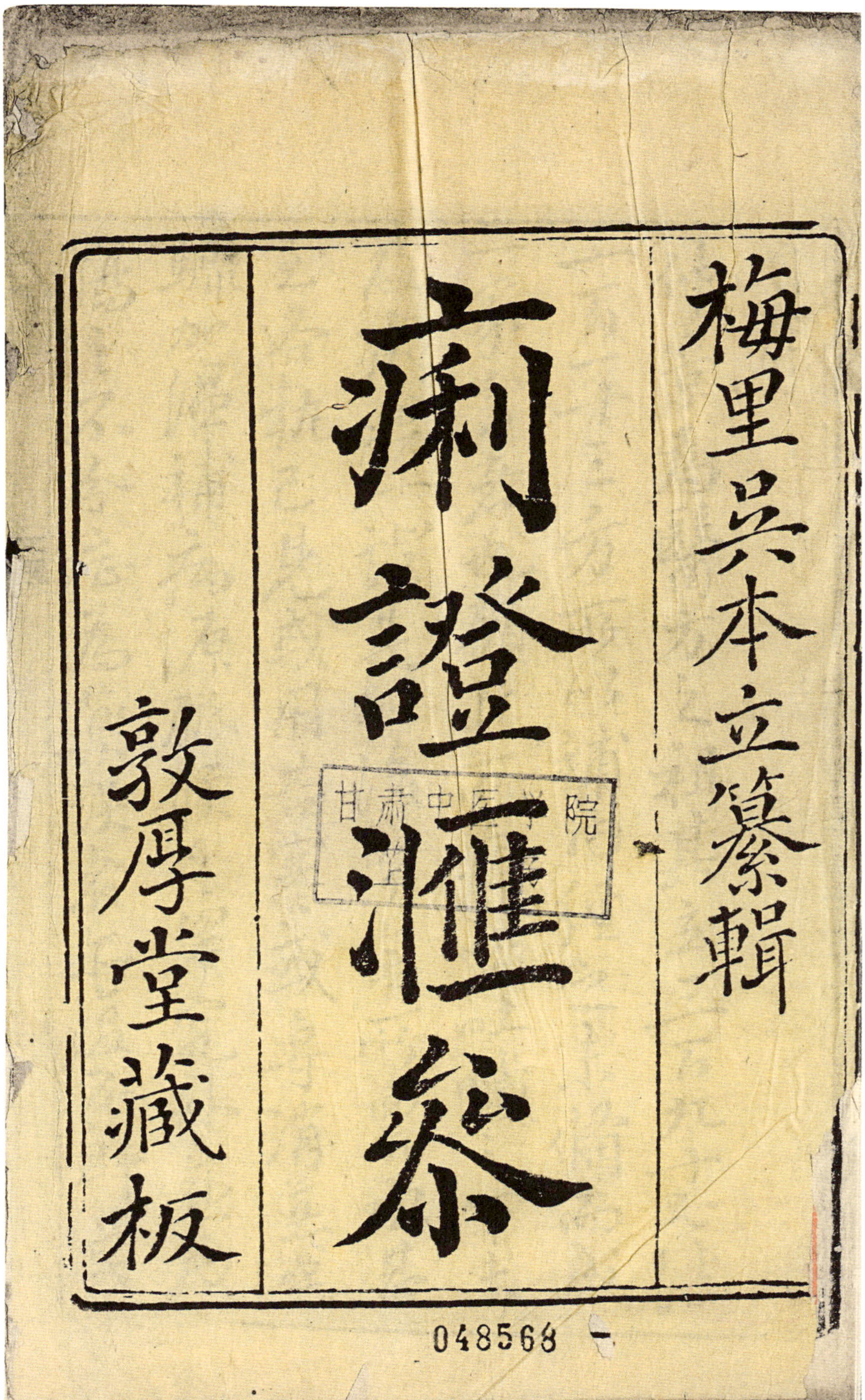
梅里吳本立纂輯

痢證滙參

敦厚堂藏板

0077　痢證滙參十卷　（清）吴道源編　清乾隆三十八年癸巳（1773）敦厚堂刻本

框高19.2厘米，廣14.4厘米。半葉八行，行二十字，小字雙行同，白口，左右雙邊。卷端有“凌氏”“湖州凌氏嘉六父藏書”印。

痢證滙參卷之一

海虞吳道源本立纂輯

同里 王式金聲谷評定

劉文思庭輝參訂

門人 王天瑞希范

龔錫勇天表 同校

諸賢總論

喻氏法律云。痢疾一證。難言之矣。在靈素謂之腸澼

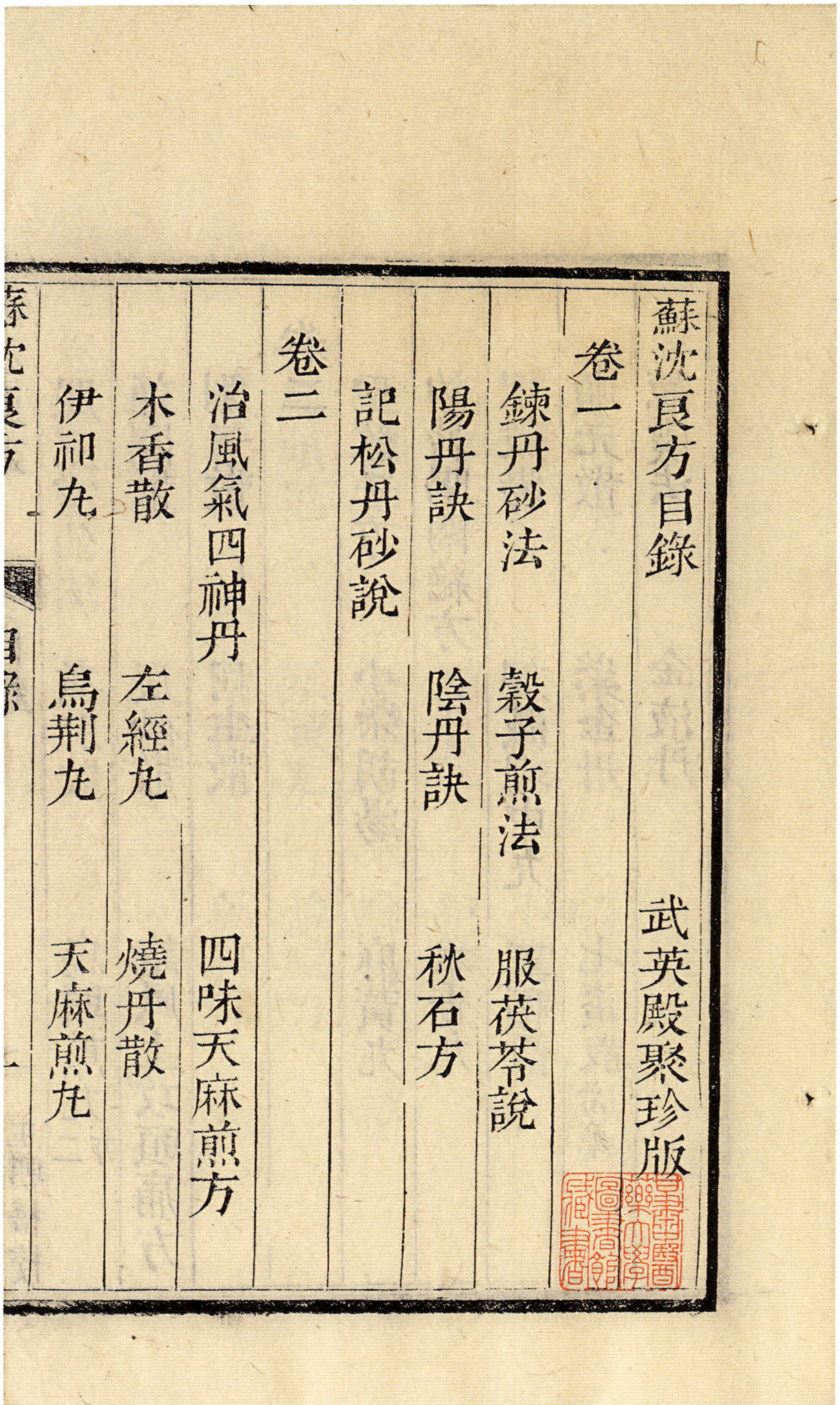

蘇沈良方目錄　　武英殿聚珍版

卷一

鍊丹砂法　　穀子煎法　　服茯苓說

陽丹訣　　陰丹訣　　秋石方

記松丹砂說

卷二

治風氣四神丹　　四味天麻煎方

木香散　　左經丸　　燒丹散

伊祁丸　　烏荆丸　　天麻煎丸

蘇沈良方　目錄　一

0078　蘇沈良方八卷　（宋）蘇軾 沈括等編　清乾隆四十一年丙申（1776）武英殿活字本

框高19.1厘米，廣12.8厘米。半葉九行，行二十一字，小字雙行同，白口，四周雙邊。

蘇沈良方卷一

宋　蘇軾　沈括　著

鍊丹砂法　王倪丹砂無所不主尤補生益精血愈疢疾壯筋骨久服不死王倪者丞相遵十二代孫文明九年爲滄州無棣令有桑門善相人知其死期無不驗見倪曰公死明年正月乙卯倪以爲妄因之復令驗邑人其言死者數輩皆信倪乃出桑門禮謝之曰爲死計忽有人不言姓名謂倪曰知公憂死我有藥可以不死公能從我授乎倪再拜稱幸乃出鍊丹砂法授之倪餌之

蘇沈良方　卷一　一

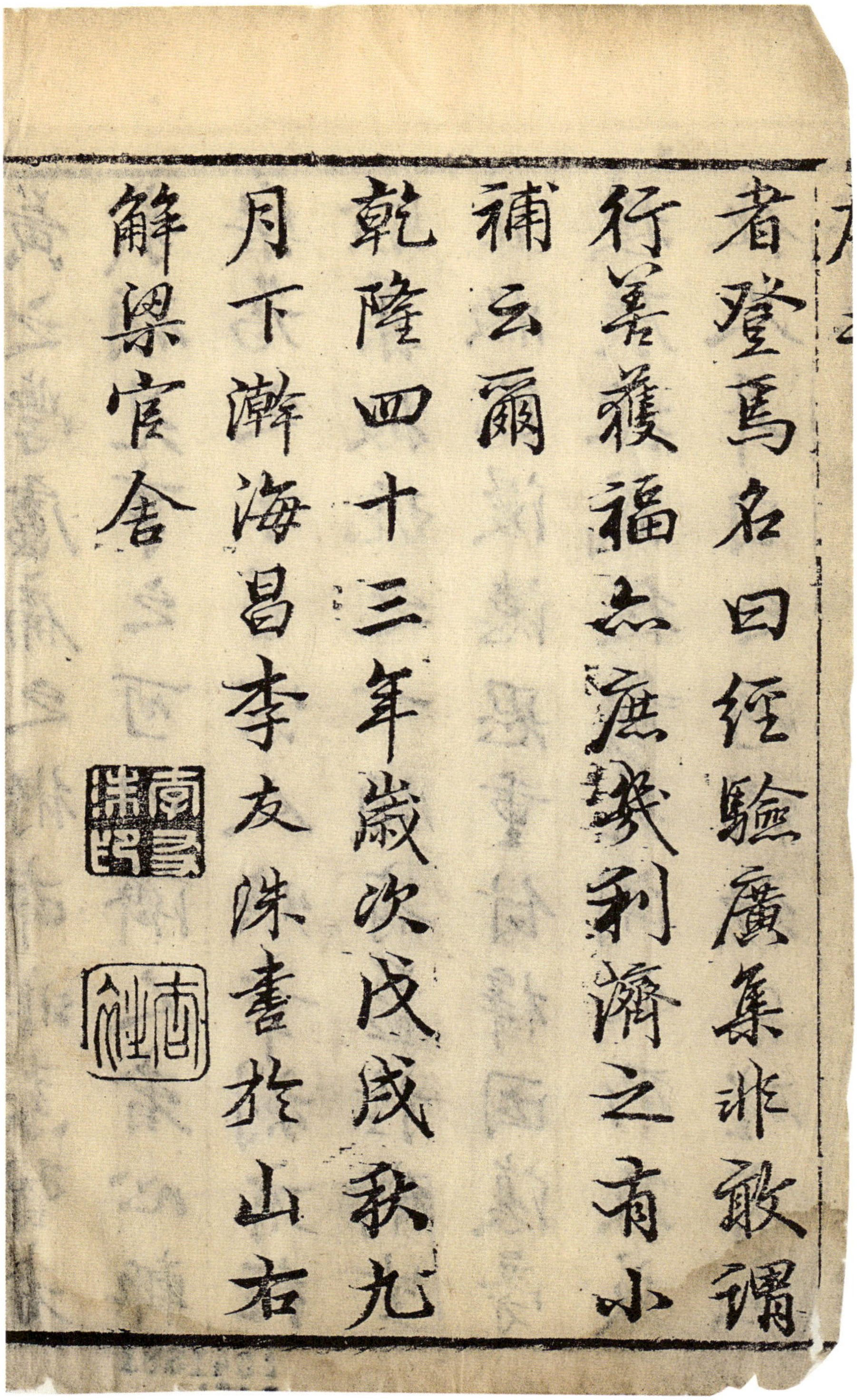
者登焉名曰經驗廣集非敢謂
行善獲福亦庶幾利濟之有小
補云爾
乾隆四十三年歲次戊戌秋九
月下澣海昌李友洙書於山右
解梁官舍

0079　經驗廣集四卷　（清）李文炳彙集　李友洙刊訂　清乾隆四十三年戊戌（1778）山右李氏椿蔭堂刻本

框高19.3厘米，廣12.4厘米。半葉九行，行二十二字，小字雙行同，白口，左右雙邊。

經驗廣集卷一

山右李文炳煥章氏彙纂

滇西李友洙端夫氏參訂

男春馥芳蹊氏校字付梓 板存浙江嘉興府城

孫熊然吉暉氏校字重鐫 板存甘肅蘭州省城

中風

通關散 治中風不省人事牙關緊閉 彙集

生南星 生半夏 豬牙皂 各等分

研細末吹鼻內有嚏可治無嚏不可治

鹽礬散 治牙關緊閉

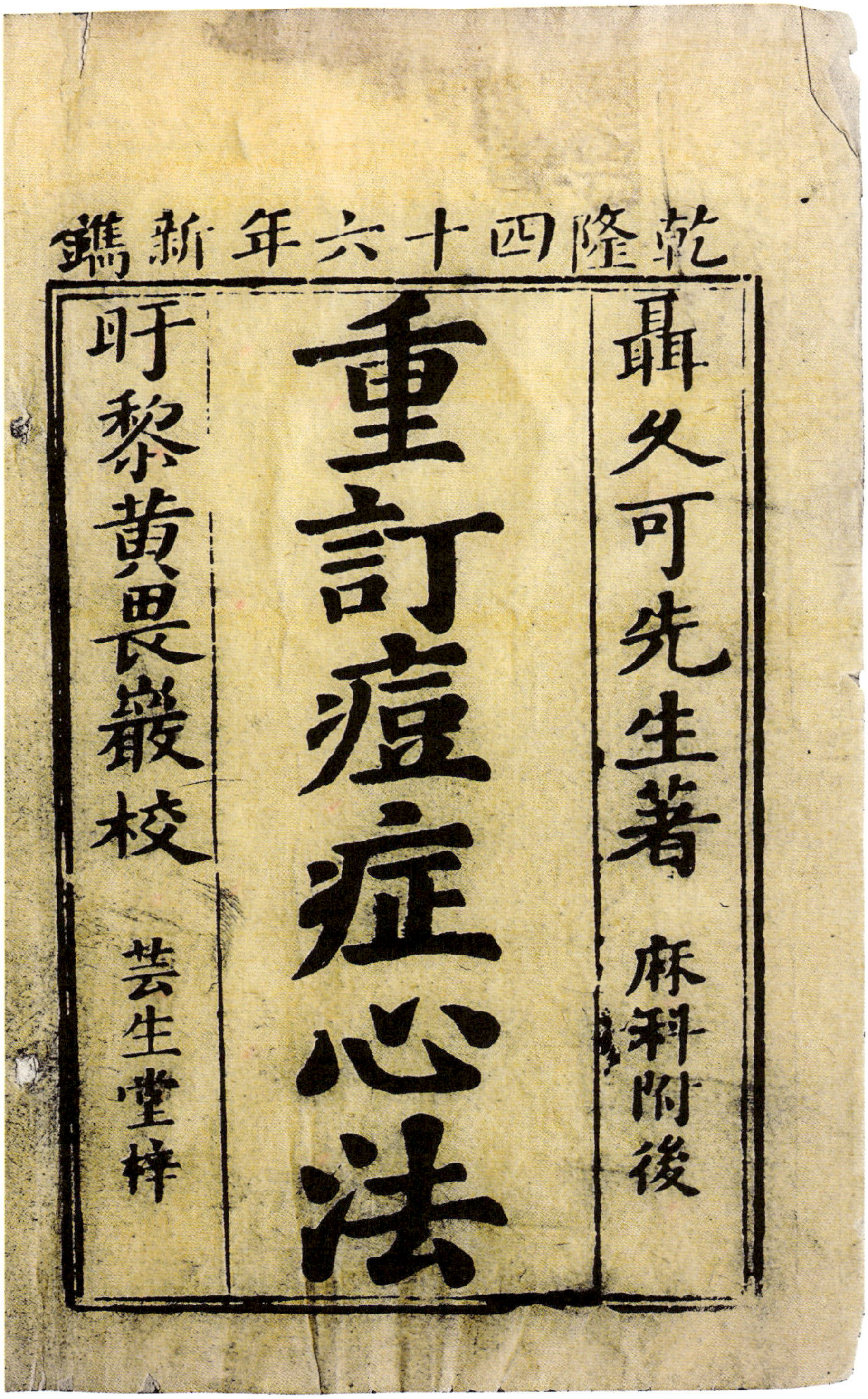

0080　痘症活幼心法八卷　（明）聶尚恒著　清乾隆四十六年辛丑（1781）芸生堂刻本

框高18.4厘米，廣13.5厘米。半葉九行，行二十一字，小字雙行同，白口，左右雙邊。

活幼心法大全卷之一

明清江聶尚恒久可父著

清盱黎黃光會畏巖父校

論受病之源

痘疹之源，有謂兒在胎時食母穢血而致者，有謂父母慾火所致者。慾火之說，出於臆測，固無明據。然嘗見孕婦飲食清淡者，生子出痘多稀少而平順；恣食厚味者，生子出痘多稠密而險危。則其病源受毒於母胎血穢，似有明驗。蓋飲食淡則血氣清而胎毒輕，飲食厚則血

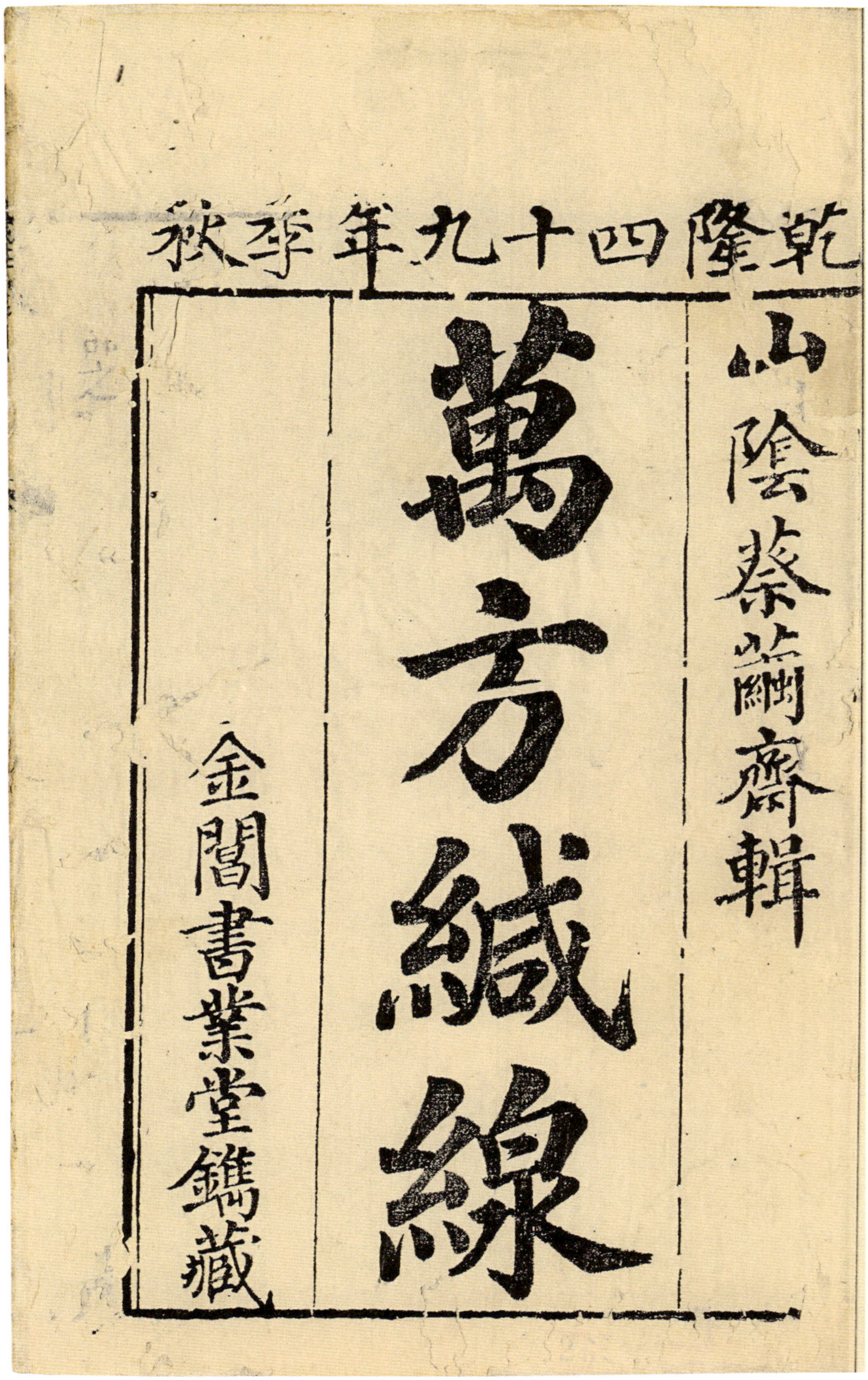
乾隆四十九年季秋

山陰蔡繭齋輯

萬方緘線

金閶書業堂鐫藏

0081　本草萬方緘線八卷　（清）蔡烈先輯　清乾隆四十九年甲辰（1784）金閶書業堂刻本
框高19.5厘米，廣13.5厘米。半葉十行，行二十五字，小字雙行同，白口，左右雙邊。

本草萬方鍼線卷一

山陰蔡烈先繭齋父輯

通治部

瘧疾門

寒熱瘧疾　有體虛汗多者　有一日一發或二三發及三日一發者　但熱不寒者　脾胃痰疾發爲寒熱

五卷五　八卷廿三　九卷六六　十卷廿八
十一卷五十　十一卷五四　十四卷八一　十五卷十九
十五卷廿四　十六卷五八　十七卷上五七　廿五卷三一
廿六卷廿五　廿六卷四八　廿七卷十九　廿九卷十八
三十卷三一　三三卷五　四十卷十七
四六卷三　五二卷三三

溫瘧不止　痰甚但熱不寒

八卷廿三　十四卷四　十五卷十八　十七卷上三九

鬼瘧去來　邪瘧時作　經久或發或止　進退不定　寒熱日發

廿九卷廿一　三六卷四一

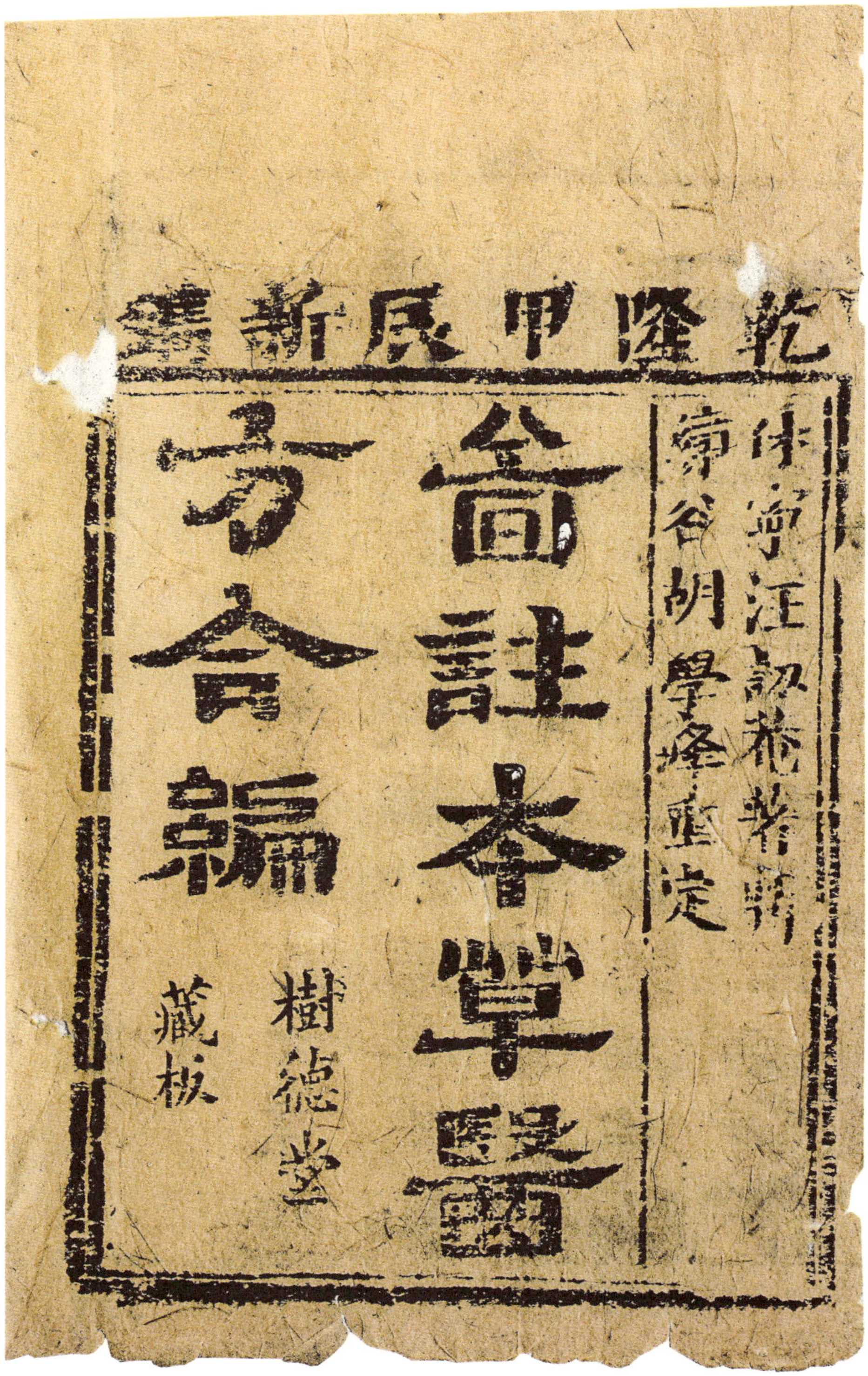

0082　本草醫方合編六卷　（清）汪昂撰　清乾隆四十九年甲辰（1784）樹德堂刻本

上半葉框高6.4厘米，下半葉框高8.3厘米，廣9.9厘米。上半葉十行，行十二字，下半葉十行，行十五字，小字雙行同，白口，左右雙邊。

凡藥火製四煅煨炙炒也水製三漬泡洗也水火共製二蒸煮也酒製升提姜製溫散入鹽走腎而軟堅用醋注肝而收斂鹽便製除劣性而降下米泔製去燥性而和中乳製潤枯生血蜜製甘緩益元陳壁土製竊土氣以補中州麵煨麯製抑酷性勿傷上膈烏豆甘草湯漬並解毒致令平和羊酥猪脂塗燒咸滲

合訂醫方集解目録

上卷

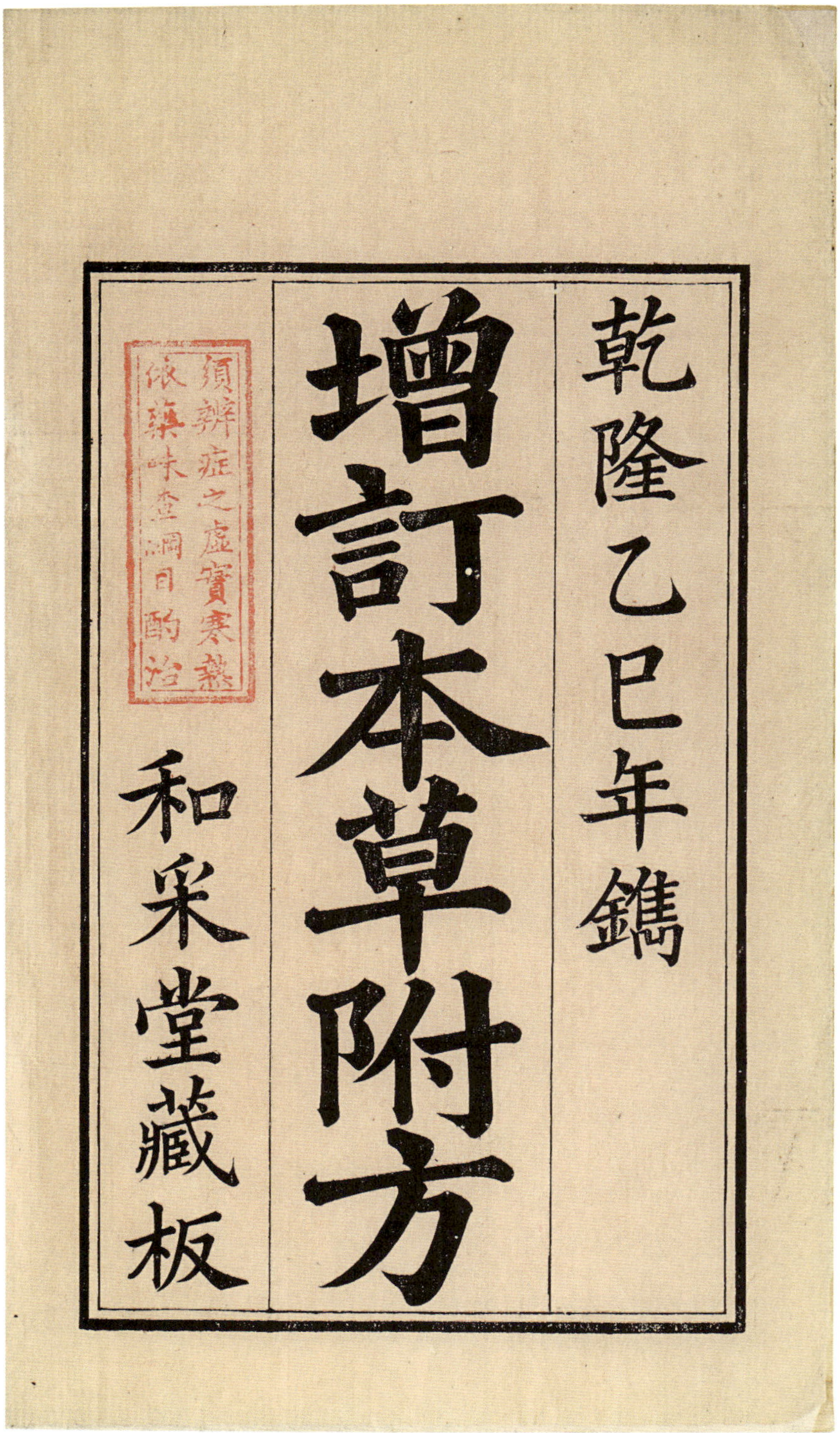

0083　本草附方二卷　佚名著　清乾隆五十年乙巳（1785）和采堂刻本

框高17.8厘米，廣13.5厘米。半葉二十行，行二十八字，白口，四周單邊。

增訂本草附方

頭部

偏正頭風

雄黄細辛等分研搐痛吹左右鼻●硇砂水潤豉心各一分搗丸綿裹隨搐
納鼻中●蓽茇研口含温水隨搐鼻吸●元胡索七枚青黛二錢牙皂二
個去皮子研水丸杏仁大隨搐水化一丸灌鼻口咬銅錢一個●防風白
芷等分研蜜丸彈大茶下一丸●硫黄硝石各一兩研水丸芡子大空心
茶下一丸●香附炒一斤烏頭一兩甘草二兩研蜜丸彈大葱茶下一丸
●京芎浸酒飲●白芷炒二兩半川芎炒甘草炙川烏半生半熟各一兩
研細茶薄荷湯下一錢●鱧腸草汁滴鼻●穀精草一兩研麪調攤紙貼
痛處乾易●白附子白芷皂莢等分研食後茶服仰卧●穀精草末銅綠
各一錢硝石五厘隨搐吹鼻●草烏川芎生薑各四兩連鬚葱一把蒼术
半斤同搗入磁瓶封固窖七日取出晒乾去葱薑再研醋麪糊丸梧子大
臨卧温酒下九丸●蘿蔔汁一蜆殼仰卧搐痛注左右鼻雙痛雙注●升麻
蒼术各一兩荷葉一個水煎食後服●荷葉燒灰煎服●桂心研一兩酒
調塗額頂●全蝎二十一個蚓六條土狗三個五棓子五錢共研酒調攤
貼太陽●白殭蠶末葱茶調服方寸匕●白殭蠶高良薑等分臨卧茶服
一錢●地龍焙乳香等分末捲入紙撚燈上燒烟嗅●白芷川芎各末三
錢酒黄牛腦髓上入磁器酒炖儘量熱飲●人中白地龍炒等分研芊胆

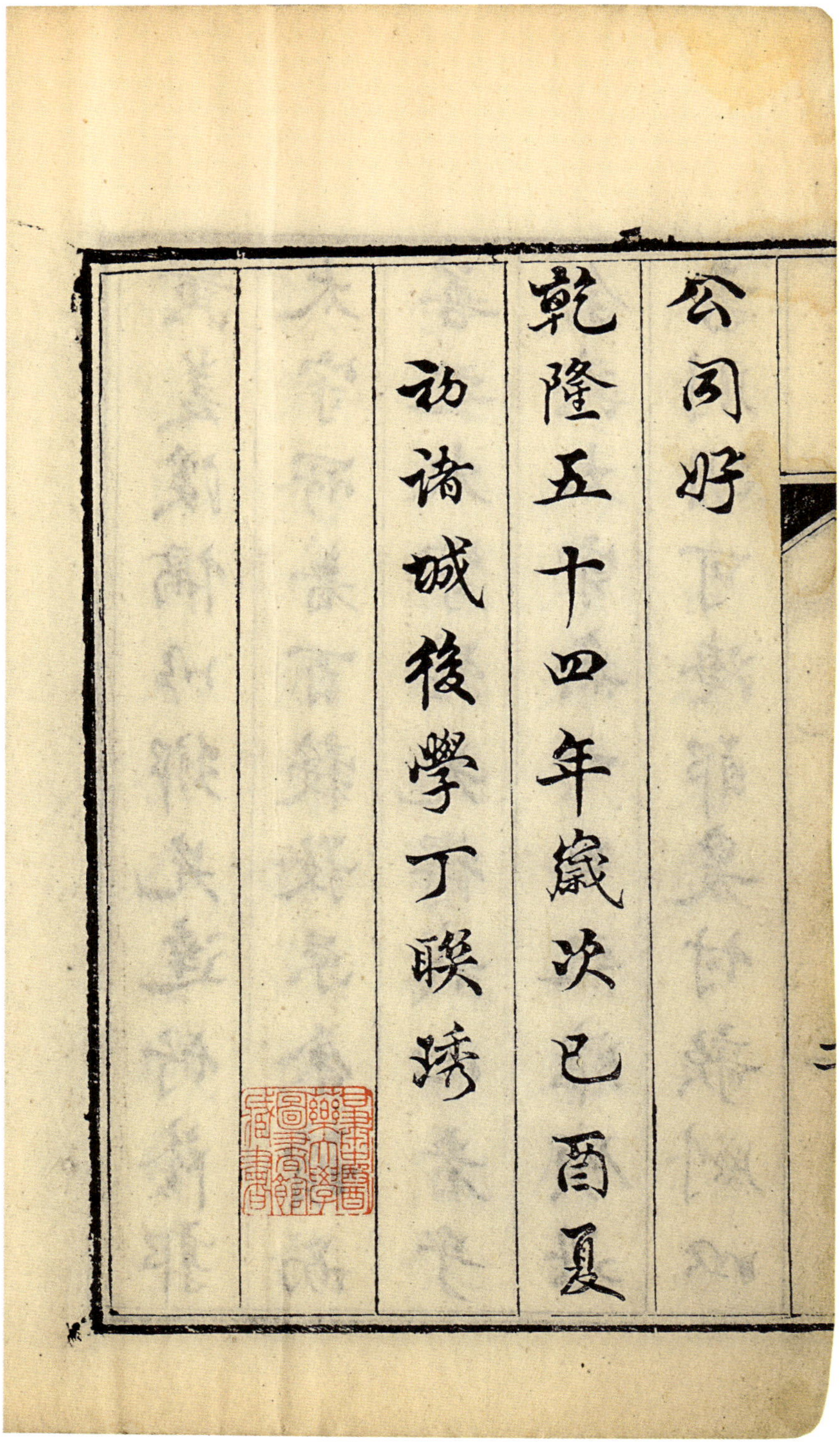

公同好

乾隆五十四年歲次己酉夏

初諸城後學丁聧琇

0084　百穀考一卷　（清）郭嬰撰　清康熙五十四年己酉（1715）刻本

框高18.4厘米，廣12.1厘米。半葉九行，行二十字，小字雙行同，白口，四周雙邊。

百穀考

郎墨里相甫郭蹞著

小麥

來也亦作䅘許氏說文天降瑞麥一來二麰象芒刺之形天所來也如足行來故字從來從夊（古文綏字足行也又音綏）又字典來象其富夊象其根詩云貽我來牟

按小麥金生火死前漢武帝紀勸民種宿麥春秀夏實禮記月令孟夏麥秋至具四時中和之氣穀之貴者也葉細長莖中空花有異香劉禹

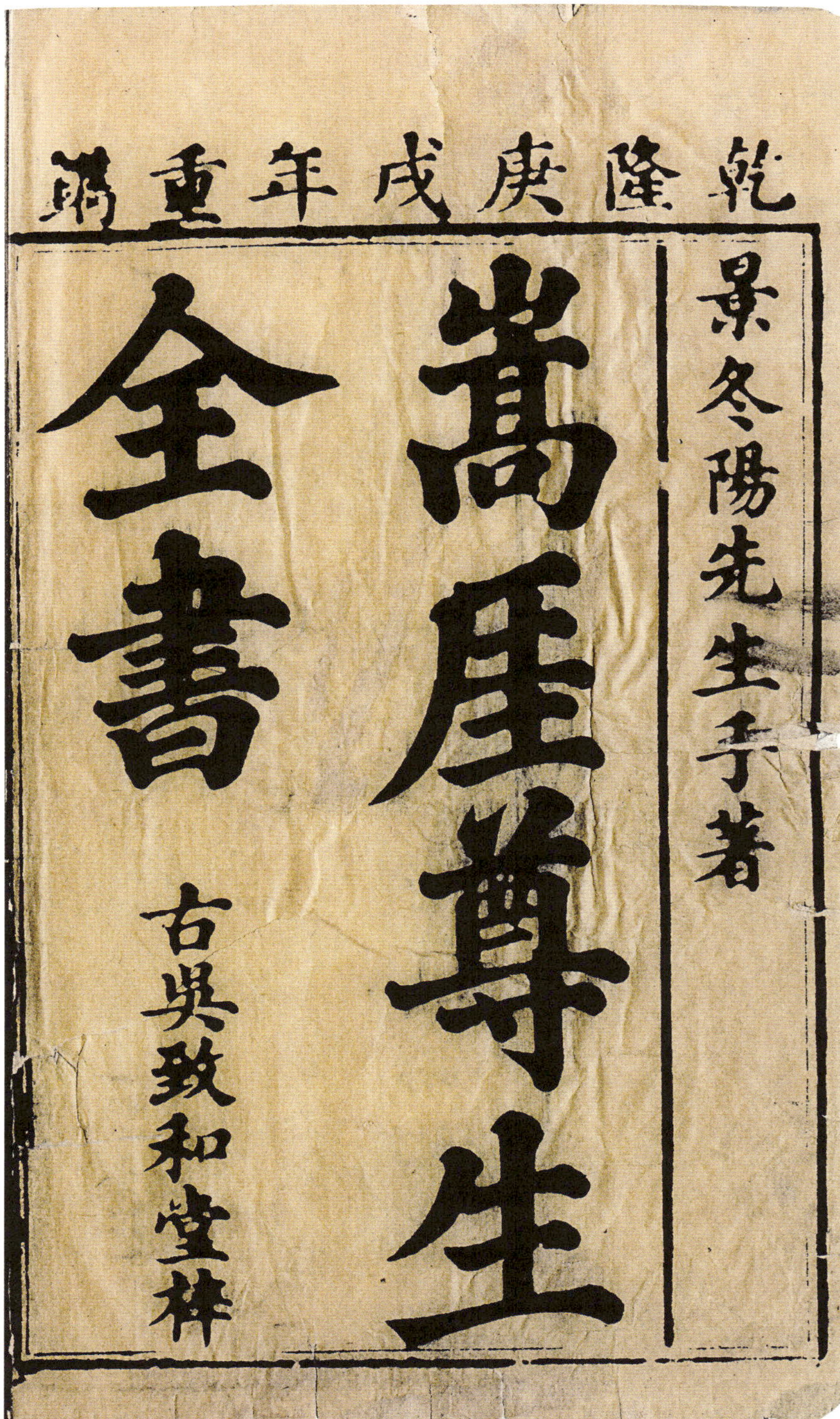

0085　嵩崖尊生書十五卷　（清）景日珍撰　清乾隆五十五年庚戌（1790）古吳致和堂刻本
框高19.6厘米，廣13.7厘米。半葉十行，行二十四字，小字雙行不等，白口，左右雙邊。

嵩厓尊生書卷之一

嵩高景日昣
岳生堂纂著

五運歌

甲巳土運乙庚金　水運丙辛木丁壬　惟有戊癸是火運
五運之化仔細尋

五運陰陽老少歌

甲丙戊庚壬是陽乙丁巳辛癸爲陰陰陽既定分太少陽太陰
少是爲眞太者有餘少不足先天後天干是分

五音建五運客主歌

角木徵火土中宮商金羽水次第行主運初角終于羽客運之
行各不同

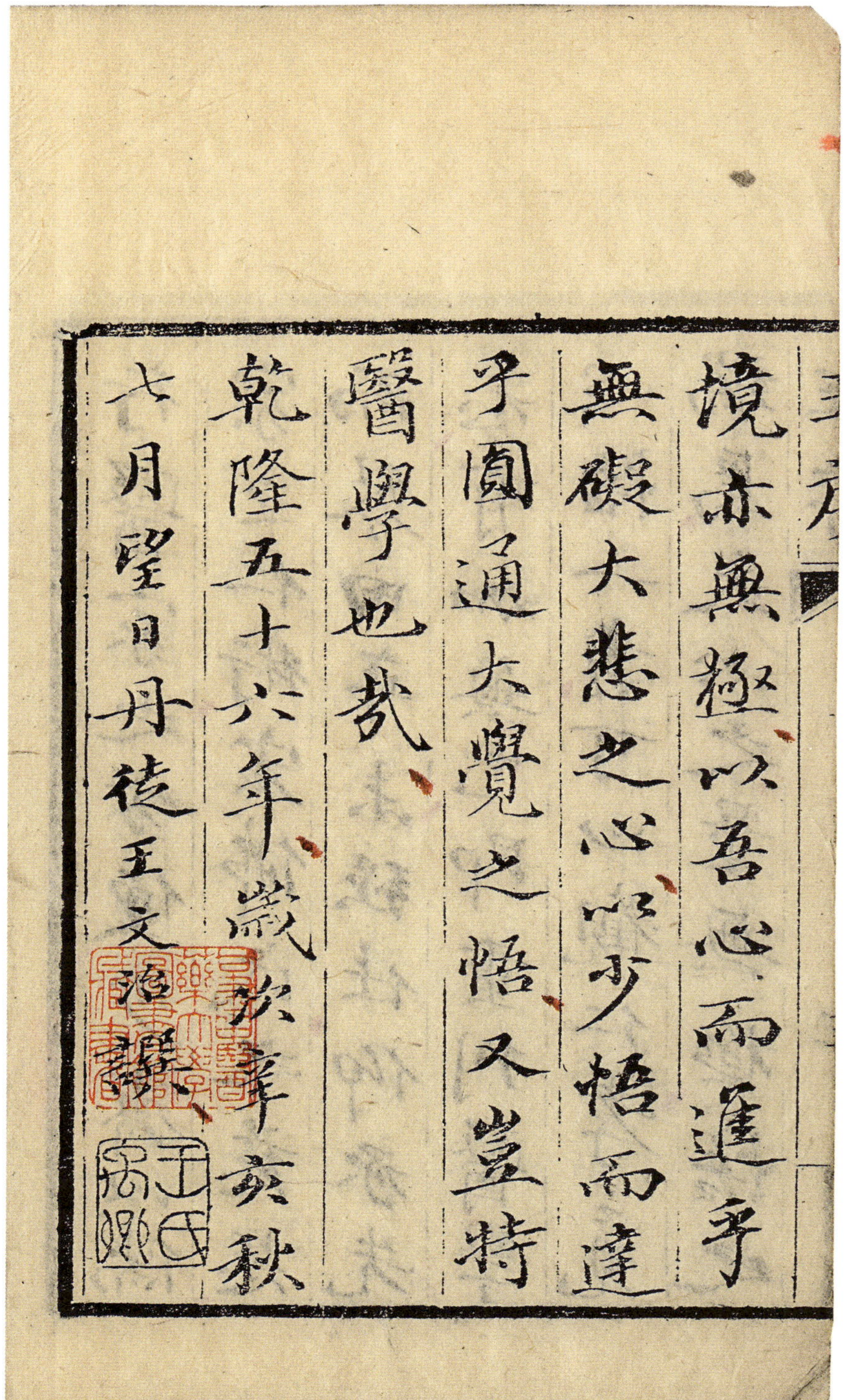
境亦無極以吾心而進乎
無礙大悲之心以少悟而達
乎圓通大覺之悟又豈特
醫學也哉
乾隆五十六年歲次辛亥秋
七月望日丹徒王文治譔

0086　**醫學心悟五卷**　（清）程國彭撰　清乾隆五十六年辛亥（1791）休寧汪氏書粟軒刻本

框高13.2厘米，廣9.9厘米。半葉八行，行二十一字，小字雙行同，白口，左右雙邊。

醫學心悟卷第一

天都程國彭鍾齡著

海陽汪沂少齋校

醫中百誤歌

醫中之誤有百端，漫說肘後盡金丹。先將醫誤從頭數，指點分明見一斑。醫家誤，辨症難，三因分症似三山。內因外因不內外因，因此名三因。三山別出千條脈，病有根源仔細看。治病必求其本，須從起根處看明。醫家誤，脈不真，浮沉遲數不分清，却到分

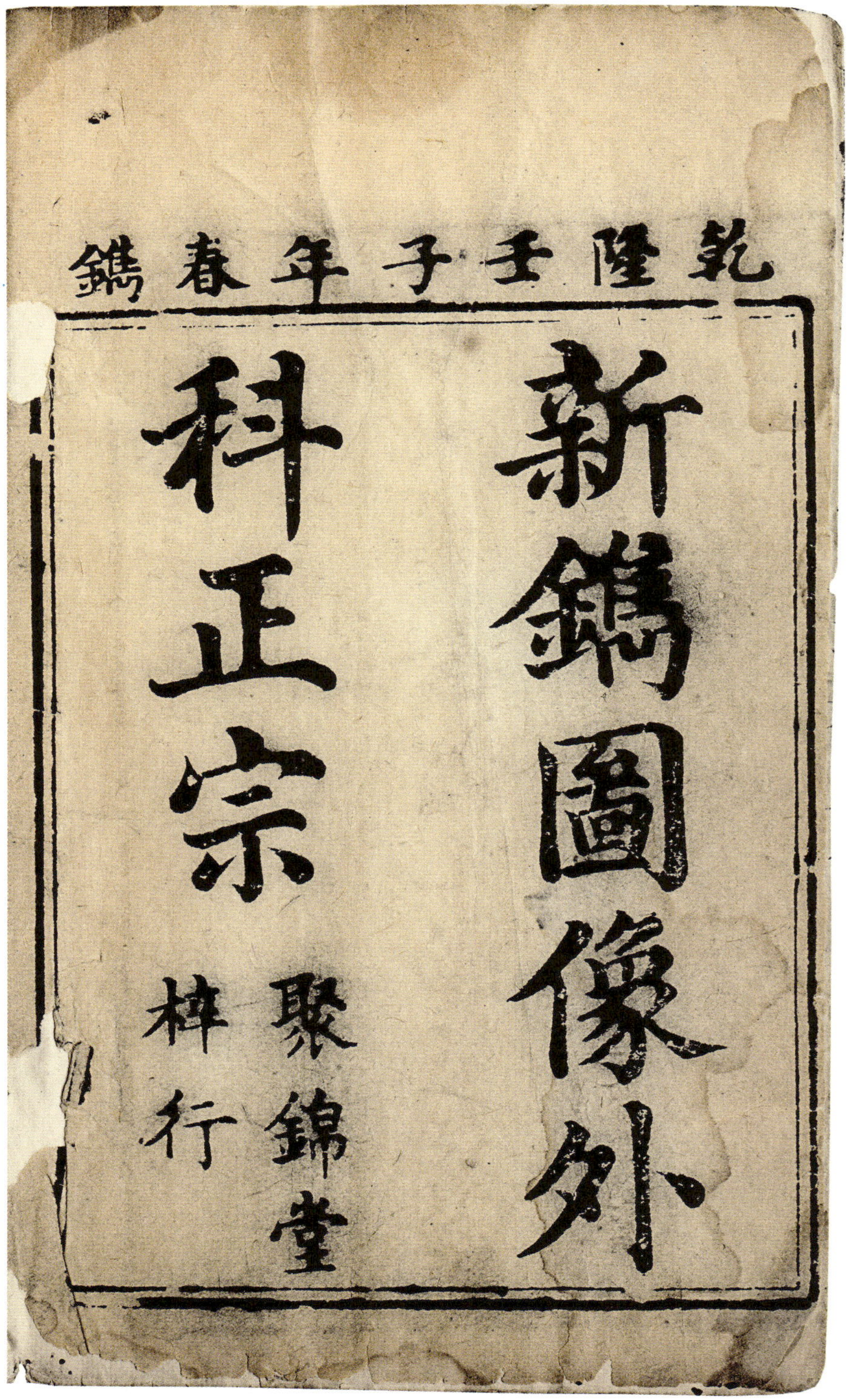
乾隆壬子年春鐫

新鐫圖像外科正宗

聚錦堂梓行

0087　新刊外科正宗四卷　（明）陳實功撰　清乾隆五十七年壬子（1792）聚錦堂刻本

框高18.7厘米，廣12.1厘米。半葉十行，行二十一字，小字雙行同，白口，左右雙邊。

第一

新刊外科正宗卷之一

癰疽門

癰疽原委論第一

癰疽發背為何生。好好身軀出此形。

凡人處世而無疾病者水升火降精秘血盈也養生篇曰毋搖爾精毋勞爾形皈心靜默可以長生此皆遠世俗忘名利無貪嗔卻疾病此惟修身保命之士所能今人豈能及哉蓋謂靜則生水動則生火又水能生萬物火能尅萬物故百病由火而生火既生七情六慾皆隨應而入之既入之後百病發焉發于內者為風勞蠱膈痰喘內傷發于外者成癰疽發背對口疔瘡此皆言其大略也故成癰者壅也為陽屬六腑毒騰于外其發暴而所患浮淺因病原稟于陽分中蓋陽氣輕清浮而高起故易腫易膿易腐易斂誠為不傷筋骨易治之症也疽者沮也為陰屬五臟毒攻于內其發緩而所患深沉因病原稟于陰分中蓋陰血重濁性質多沉故為傷筋蝕骨難治之症也凡年壯氣血勝毒

外科正宗　卷一　一

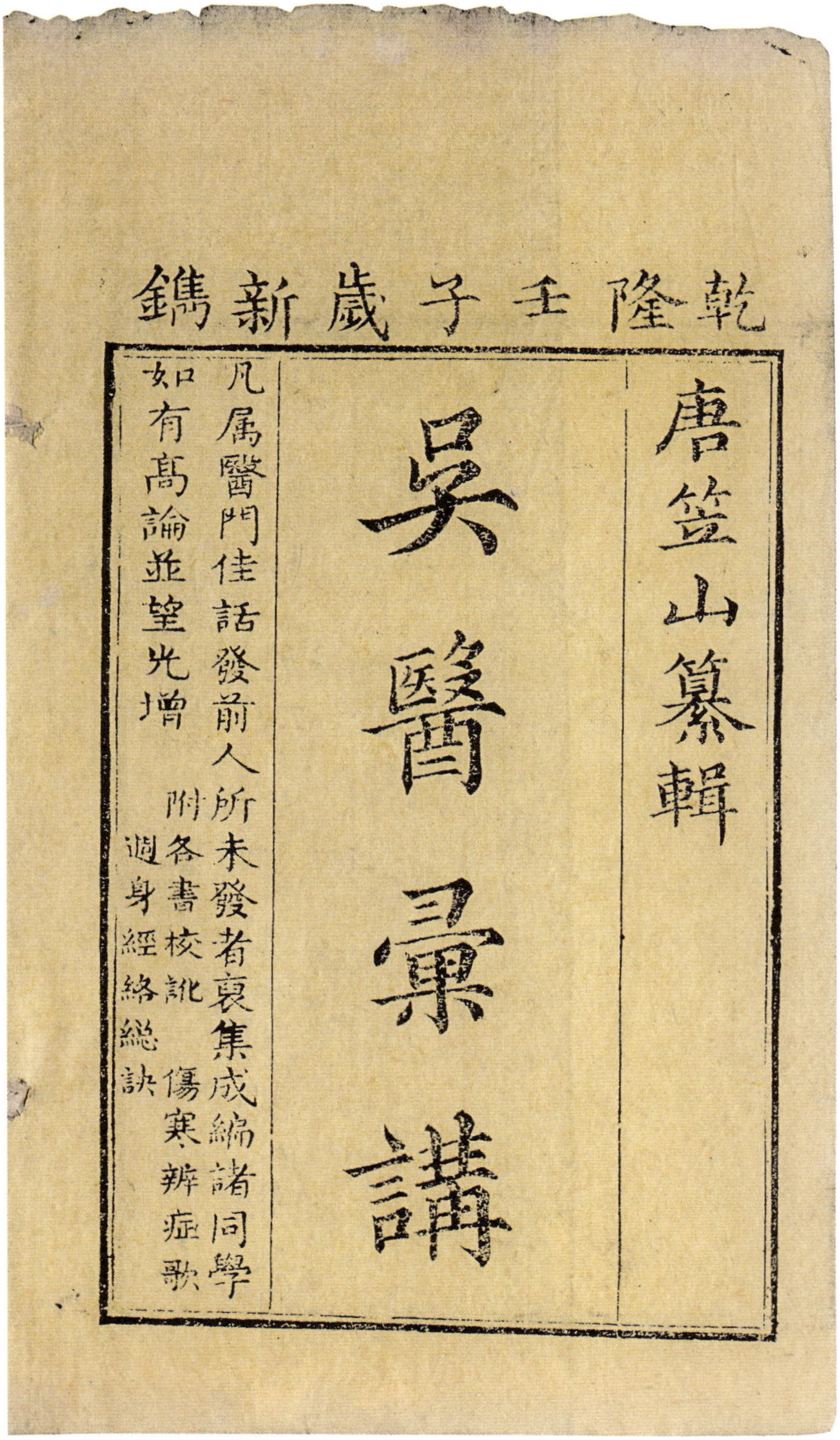

0088　吴醫彙講十一卷　（清）唐大烈編　清乾隆五十七年壬子（1792）吴門唐氏問心草堂編

框高21厘米，廣11.6厘米。半葉九行，行二十字，小字雙行同，白口，四周雙邊。

吳醫彙講卷一

長洲唐大烈立三氏纂輯

門人沈文燮玉調氏校訂

王雲林 諱家瓚號絾齋貤贈文林郎徐州府學敎授年六十六歲歿於康熙庚寅此篇係令曾孫繩林授梓繩林名丙號楳莊吳縣恩貢生世居包衙前

禱告藥皇誓疏

康熙三十一年壬申長至日王家瓚謹以淸香禱告於藥皇曰竊聞詩云上帝臨汝無貳爾心書曰作善降之百祥作不善降之百殃又曰惠迪吉從逆凶惟

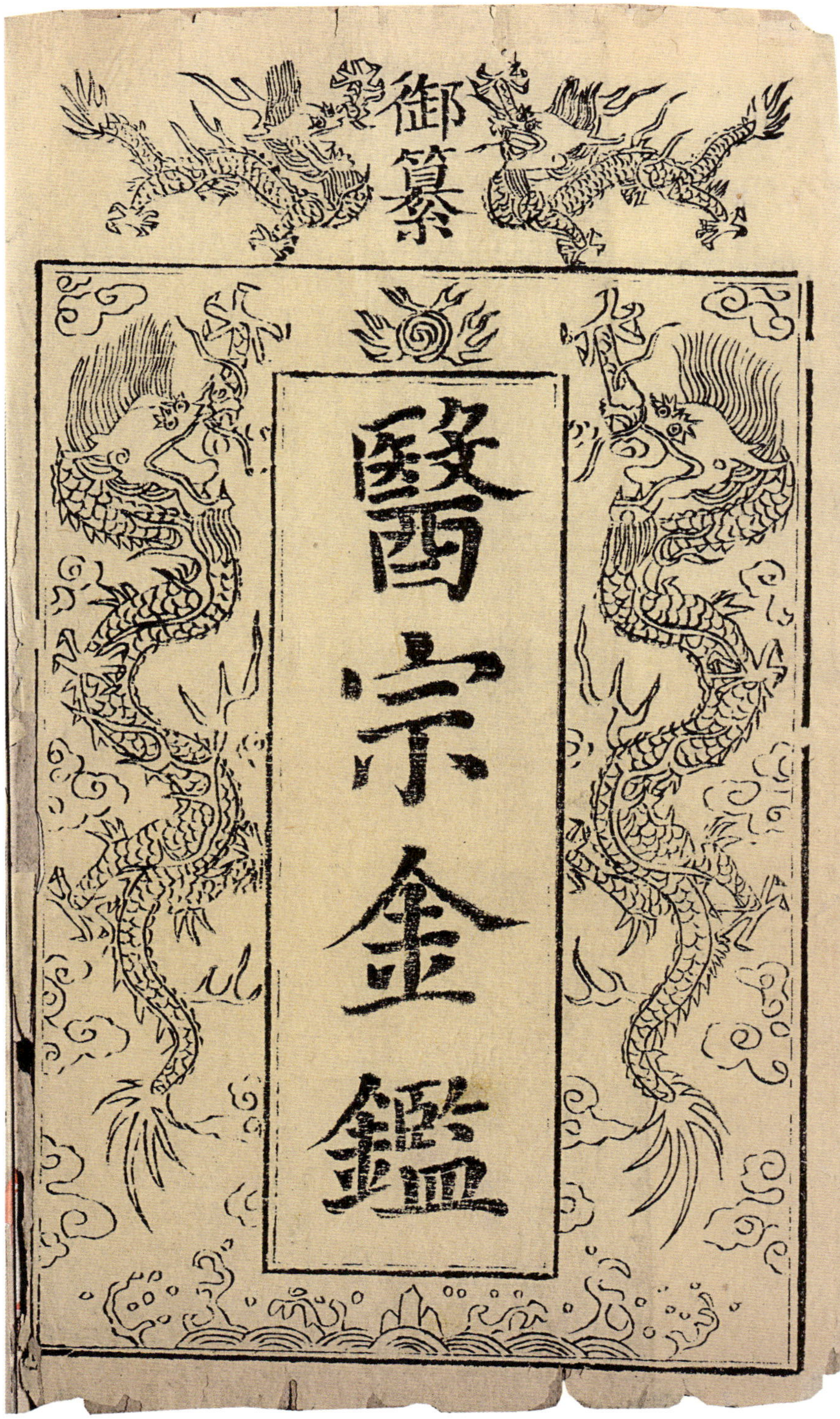

0089　**御纂醫宗金鑑九十卷**　（清）吴謙等輯　清乾隆武英殿聚珍本

框高19.7厘米，廣14.2厘米。半葉九行，行十九字，小字雙行同，白口，四周雙邊。

御纂醫宗金鑑卷一

訂正仲景全書傷寒論註

傷寒論後漢張機所著發明內經奧旨者也並不引古經一語皆出心裁理無不該法無不備蓋古經皆有法無方自此始有法有方啓萬世之法程誠醫門之聖書但世遠殘闕多編次傳寫之誤今博集諸家註釋採其精粹正其錯譌刪其駁雜補其闕漏發其餘蘊於以行之天下則大法微言益昭諸萬世矣

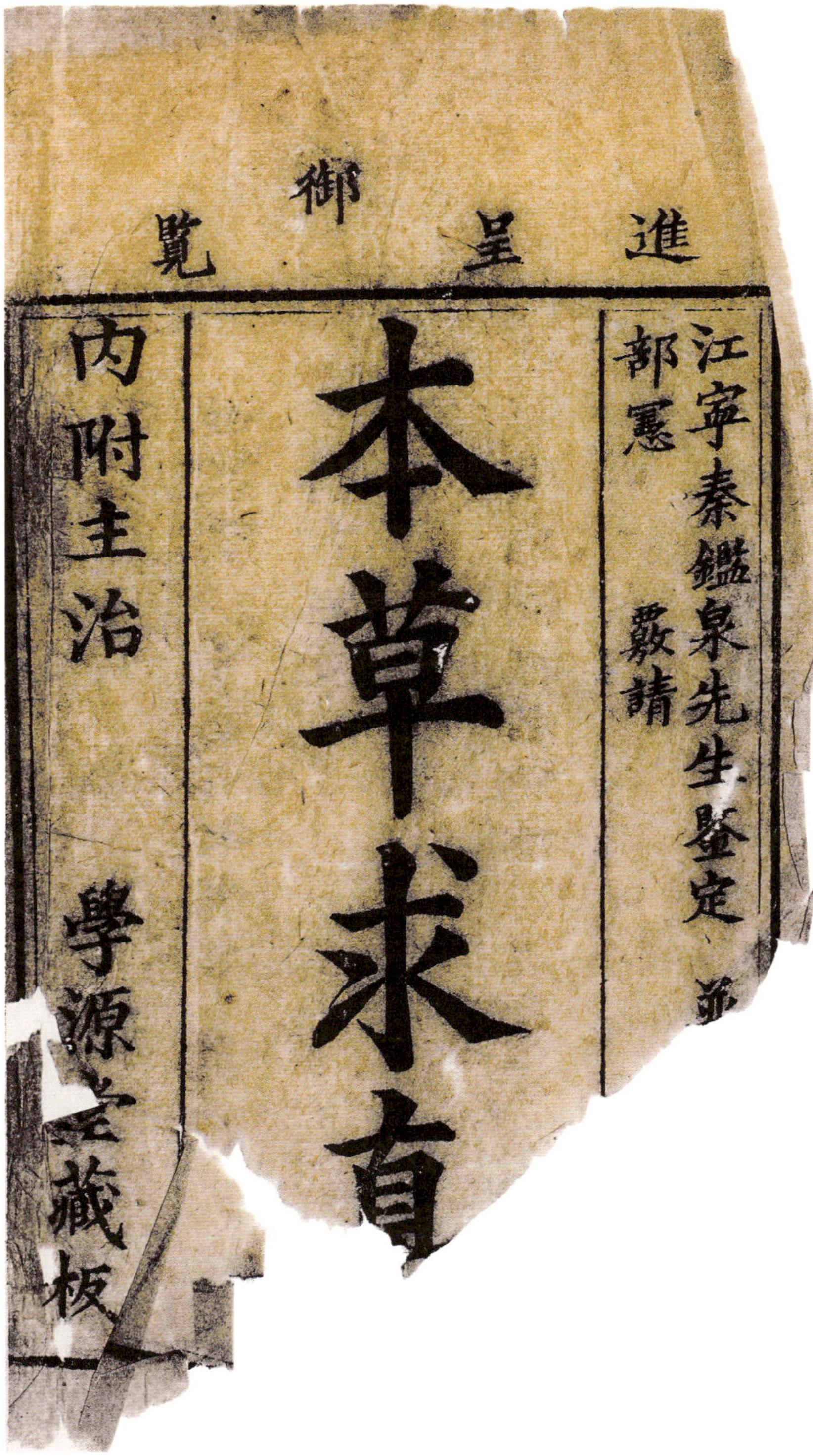

進呈御覽

江寧秦鑑泉先生鑒定并

部憲覈請

本草求眞

內附主治

學源堂藏板

0090　本草求真九卷　（清）黄宫綉撰　清乾隆間緑圃齋刻本

框高18.1厘米，廣13.6厘米。半葉九行，行二十字，小字雙行同，白口，四周雙邊。

本草求真卷一

第一冊

監生臣黃宮綉校訂
江西撫州府宜黃縣監生臣黃宮繡纂輯
臣男黃□易校字

補類

溫中　平補　補火　滋水　溫腎

溫中

人身一小天地耳，天地不外陰陽五行以爲健順，人身不外水火氣血以爲長養。蓋人稟賦無偏，則水以附火，火以生水，水火既足，則氣血得資，而無虧缺不平之憾矣。惟其稟有不同，賦有各異，則或水衰而致血有所虧，火衰而致氣有所歉，故必假以培補，俾偏者不偏，而氣血水火自爾安養而無病矣。第其病有淺深，症有輕重，則於補劑之中，又當分其氣味以求，庶於臨症免惑。如補火之有宜於先天真火者，其藥必燥必裂，是爲補火之味；補有宜於先天真水者，其藥必滋必潤，是爲

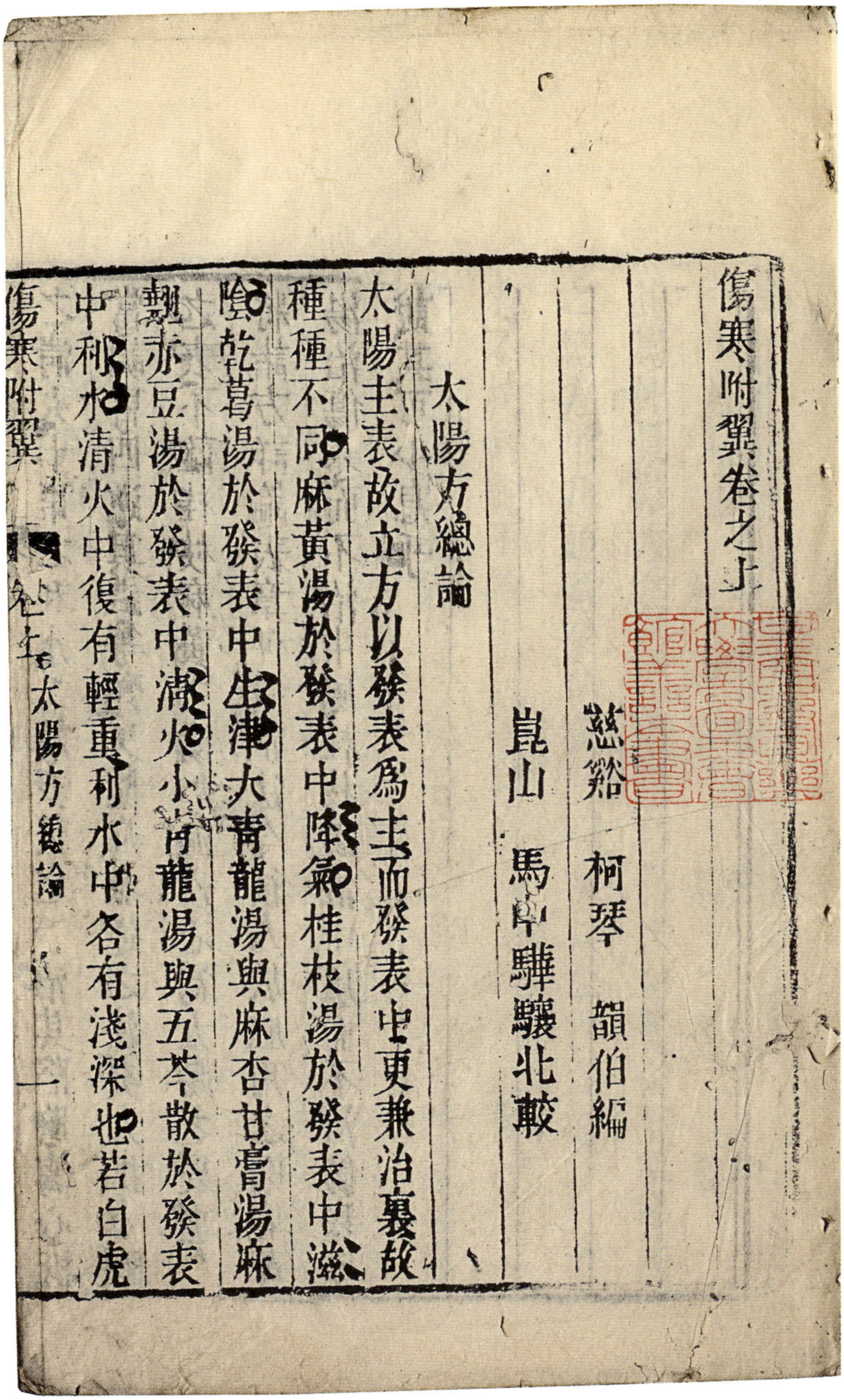

傷寒附翼卷之上

慈谿　柯琴　韻伯編

崑山　馬中驊驤北較

太陽方總論

太陽主表故立方以發表爲主而發表中更兼治裏故種種不同麻黄湯於發表中降氣桂枝湯於發表中滋陰乾葛湯於發表中生津大青龍湯與麻杏甘膏湯麻黄赤豆湯於發表中清火小青龍湯與五苓散於發表中利水清火中復有輕重利水中各有淺深也若白虎

傷寒附翼　卷之上　太陽方總論　一

0091　傷寒附翼二卷　（清）柯琴著　清乾隆刻本

框高18.7厘米，廣13.1厘米。半葉十行，行二十一字，小字雙行同，白口，左右雙邊。

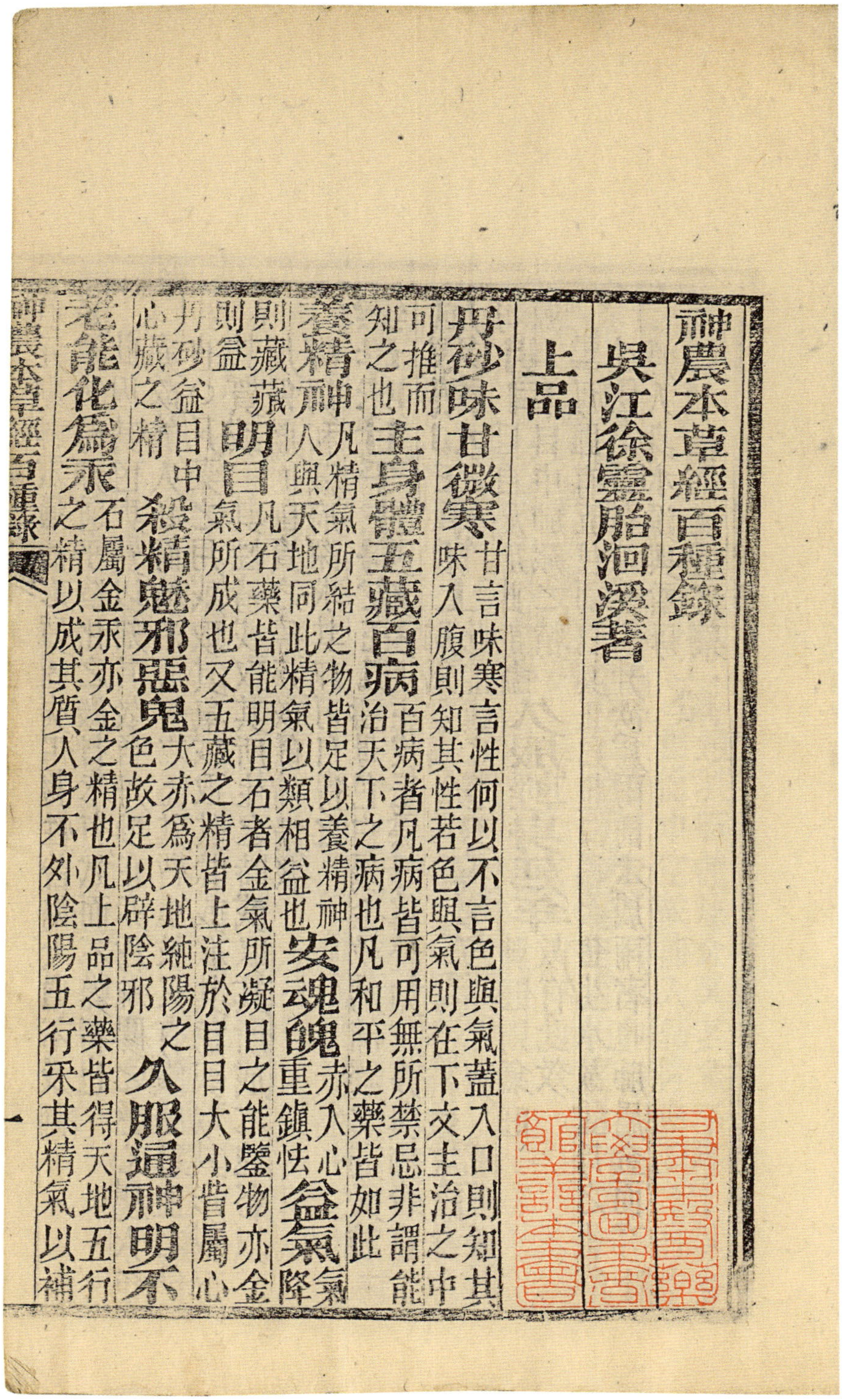
神農本草經百種録

吳江徐靈胎洄溪著

上品

丹砂味甘微寒甘言味寒言性何以不言色與氣蓋入口則知其味入腹則知其性若色與氣則在下文主治之中可推而知之也主身體五藏百病百病者凡病皆可用無所禁忌非謂能治天下之病也凡和平之藥皆如此養精神凡精氣所結之物皆足以養精神人與天地同此精氣以類相益也安魂魄赤入心重鎮怯益氣氣降則藏藏則益明目凡石藥皆能明目石者金氣所凝目之能鑒物亦金氣所成也又五藏之精皆上注於目目大小眥屬心丹砂益目中心藏之精殺精魅邪惡鬼大赤爲天地純陽之色故足以辟陰邪久服通神明不老能化爲汞石屬金汞亦金之精也凡上品之藥皆得天地五行之精以成其質人身不外陰陽五行采其精氣以補

神農本草經百種録　一

0092　神農本草經百種録一卷　（清）徐大椿撰　清乾隆刻本

框高17.9厘米，廣12厘米。半葉九行，行二十五字，小字雙行同，白口，左右雙邊。

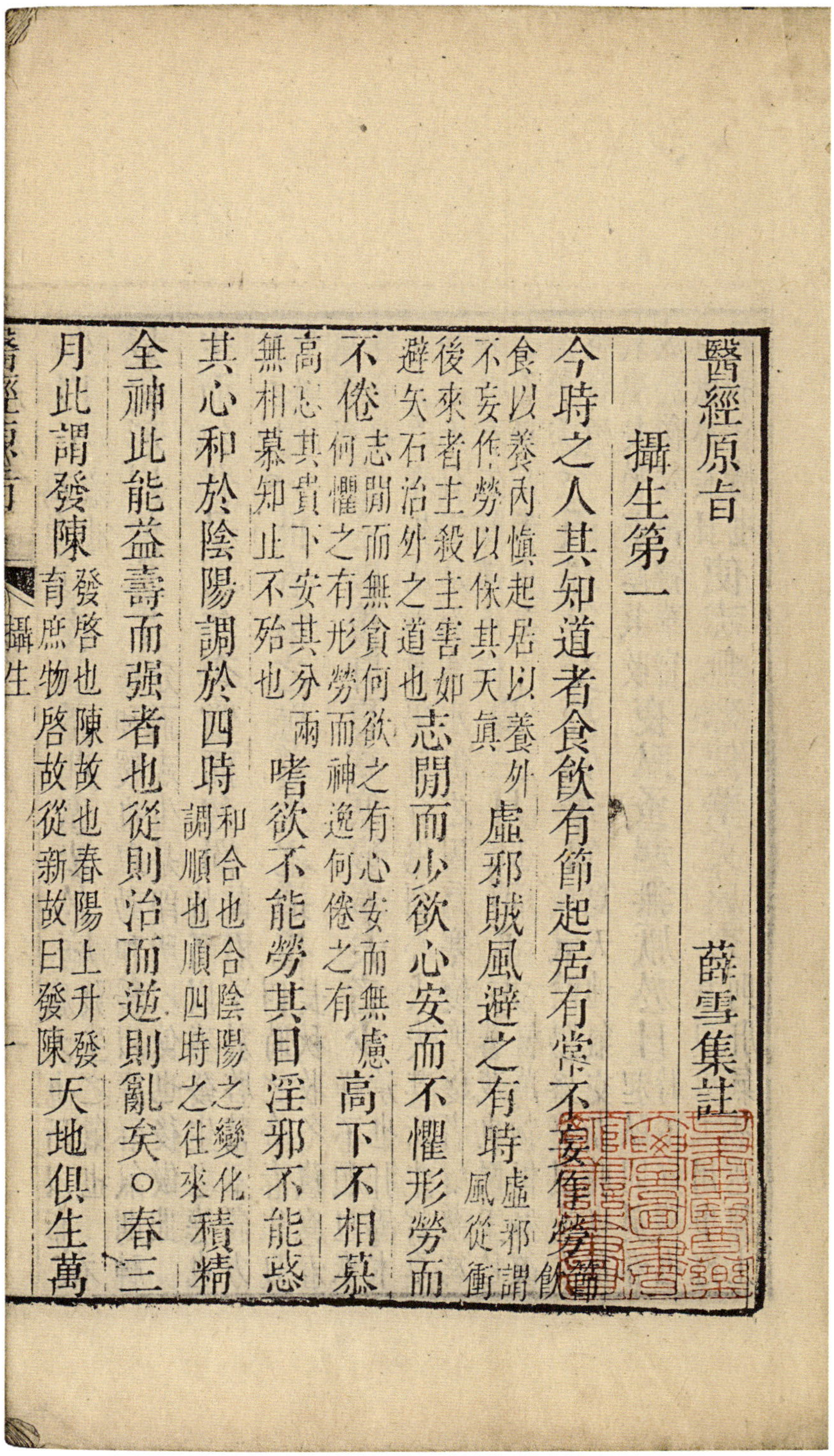

醫經原旨　　　　薛雪集註

攝生第一

今時之人其知道者食飲有節起居有常不妄作勞節飲食以養內慎起居以養外不妄作勞以保其天眞虛邪賊風避之有時虛邪謂風從衝後來者主殺主害如避矢石治外之道也志閑而少欲心安而不懼形勞而不倦志閑而無貪何欲之有心安而無慮何懼之有形勞而神逸何倦之有高下不相慕高忘其貴下安其分兩無相慕知止不殆也嗜欲不能勞其目淫邪不能惑其心和於陰陽調於四時和合也合陰陽之變化調順也順四時之往來積精全神此能益壽而強者也從則治而逆則亂矣○春三月此謂發陳發啓也陳故也春陽上升發育庶物啓故從新故曰發陳天地俱生萬

0093　**醫經原旨六卷**　（清）薛雪集注　清乾隆刻本

框高18厘米，廣12.7厘米。半葉十行，行二十一字，小字雙行同，白口，左右雙邊。

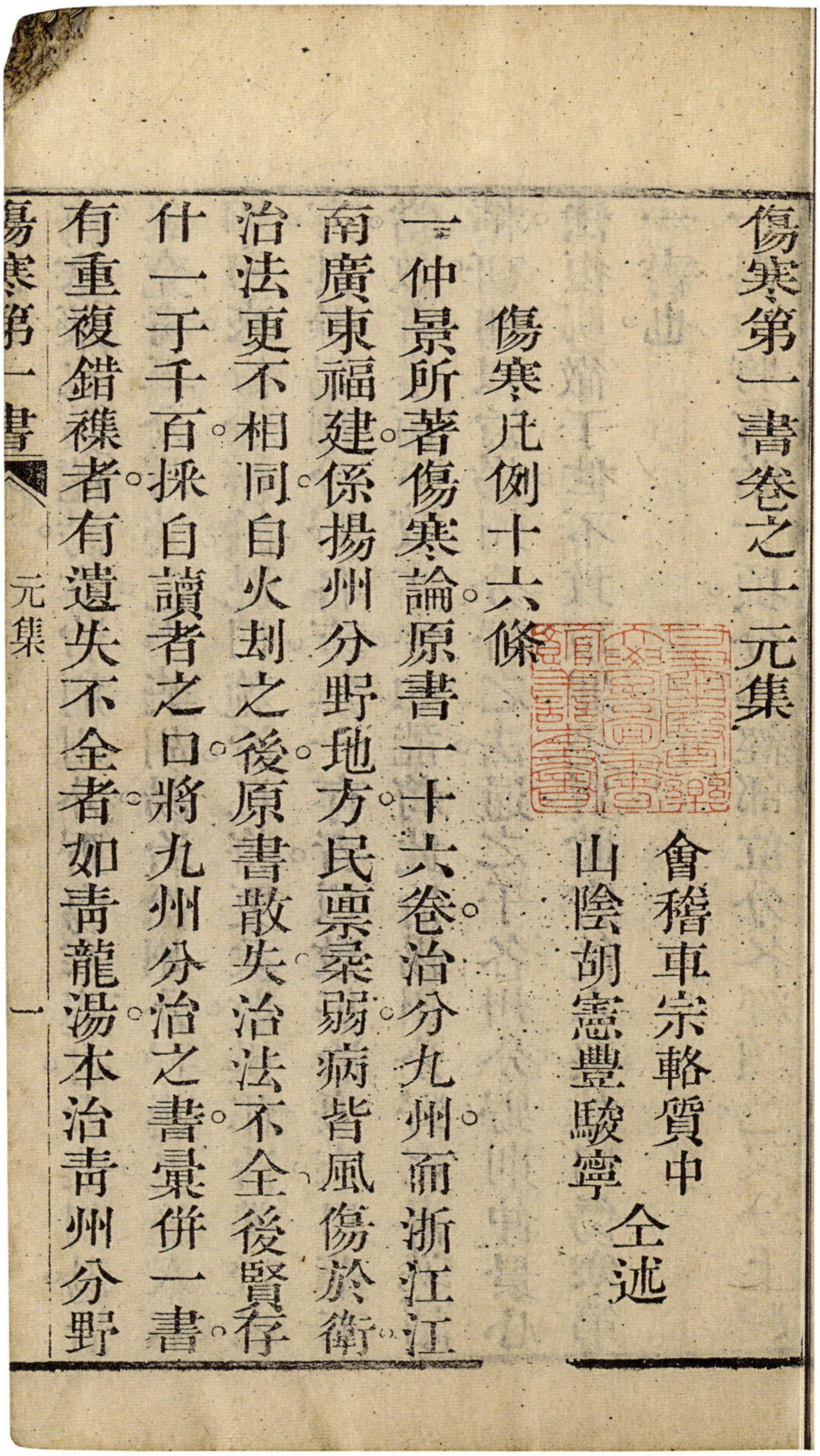
傷寒第一書卷之一 元集

會稽車宗輅質中
山陰胡憲豐駿寧 仝述

傷寒凡例十六條

一仲景所著傷寒論原書一十六卷治分九州而浙江江南廣東福建係揚州分野地方民稟柔弱病皆風傷於衛治法更不相同自火刦之後原書散失治法不全後賢存什一于千百採自讀者之口將九州分治之書彙併一書有重複錯襍者有遺失不全者如青龍湯本治青州分野

傷寒第一書 元集 一

0094 傷寒第一書四卷 （清）車宗輅 胡憲豐撰 清乾隆刻本

框高20.2厘米，廣14.2厘米。半葉九行，行二十二字，小字雙行同，白口，左右雙邊。

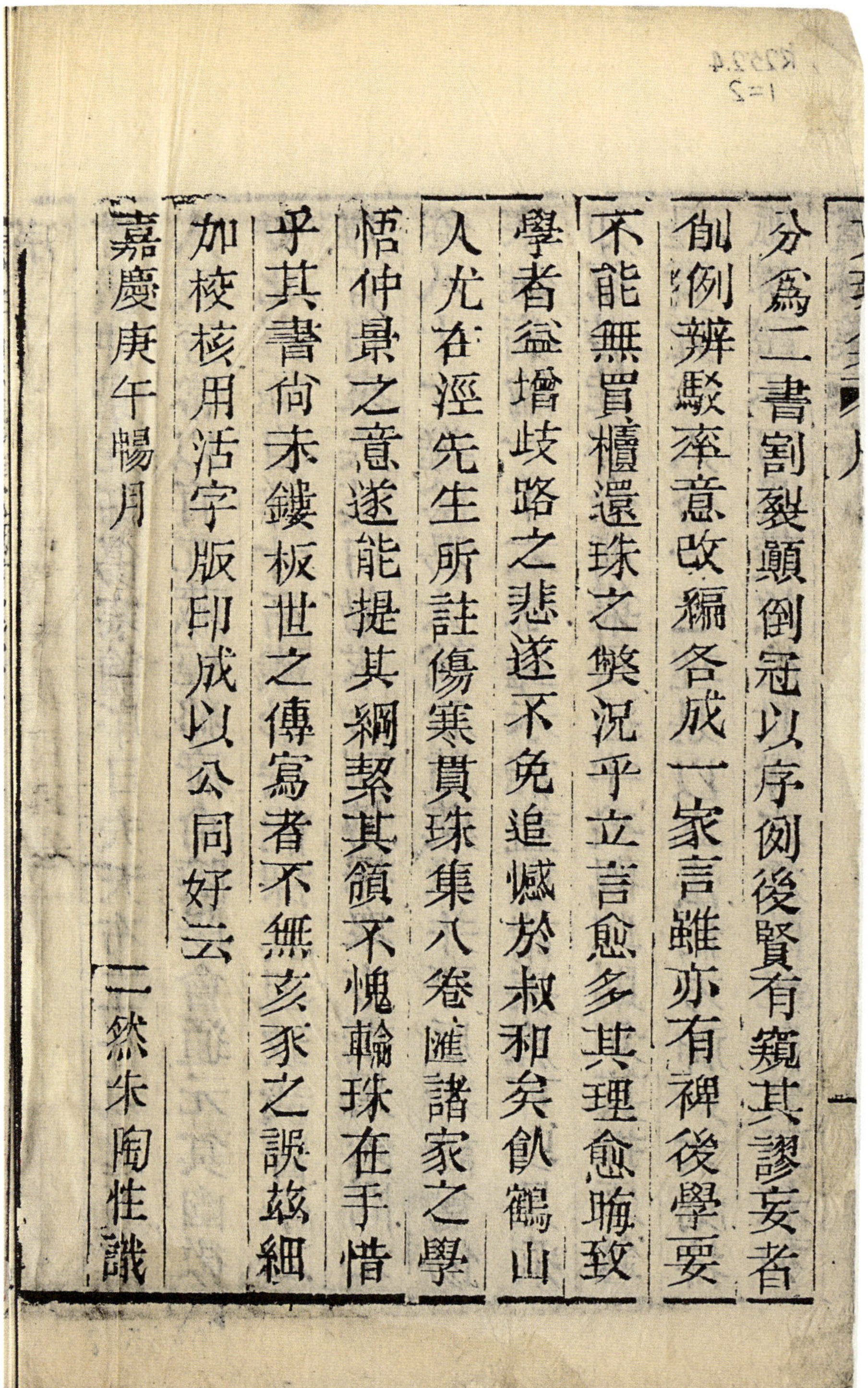

分爲二書割裂顛倒冠以序例後賢有竊其謬妄者創例辨駁率意改編各成一家言雖亦有裨後學要不能無買櫝還珠之弊況乎立言愈多其理愈晦致學者益增岐路之悲遂不免追憾於叔和矣飤鶴山人尤在涇先生所註傷寒貫珠集八卷匯諸家之學悟仲景之意遂能提其綱挈其領不愧輪珠在手惜乎其書尚未鏤板世之傳寫者不無亥豕之誤茲細加校核用活字版印成以公同好云

嘉慶庚午暢月　二然朱陶性識

0095　**傷寒論貫珠集八卷**　（清）尤怡編注　清嘉慶十五年庚午（1810）白鹿山房木活字本

框高18.7厘米，廣14.5厘米。半葉十行，行二十字，白口，四周單邊。

張仲景傷寒論貫珠集卷之一

飤鶴山人尤怡在涇註　[illegible]二然朱陶性校

太陽篇上

辨列太陽條例大意

傷寒一證古稱大病而太陽一經其頭緒之繁多方法之龐雜又甚于他經是以辨之非易然非不可辨也蓋太陽之經其原出之病與正治之法不過三十餘條而已其他則皆權變法斡旋法救逆法類病法也假使治傷寒者審其脈之或緩或急辨其證之有汗無汗而從汗而汗之解之如桂枝麻

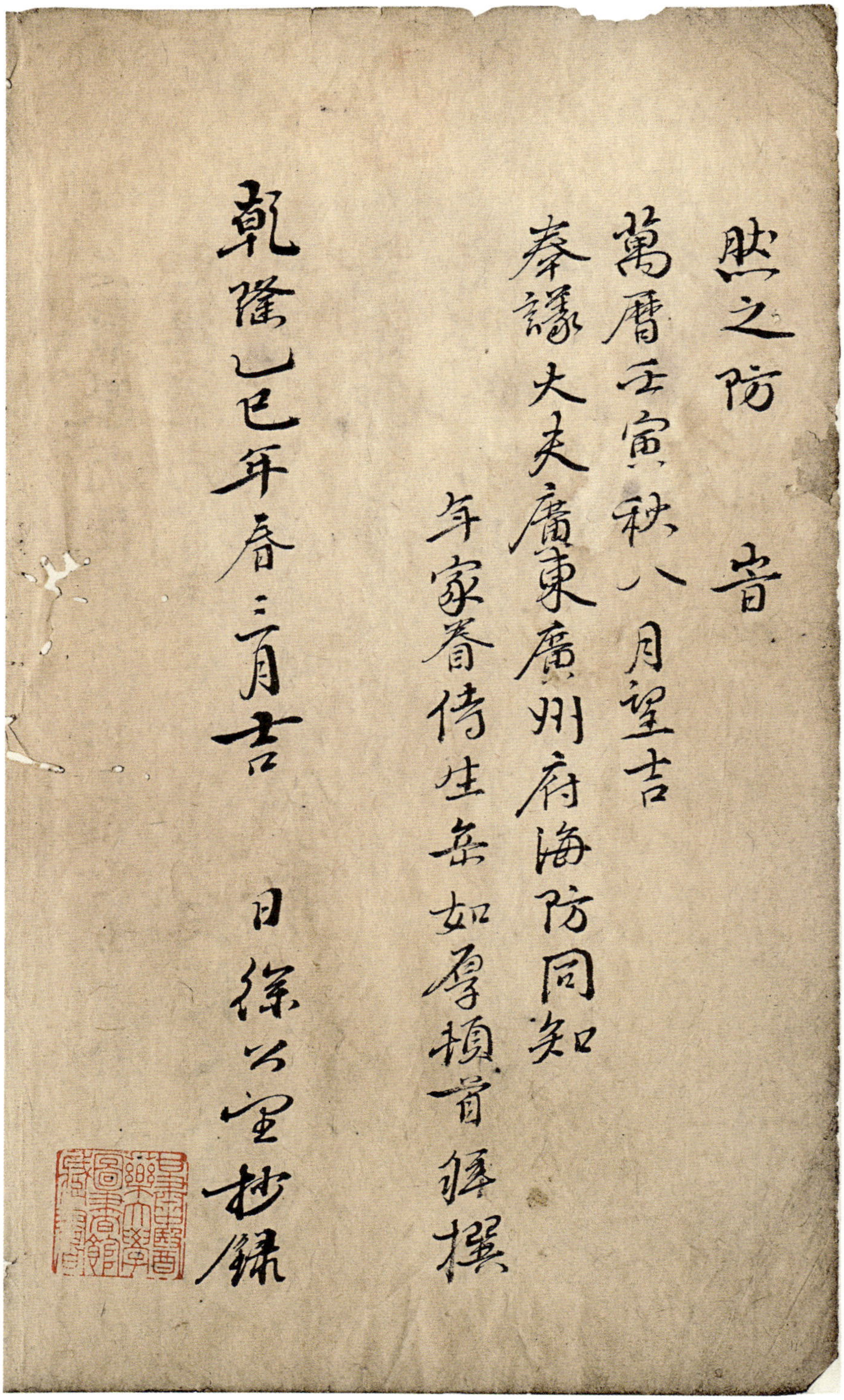

然之防　音

萬曆壬寅秋八月望吉

奉議大夫廣東廣州府海防同知

年家眷侍生岳如學頓首拜撰

乾隆乙巳年春二月吉　日徐以寶抄録

0096　保産延壽録四卷　（明）江騰蛟撰　清乾隆五十年乙巳（1785）徐氏鈔本

保産延壽録

一姙婦臨月不可洗頭多致横生逆産不可醉酒并久坐卧不動多致難産之厄

一懷孕十月满足臍腹陣痛胎孕墜下穀道挺迸漿水淋下其兒遂生此乃正産如瓜熟蒂懸栗熟自落不須服藥

一月数满足忽然腹痛或作或止三五日如此胞水已来腹痛不密名曰弄痛非當産也

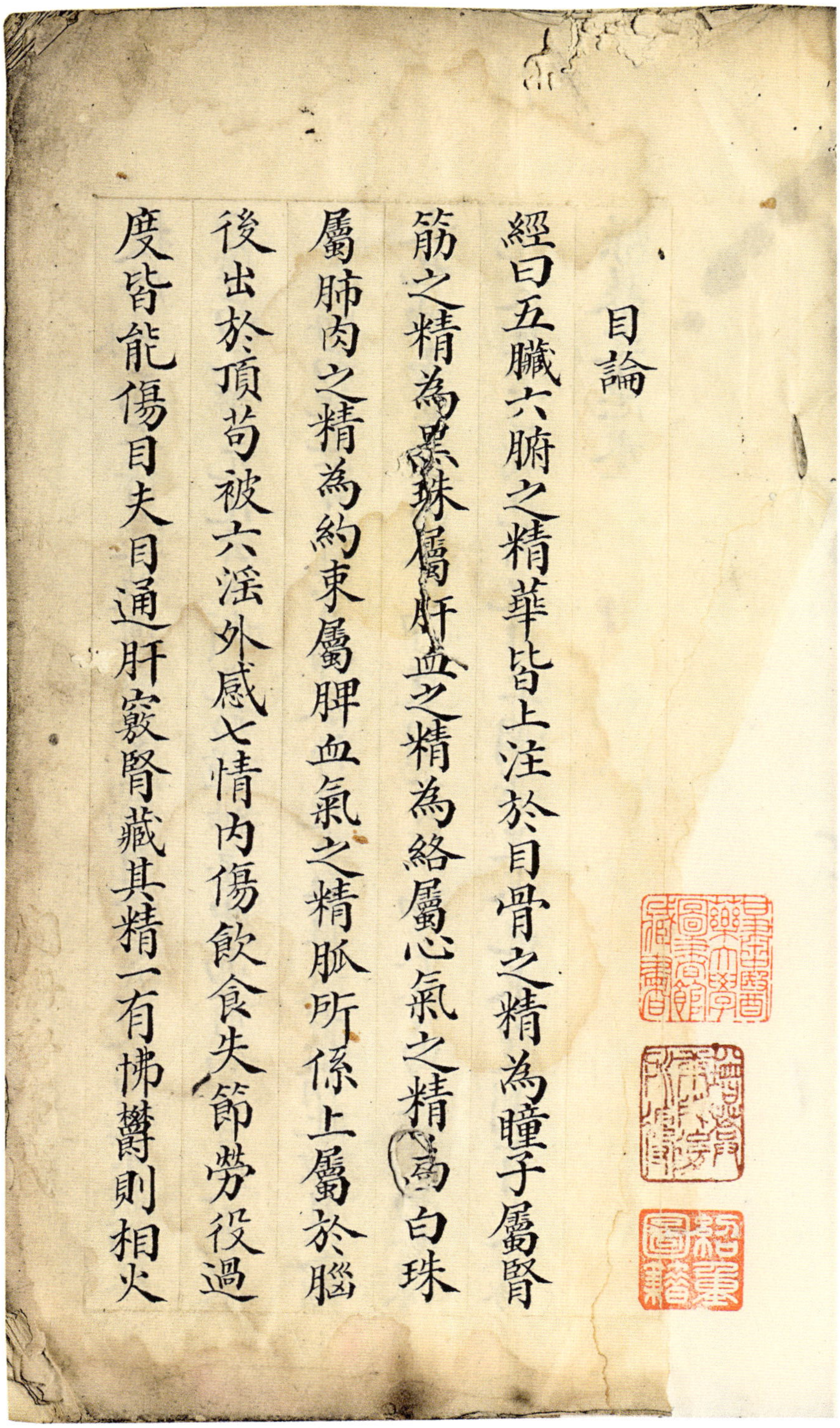

目論

經曰五臟六腑之精華皆上注於目骨之精為瞳子屬腎
筋之精為黑珠屬肝血之精為絡屬心氣之精為白珠
屬肺肉之精為約束屬脾血氣之精脈所係上屬於腦
後出於項苟被六淫外感七情内傷飲食失節勞役過
度皆能傷目夫目通肝竅腎藏其精一有怫鬱則相火

0097　眼科一卷　佚名著　清咸豐四年甲寅（1854）精鈔本
張紹重先生捐贈本。

登天　登天子之位

此節記聖德稟性之異發言之蚤方其幼也能順而正及其長也既敦且敏故其垂拱致治教化大行廣制度以利天下垂法象以教後世生知之聖人也

（一）上古天真論 上古謂所生之來天真天乙始生之真元也　首四篇論調精神氣血所生之來謂之精　兩精相搏謂之神　氣乃精水中之生陽

昔在黃帝生而神靈弱而能言幼而徇齊長而敦敏成而登天迺問於天師曰余聞上古之人春秋皆度百歲而動作不衰今時之人年半百而動作皆衰者時世異耶人將失之耶岐伯對曰上古之人其知道者法於陰

按史記黃帝姓公孫名軒轅　神灵智慧也　徇齊順正也　敦敏信達也　鑄鼎於鼎湖山鼎成而白日升天此亦壽敝天地無有終時之真人也

天師　天者謂能修其天真師乃先知先覺者也　言道者上帝之所貴師所以傳道而設教　故稱伯曰天師　度越也

知道謂知修養之道也　法取法也　陰陽天地四時五行六氣也　和調也

0098　黃帝内經素問九卷　（清）張志聰注　張金石鈔本

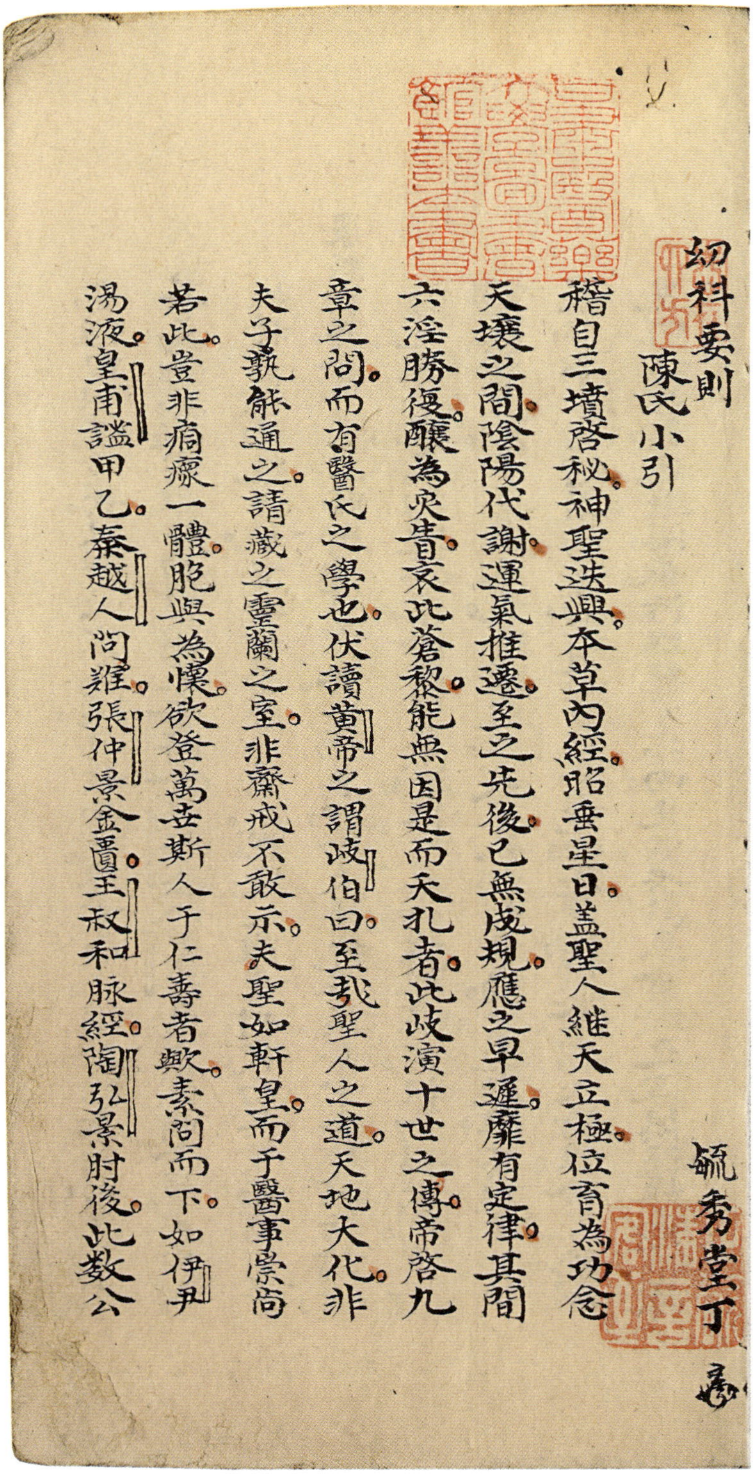
幼科要則　　　　毓秀堂丁

陳氏小引

稽自三墳啓秘神聖迭興本草內經昭垂星日盖聖人繼天立極位育為功念天壤之間陰陽代謝運氣推遷至之先後已無成規應之早遲靡有定律其閒六淫勝復釀為災眚哀此蒼黎能無因是而夭札者此岐演十世之傳帝啓九章之問而有醫氏之學也伏讀黃帝之謂岐伯曰至哉聖人之道天地大化非夫子孰能通之請藏之靈蘭之室非齋戒不敢示夫聖如軒皇而于醫事崇尚若此豈非痌瘝一體胞與為懷欲登萬古斯人于仁壽者歟素問而下如伊尹湯液皇甫謐甲乙秦越人問難張仲景金匱王叔和脉經陶弘景肘後此数公

0099　幼科要則一卷　（清）陳復正撰　清毓秀堂丁氏鈔本

增補彚要卷之二　方脉水

甬江張逢吉爾康氏彚要增補

痰飲

痰之起因於風寒、暑濕、鬱鬲、燥火、熱食、虛氣或七情亦能生痰，治隨其所勝者，豁痰為主

脉滑而不匀不定，偏絃為飲，或絃滑或結伏。痰脉多滑絃滑、沉滑、微滑。

○○痰之本水也，原於腎；痰之動濕也，主於脾。痰之色，火痰黑色，老痰如膠，濕痰白色，寒痰青色。有眼胞眼下如灰烟薰黑者，痰也。凡痰之為患，或胸間轆轆有聲，或背一片常如氷冷，或四肢麻痺不仁，或因脾胃虛弱不能攝肺金，或為四氣七情所干，氣壅痰聚，而然。善治痰者不治痰而治氣，氣順則一身之津液亦隨氣而順矣。治痰之法，實脾土，燥脾濕，是治其本也。凡奇怪之症，人所不識，當作痰治。又顛狂罵詈，不避親疏，作事無常，並皆痰火所致。百病中多有兼痰，其為症也不一：為痰飲，為哮喘，為咳嗽，為驚，為悸，為肺癰，為肺痿，為癎疾，為顛狂，為邪祟，為痓病，為厥逆，為嘔，為痢疾，為瘧疾，為眩暈，為健忘，為中風，為濕痰，為癆瘵，為傷食作痰，為臂痛，為小便閉癃，為結核，為腰

0100　增補彚要二卷　（清）張逢吉撰　清存耕堂稿本

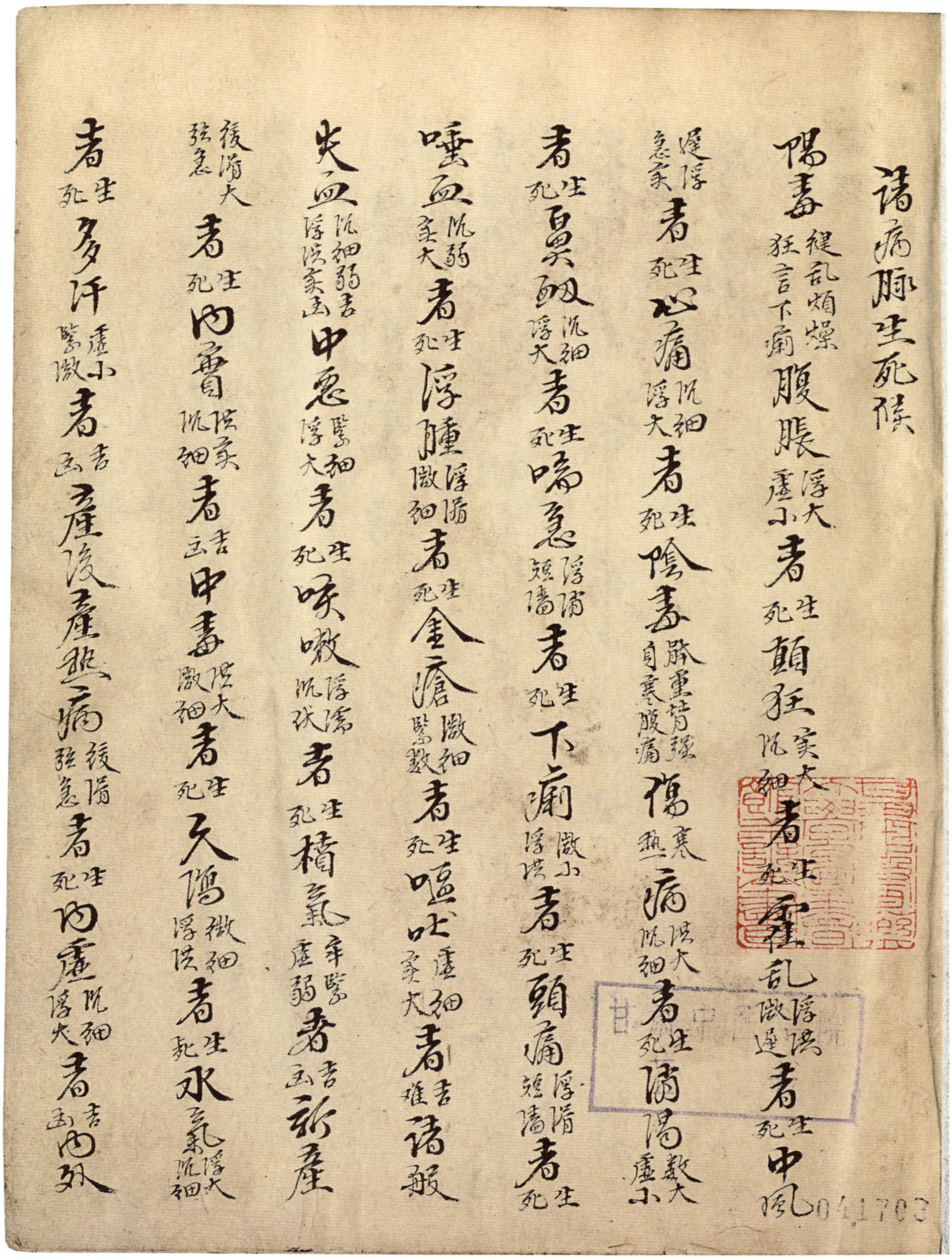
諸病脉生死候
陽毒緩亂煩燥狂言下痢腹脹浮大虛小者生死顛狂實大沉細者生死霍亂浮洪微遲者生死中風
遲浮急實者生死心痛沉細浮大者生死陰毒脈重背强自寒腹痛傷寒熱病洪大沉細者生死消渴數大虛小
者生死鼻衄沉細浮大者生死喘急浮滑短濇者生死下痢微小浮洪者生死頭痛浮滑短濇者生死
嘔血沉弱實大者生死浮腫浮滑微細者生死金瘡微細緊數者生死嘔吐虛細實大者吉難諸般
失血沉細弱吉浮洪實凶中惡緊細浮大者生死咳嗽浮濡沉伏者生死積氣牢緊虛弱者吉凶新產
後滑大弦急者生死內實洪實沉細者吉凶中毒洪大微細者生死久瀉微細浮洪者生死水氣浮大沉細
者生死多汗虛小緊微者吉凶產後產熱病緩滑弦急者生死內虛沉細浮大者吉凶內外

0101　枕藏外科要方三卷　佚名著　清稿本

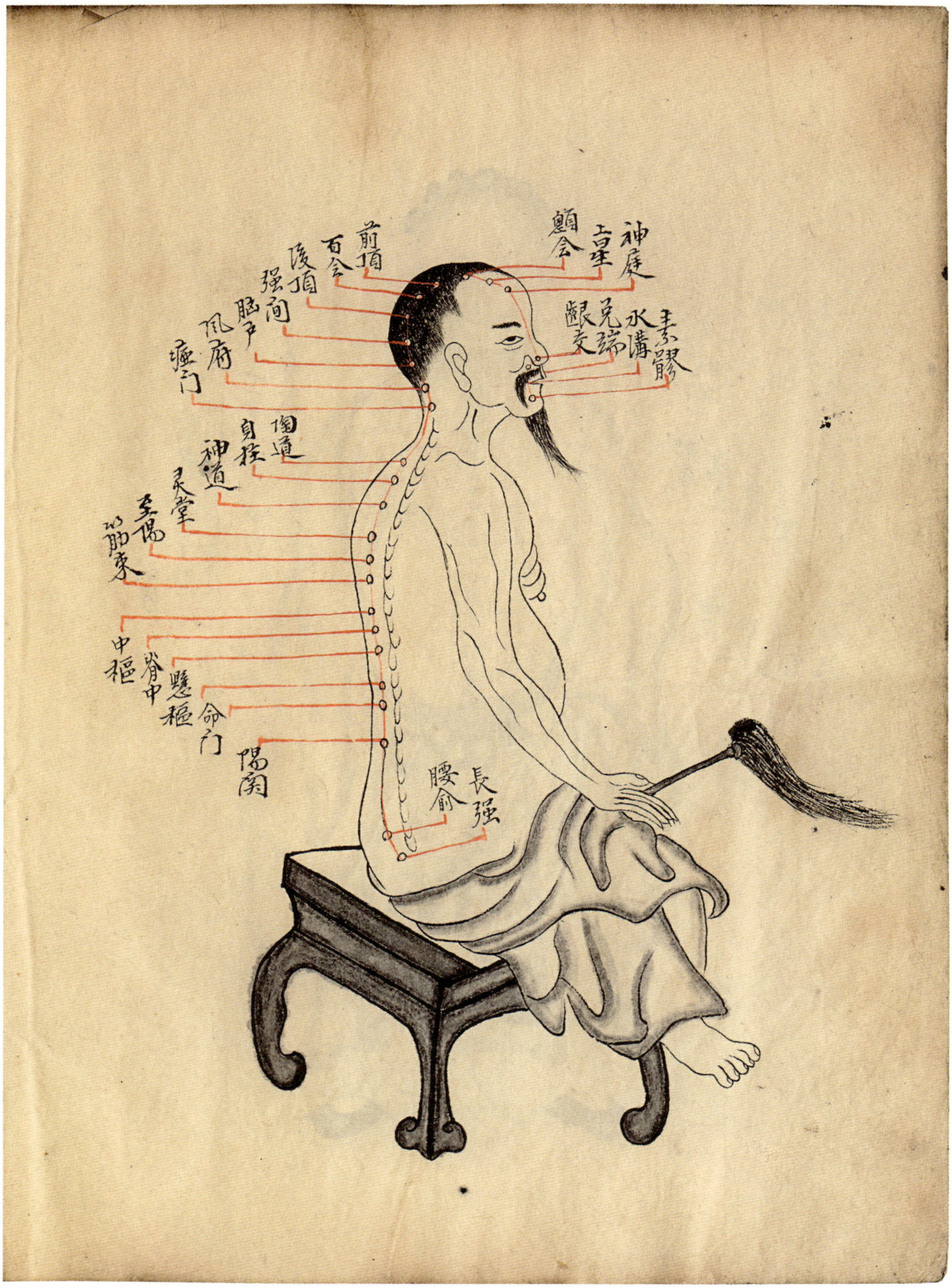

前頂
百会
後頂
强间
脑户
风府
瘂门
顖会
神庭
上星
素髎
水溝
兑端
齦交
陶道
身柱
神道
灵堂
至陽
筋束
中樞
脊中
懸樞
命门
陽関
腰俞
長强

黃硫黃 各二錢
知而直而子 一兩
華撥
阿肥榮 即黑御米子熬的膏子味有毒修合後半年者方可服一兩
咱剌碩的 圖者 四錢
可昔尼子 即西域苦蕒菜根四錢有餘
亦西攀的 即牛蒡子 各四錢
黑哈而八吉
黃連
沙阿盧里訛里
可昔尼根 即西域苦蕒菜根
哈不里馬哈剌 一錢
古墻上和泥的草節兒 七錢
可八而根的皮 半錢

山牛糞 或山羖羝糞二錢
栢樹子 四錢
天仙子 各二兩
十字路上土 四錢
大黃 七錢
以其黎黎 四錢半
龍腦
香附子
哈里榮子 各三錢
其失忒八而其失忒 各二錢
兀的八剌珊 即黑色沉香二錢
哈咱而扯珊 即縮砂

八達洼而的 七錢
黑胡椒
阿吉而哈而哈 即細辛 四錢
咱剌碩的 長者 二兩
八則盧祖福剌 一兩
八子里哈土納 即西域車前子
白哈而八吉
米牙 湼者即蘇合油
阿撒必亦速福而
麻兀少尼子 或麻兀燒共一錢
白芥子根 二錢
狐狸糞 半錢
亦西攀當 即芥子 各四錢

已上藥依上法製過至六箇月之後可用每服量如那河豆子大 即回回圖豆

回回藥方卷之三十　三三

0102　回回藥方三十六卷　佚名著　新鈔本

唇赤色乾紅紫而燥裂譫語狂燥大小便結者為內實或為熱毒壅急當用寒凉藥以利之然後候其色重攻之有口訣

燥裂

純紫

崩裂腫大

唇嘴崩裂或腫大口出臭氣者是胃爛斑也不治如紫赤惟腫口中腥臭衝人者是邪火並熱肺爛胃敗也必死

一發熱氣血平則唇舌鮮紅而滋潤肌膚黃紅色此為平和否則鮮紅變赤甚則為灰為紫虛則紅者變淡甚則為青為白實則乾淡燥裂瀸血虛寒則褐色變色水色淡白虛冷灰黑陰陽俱虛則為純白純灰純紫純青純藍純黑而死陽氣已欲脫兼水之化也經曰純陰者死

0103　舌譜一卷　佚名著　舊鈔精繪本
張紹重先生捐贈本。

舌論又病見此舌皆死不
傳變之證也

短縮者死

此泊廬夫子玄齋中
物也甲午秋偕龍璞遊
琉璃廠得之
紹重

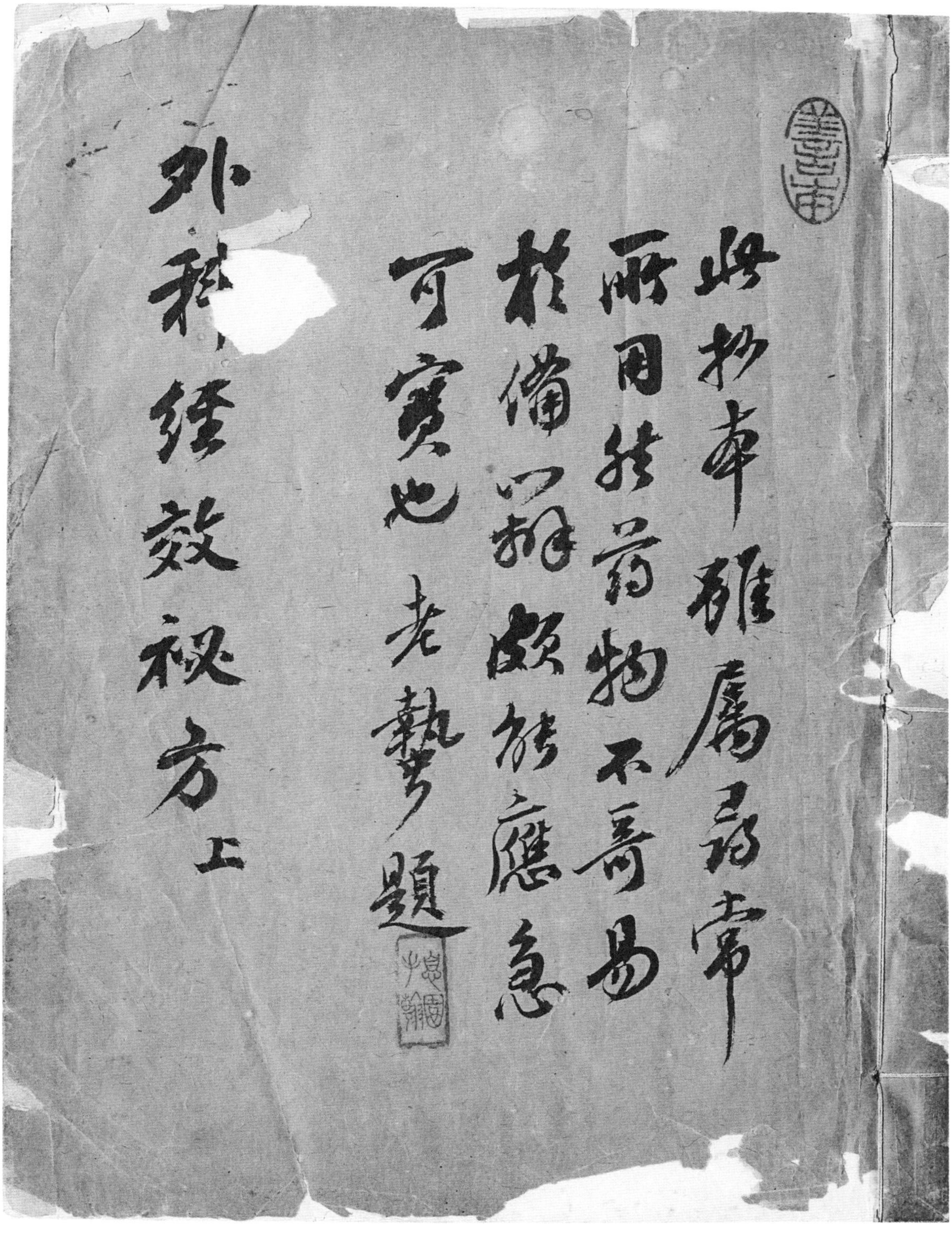

0104　外科經效秘方二卷　佚名著　舊鈔本
張紹重先生捐贈本。

外科経效秘方

諸瘡分陰陽而治

凡瘡之發。必要詳察其陰陽。有陽發者。有陰發者。如陽發者。則其瘡勢紅腫痛而欣熱。如陰發者。則其瘡不甚紅腫。不甚疼痛。其潰外口小而內爛大。其藥宜用溫和。不宜用熱藥之驟也。然陽變陰者其症多有可返於陽。故多生。陰變於陽。其症少不能復為陽矣。其間有生者。山醫偶合於法。百中得一耳。所謂法者。積於中而發於外也。大抵人一身。皆本於五臟。五臟之氣皆稟於胃。氣胃有五臟之根本。故胃受谷。脾化之以生氣。脾生肌肉。氣傳五臟而行血脉。

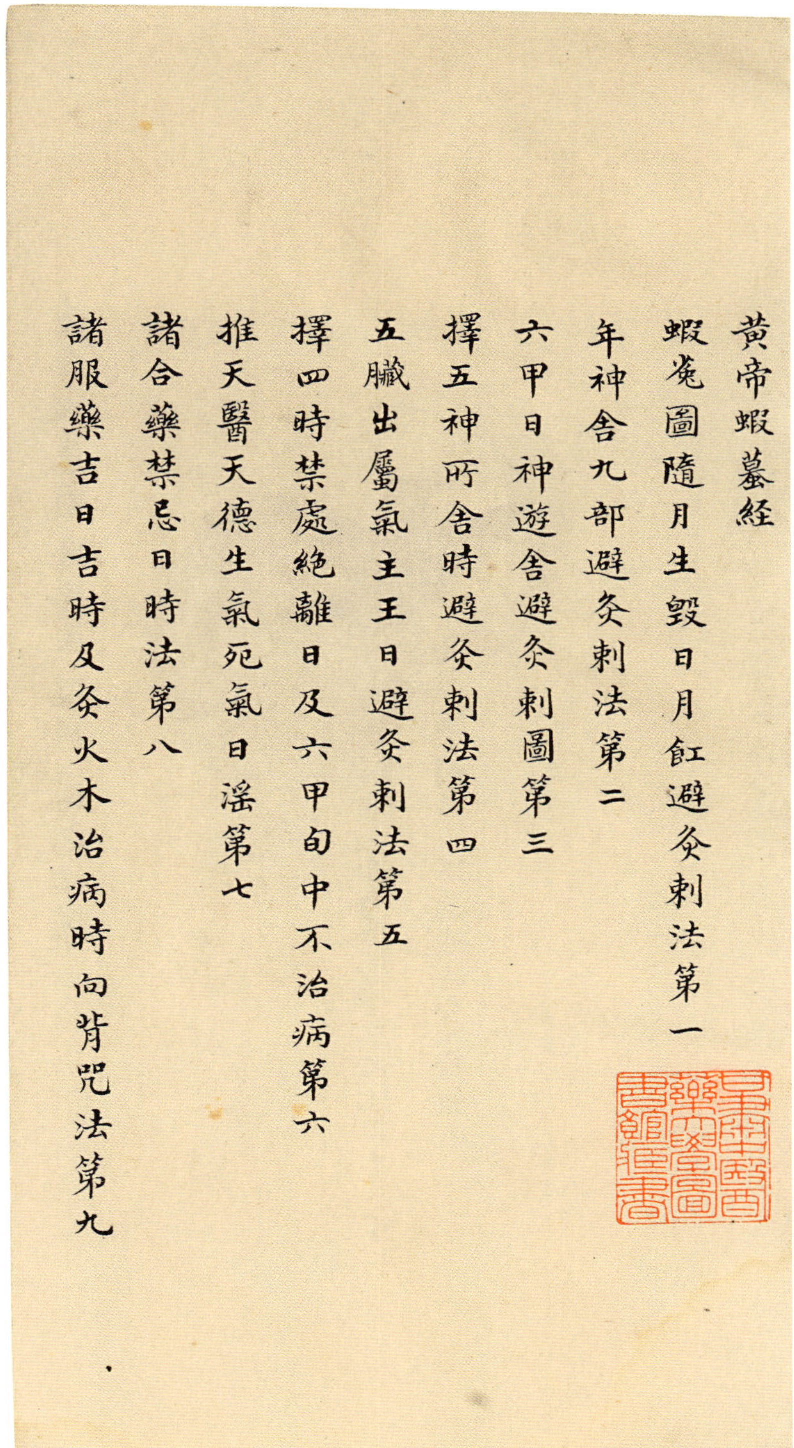

黃帝蝦蟇経

蝦蟇圖隨月生毀日月蝕避灸刺法第一

年神舍九部避灸刺法第二

六甲日神遊舍避灸刺圖第三

擇五神所舍時避灸刺法第四

五臓出屬氣主王日避灸刺法第五

擇四時禁處絶離日及六甲旬中不治病第六

推天醫天德生氣死氣日滛第七

諸合藥禁忌日時法第八

諸服藥吉日吉時及灸火木治病時向背咒法第九

0105　黃帝蝦蟇經一卷　佚名著　精鈔本

張紹重先生捐贈本。

月生十二日兎生左脇人氣在人迎髮際不可灸刺傷之使人頭生惡瘡發癰疽喉痺同神

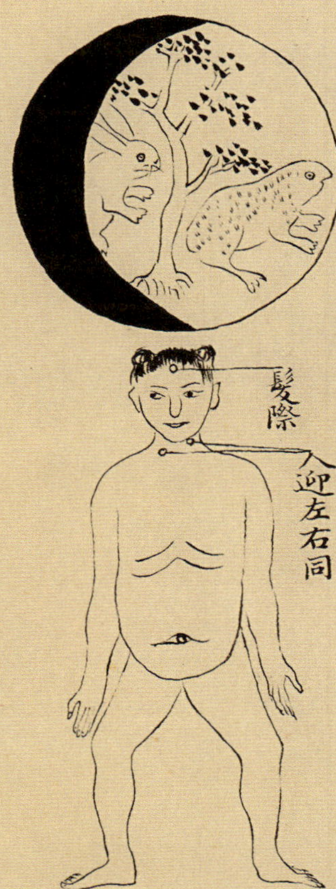

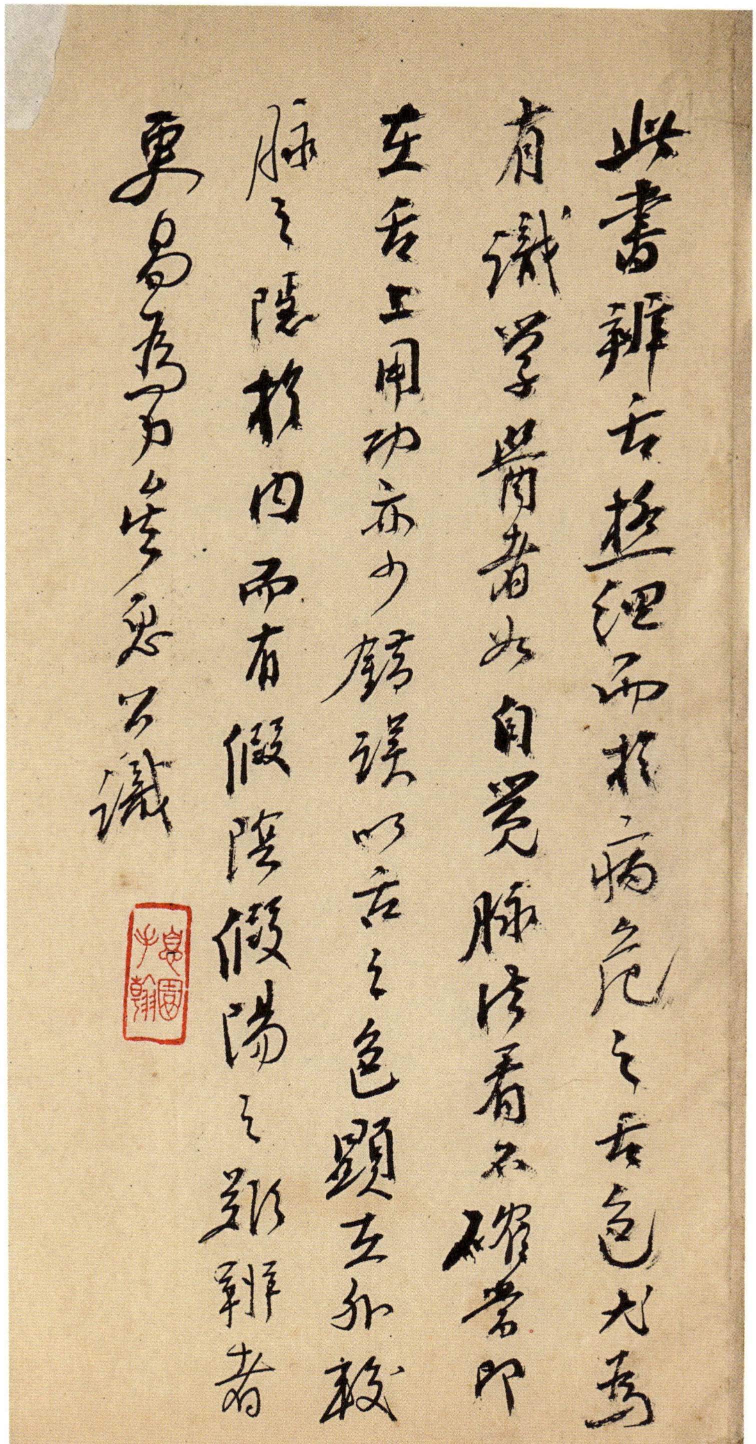
此書辨舌極細而於病危之舌色尤爲有識學者尚如自覺脈法看不確當即在舌上用功亦少錯誤以舌之色顯互參校脈之陰格內而有假陰假陽之難辨者更易為力也 惡石識

0106　舌鑑辨正一卷　佚名著　精鈔本

張紹重先生捐贈本。

左右分主肝膽者須再酌何如

舌鑑辨正卷一

茂名梁玉瑜傳

秀水陶保康録

全舌分經圖

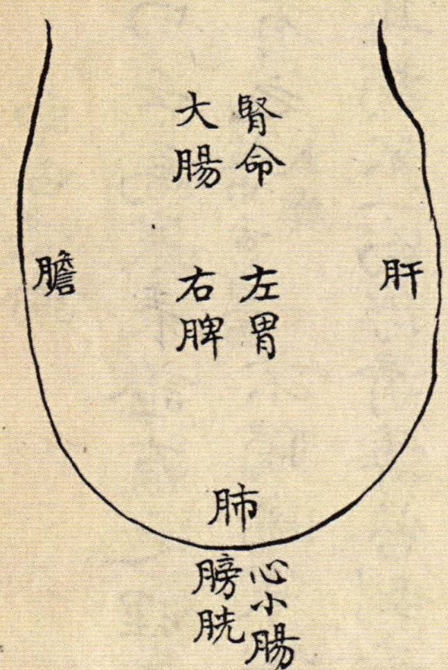

舌根主腎命大腸（應小腸膀胱）舌中左主胃右主脾舌前面中間屬肺舌尖主心心包絡小腸膀胱（應大腸命）舌邊左主肝右主膽（舌尖統應上焦舌中應中焦舌根應下焦）

域外刻本

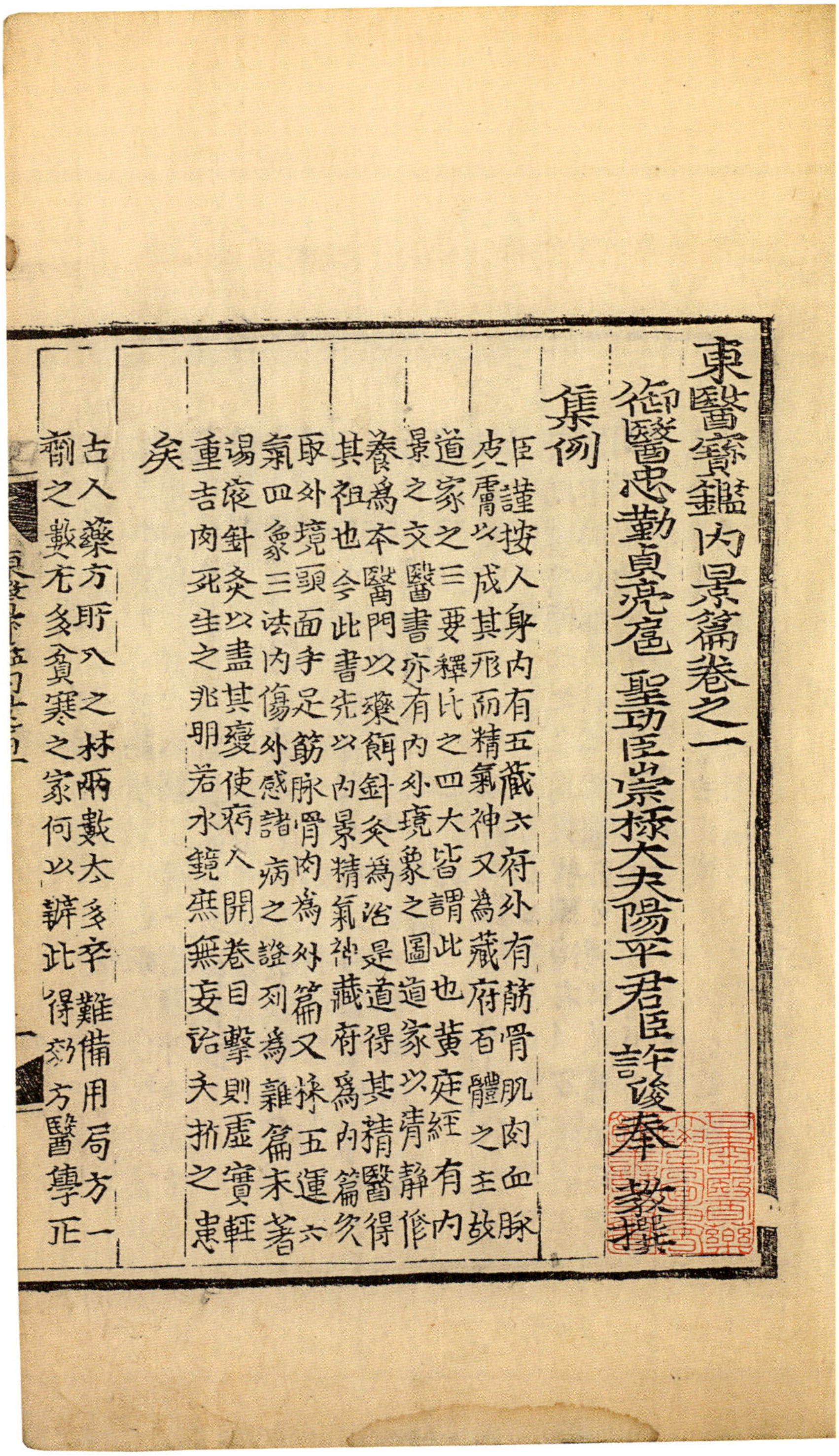
東醫寶鑑內景篇卷之一
御醫忠勤貞亮扈 聖功臣崇祿大夫陽平君臣許浚奉 敎撰
集例
臣謹按人身內有五藏六府外有筋骨肌肉血脉
皮膚以成其形而精氣神又爲藏府百體之主故
道家之三要釋氏之四大皆謂此也黃庭經有內
景之文醫書亦有內外境象之圖道家以清靜修
養爲本醫門以藥餌鍼灸爲治是道得其精醫得
其粗也今此書先以內景精氣神藏府爲內篇次
取外境頭面手足筋脉骨肉爲外篇又採五運六
氣四象三法內傷外感諸病之證列爲雜篇末著
湯液鍼灸以盡其變使病人開卷目擊則虛實輕
重吉凶死生之兆明若水鏡庶無妄治夭折之患
矣
古人藥方所入之材兩數太多卒難備用局方一
劑之數尤多貧寒之家何以辦此得效方醫學正

0107　東醫寶鑑二十三卷目録二卷　（朝鮮）許浚等撰　朝鮮光海君五年（1612）刻本

框高24.9厘米，廣17.7厘米。半葉十行，行二十一字，小字雙行同，白口，四周雙邊。

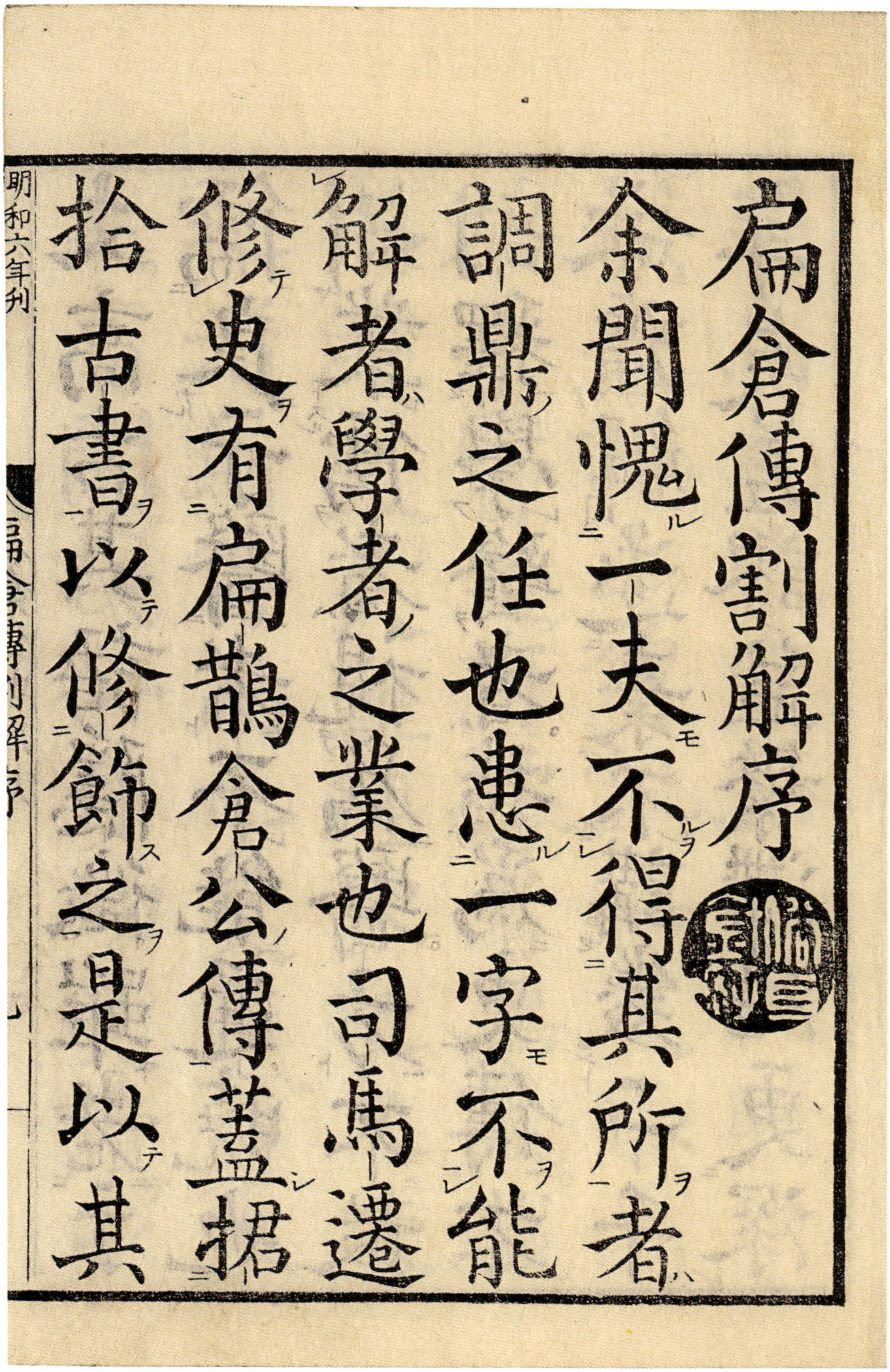

扁倉傳割解序
余聞愧一夫不得其所者
調鼎之任也患一字不能
解者學者之業也司馬遷
修史有扁鵲倉公傳蓋据
拾古書以修飾之是以其

明和六年刊

0108　**扁鵲倉公列傳割解**　（日）滕惟寅解　滕惟正路補正　日本明和七年庚寅（1770）京都書林林芳兵衛刻本

框高21.4厘米，廣15.5厘米。半葉十行，行十八字，小字雙行同，白口，四周單邊。

路按扁倉有絶伎而不免禍也蠶室子長有感於此故叙事特詳悉也

扁鵲倉公列傳割解卷之上

張藩醫學訓導滕惟寅　割解

朝請郎通事舍人上總別駕　男正路　補考

門人　源龍　校閲

太史公自序曰 唐六典曰漢武始置太史令以司馬談爲之談乃據左氏國語世本戰國策楚漢春秋接其後事成一家之言談卒其子遷又爲太史嗣成其事名曰史記顔師古曰談爲太史令耳遷尊其父故謂之爲公也自序者遷自叙其所以爲史記之意也 扁鵲言醫爲方者宗 方伎之宗源 守數精明 數卽理數 後世修序弗能易也 後人修書叙事終不能改易越人之

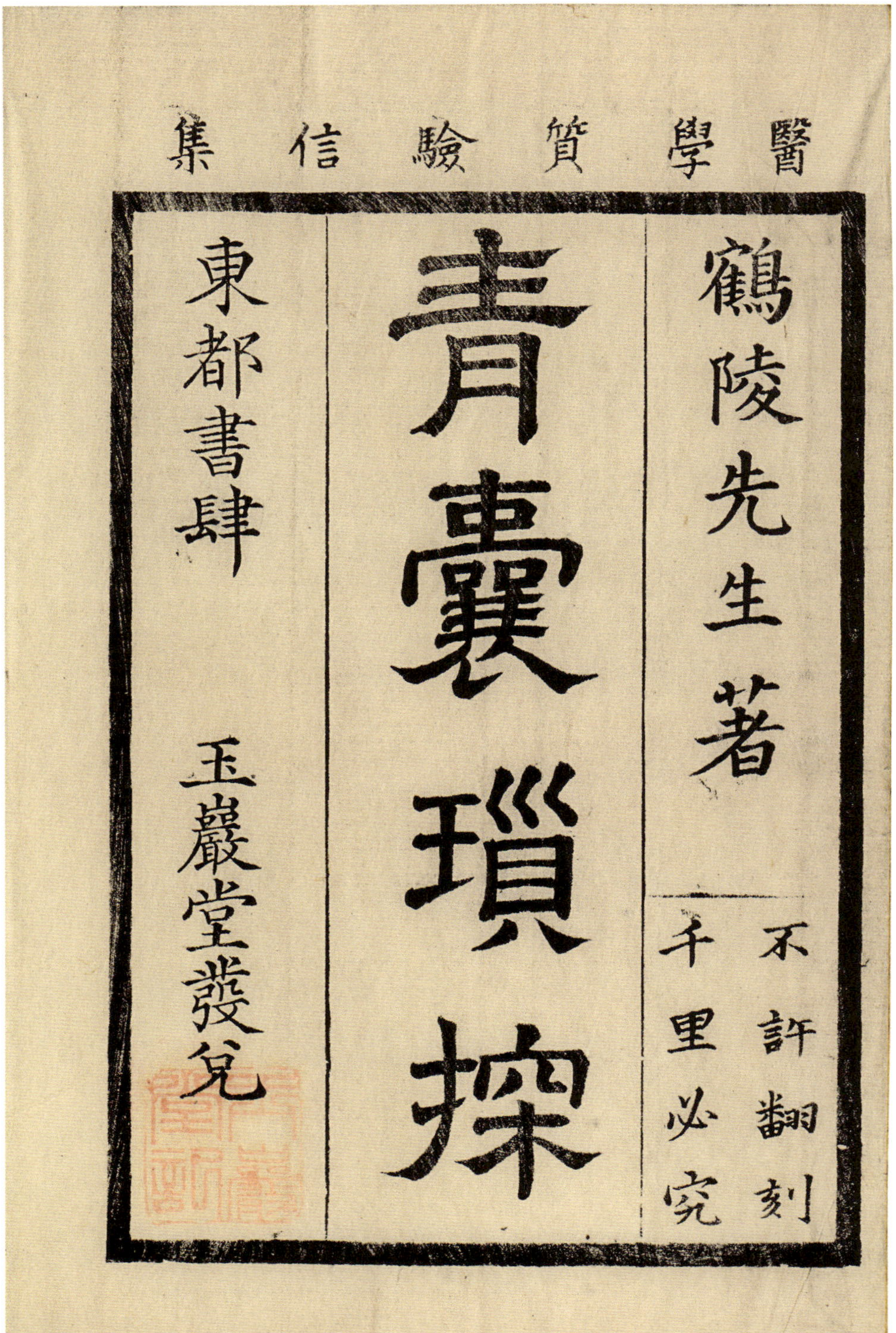
醫學質驗信集

鶴陵先生著

青囊瑣探

不許翻刻
千里必究

東都書肆
玉巖堂發兌

0109 青囊瑣探 （日）片倉元周撰 日本享和元年辛酉（1801）静儉堂刻本
框高19.7厘米，廣14.3厘米。半葉十行，行二十二字，小字雙行同，白口，四周單邊。

醫學質驗五種青囊瑣探上卷　信集

肥前　橫尾斐君章

相州　㐂多元周濬甫著　門人　播磨　西村翰羽王　仝挍

肥前　松村文郁周卿

家庭遺訓一

先君子嘗謂余曰吾道貴濟人利物宜勤苦修德留心誦讀明聖賢醫經閱百家經方視他人疾患如我身矣常念濟拯蒼生而勿欲汝偷樂夫人身難得勿虛過蓋著書令爲衆世津梁汝身縱以此不壽我不敢恨爲士者生涯無成而與如彭祖高壽寧有功于世而與蜉蝣俱殀夫

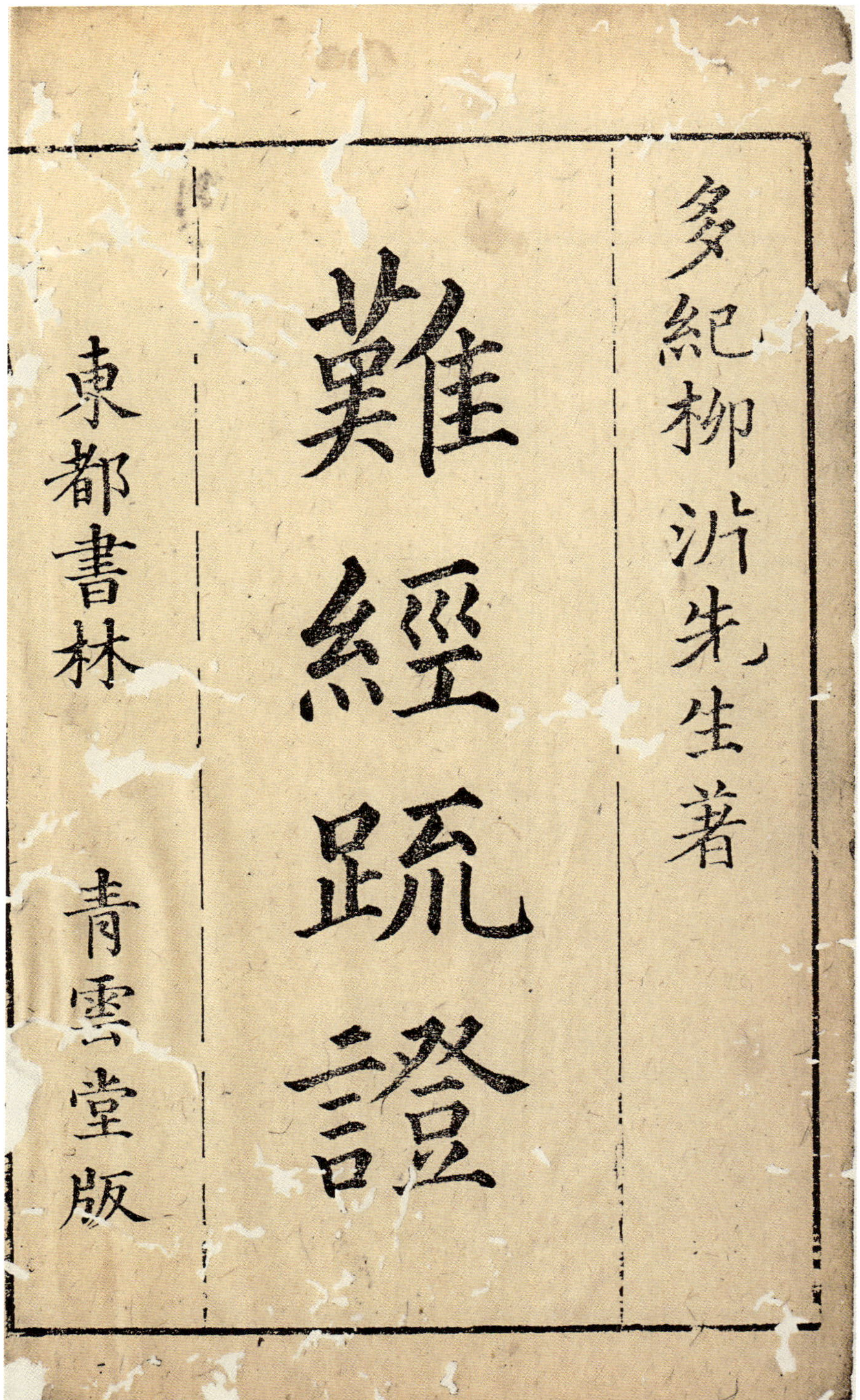

0110　難經疏證二卷　（日）丹波元胤撰　日本文政二年己卯（1819）東都青雲堂刻本聿修堂藏版

框高18.6厘米，廣13.9厘米。半葉十行，行二十四字，小字雙行同，白口，四周單邊。

黃帝八十一難經疏證卷上

東都 丹波元胤紹翁 學

一難曰。十二經皆有動脈。獨取寸口。以決五藏六府死生吉凶之法。何謂也。脉經法作候。

呂是手足經十二脈也。楊凡人兩手足。各有三陰脈三陽脈。合十二經脈。凡脈皆雙行。故有六陰六陽也。自難曰至此。是越人引經設問。從然字以下。是解釋其義。餘悉如此。例可知也。滑謂之經者。以榮衛之流行。經常不息者而言。謂之脈者。以血理分袤行體者而言也。謂凡十二經。皆有動脈。今置不取。乃獨取寸口。以決死生吉凶者。何耶。

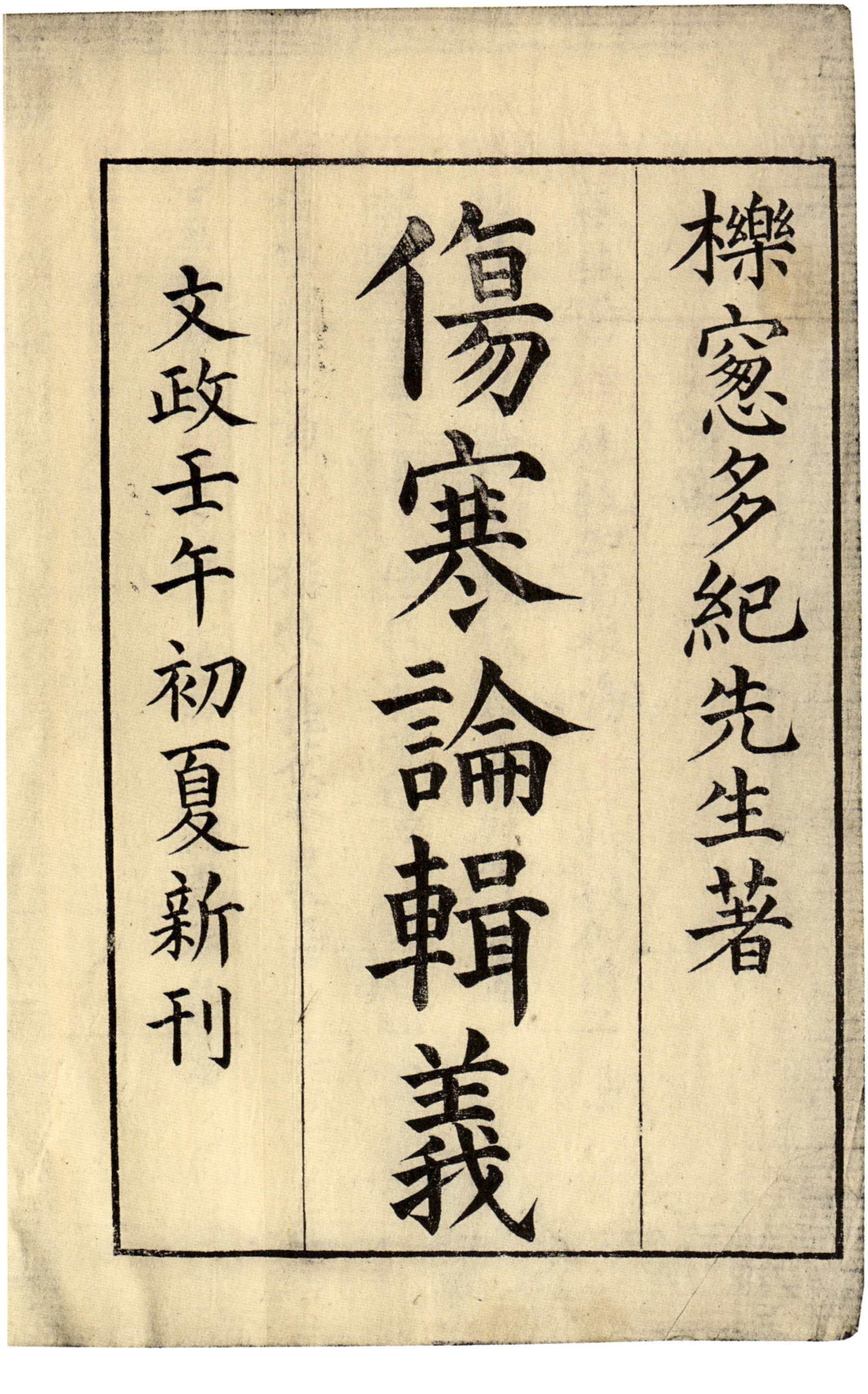
櫟窻多紀先生著

傷寒論輯義

文政壬午初夏新刊

0111　傷寒論輯義　（日）丹波元簡編注　日本文政五年壬午（1822）聿修堂刻本

框高18.6厘米，廣13.8厘米。半葉十行，行二十三字，小字雙行同，白口，四周單邊。

傷寒論輯義卷一 原文一依宋版

辨太陽病脉證并治上

東都 丹波元簡廉夫 學

太陽之爲病脉浮頭項強痛而惡寒

方 太陽者六經之首主皮膚而統榮衛所以爲受病之始也難經曰浮脉在肉上行也滑氏曰脉在肉上行主表也表卽皮膚榮衛麗焉故脉見尺寸俱浮知爲病在太陽之診也項頸後也強痛者皮膚榮衛一有感受經絡隨感而應邪正爭擾也惡寒者該風而言也風寒初襲表而鬱於表故不勝復被風寒外迸而畏惡之及其過表而入裏則

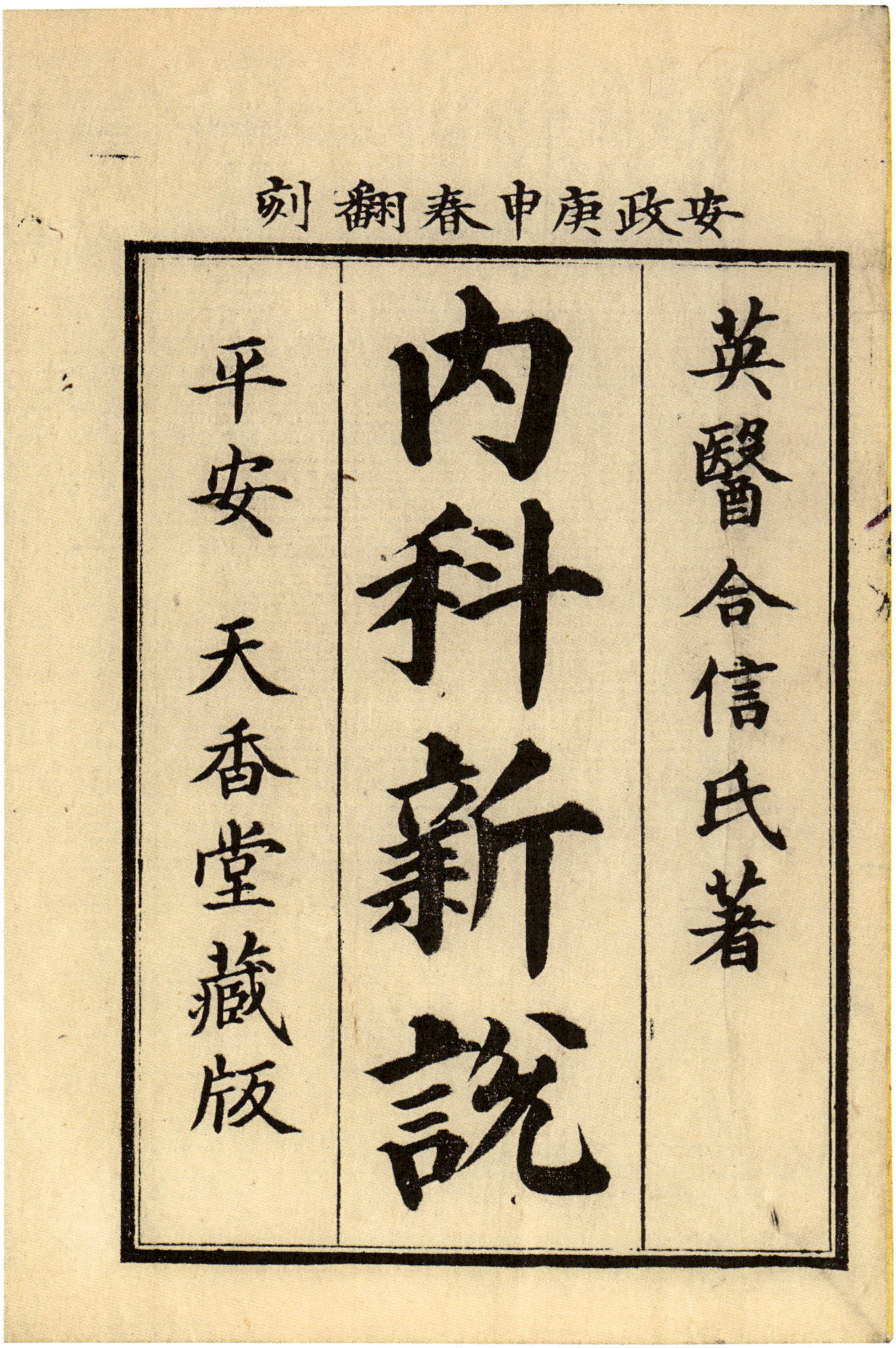

安政庚申春翻刻

英醫合信氏著

内科新説

平安 天香堂藏版

0112 内科新説三卷 （英）合信氏著 管茂材同撰 日本安政七年庚申（1860）刻本

框高19厘米，廣13.3厘米。半葉十行，行二十四字，小字雙行同，白口，四周雙邊。

內科新說卷上

英國醫士合信氏著　江寧管茂材同撰

總論病原及治法

中土醫書方論浩繁有一病而列方數十者有一方而藥品十餘味者有臆造病證妄列治法而實爲理之所無者每論一病必浮舉陰陽五行纏繞不休每用一藥必以色香形味分配臟腑更或高談脉理妄事神巫臟腑功用茫然不知甚矣醫學之衰也蓋中土風俗平日視醫學爲末技待醫士如賤工及病時則又倚之太切責之太厚服藥偶效則曰此神醫也一服不應則曰此醫者之過也因此醫者虛偽巧飾心愈勞而術愈拙羅

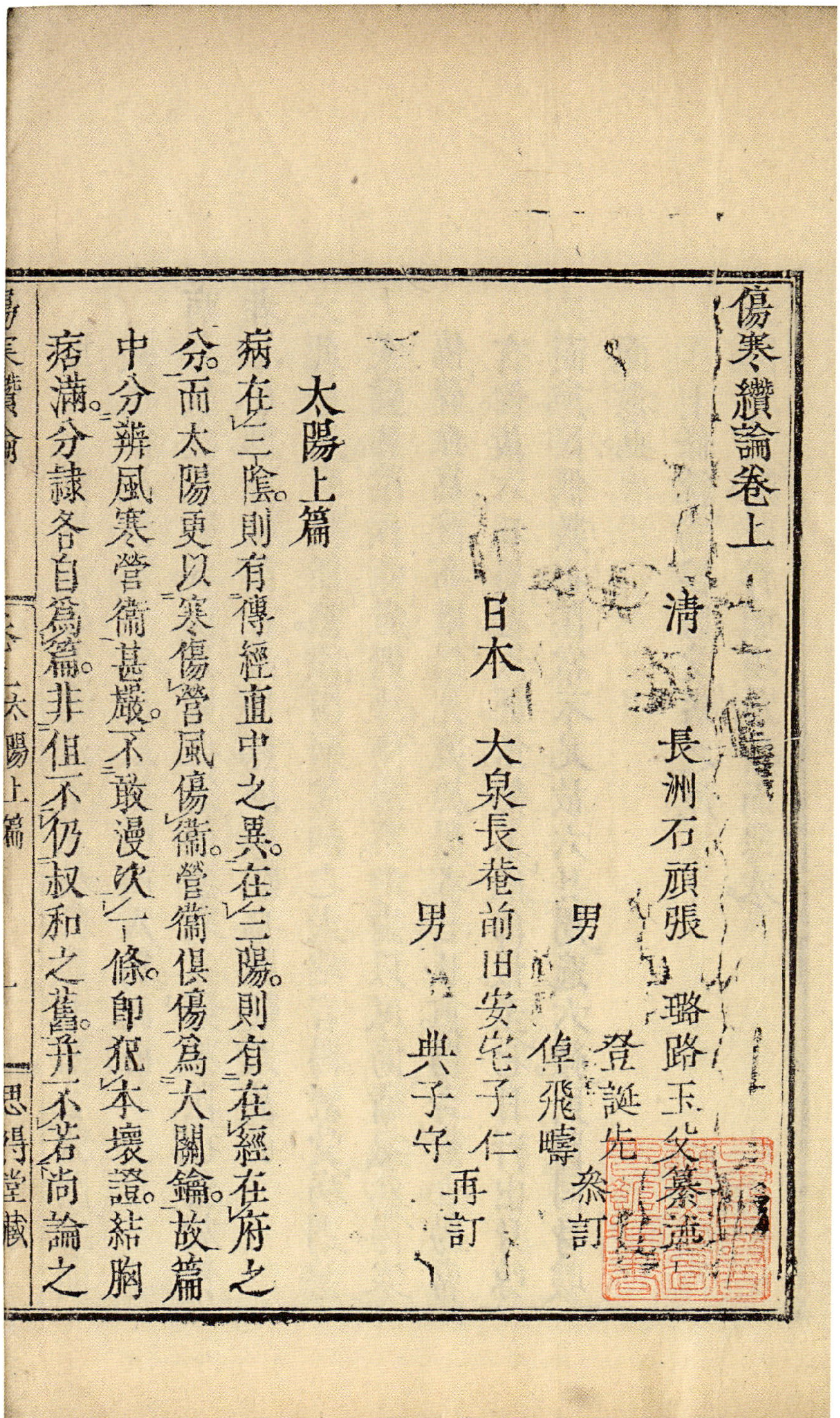

傷寒纘論卷上

清　長洲石頑張璐路玉父纂述

男　登誕先　倬飛疇　叅訂

日本　大泉長菴前田安宅子仁　再訂

男　典子守

太陽上篇

病在三陰。則有傳經直中之異。在三陽。則有在經在府之分。而太陽更以寒傷營風傷衛。營衛俱傷爲大關鑰。故篇中分辨風寒營衛甚嚴。不敢漫次一條。即泒本壞證。結胸痞滿。分隷各自爲篇。非但不仍叔和之舊。并不若尚論之

傷寒纘論　卷上　太陽上篇　一　思得堂藏

0113　**傷寒纘論**　（清）張璐撰　日本文化元年甲子（1804）思德堂刻本

框高20.6厘米，廣15厘米。半葉十二行，行二十三字，白口，四周雙邊。

文史類古籍

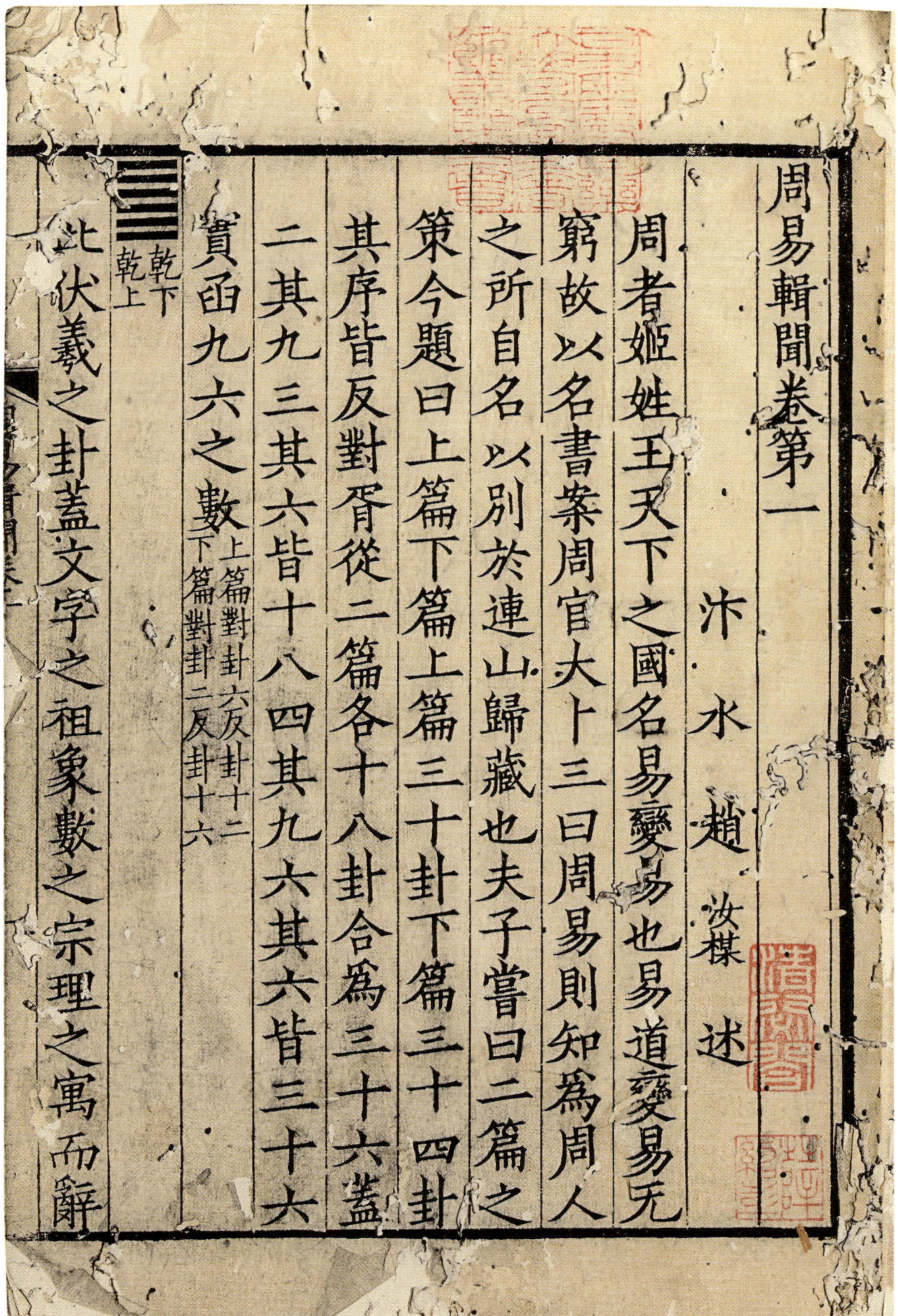

周易輯聞卷第一

汴水　趙　汝楳　述

周者姬姓王天下之國名易變易也易道變易无窮故以名書案周官大卜三曰周易則知爲周人之所自名以別於連山歸藏也夫子嘗曰二篇之策今題曰上篇下篇上篇三十卦下篇三十四卦其序皆反對胥從二篇各十八卦合爲三十六蓋二其九三其六皆十八四其九六其六皆三十六貫函九六之數上篇對卦六反卦十二下篇對卦二反卦十六

乾下乾上

此伏羲之卦蓋文字之祖象數之宗理之寓而辭

0114　周易輯聞六卷　（宋）趙汝楳撰　明嘉靖間刻本

框高19.9厘米，廣14.8厘米。半葉十一行，行二十字，小字雙行不等，白口，四周單邊。

0115　性理大全　（明）胡廣等撰　明萬曆二十五年丁酉（1597）刻本

框高20.6厘米，廣14.9厘米。半葉十行，行二十字，小字雙行同，白口，左右雙邊。

性理大全書卷之一

太極圖

朱子曰太極圖者濂溪先生之所作也先生姓周氏名惇實字茂叔後避英宗舊名改惇頤家世道州營道縣濂溪之上博學力行聞道甚早遇事剛果有古人風爲政精密嚴恕務盡道理嘗作太極圖通書易通數十篇襟懷飄灑雅有高趣尤樂佳山水廬山之麓有溪焉先生濯纓而樂之因寓以濂溪之號而築書堂於其上又曰先生之學其妙具於太極一圖通書之言亦皆此圖之藴而程先生兄弟語及性命之際亦未嘗不因其說觀通書之誠動靜理性命等章及程氏書李仲通銘程邵公志顔子好學論等篇則可見矣潘清逸誌先生之墓敘所著書特以作太極圖爲稱首然則此圖當爲先生書首無疑也然先生既手以授二程本因附書後傳者見其如此遂誤以圖爲書之卒章不復釐正使先生立象盡意之微指暗而不明而驟讀通

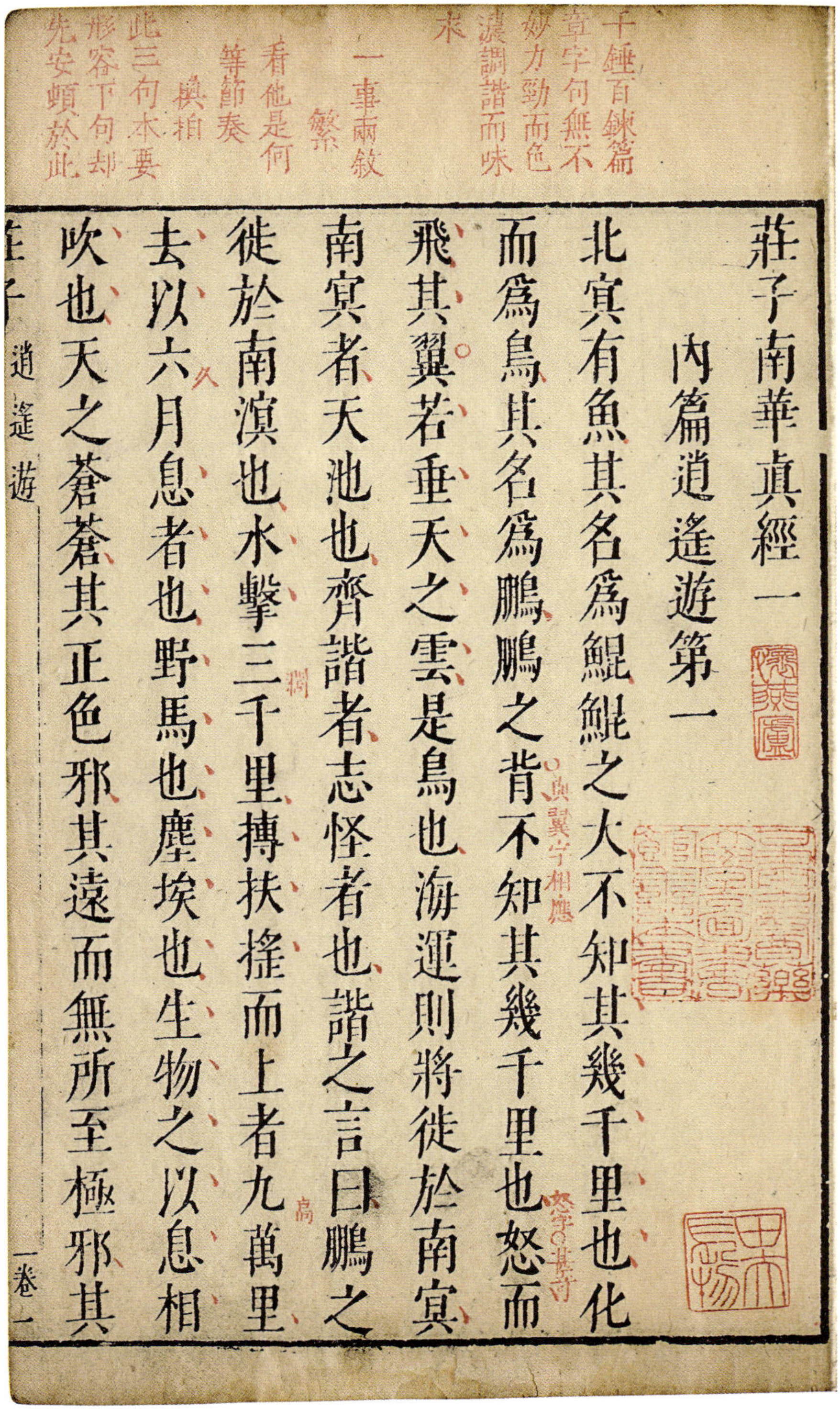

0116　莊列合刻　（戰國）莊周　列禦寇撰　明閔齊伋朱墨套印刻本

框高21.8厘米，廣15.1厘米。半葉九行，行十九字，白口，四周單邊。

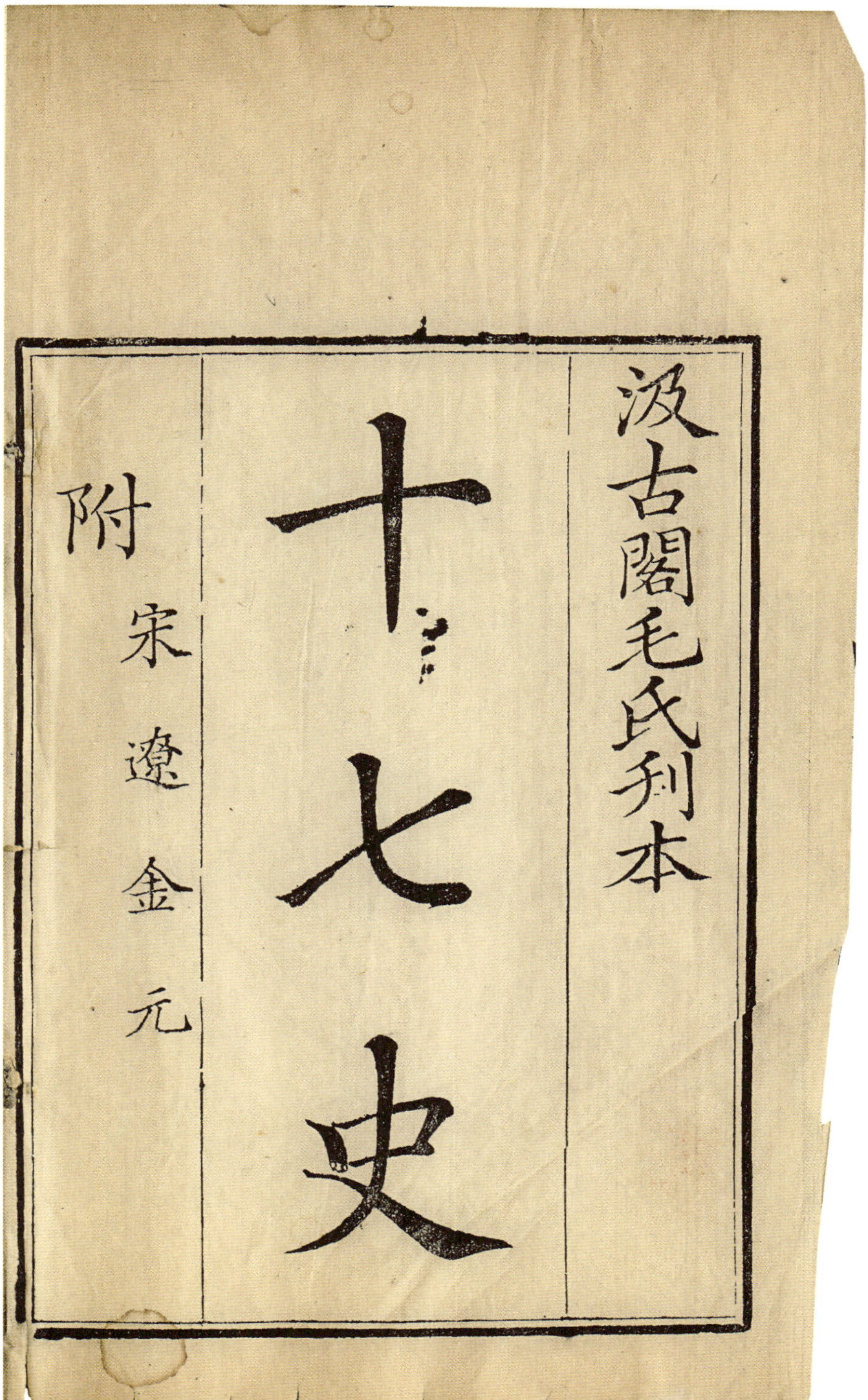

0117　史記一百三十卷　（漢）司馬遷撰　明崇禎間琴川毛氏汲古閣刻本

框高21.7厘米，廣15.4厘米。半葉十二行，行二十五字，小字雙行不等，白口，左右雙邊。卷端刻"琴川毛鳳苞氏審定宋本"。

史記集解序

裴駰

班固有言曰司馬遷據左氏國語采世本戰國策述楚漢春秋接其後事訖于天漢其言秦漢詳矣至於采經摭傳分散數家之事甚多疏略或有抵捂亦其所涉獵者廣博貫穿經傳馳騁古今上下數千載閒斯已勤矣又其是非頗謬於聖人論大道則先黄老而後六經序游俠則退處士而進姦雄述貨殖則崇勢利而羞賤貧此其所蔽也然自劉向揚雄博極群書皆稱遷有良史之才服其善序事理辯而不華質而不俚其文直其事核不虚美不隱惡故謂之實錄駰以爲固之所言世稱其當雖時有紕繆實勃成一家總其大較信命世之宏才也考校此書文句不同有多有少莫辯其實而世之惑者定彼從此是非相貿眞僞舛雜故中散大夫

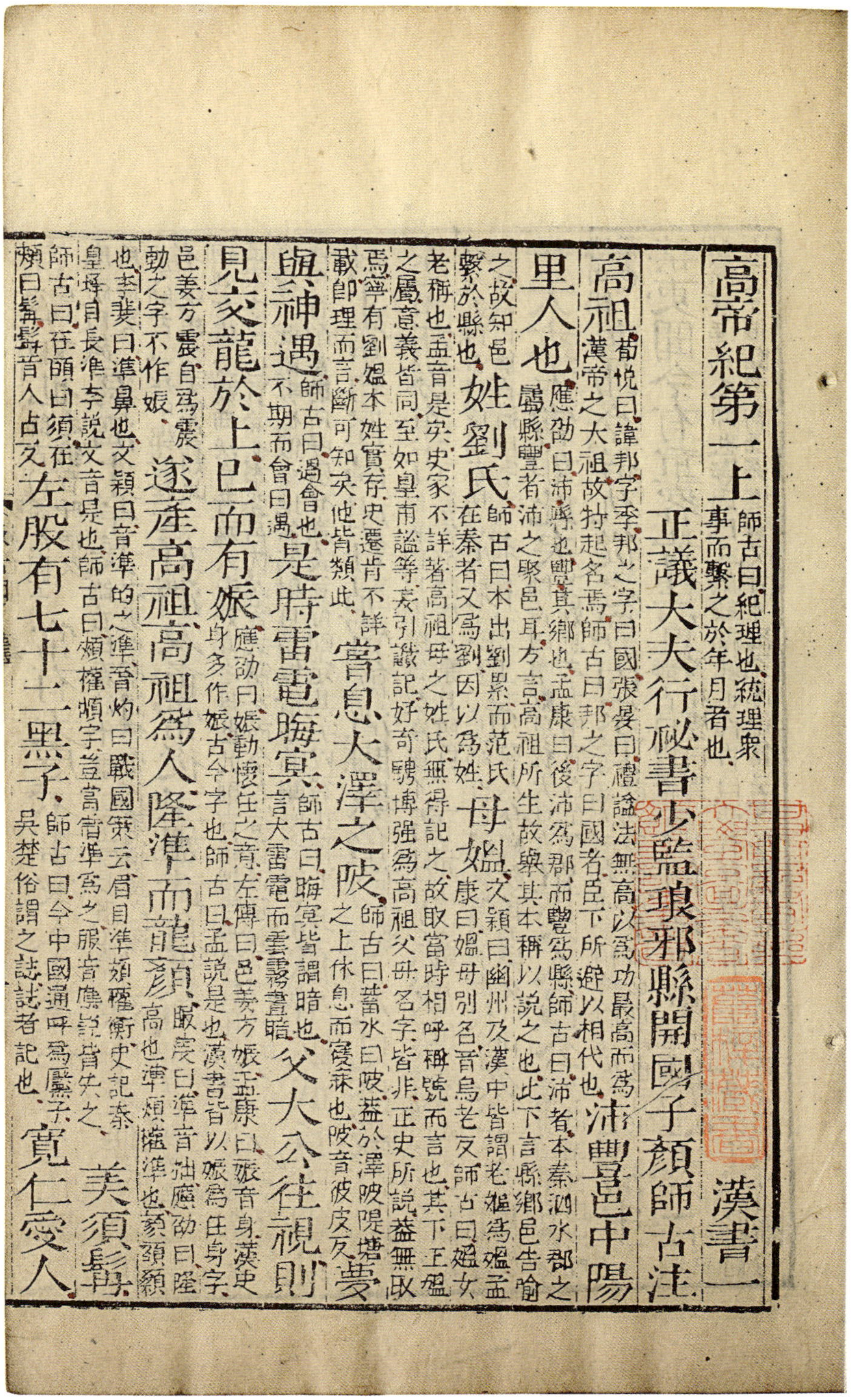

高帝紀第一上師古曰紀理也統理衆事而繫之於年月者也　漢書一

正議大夫行祕書少監琅邪縣開國子顏師古注

高祖荀悅曰諱邦字季邦之字曰國張晏曰禮謚法無高以為功最高而為漢帝之大祖故特起名焉師古曰邦之字曰國者臣下所避以相代也沛豐邑中陽里人也應劭曰沛縣也豐其鄉也孟康曰後沛為郡而豐為縣師古曰沛者本秦泗水郡之屬縣豐者沛之聚邑耳方言高祖所生故舉其本稱以說之也此下言縣鄉邑告喻之故知邑繫於縣也姓劉氏師古曰本出劉累而范氏在秦者又為劉因以為姓母媼文穎曰幽州及漢中皆謂老嫗為媼孟康曰媼母別名音烏老反師古曰媪女老稱也孟音莫老反史家不詳著高祖母之姓氏無得記之故取當時相呼稱號而言也其下王媼之屬意義皆同至如皇甫謐等妄引讖記好奇騁博強為高祖父母名字皆非正史所說蓋無取焉寧有劉媼本姓實存史遷肯不詳載即理而言斷可知矣他皆類此嘗息大澤之陂師古曰蓄水曰陂蓋於澤陂隄塘之上休息而寢寐也陂音彼皮反夢與神遇師古曰遇會也不期而會曰遇是時雷電晦冥師古曰晦冥皆謂暗也言大雷電而雲霧晝暗父大公往視則見交龍於上已而有娠應劭曰娠動懷任之意左傳曰邑姜方娠孟康曰娠音身漢史身多作娠古今字也師古曰孟說是也漢書皆以娠為任身字邑姜方震自為震動之字不作娠遂產高祖高祖為人隆準而龍顏服虔曰準音拙應劭曰隆高也準頰權準也顏額顙也李斐曰準鼻也文穎曰音準的之準晉灼曰戰國策云眉目準頞權衡史記秦皇蜂目長準李說文音是也師古曰頰權頞字豈當音準為之服音應說皆失之美須髯師古曰在頤曰須在頰曰髯髯音人占反左股有七十二黑子師古曰今中國通呼為黶子吳楚俗謂之誌誌者記也寬仁愛人

0118　漢書七十卷　（漢）班固撰　（唐）顔師古注　明崇禎間琴川毛氏汲古閣刻本

框高21.7厘米，廣15.3厘米。半葉十二行，行二十五字，小字雙行不等，白口，左右雙邊。

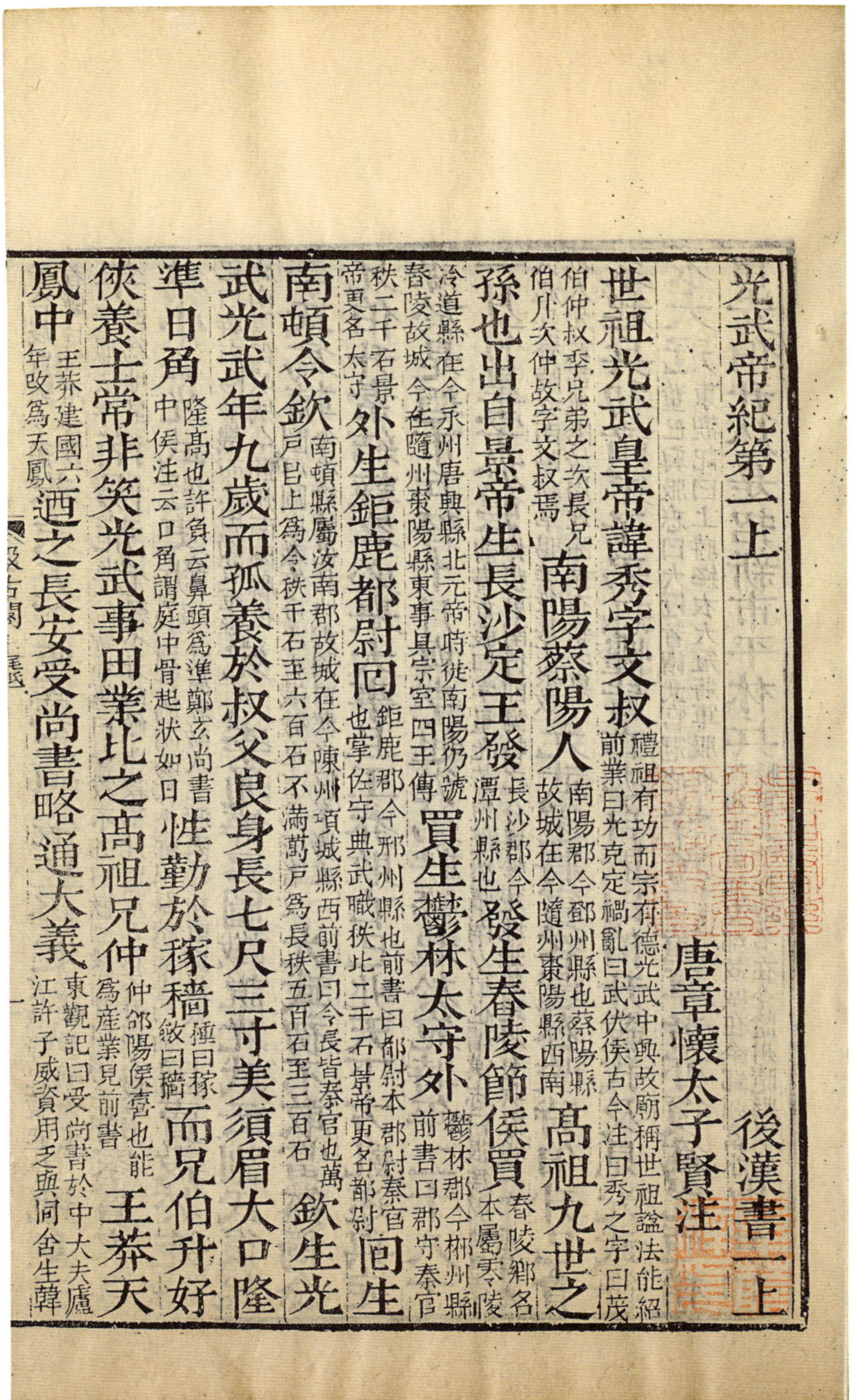
光武帝紀第一上　後漢書一上

唐章懷太子賢注

世祖光武皇帝諱秀字文叔禮祖有功而宗有德光武中興故廟稱世祖謚法能紹前業曰光克定禍亂曰武伏侯古今注曰秀之字曰茂伯仲叔季兄弟之次長兄伯升次仲故字文叔焉南陽蔡陽人南陽郡今鄧州縣也蔡陽縣故城在今隨州棗陽縣西南高祖九世之孫也出自景帝生長沙定王發長沙郡今潭州縣也發生舂陵節侯買舂陵鄉名本屬零陵泠道縣在今永州唐興縣北元帝時徙南陽仍號舂陵故城今在隨州棗陽縣東事具宗室四王傳買生鬱林太守外鬱林郡今郴州縣前書曰郡守秦官秩二千石景帝更名太守外生鉅鹿都尉回鉅鹿郡今邢州縣也前書曰都尉本郡尉秦官也掌佐守典武職秩比二千石景帝更名都尉回生南頓令欽南頓縣屬汝南郡故城在今陳州項城縣西前書曰令長皆秦官也萬戶已上爲令秩千石至六百石不滿萬戶爲長秩五百石至三百石欽生光武光武年九歲而孤養於叔父良身長七尺三寸美須眉大口隆準日角隆高也許負云鼻頭爲準鄭玄尚書中侯注云日角謂庭中骨起狀如日性勤於稼穡種曰稼斂曰穡而兄伯升好俠養士常非笑光武事田業比之高祖兄仲仲郃陽侯喜也能爲產業見前書王莽天鳳中王莽建國六年改爲天鳳迺之長安受尚書略通大義東觀記曰受尚書於中大夫廬江許子威資用乏與同舍生韓

汲古閣　毛氏　一

0119　後漢書一百三十卷　（南朝宋）范曄撰　明崇禎間琴川毛氏汲古閣刻本

框高21.7厘米，廣15.3厘米。半葉十二行，行二十五字，小字雙行不等，白口，左右雙邊。

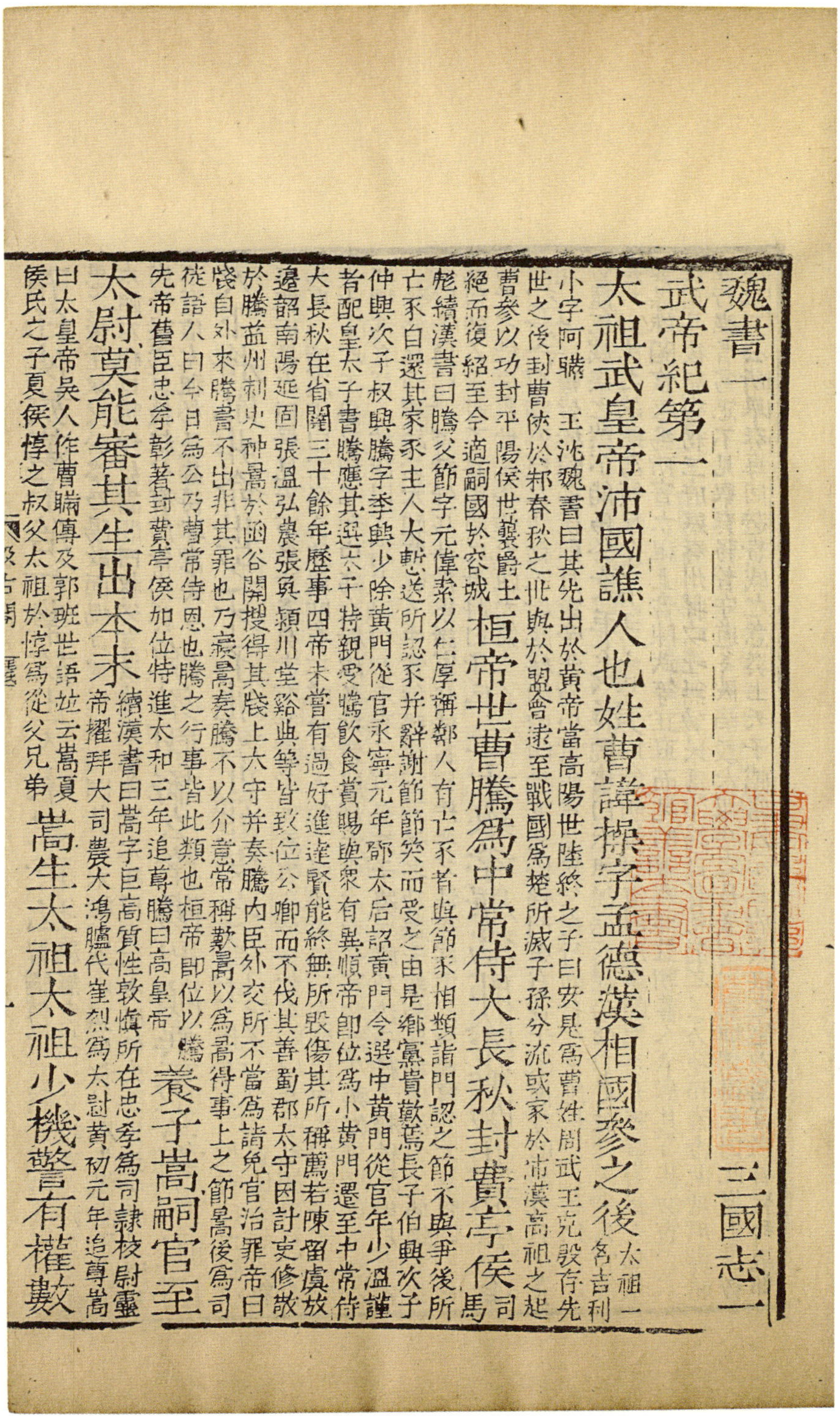

魏書一　三國志一

武帝紀第一

太祖武皇帝沛國譙人也姓曹諱操字孟德漢相國參之後太祖一名吉利小字阿瞞王沈魏書曰其先出於黃帝當高陽世陸終之子曰安是為曹姓周武王克殷存先世之後封曹俠於邾春秋之世與於盟會逮至戰國為楚所滅子孫分流或家於沛漢高祖之起曹參以功封平陽侯世襲爵土絕而復紹至今適嗣國於容城桓帝世曹騰為中常侍大長秋封費亭侯司馬彪續漢書曰騰父節字元偉素以仁厚稱鄰人有亡豕者與節豕相類詣門認之節不與爭後所亡豕自還其家豕主人大慙送所認豕并辭謝節節笑而受之由是鄉黨貴歎焉長子伯興次子仲興次子叔興騰字季興少除黃門從官永寧元年鄧太后詔黃門令選中黃門從官年少溫謹者配皇太子書騰應其選太子特親愛騰飲食賞賜與衆有異順帝即位為小黃門遷至中常侍大長秋在省闥三十餘年歷事四帝未嘗有過好進達賢能終無所毀傷其所稱薦若陳留虞放邊韶南陽延固張溫弘農張奐潁川堂谿典等皆致位公卿而不伐其善蜀郡太守因計吏修敬於騰益州刺史种暠於函谷關搜得其牋上太守并奏騰內臣外交所不當為請免官治罪帝曰牋自外來騰書不出非其罪也乃寢暠奏騰不以介意常稱歎暠以為暠得事上之節暠後為司徒語人曰今日為公乃曹常侍恩也騰之行事皆此類也桓帝即位以騰先帝舊臣忠孝彰著封費亭侯加位特進太和三年追尊騰曰高皇帝養子嵩嗣官至太尉莫能審其生出本末續漢書曰嵩字巨高質性敦慎所在忠孝為司隸校尉靈帝擢拜大司農大鴻臚代崔烈為太尉黃初元年追尊嵩曰太皇帝吳人作曹瞞傳及郭班世語並云嵩夏侯氏之子夏侯惇之叔父太祖於惇為從父兄弟嵩生太祖太祖少機警有權數

0120　三國志六十五卷　（晋）陳壽撰　明崇禎間琴川毛氏汲古閣刻本

框高21.7厘米，廣15.4厘米。半葉十二行，行二十五字，小字雙行不等，白口，左右雙邊。卷端有“薛梓藏書”印。

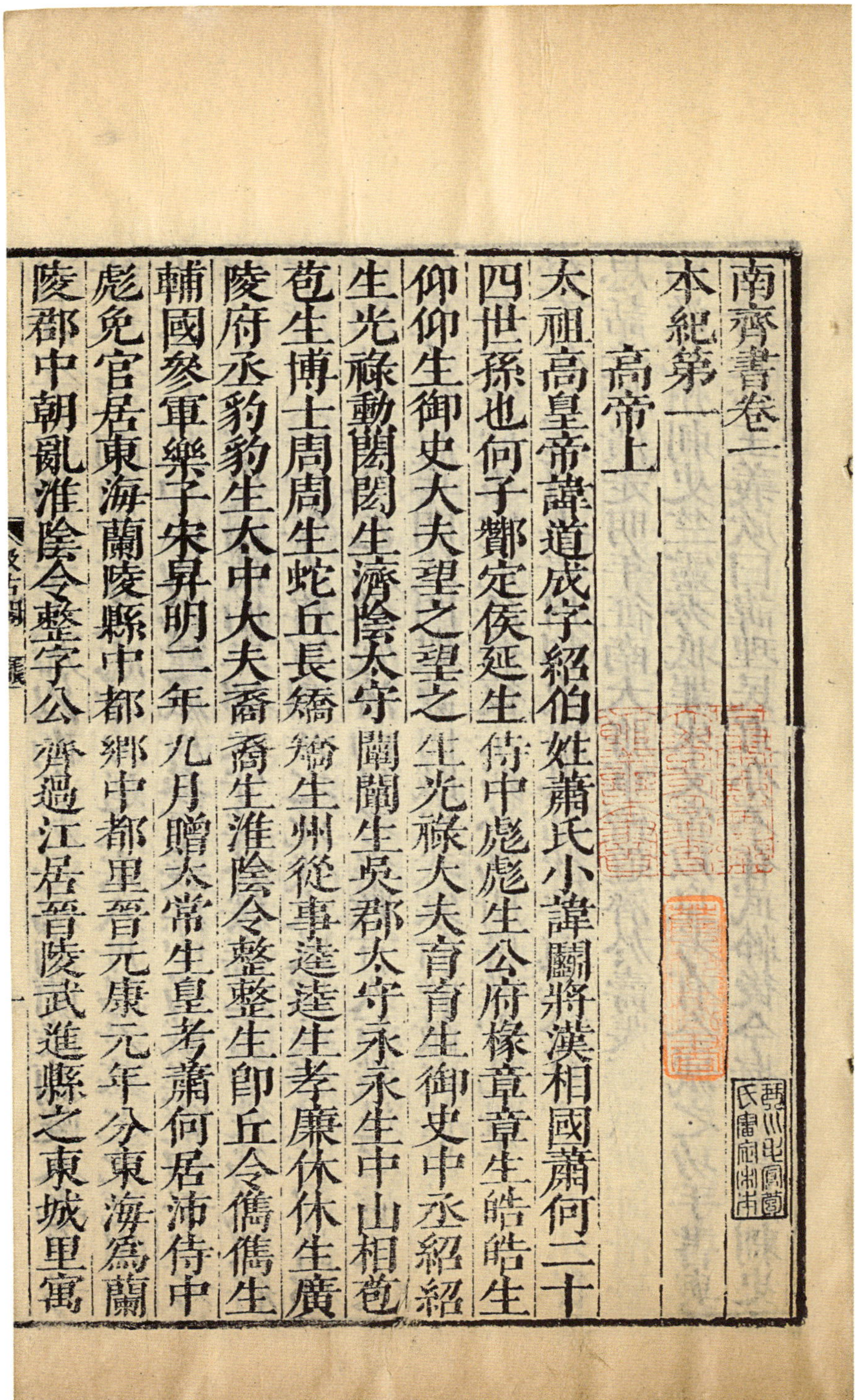

南齊書卷一

本紀第一

高帝上

太祖高皇帝諱道成字紹伯姓蕭氏小諱鬬將漢相國蕭何二十四世孫也何子酇定侯延生侍中彪彪生公府掾章章生皓皓生仰仰生御史大夫望之望之生光祿大夫育育生御史中丞紹紹生光祿勳閎閎生濟陰太守闡闡生吳郡太守永永生中山相苞苞生博士周周生蛇丘長矯矯生州從事逵逵生孝廉休休生廣陵府丞豹豹生太中大夫裔裔生淮陰令整整生即丘令儁儁生輔國參軍樂子宋昇明二年九月贈太常生皇考蕭何居沛侍中彪免官居東海蘭陵縣中都鄉中都里晉元康元年分東海爲蘭陵郡中朝亂淮陰令整字公齊過江居晉陵武進縣之東城里寓

0121　南齊書五十九卷　（南朝梁）蕭子顯撰　明崇禎間琴川毛氏汲古閣刻本

框高21.5厘米，廣15.3厘米。半葉十二行，行二十五字，小字雙行不等，白口，左右雙邊。卷端刻“琴川毛鳳苞氏審定宋本”。

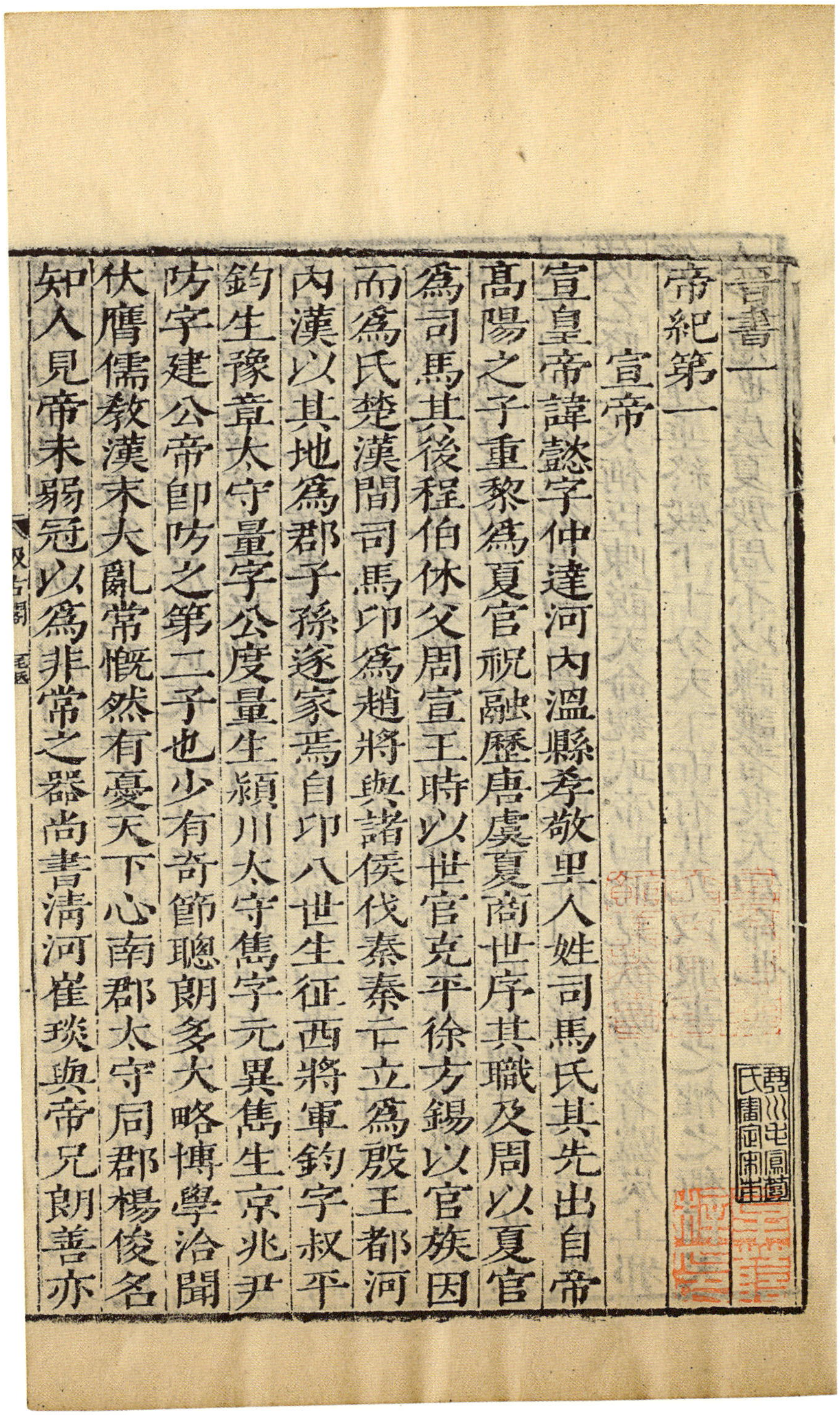
晉書一

帝紀第一　　宣帝

宣皇帝諱懿字仲達河內溫縣孝敬里人姓司馬氏其先出自帝
高陽之子重黎為夏官祝融歷唐虞夏商世序其職及周以夏官
為司馬其後程伯休父周宣王時以世官克平徐方錫以官族因
而為氏楚漢間司馬卬為趙將與諸侯伐秦秦亡立為殷王都河
內漢以其地為郡子孫遂家焉自卬八世生征西將軍鈞字叔平
鈞生豫章太守量字公度量生潁川太守儁字元異儁生京兆尹
防字建公帝即防之第二子也少有奇節聰朗多大略博學洽聞
伏膺儒教漢末大亂常慨然有憂天下心南郡太守同郡楊俊名
知人見帝未弱冠以為非常之器尚書清河崔琰與帝兄朗善亦

琴川毛鳳苞氏審定宋本

汲古閣　毛氏

0122　晉書一百三十卷　（唐）房玄齡等撰　明崇禎間琴川毛氏汲古閣刻本

框高21.4厘米，廣15.4厘米。半葉十二行，行二十五字，小字雙行不等，白口，左右雙邊。卷端刻“琴川毛鳳苞氏審定宋本”。

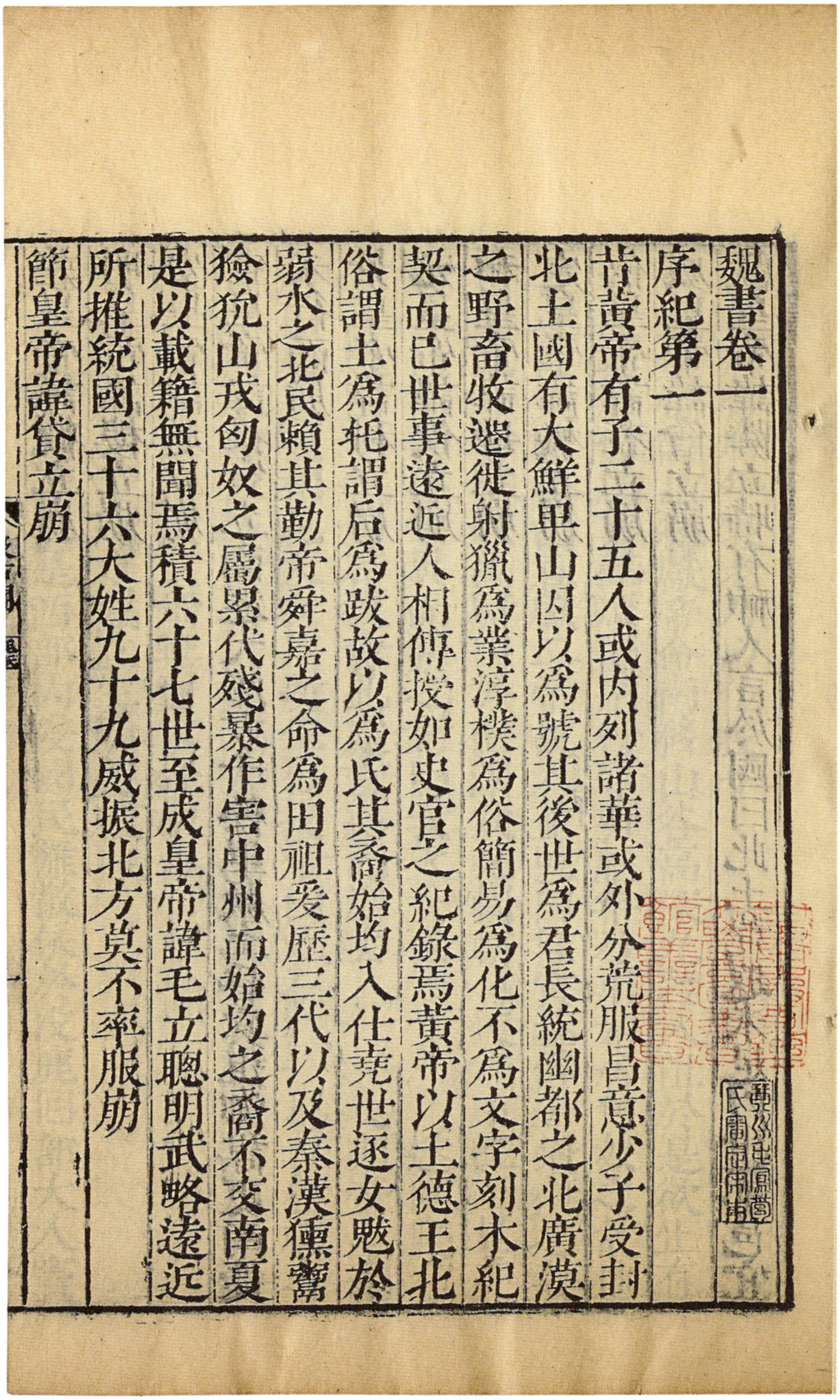
魏書卷一
序紀第一
昔黄帝有子二十五人或内列諸華或外分荒服昌意少子受封
北土國有大鮮卑山因以爲號其後世爲君長統幽都之北廣漠
之野畜牧遷徙射獵爲業淳樸爲俗簡易爲化不爲文字刻木紀
契而已世事遠近人相傳授如史官之紀録焉黄帝以土德王北
俗謂土爲托謂后爲跋故以爲氏其裔始均入仕堯世逐女魃於
弱水之北民賴其勤帝舜嘉之命爲田祖爰歷三代以及秦漢獯鬻
獫狁山戎匈奴之屬累代殘暴作害中州而始均之裔不交南夏
是以載籍無聞焉積六十七世至成皇帝諱毛立聰明武略遠近
所推統國三十六大姓九十九威振北方莫不率服崩
節皇帝諱貸立崩

0123　**魏書一百二十四卷**　（北齊）魏收撰　明崇禎間琴川毛氏汲古閣刻本

框高21.7厘米，廣15.2厘米。半葉十二行，行二十五字，白口，左右雙邊。卷端刻“琴川毛鳳苞氏審定宋本”。

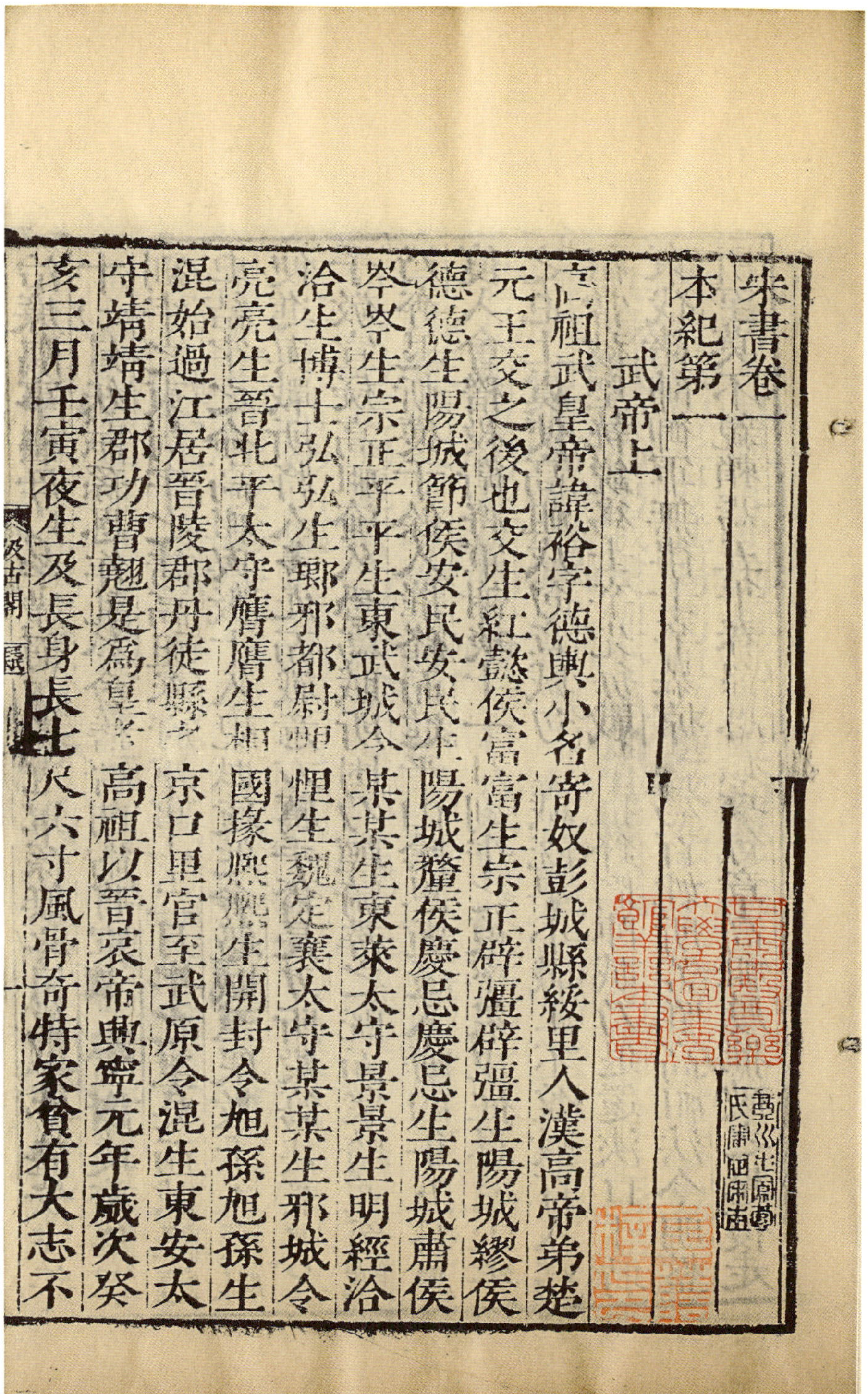
宋書卷一
本紀第一
武帝上
高祖武皇帝諱裕字德輿小名寄奴彭城縣綏里人漢高帝弟楚
元王交之後也交生紅懿侯富富生宗正辟彊辟彊生陽城繆侯
德德生陽城節侯安民安民生陽城釐侯慶忌慶忌生陽城肅侯
岑岑生宗正平平生東武城令某某生東萊太守景景生明經洽
洽生博士弘弘生瑯邪都尉悝悝生魏定襄太守某某生邪城令
亮亮生晉北平太守膺膺生相國掾熙熙生開封令旭孫旭孫生
混始過江居晉陵郡丹徒縣之京口里官至武原令混生東安太
守靖靖生郡功曹翹是爲皇考高祖以晉哀帝興寧元年歲次癸
亥三月壬寅夜生及長身長七尺六寸風骨奇特家貧有大志不
汲古閣

0124　宋書一百卷　（南齊）沈約撰　明崇禎間琴川毛氏汲古閣刻本

框高21.6厘米，廣15.4厘米。半葉十二行，行二十五字，無小字，白口，左右雙邊。卷端刻“琴川毛鳳苞氏審定宋本”。

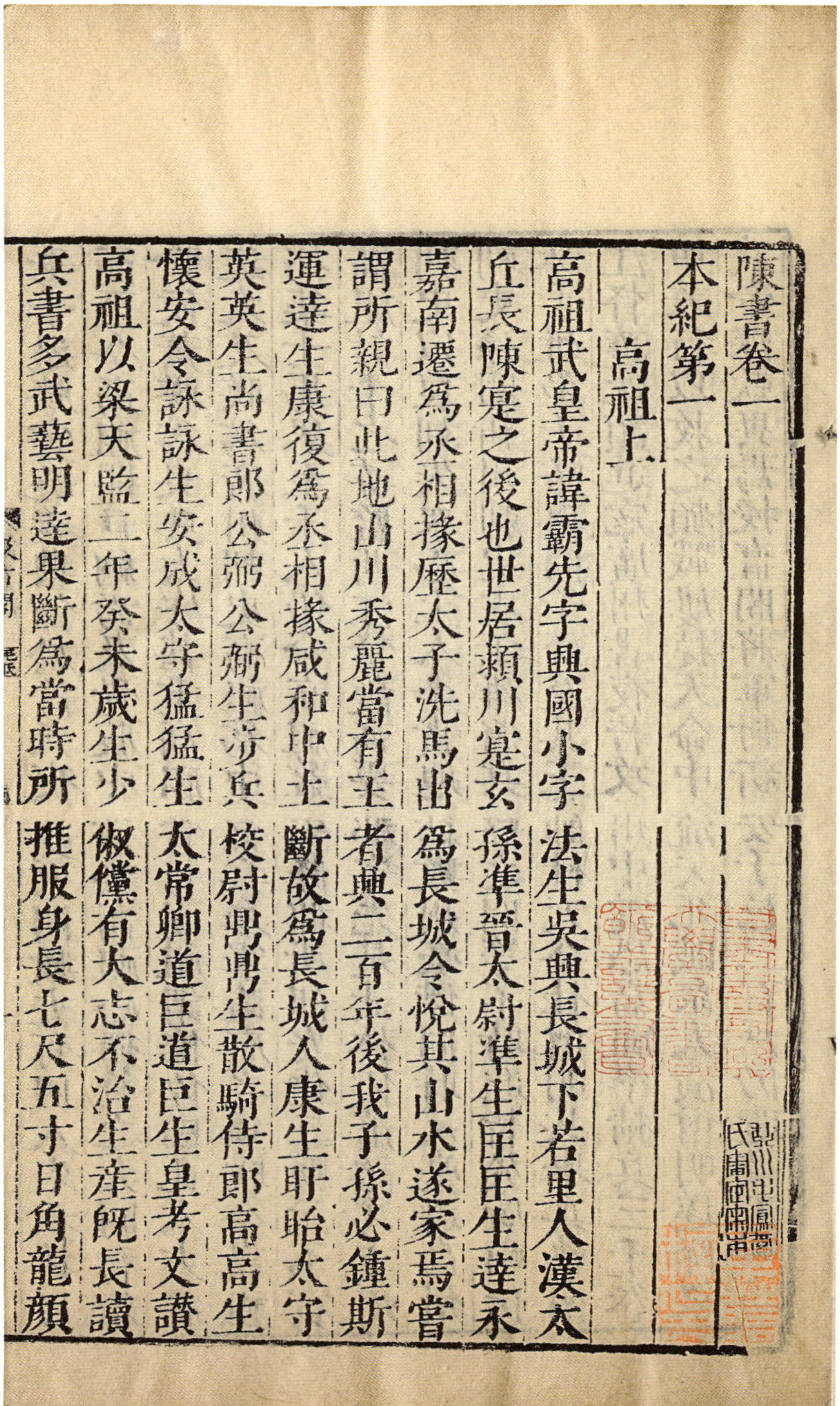

陳書卷一

本紀第一

高祖上

高祖武皇帝諱霸先字興國小字法生吳興長城下若里人漢太丘長陳寔之後也世居潁川寔玄孫準晉太尉準生匡匡生達永嘉南遷爲丞相掾歷太子洗馬出爲長城令悅其山水遂家焉嘗謂所親曰此地山川秀麗當有王者興二百年後我子孫必鍾斯運達生康復爲丞相掾咸和中土斷故爲長城人康生盱眙太守英英生尚書郎公弼公弼生步兵校尉鼎鼎生散騎侍郎高高生懷安令詠詠生安成太守猛猛生太常卿道巨道巨生皇考文讚

高祖以梁天監二年癸未歲生少俶儻有大志不治生產既長讀兵書多武藝明達果斷爲當時所推服身長七尺五寸日角龍顏

汲古閣　毛氏

0125　陳書三十六卷　（隋）姚思廉撰　明崇禎間琴川毛氏汲古閣刻本

框高21.6厘米，廣15.3厘米。半葉十二行，行二十五字，小字雙行不等，白口，左右雙邊。卷端刻“琴川毛鳳苞氏審定宋本”。

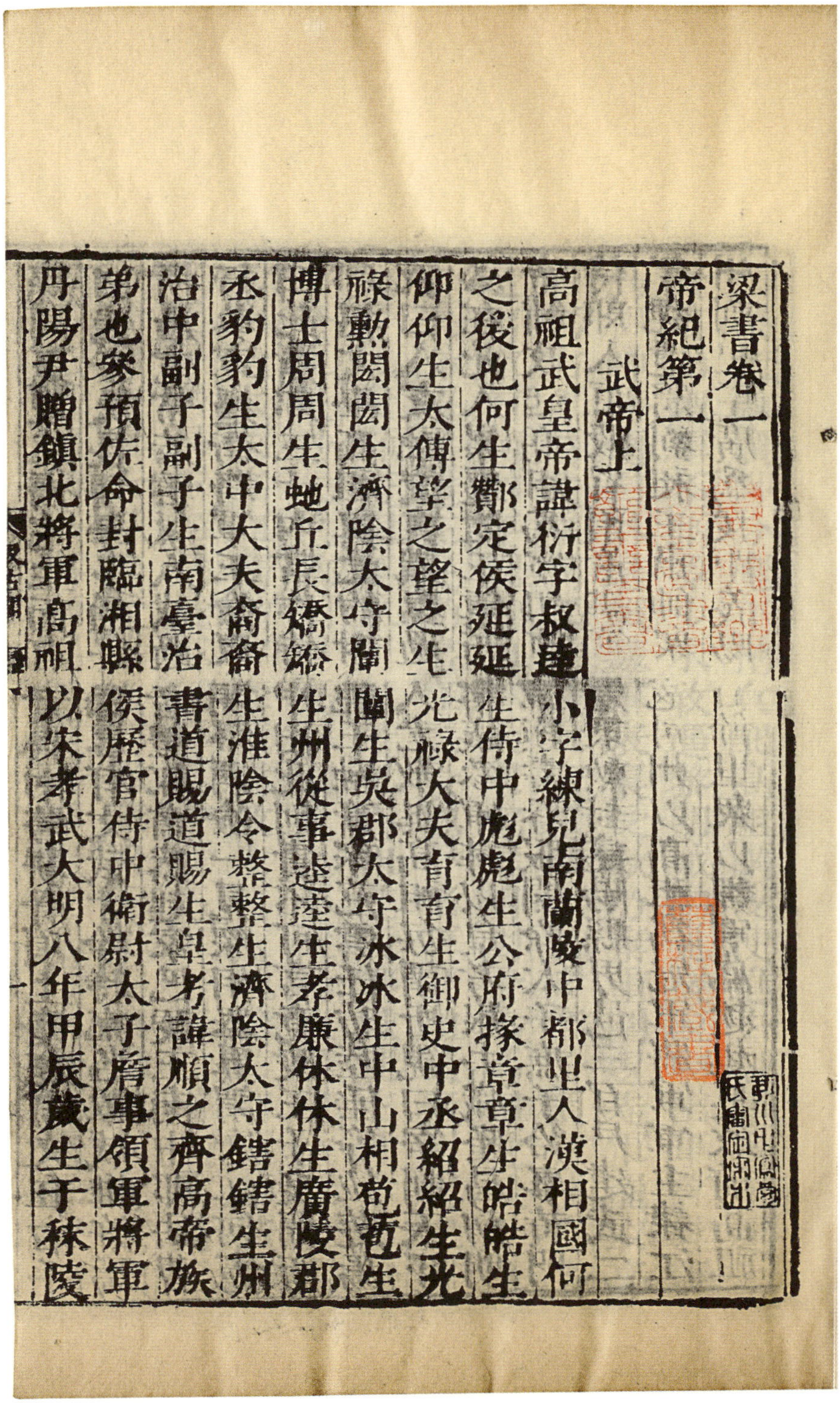

梁書卷一
帝紀第一
武帝上
高祖武皇帝諱衍字叔達小字練兒南蘭陵中都里人漢相國何
之後也何生酇定侯延延生侍中彪彪生公府掾章章生皓皓生
仰仰生太傅望之望之生光祿大夫育育生御史中丞紹紹生光
祿勳閎閎生濟陰太守闡闡生吳郡太守冰冰生中山相苞苞生
博士周周生蛇丘長矯矯生州從事逵逵生孝廉休休生廣陵郡
丞豹豹生太中大夫裔裔生淮陰令整整生濟陰太守鎋鎋生州
治中副子副子生南臺治書道賜道賜生皇考諱順之齊高帝族
弟也參預佐命封臨湘縣侯歷官侍中衛尉太子詹事領軍將軍
丹陽尹贈鎮北將軍高祖以宋孝武大明八年甲辰歲生于秣陵

0126　梁書五十六卷　（隋）姚思廉撰　明崇禎間琴川毛氏汲古閣刻本

框高21.6厘米，廣15.4厘米。半葉十二行，行二十五字，白口，左右雙邊。卷端刻“琴川毛鳳苞氏審定宋本”。

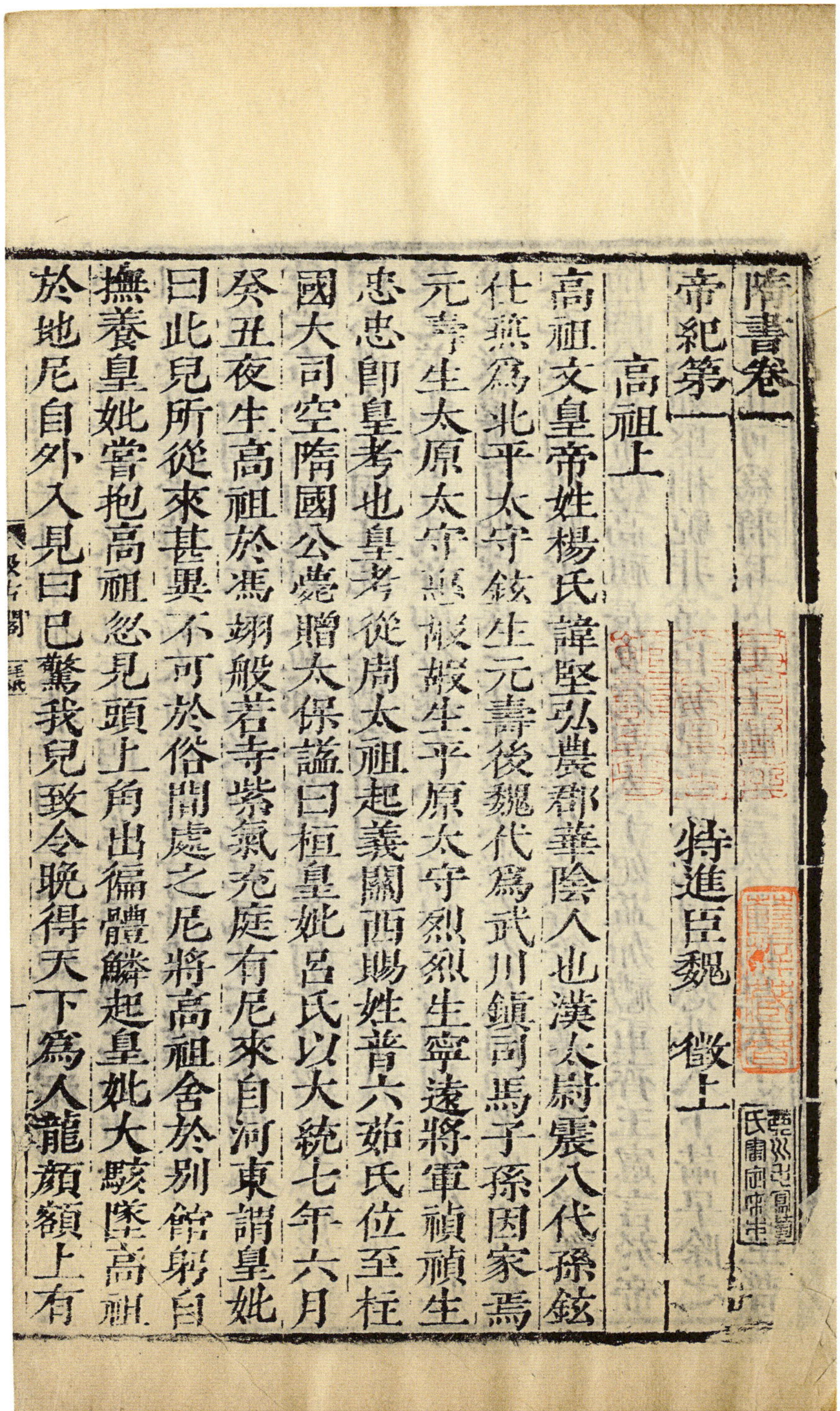

隋書卷一

帝紀第一　　特進臣魏　徵上

高祖上

高祖文皇帝姓楊氏諱堅弘農郡華陰人也漢太尉震八代孫鉉仕燕爲北平太守鉉生元壽後魏代爲武川鎮司馬子孫因家焉元壽生太原太守惠嘏嘏生平原太守烈烈生寧遠將軍禎禎生忠忠卽皇考也皇考從周太祖起義關西賜姓普六茹氏位至柱國大司空隋國公薨贈太保謚曰桓皇妣呂氏以大統七年六月癸丑夜生高祖於馮翊般若寺紫氣充庭有尼來自河東謂皇妣曰此兒所從來甚異不可於俗間處之尼將高祖舍於別館躬自撫養皇妣嘗抱高祖忽見頭上角出徧體鱗起皇妣大駭墜高祖於地尼自外入見曰已驚我兒致令晚得天下爲人龍頷額上有

0127　隋書八十五卷　（唐）長孫無忌等撰　明崇禎間琴川毛氏汲古閣刻本

框高21.7厘米，廣15.4厘米。半葉十二行，行二十五字，小字雙行同，白口，左右雙邊。卷端刻“琴川毛鳳苞氏審定宋本”。

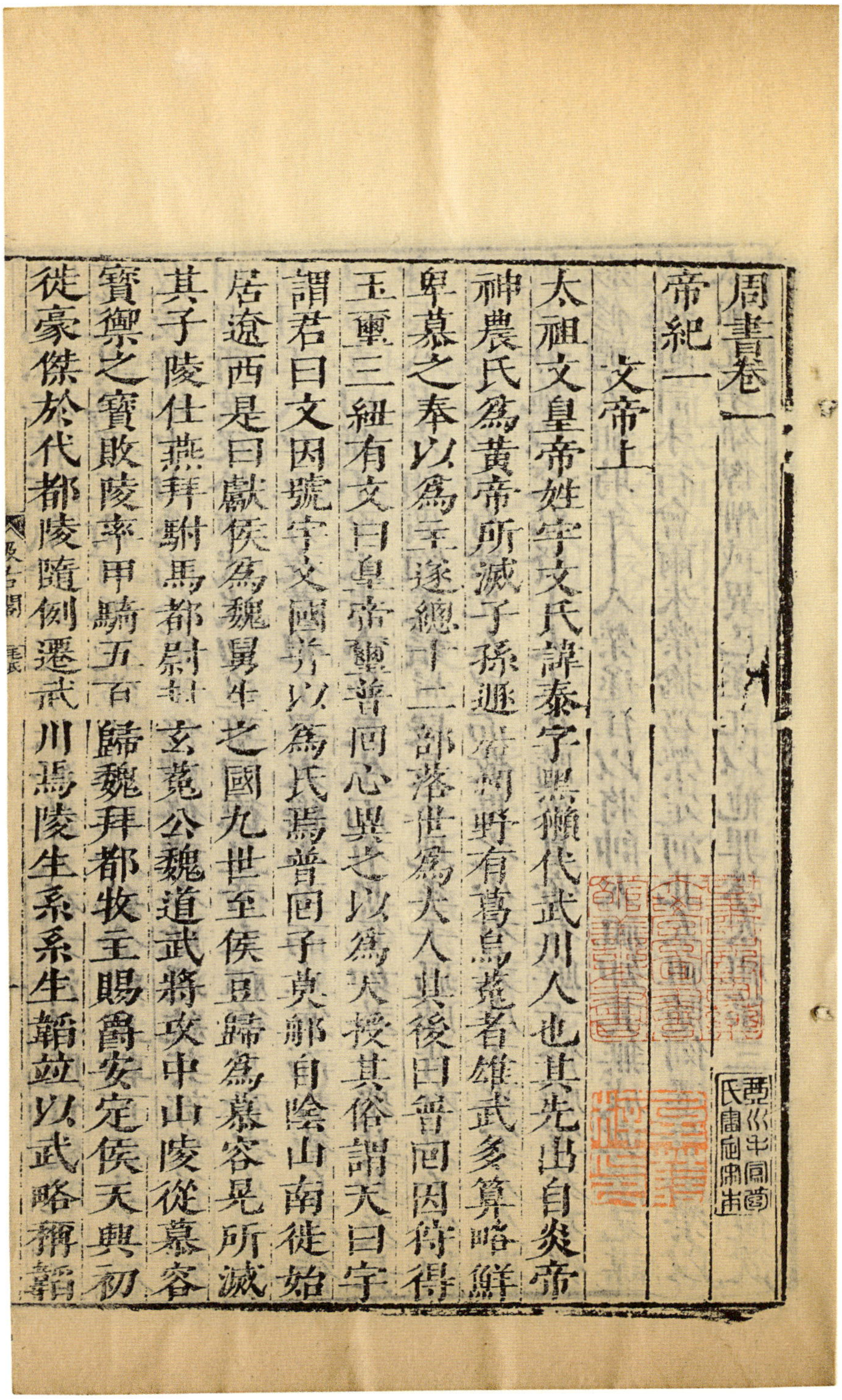

周書卷一

帝紀一　文帝上

太祖文皇帝姓宇文氏諱泰字黑獺代武川人也其先出自炎帝神農氏為黃帝所滅子孫遯居朔野有葛烏菟者雄武多算略鮮卑慕之奉以為主遂總十二部落世為大人其後曰普回因狩得玉璽三紐有文曰皇帝璽普回心異之以為天授其俗謂天曰宇謂君曰文因號宇文國并以為氏焉普回子莫那自陰山南徙始居遼西是曰獻侯為魏舅生之國九世至侯豆歸為慕容晃所滅其子陵仕燕拜駙馬都尉封玄菟公魏道武將攻中山陵從慕容寶禦之寶敗陵率甲騎五百歸魏拜都牧主賜爵安定侯天興初徙豪傑於代都陵隨例遷武川焉陵生系系生韜並以武略稱韜

0128　周書五十卷　（唐）令狐德棻撰　明崇禎間琴川毛氏汲古閣刻本

框高21.4厘米，廣15.4厘米。半葉十二行，行二十五字，白口，左右雙邊。卷端刻“琴川毛鳳苞氏審定宋本”。

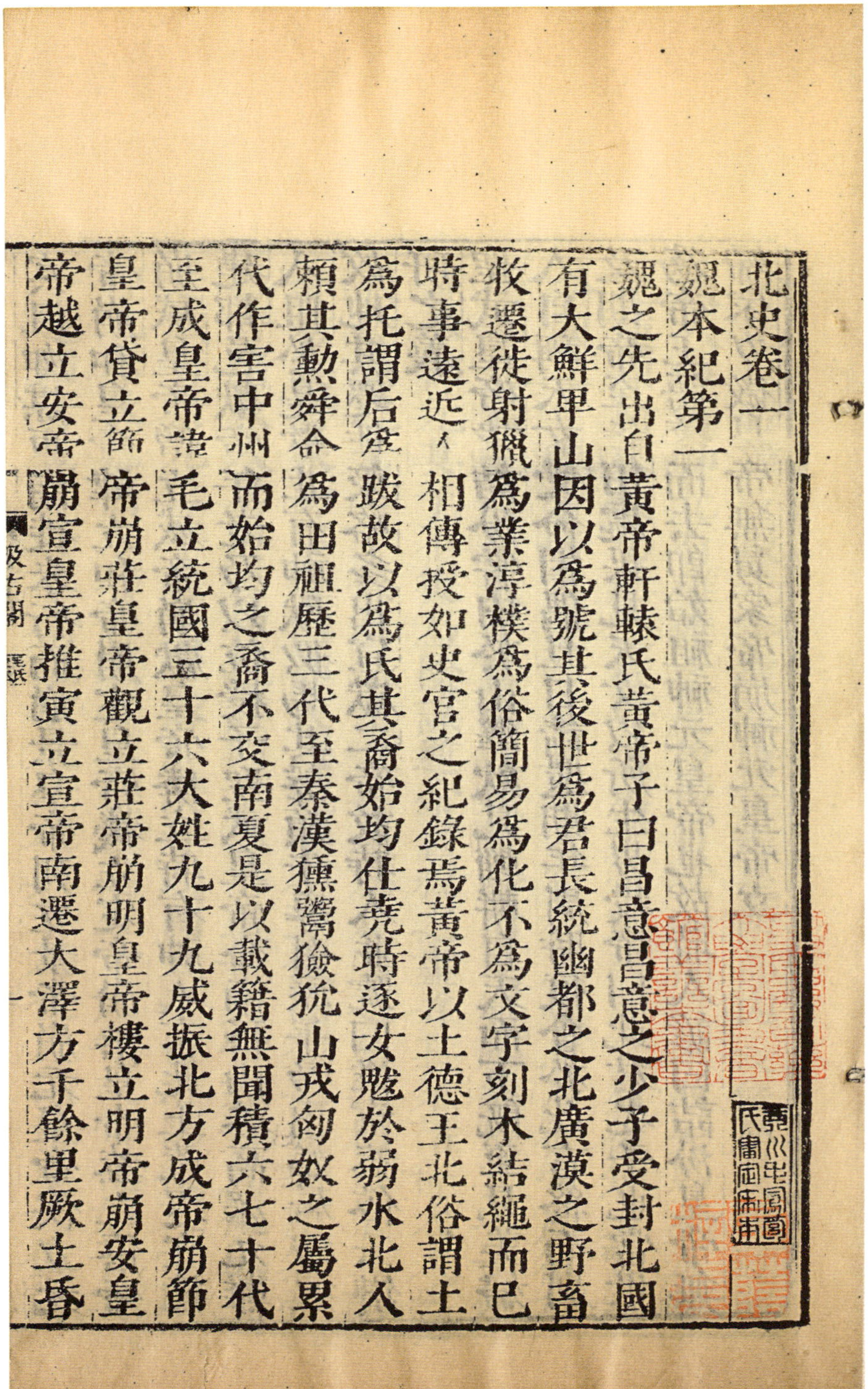

北史卷一

魏本紀第一

魏之先出自黃帝軒轅氏黃帝子曰昌意昌意之少子受封北國有大鮮卑山因以爲號其後世爲君長統幽都之北廣漠之野畜牧遷徙射獵爲業淳樸爲俗簡易爲化不爲文字刻木結繩而已時事遠近人相傳授如史官之紀錄焉黃帝以土德王北俗謂土爲托謂后爲跋故以爲氏其裔始均仕堯時逐女魃於弱水北人賴其勳舜命爲田祖歷三代至秦漢獯鬻獫狁山戎匈奴之屬累代作害中州而始均之裔不交南夏是以載籍無聞積六七十代至成皇帝諱毛立統國三十六大姓九十九威振北方成帝崩節皇帝貸立節帝崩莊皇帝觀立莊帝崩明皇帝樓立明帝崩安皇帝越立安帝崩宣皇帝推寅立宣帝南遷大澤方千餘里厥土昏

0129　北史一百卷　（唐）李延壽撰　明崇禎間琴川毛氏汲古閣刻本

框高21.5厘米，廣15.4厘米。半葉十二行，行二十五字，小字雙行不等，白口，左右雙邊。卷端刻“琴川毛鳳苞氏審定宋本”。

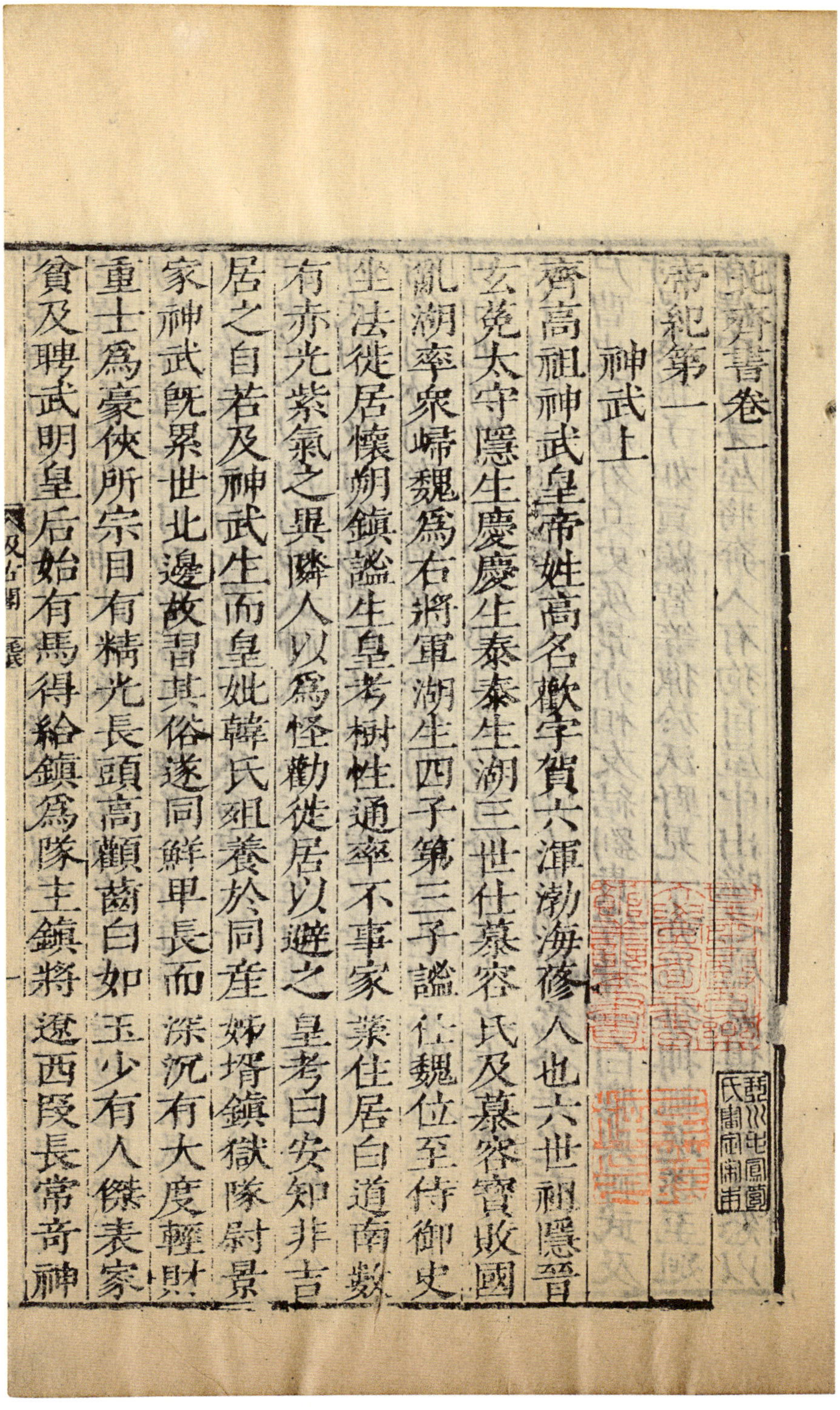
北齊書卷一
帝紀第一
神武上
齊高祖神武皇帝姓高名歡字賀六渾渤海蓨人也六世祖隱晉玄菟太守隱生慶慶生泰泰生湖三世仕慕容氏及慕容寶敗國亂湖率衆歸魏爲右將軍湖生四子第三子謐仕魏位至侍御史坐法徙居懷朔鎮謐生皇考樹性通率不事家業住居白道南數有赤光紫氣之異鄰人以爲怪勸徙居以避之皇考曰安知非吉居之自若及神武生而皇妣韓氏殂養於同産姊壻鎮獄隊尉景家神武既累世北邊故習其俗遂同鮮卑長而深沉有大度輕財重士爲豪俠所宗目有精光長頭高顴齒白如玉少有人傑表家貧及聘武明皇后始有馬得給鎮爲隊主鎮將遼西段長常奇神

琴川毛鳳苞氏審定宋本

0130　北齊書五十卷　（唐）李百藥撰　明崇禎間琴川毛氏汲古閣刻本

框高21.5厘米，廣15.3厘米。半葉十二行，行二十五字，白口，左右雙邊。卷端刻“琴川毛鳳苞氏審定宋本”。

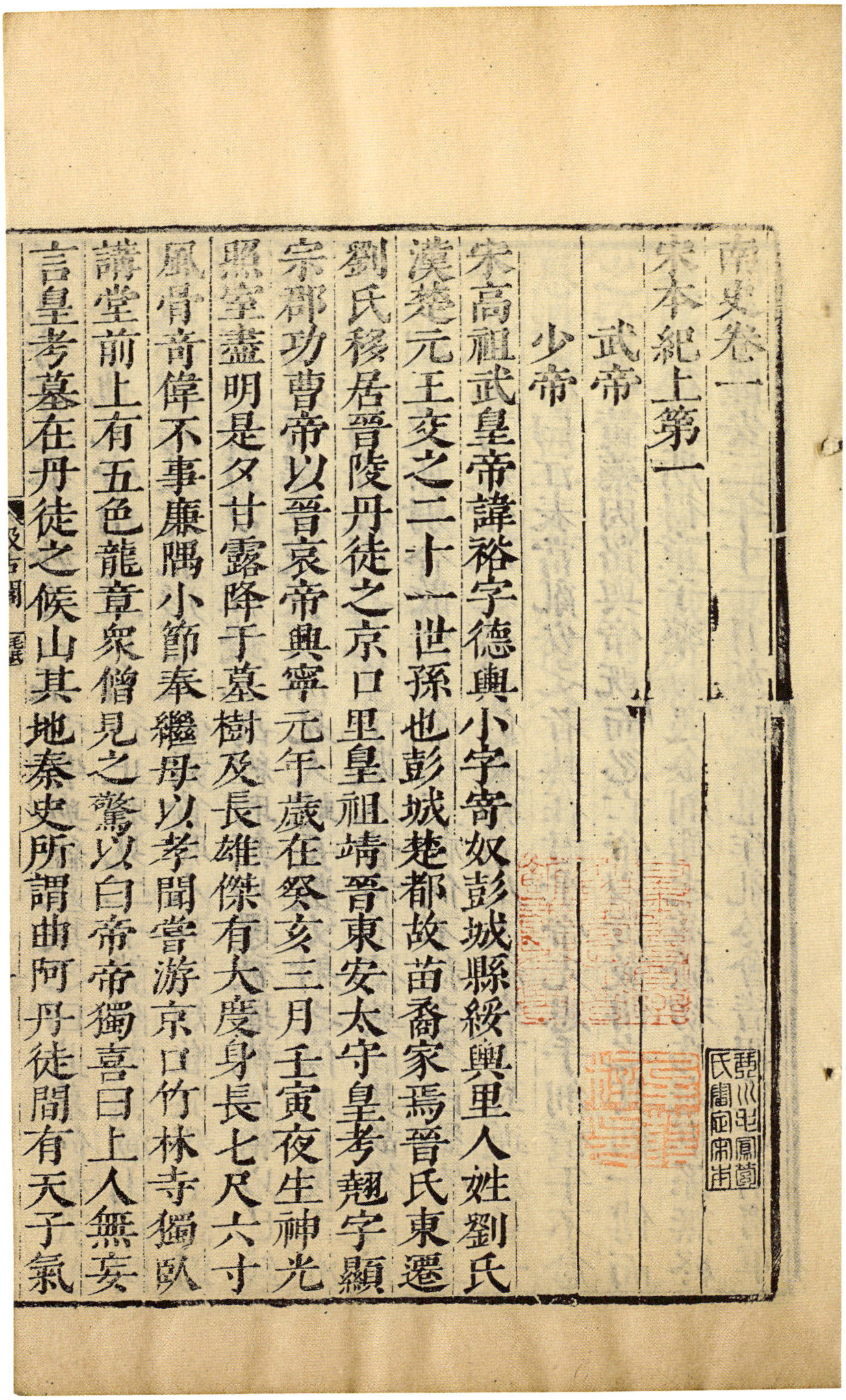
南史卷一
宋本紀上第一
武帝
少帝
宋高祖武皇帝諱裕字德輿小字寄奴彭城縣綏輿里人姓劉氏
漢楚元王交之二十一世孫也彭城楚都故苗裔家焉晉氏東遷
劉氏移居晉陵丹徒之京口里皇祖靖晉東安太守皇考翹字顯
宗郡功曹帝以晉哀帝興寧元年歲在癸亥三月壬寅夜生神光
照室盡明是夕甘露降于墓樹及長雄傑有大度身長七尺六寸
風骨奇偉不事廉隅小節奉繼母以孝聞嘗游京口竹林寺獨臥
講堂前上有五色龍章衆僧見之驚以白帝帝獨喜曰上人無妄
言皇考墓在丹徒之候山其地秦史所謂曲阿丹徒間有天子氣

0131　南史八十卷　（唐）李延壽撰　明崇禎間琴川毛氏汲古閣刻本

框高21.6厘米，廣15.4厘米。半葉十二行，行二十五字，白口，左右雙邊。卷端刻“琴川毛鳳苞氏審定宋本”。

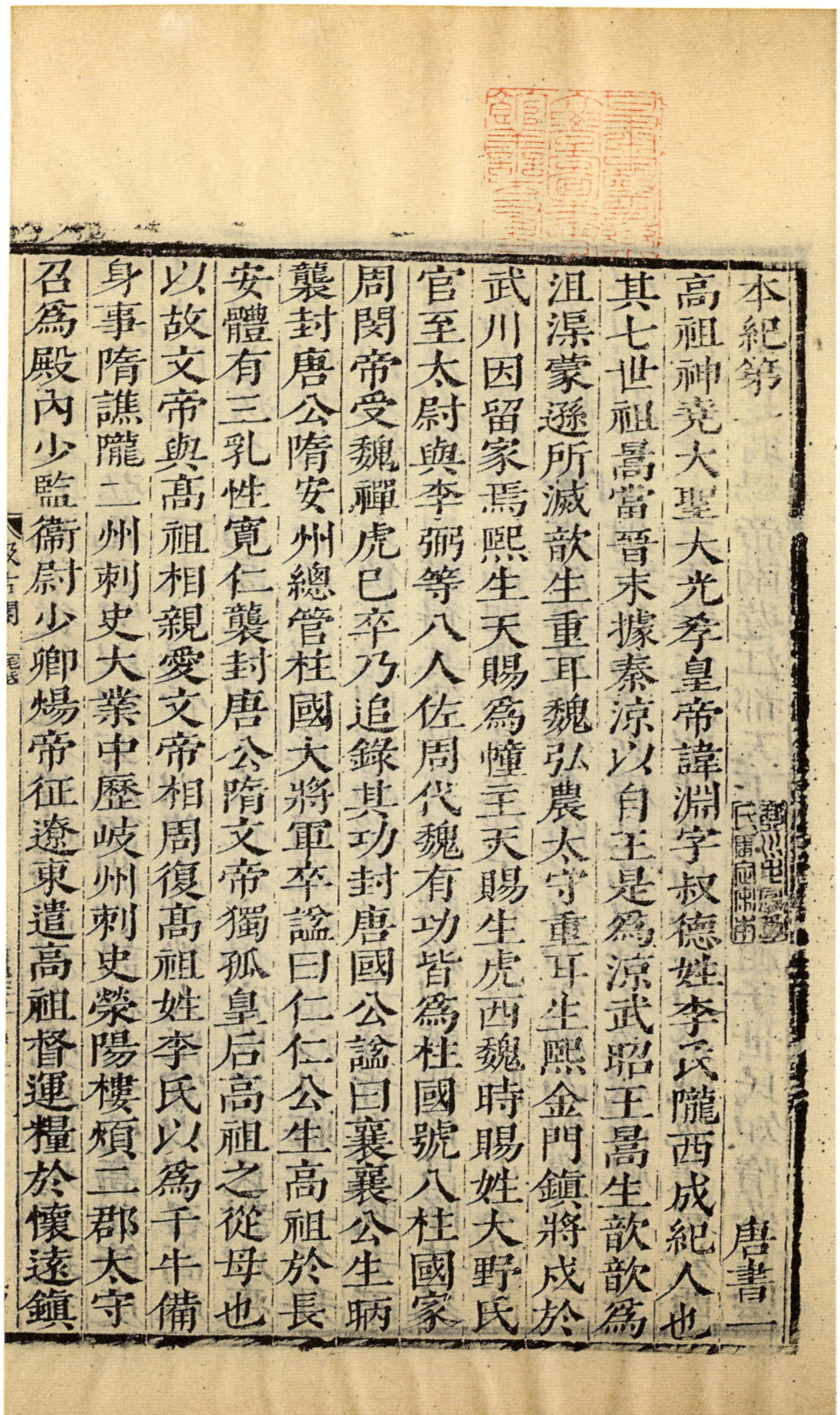

本紀第一　　唐書一

高祖神堯大聖大光孝皇帝諱淵字叔德姓李氏隴西成紀人也其七世祖暠當晉末據秦涼以自王是爲涼武昭王暠生歆歆爲沮渠蒙遜所滅歆生重耳魏弘農太守重耳生熙金門鎮將戍於武川因留家焉熙生天賜爲幢主天賜生虎西魏時賜姓大野氏官至太尉與李弼等八人佐周代魏有功皆爲柱國號八柱國家周閔帝受魏禪虎已卒乃追錄其功封唐國公謚曰襄襄公生昞襲封唐公隋安州總管柱國大將軍卒謚曰仁仁公生高祖於長安體有三乳性寬仁襲封唐公隋文帝獨孤皇后高祖之從母也以故文帝與高祖相親愛文帝相周復高祖姓李氏以爲千牛備身事隋譙隴二州刺史大業中歷岐州刺史滎陽樓煩二郡太守召爲殿內少監衛尉少卿煬帝征遼東遣高祖督運糧於懷遠鎮

0132　新唐書二百二十五卷　（宋）宋祁 歐陽修撰　明崇禎間琴川毛氏汲古閣刻本

框高21.7厘米，廣15.5厘米。半葉十二行，行二十五字，白口，左右雙邊。卷端刻“琴川毛鳳苞氏審定宋本”。

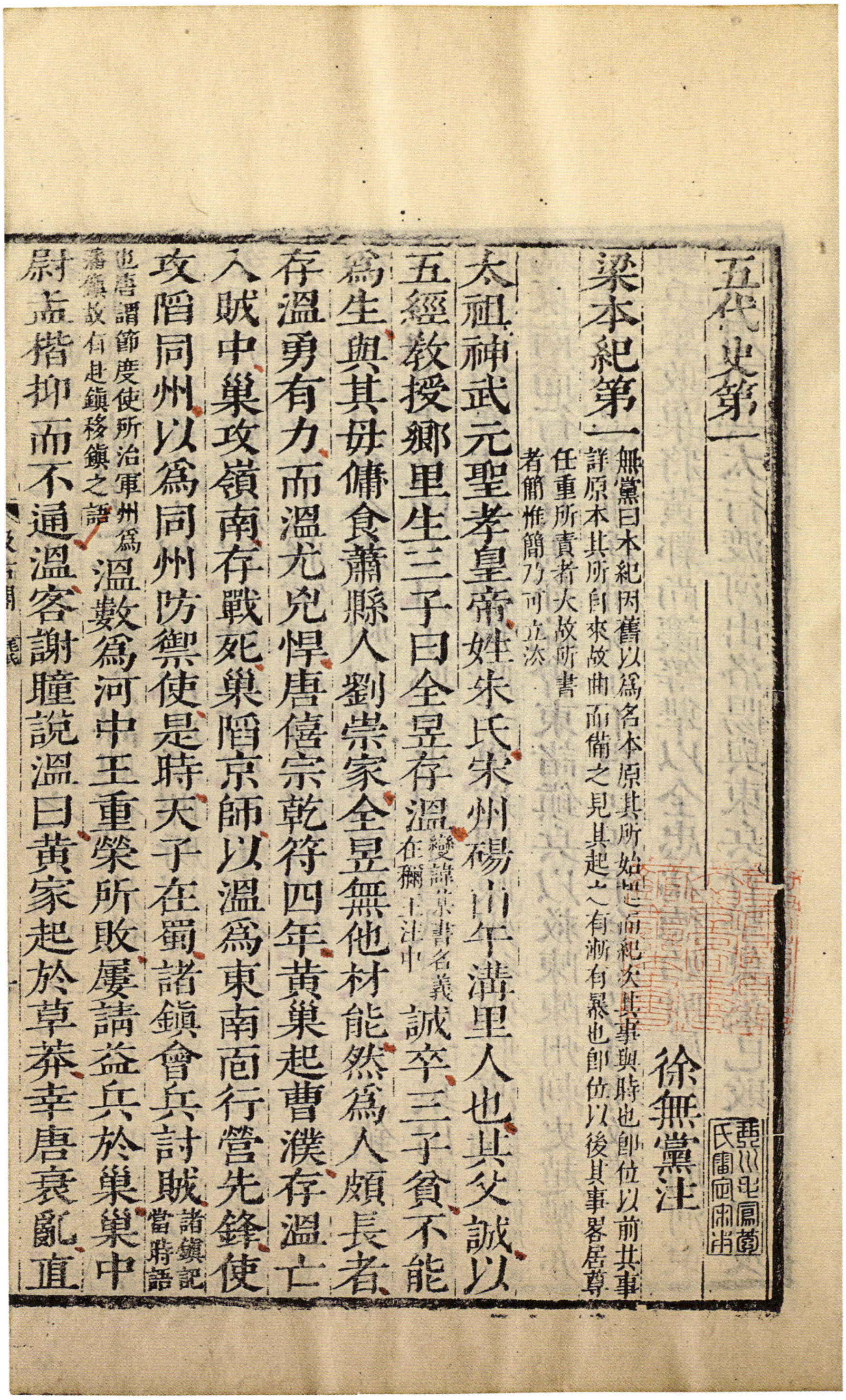

五代史第一　　琴川毛鳳苞氏審定宋本　　徐無黨注

梁本紀第一無黨曰本紀因舊以爲名本原其所始起而紀次其事與時也即位以前其事詳原本其所自來故曲而備之見其起之有漸有暴也即位以後其事畧居尊任重所責者大故所書者簡惟簡乃可立法

太祖神武元聖孝皇帝姓朱氏宋州碭山午溝里人也其父誠以五經教授鄉里生三子曰全昱存溫變諱見書名義在稱王注中誠卒三子貧不能爲生與其母傭食蕭縣人劉崇家全昱無他材能然爲人頗長者存溫勇有力而溫尤兇悍唐僖宗乾符四年黃巢起曹濮存溫亡入賊中巢攻嶺南存戰死巢陷京師以溫爲東南面行營先鋒使攻陷同州以爲同州防禦使是時天子在蜀諸鎮會兵討賊諸鎮記當時語也唐謂節度使所治軍州爲藩鎮故有赴鎮移鎮之語溫數爲河中王重榮所敗屢請益兵於巢巢中尉孟楷抑而不通溫客謝瞳說溫曰黃家起於草莽幸唐衰亂直

0133　新五代史七十四卷　（宋）歐陽修撰　明崇禎間琴川毛氏汲古閣刻本

框高21.8厘米，廣15.2厘米。半葉十二行，行二十五字，小字雙行不等，白口，左右雙邊。卷端刻“琴川毛鳳苞氏審定宋本”。

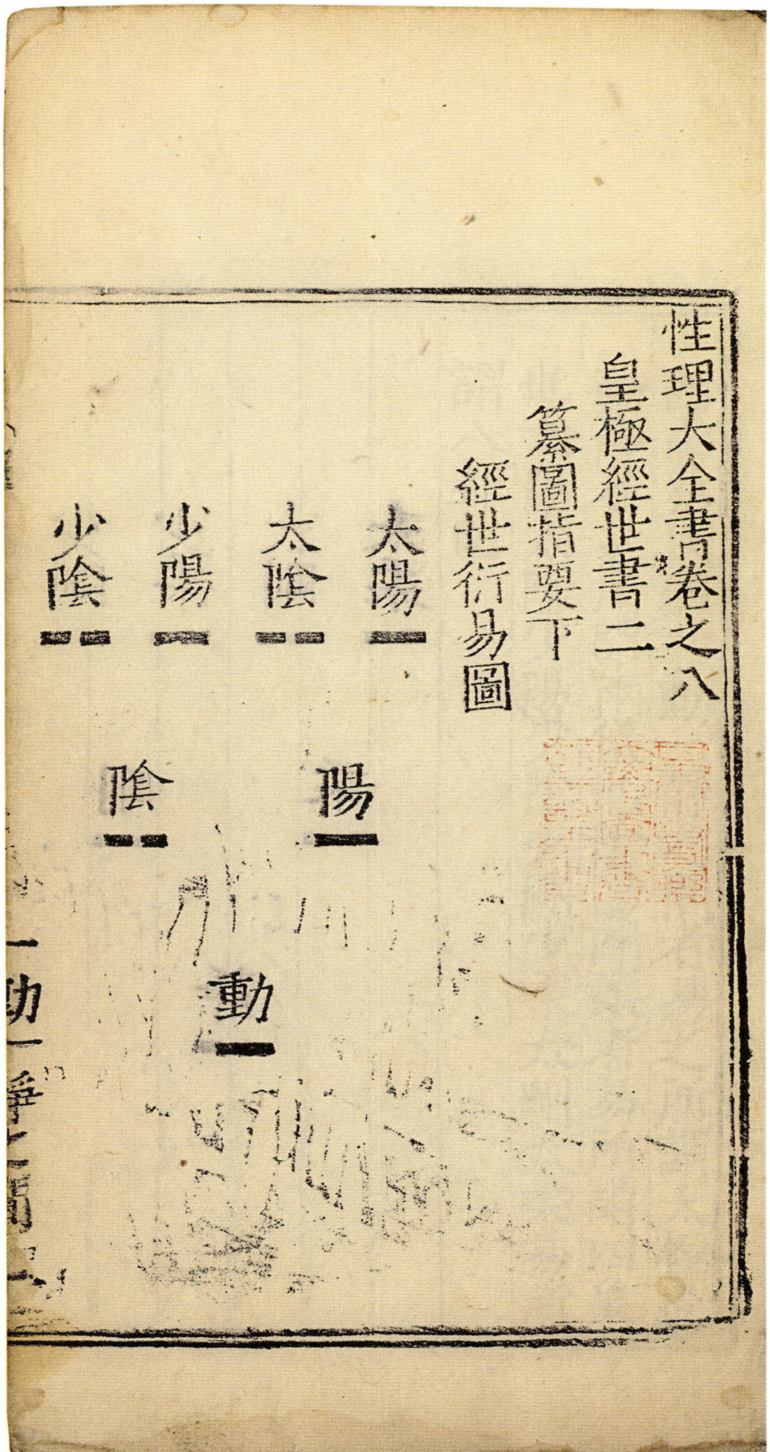

0134　性理大全七十卷（存十五卷）　（明）胡廣等撰　明刻本

框高21.4厘米，廣14.7厘米。半葉十行，行二十字，小字雙行同，白口，四周雙邊，間上下欄。

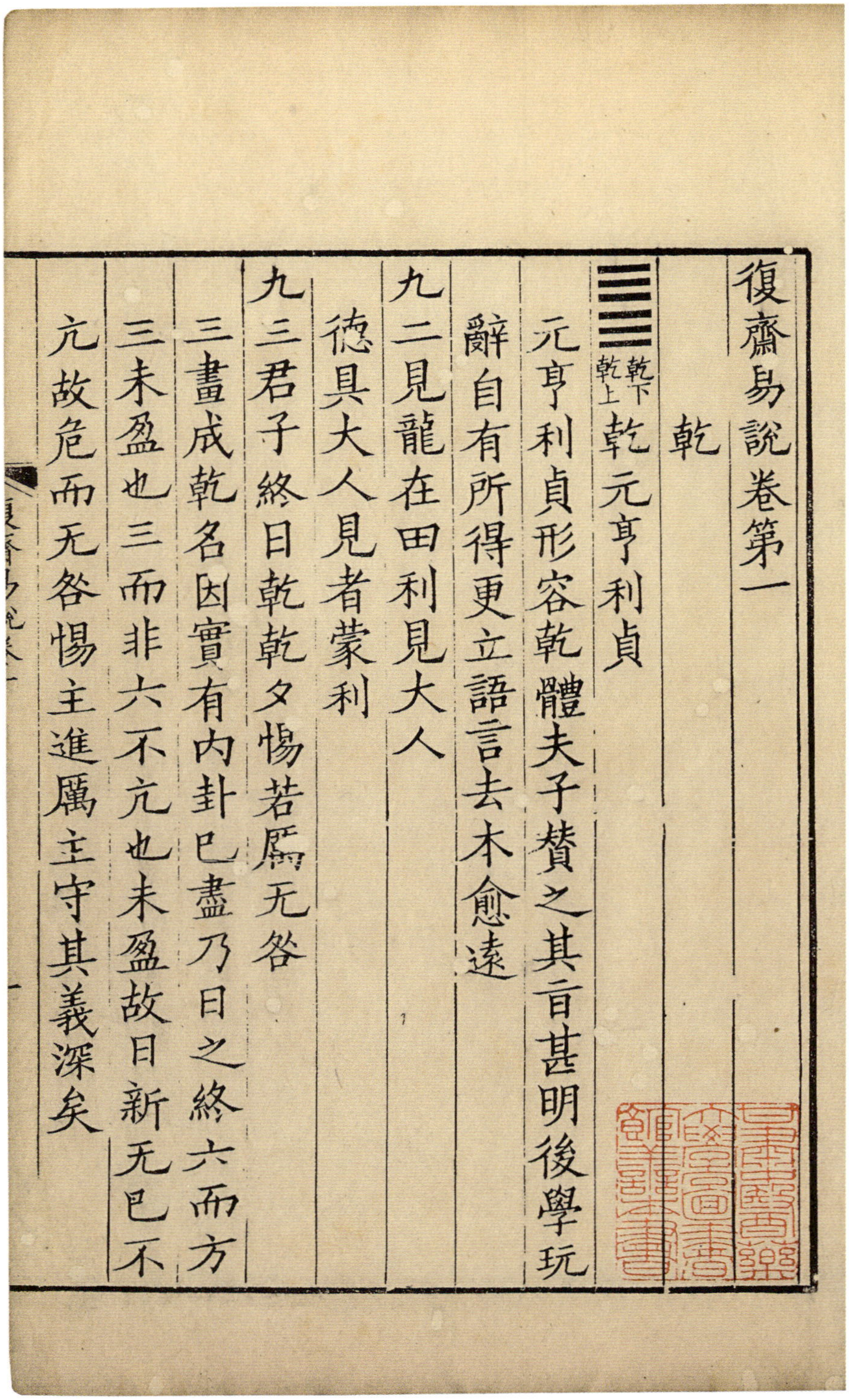

復齋易說卷第一

乾

☰ 乾下乾上 乾元亨利貞

元亨利貞形容乾體夫子贊之其言甚明後學玩辭自有所得更立語言去本愈遠

九二見龍在田利見大人

德具大人見者蒙利

九三君子終日乾乾夕惕若厲无咎

三畫成乾名因實有內卦已盡乃曰之終六而方三未盈也三而非六不亢也未盈故曰新无已不亢故危而无咎惕主進厲主守其義深矣

復齋易說卷一　一

0135　復齋易説六卷　（宋）趙彦肅撰　明刻本

框高20厘米，廣14.9厘米。半葉十一行，行二十字，小字雙行不等，白口，左右雙邊。

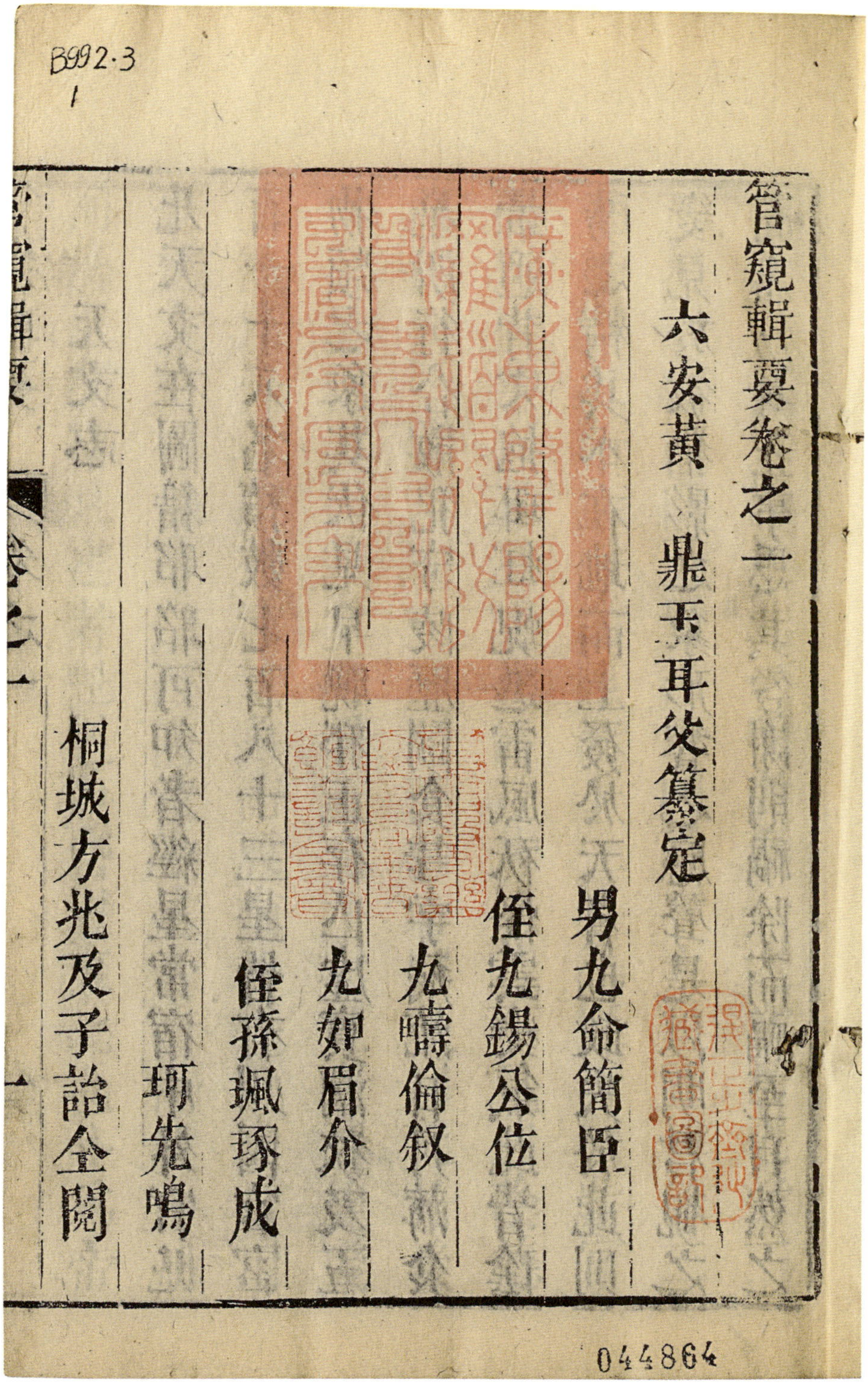

0136　管窺輯要八十卷　（清）黃鼎纂輯 清順治九年壬辰（1652）刻本
框高20.4厘米，廣14.2厘米。半葉九行，行十九字，白口，四周單邊。

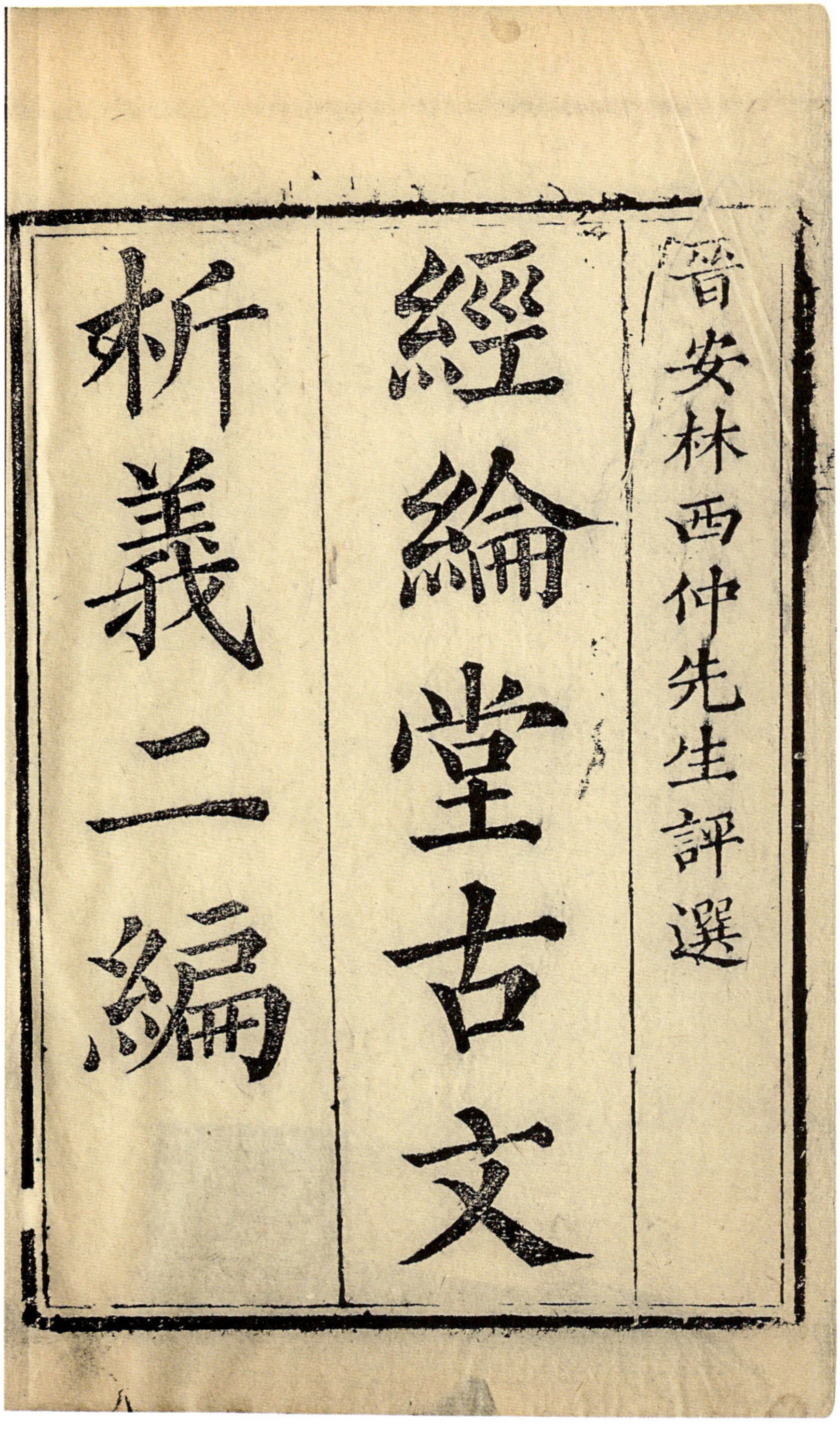

0137　經綸堂古文析義二編八卷　（清）林雲銘評注　清康熙二十六年丁卯（1687）刻本
框高19.2厘米，廣12.9厘米。半葉九行，行二十四字，小字雙行同，白口，四周單邊。

古文析義二編卷之一

晉安林雲銘西仲評註

臧僖伯諫觀魚　左傳

公將如棠觀魚者。孔氏曰魚者猶言獵者古字魚漁通愚按既用一者字則魚作如字讀誤臧僖伯諫曰凡物不可以講大事其材不足以備器用則君不舉焉物指鳥獸之屬講猶習戎祀國之大事其材即物之料器用軍國所資舉行也與下行字相應君將納民於軌物者也承上君字轉下見得君之所舉關係甚大軌一定之法物當然之制。此句是通篇結穴故講事以度入声軌量謂之軌取材以章物采謂之物一定中有差等曰軌之量當然中有華飾曰物之采

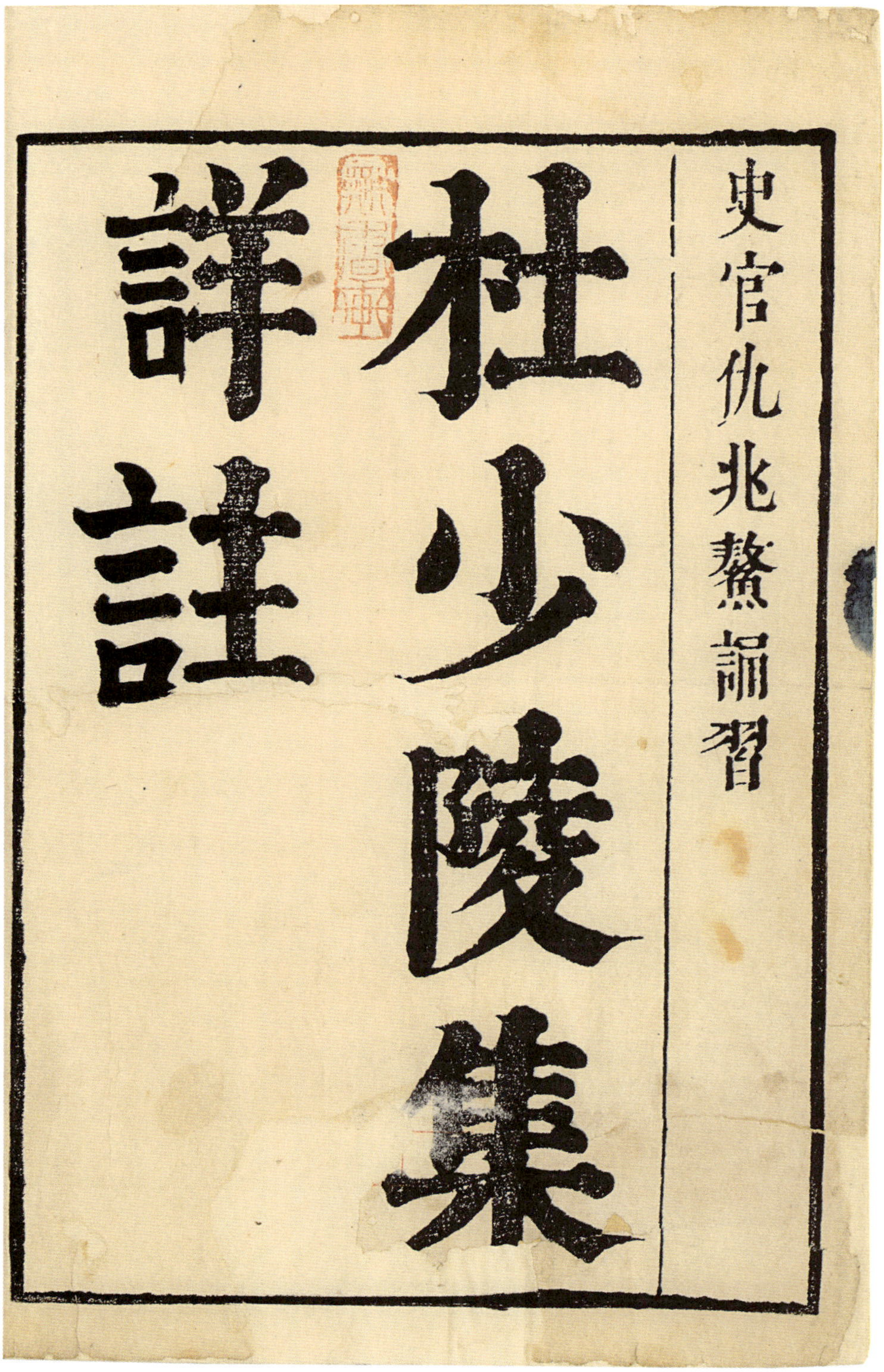

0138　杜詩詳註二十五卷　（清）仇兆鰲撰　清康熙三十二年癸酉（1693）刻本

框高20.7厘米，廣14.7厘米。半葉十行，行二十二字，小字雙行同，下黑口，左右雙邊。

杜詩詳註卷之一

翰林院編修臣仇兆鰲輯註

遊龍門奉先寺（黃鶴注）此當是開元二十四年後，遊東都時作。（朱鶴齡注）龍門即伊闕。（元和郡縣志）伊闕山在河南府伊闕縣北四十五里。舊注誤引禹貢河東之龍門，今削之。（兩京新記）煬帝登北邙，觀伊闕曰：此龍門也，自古何不建都於此。（一統志）闕塞山在河南府城西南三十里。（左傳）趙鞅使女寬守闕塞，即此。一名伊闕，俗名龍門山，又名闕口。

已從招提遊，更宿招提境。陰壑生虛（一作靈）籟，月林散清影。天闕（正興作闕，姜氏作開）象緯逼，雲臥衣裳冷。欲覺（古效切）聞晨鐘，令（平聲）人發深省（悉井切）。○公遊奉先寺，夜宿而作也。中四，寺中夜景。末二，宿寺之情。張綖注：三四狀風

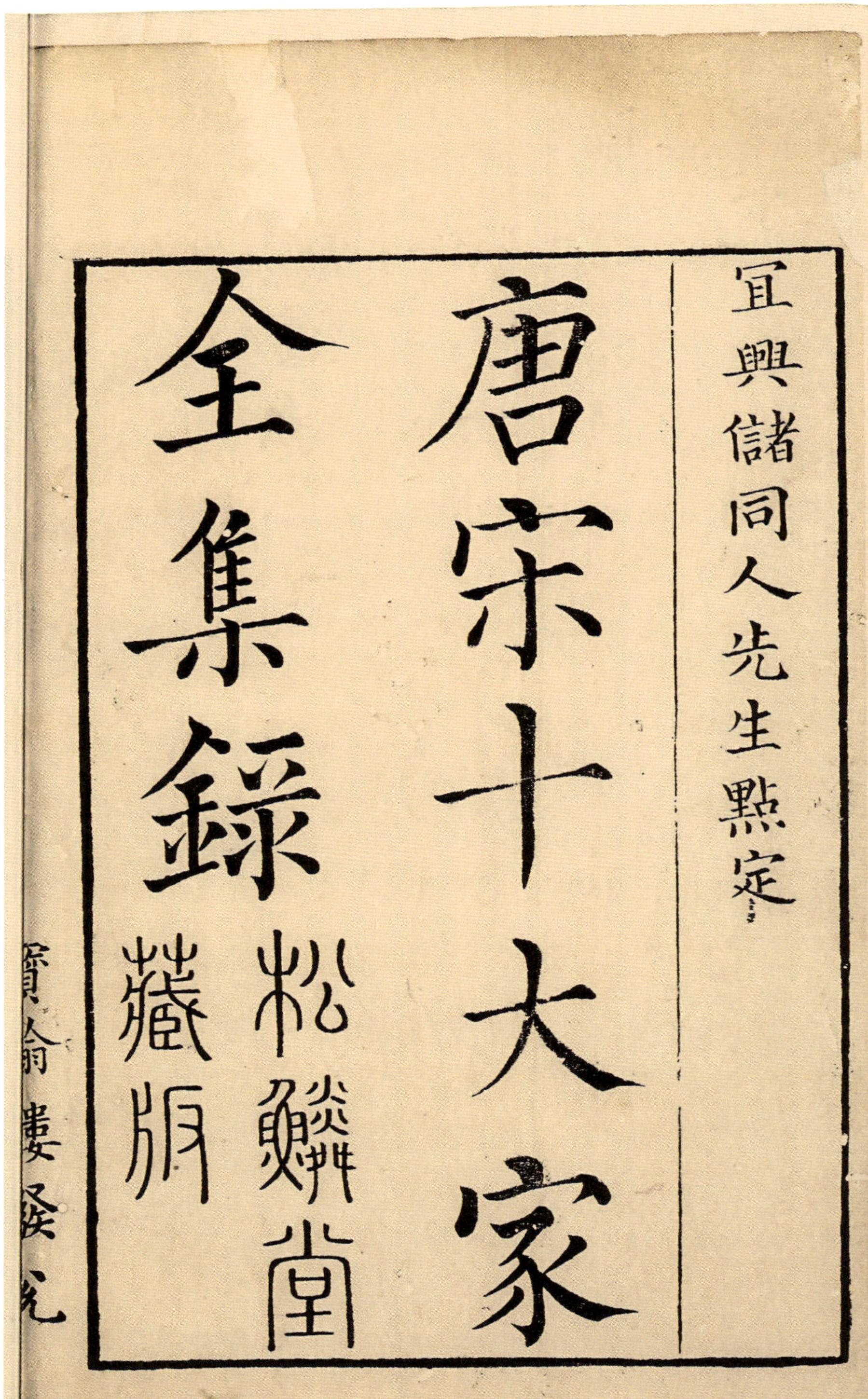

0139　唐宋十大家全集録五十一卷　（清）儲欣撰　清康熙四十四年乙酉（1705）松麟堂刻本
框高19.6厘米，廣14.4厘米。半葉九行，行二十五字，小字雙行同，上下黑口，左右雙邊。

賦任而序極高古

渲寫光榮所以可感

昌黎先生全集錄卷一

後學宜興儲　欣同人錄

受業吳蔚起豹文叅校

儲在文禮執

汪　誠牧庭　仝校

賦原第一卷

感二鳥賦

貞元十一年五月戊辰愈東歸癸酉自潼關出息于河之陰時始去京師有不遇時之歎見行有籠白烏白鸜鵒而西者號於道曰某土之守某官使使者進於天子東西行者皆避路莫敢正目焉

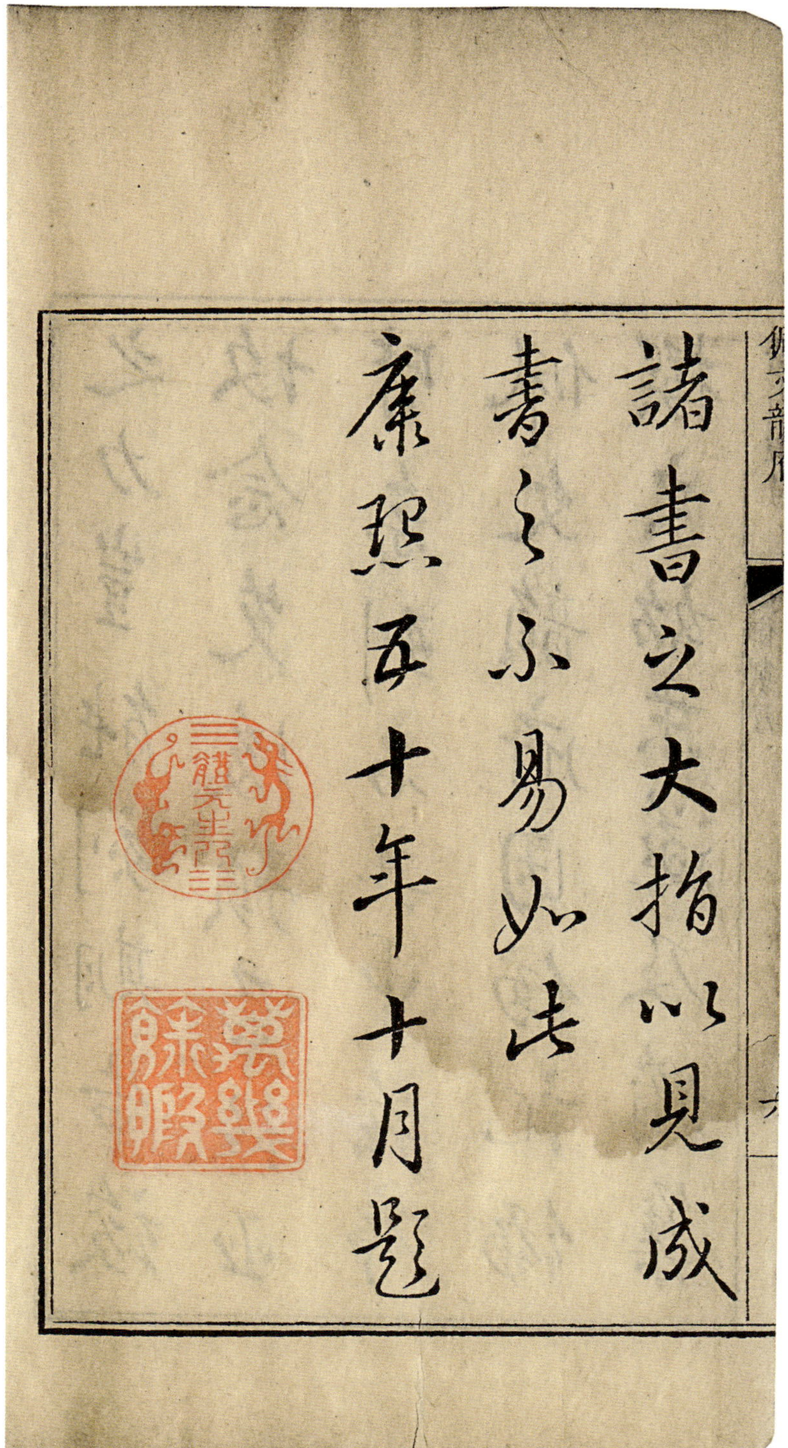
諸書之大指以見成
書之不易如此
康熙五十年十月題

0140　佩文韵府一百六卷　（清）張玉書等奉敕撰　清康熙五十年辛卯（1711）刻本

框高16.7厘米，廣11.6厘米。半葉十二行，行二十五字，小字雙行同，白口，四周雙邊。

佩文韻府卷一

上平聲　　一東韻

東同銅桐筒童僮瞳筩中衷忠蟲
沖終戎崇嵩菘弓躬宮融雄熊穹
窮馮風楓豐充隆空公功工攻蒙
濛籠聾櫳瓏洪紅鴻虹叢翁葱聰
驄騣通蓬篷烘潼曚朧藭悤礱㟅
罿螽狨灃癃幪夢潨訌葼緵㚇豵
涷曨鮦狆忡崧彤芃酆麷釭㒖雺
蕫璁䄆恫鬉總蓯椶逢蝀侗絧艟
犝氃爞瀜窿悾矇朦罞懵嚨矓豅
龐葓藂篆㚇艐朣衕䍚戙穜詷䑬

0141　水經注四十卷　（漢）桑欽撰　（北魏）酈道元注　清康熙五十四年乙未（1715）刻本

框高17.9厘米，廣13.8厘米。半葉十一行，行二十一字，小字雙行同，白口，四周單邊。

水經卷一

漢桑欽撰　後魏酈道元注

河水一

崑崙墟在西北

三成爲崑崙丘崑崙說曰崑崙之山三級下曰樊桐一名板松二曰玄圃一名閬風上曰增城一名天庭是爲太帝之居廣雅云崑崙墟有三山閬風板桐玄圃淮南子云縣圃涼風樊桐在崑崙閶闔之中山上有層城九重楚辭云崑崙縣圃其尻安在增城九重其高幾里嵇康遊仙詩云結友家板桐但未聞板松耳疑或字譌

去嵩高五萬里地之中也

禹本紀與此同高誘稱河出崑山伏流地中萬三千

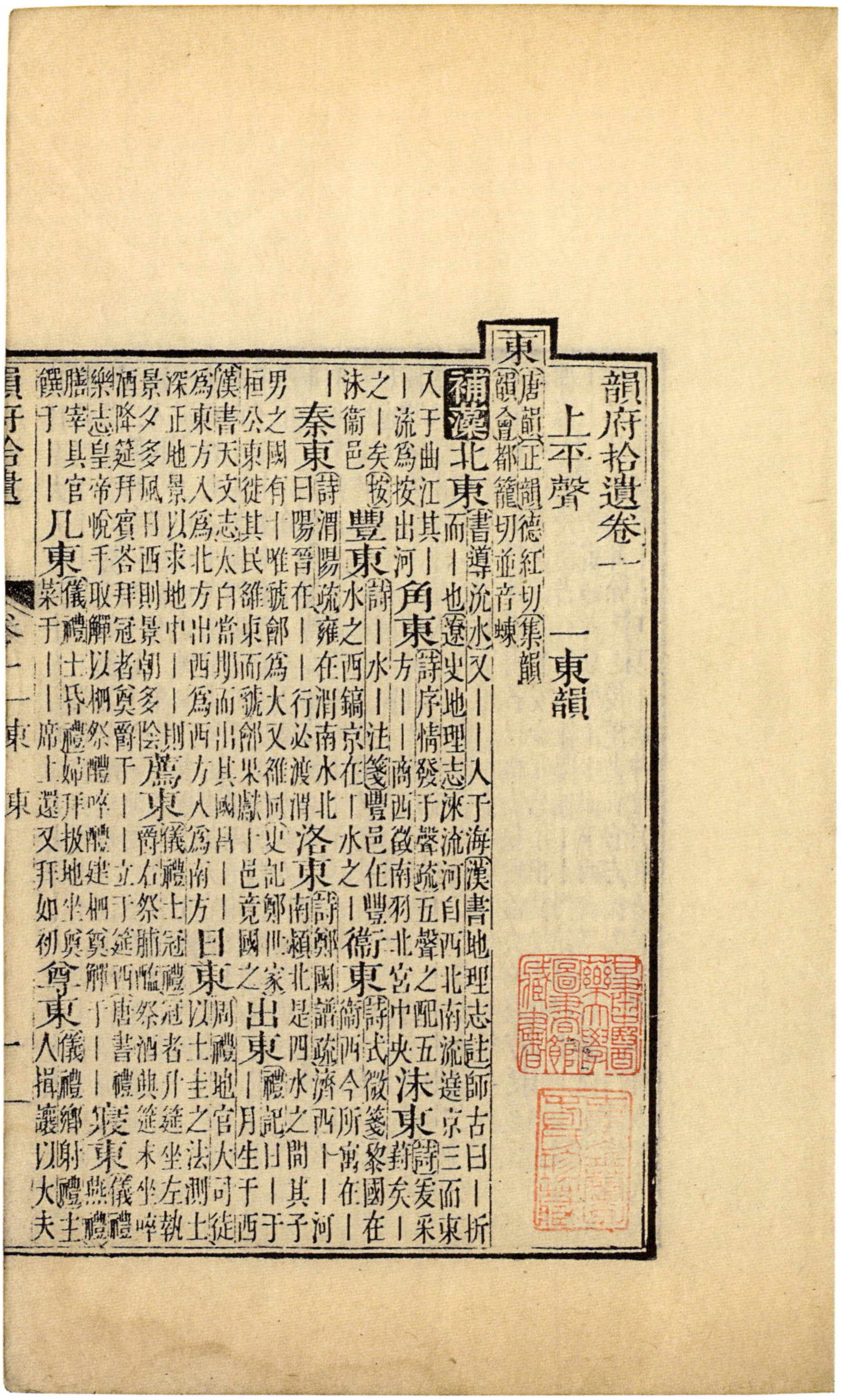

韻府拾遺卷一

上平聲　一東韻

東唐韻正韻德紅切集韻韻會都籠切並音蝀

補漢北東書導沇水又｜｜入于海漢書地理志註師古曰｜折而｜｜也遼史地理志泲流河自西北南流遶京三面東

入于曲江其｜｜｜流爲按出河角東詩序情發于聲疏五聲之配五方｜｜商西徵南羽北宮中央沬東詩爰采葑矣｜

之｜矣按沬衛邑豐東詩｜水｜｜注箋豐邑在豐水之西鎬京在｜水之｜衛東詩式微箋黎國在衛西今所寓在｜

｜秦東詩渭陽疏雍在渭南水北曰陽晉在｜｜行必渡渭洛東詩鄭風譜疏濟西｜｜河南潁北是四水之間其子

男之國有十雖虢鄶爲大又雒同史記鄭世家桓公東徙其民雒東而虢鄶果獻十邑竟國之出東禮記日｜于｜月生于西

漢書天文志太白當期而出其國昌｜｜爲東方入爲北方出西爲西方人爲南方日東周禮地官大司徒以土圭之法測土

深正地景以求地中｜｜則景夕多風日西則景朝多陰鳶東儀禮士冠禮冠者升筵坐左執爵右祭脯醢祭酒興筵末坐啐

酒降筵拜賓荅拜冠者奠爵下｜｜立于筵西唐書禮樂志皇帝帨手取觶以栖祭醴啐醴建栖奠觶于｜｜寢東儀禮燕禮

膳宰具官饌于｜｜几東儀禮士昏禮婦拜扱地坐奠菜于｜｜席上還又拜如初尊東儀禮鄉射禮主人揖讓以大夫

韻府拾遺　卷一　一東　一

0142　韵府拾遺一百六卷　（清）聖祖康熙御定　清康熙五十九年庚子（1720）刻本

框高16.5厘米，廣11.6厘米。半葉十二行，行二十五字，小字雙行同，白口，四周雙邊。

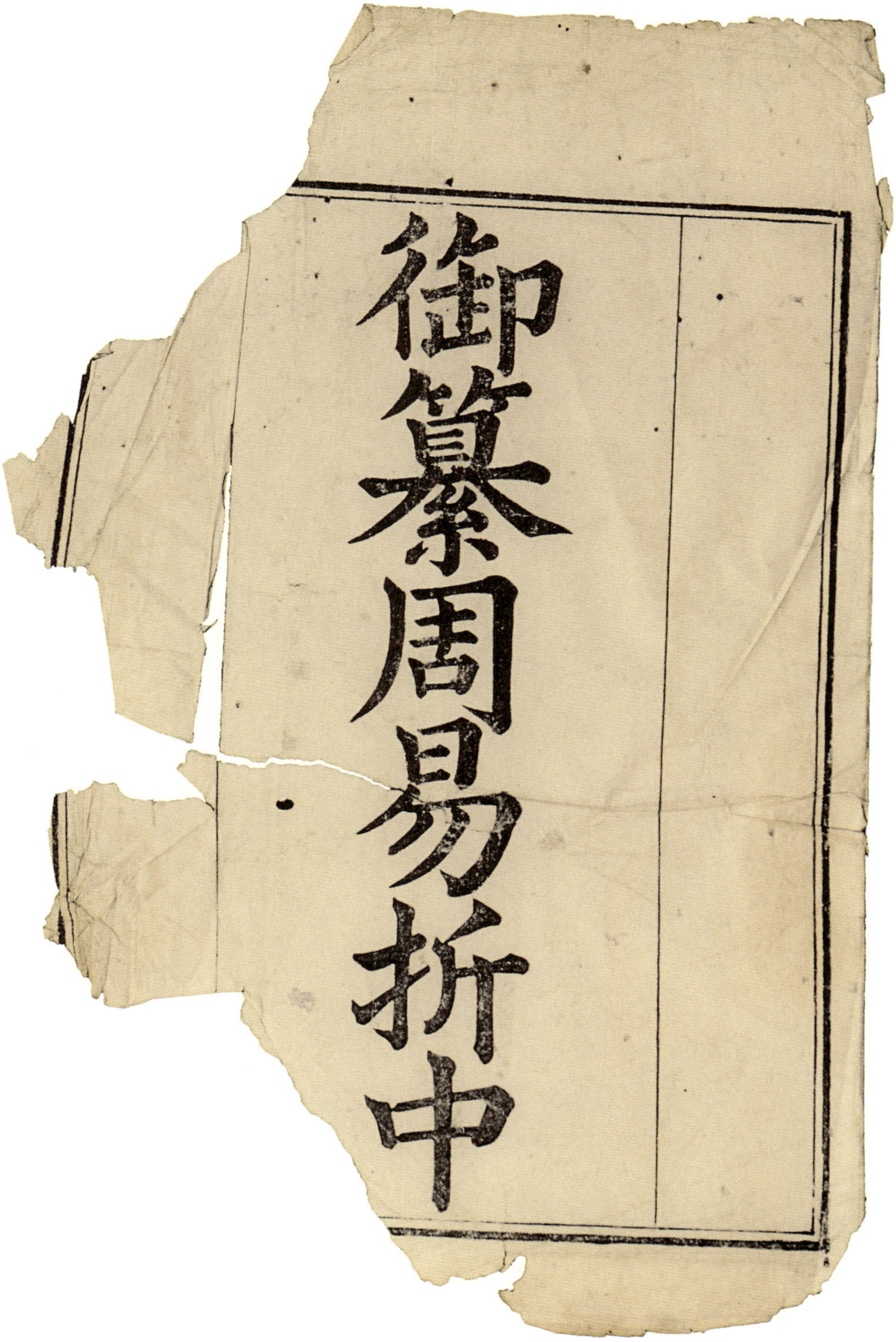

0143　御纂周易折中二十二卷　（清）李光地等奉敕撰　清康熙武英殿刻本

框高22.3厘米，廣16.2厘米。半葉十一行，行二十二字，小字雙行同，白口，四周雙邊。

御纂周易折中卷首

綱領一此篇論作易傳易源流

周禮大卜掌三易之灋。一曰連山。二曰歸藏。三曰周易。其經卦皆八。其别皆六十有四。○陸氏德明曰宓犧氏之王天下。仰則觀於天文。俯則察於地理。觀鳥獸之文。與地之宜。近取諸身。遠取諸物。始畫八卦。因而重之。爲六十四。文王拘於羑里。作卦辭。周公作爻辭。孔子作彖辭象辭文言繫辭說卦序卦雜卦十翼。班固曰孔子晚而好易。讀之韋編三絶。而爲之傳。傳卽十翼也。自魯商瞿子木受易於孔子。以授魯橋庇子庸。子庸授江東馯臂子弓。子弓授燕周醜子家。子家授東武孫虞子乘。子

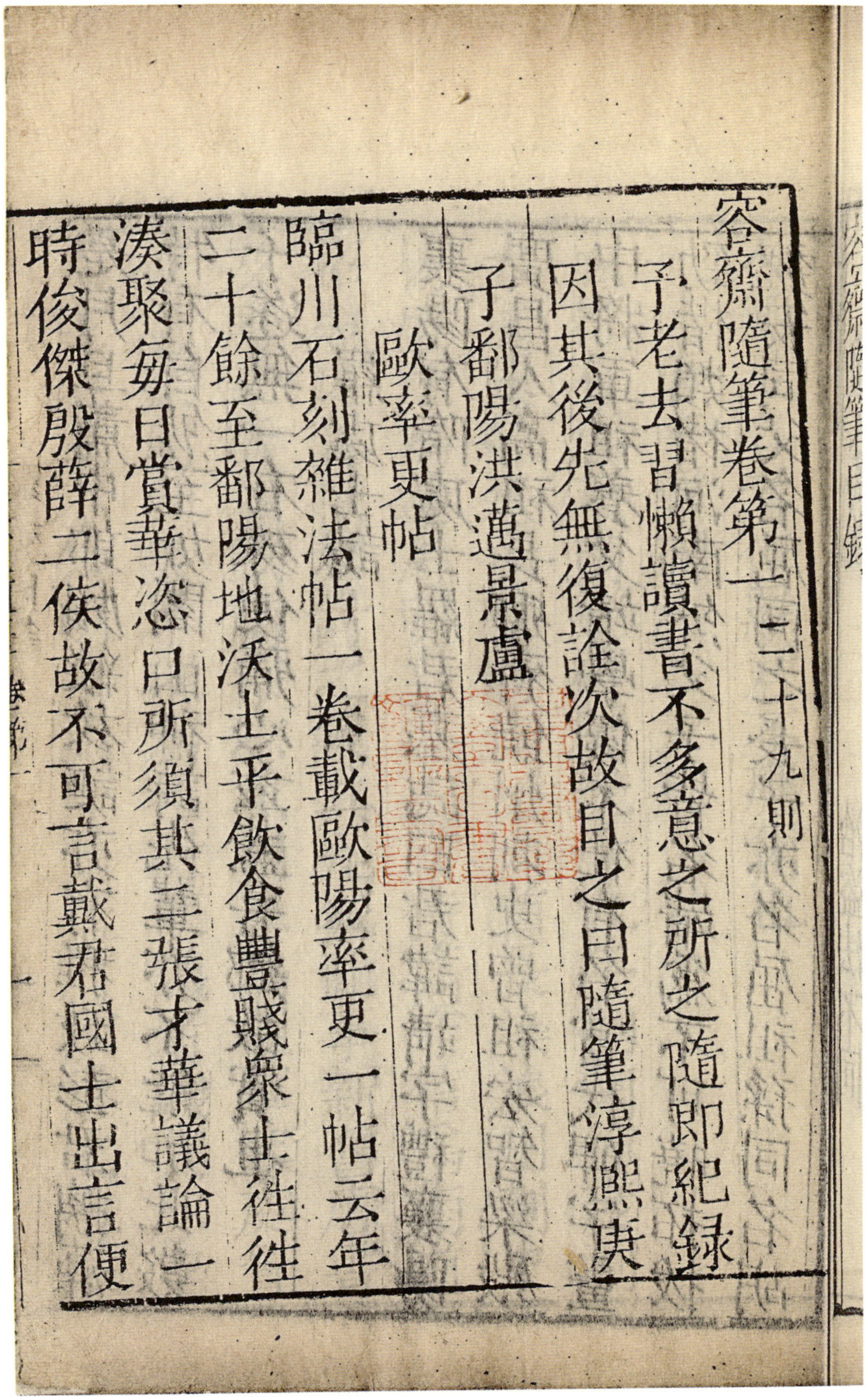
容齋隨筆卷第一　二十九則

予老去習懶讀書不多意之所之隨即紀録

因其後先無復詮次故目之曰隨筆淳熙庚

子鄱陽洪邁景盧

歐率更帖

臨川石刻雜法帖一卷載歐陽率更一帖云年

二十餘至鄱陽地沃土平飲食豐賤衆士往往

湊聚每日賞華恣口所須其二張才華議論一

時俊傑殷薛二侯故不可言戴君國士出言便

0144　容齋隨筆十六卷　（宋）洪邁撰　清康熙間刻本

框高19.2厘米，廣14厘米。半葉十行，行十八字，白口，左右雙邊。

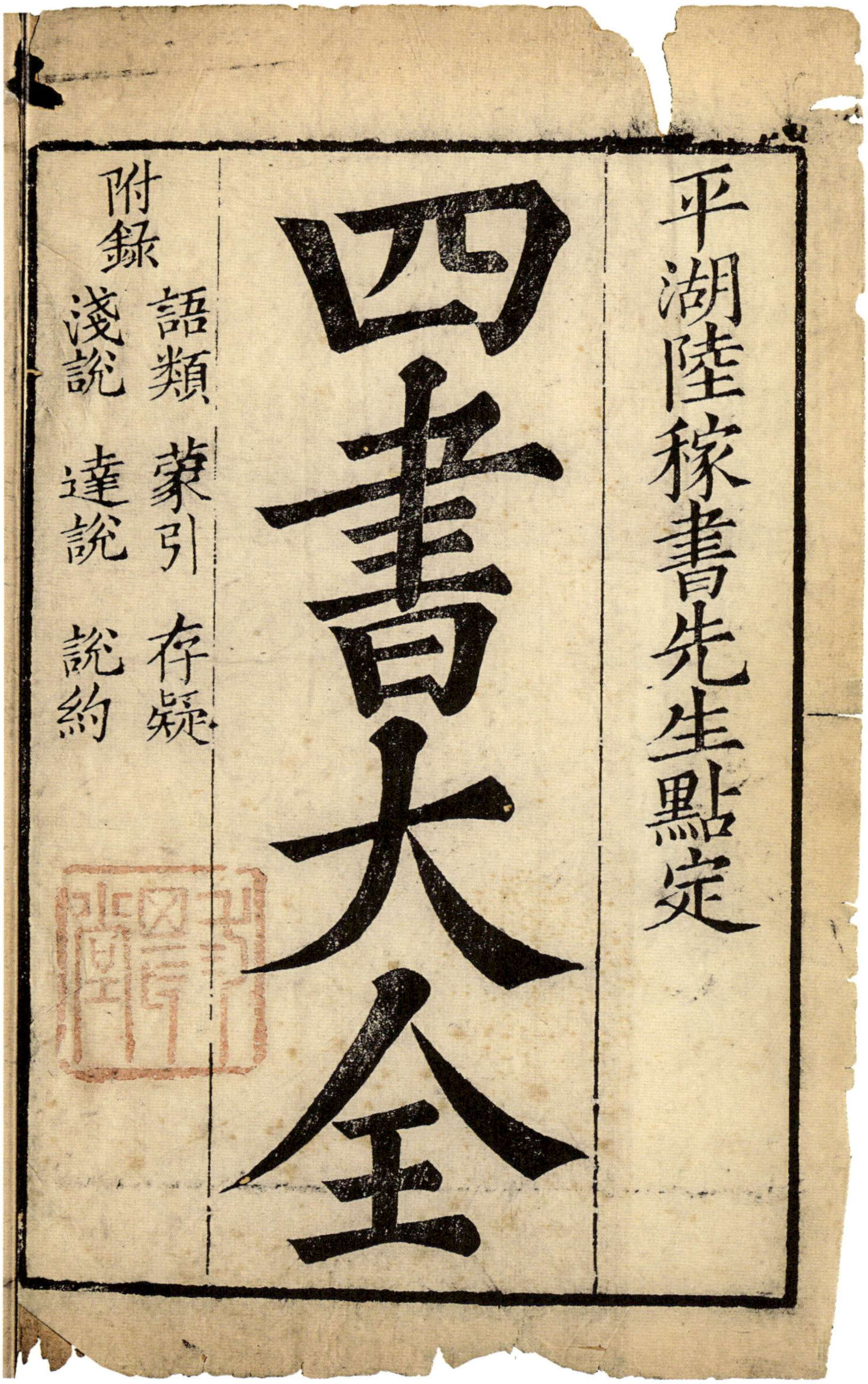

平湖陸稼書先生點定

四書大全

附録　語類　蒙引　存疑

淺説　達説　説約

0145　四書大全四十卷　（明）陸稼書定　清康熙刻本

框高20.1厘米，廣14.9厘米。半葉八行，行二十三字，小字雙行同，白口，左右雙邊。

大學或問

或問大學之道吾子以爲大人之學何也曰此對小子之學言之也曰敢問其爲小子之學何也曰愚於序文已略陳之而古法之宜於今者亦既輯而爲書矣即今之小學書學者不可以不之考也曰吾聞君子務其遠者大者小人務其近者小者今子方將語音御人以大學之道而又欲其考乎小學之書何也朱子曰小學書是做人底樣子○問小學大學之別曰小學大學只是一箇事小學是學事親事長大學便就上面講究委曲其所以事親事長是如何○古人由小學而進於大學其於洒掃應對進退之

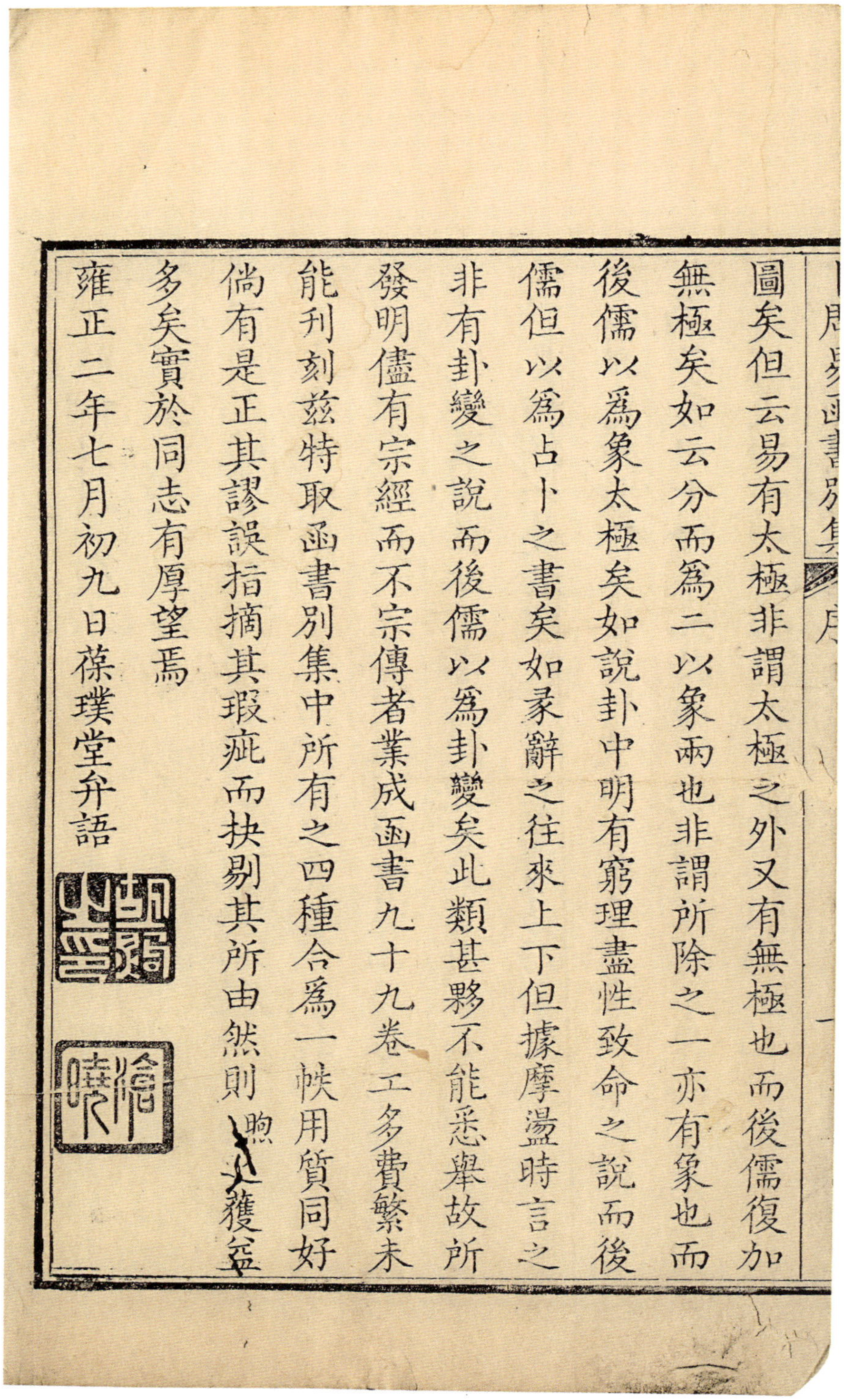

周易函書別集　序

圖矣但云易有太極非謂太極之外又有無極也而後儒復加無極矣如云分而爲二以象兩也非謂所除之一亦有象也而後儒以爲象太極矣如說卦中明有窮理盡性致命之說而後儒但以爲占卜之書矣如彖辭之往來上下但據摩盪時言之非有卦變之說而後儒以爲卦變矣此類甚夥不能悉舉故所發明儘有宗經而不宗傳者業成函書九十九卷工多費繁未能刊刻茲特取函書別集中所有之四種合爲一帙用質同好倘有是正其謬誤指摘其瑕疵而抉剔其所由然則煦之獲益多矣實於同志有厚望焉

雍正二年七月初九日葆璞堂弁語

0146　周易函書別集十六卷（存十卷）　（清）胡煦撰　清雍正二年甲辰（1724）葆璞堂刻本

框高19.2厘米，廣14.1厘米。半葉十行，行二十四字，小字雙行同，白口，四周雙邊。

周易函書别集

光山胡煦滄曉氏著男 次 季堃敦夫 長 季堂健夫 中 季壘衛夫 校字

易學須知卷之一

須知周易一書。即伏羲大圓圖中。所有六十四象。文王開而爲卦。各予以名。各係以辭。遂名周易。其三百八十四爻。又即文王之六十四卦。而周公折之。加以爻辭者也。

須知伏羲大圓圖。又即先天八卦圓圖。更加一倍者也。

須知伏羲先天四圖。非伏羲之創爲也。全倣象于河圖洛書。故陰陽兩象。倣于奇耦。而内外之分。上下之位。終始之序。莫不隱

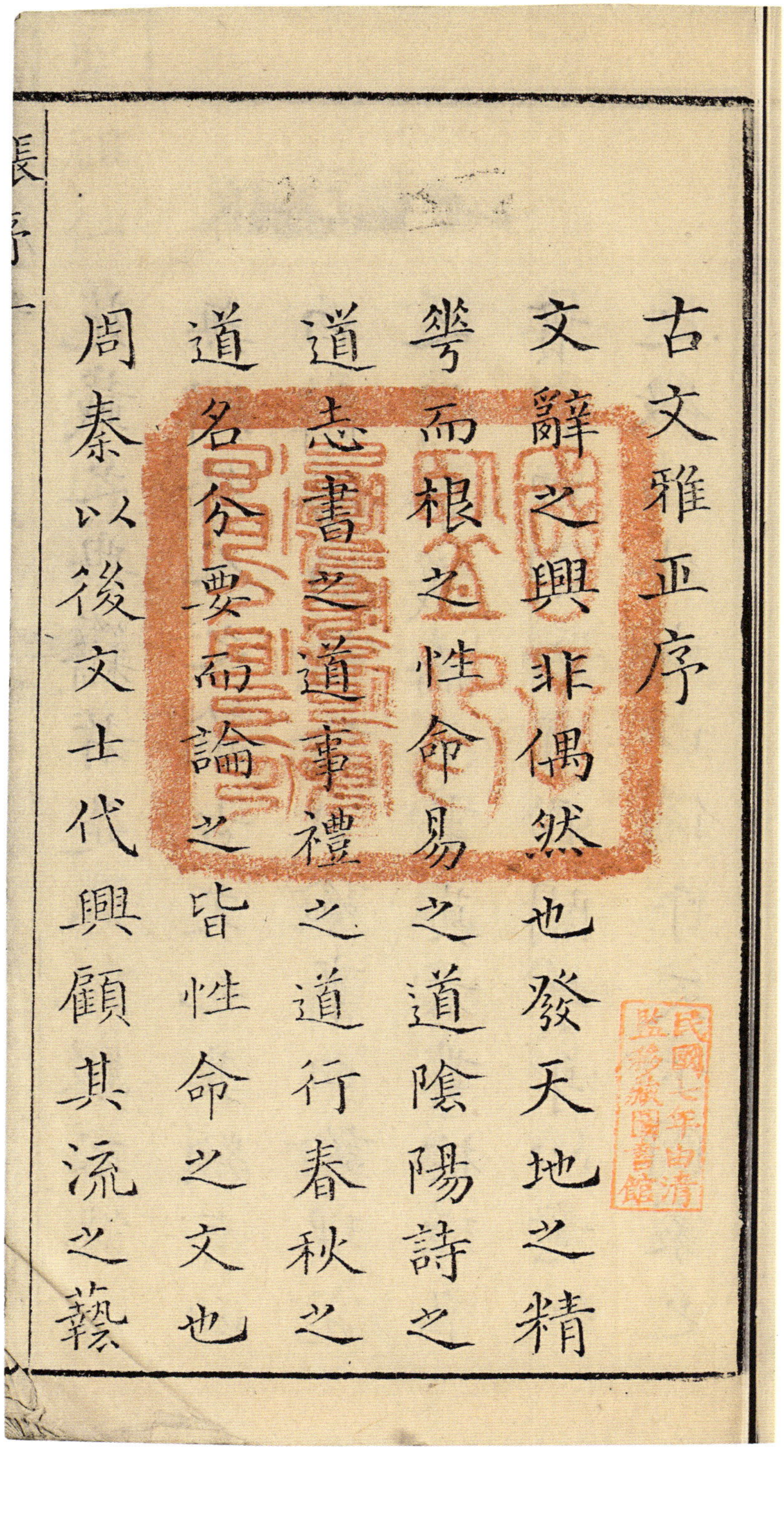

古文雅正序

文辭之興非偶然也發天地之精

學而根之性命易之道陰陽詩之

道志書之道事禮之道行春秋之

道名分要而論之皆性命之文也

周秦以後文士代興顧其流之藝

0147　古文雅正十四卷（存十二卷）　（清）蔡世遠選評　清雍正三年乙巳（1725）念修堂寫刻本

框高20厘米，廣11.1厘米。半葉八行，行二十四字，小字雙行同，白口，左右雙邊。

古文雅正

漳浦蔡世遠聞之選評
安溪李清植立侯　參訂
南靖張福昶季長

漢高帝

求賢詔　十一年

蓋聞王者莫高於周文。霸者莫高於齊桓。皆待賢人而成名。今天下賢者智能。豈特古之人乎。患在人主不交故也。交字下得好士奚由進。今吾以天之靈。賢士大夫定有天下。以爲一家。欲其長久世世

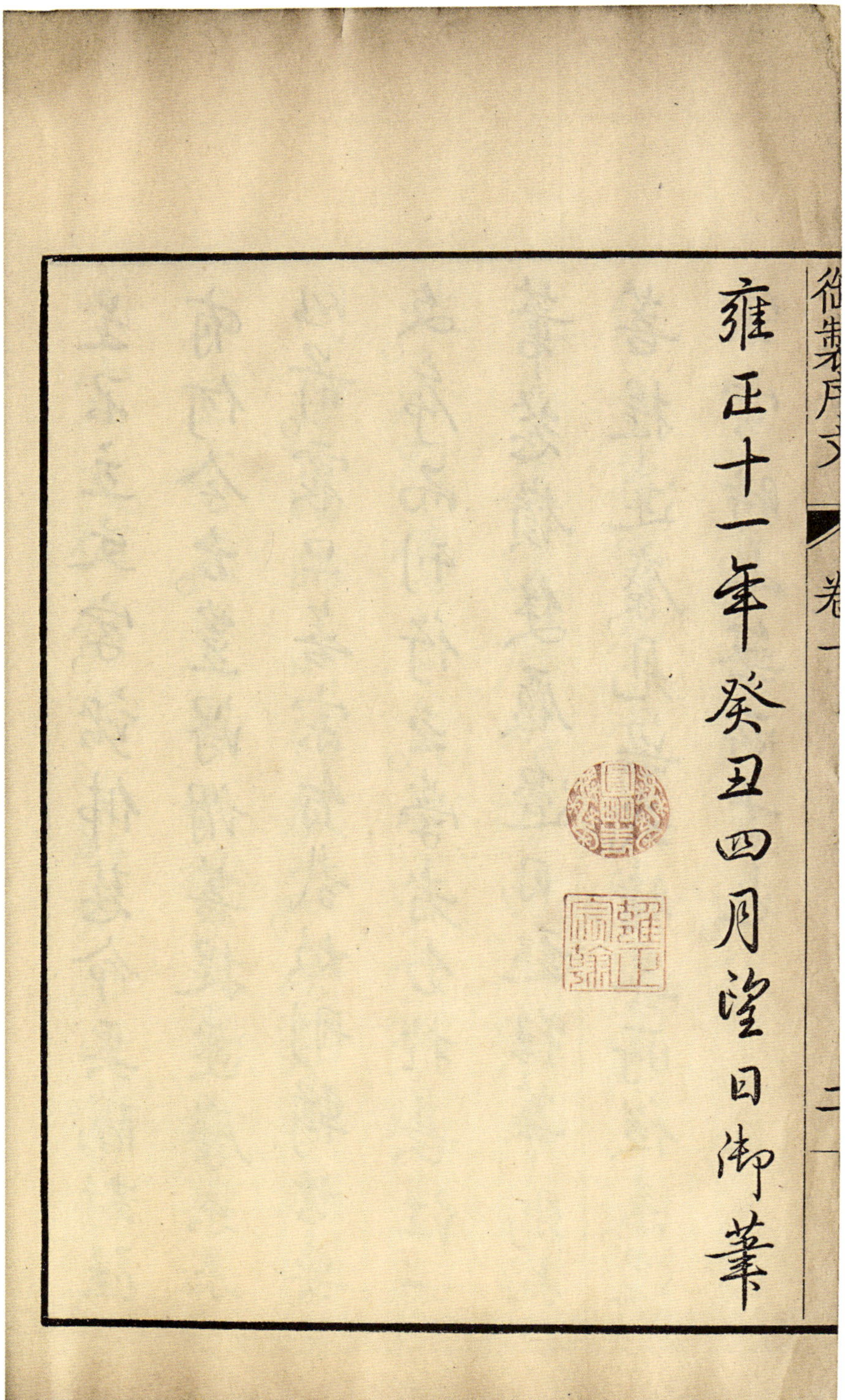

雍正十一年癸丑四月望日御筆

0148　御選語録十九卷　（清）世宗雍正編　清雍正刻本

框高19.6厘米，廣14.1厘米。半葉十行，行二十一字，小字雙行同，白口，四周單邊。

物不遷論第一

夫生死交謝。寒暑迭遷。有物流動。人之常情。余則謂之不然。何者。放光云。法無去來。無動轉者。尋夫不動之作。豈釋動以求靜。必求靜於諸動。必求靜於諸動。故雖動而常靜。不釋動以求靜。故雖靜而不離動。然則動靜未始異。而惑者不同。緣使真言滯於競辯。宗途屈於好異。所以靜躁之極。未易言也。何者。夫談真則逆俗。順俗則違真。違真故迷性而莫返。逆俗故言淡而無味。緣使中人未分於存亡。下士撫掌而弗顧。近而不可知者。其唯物性乎。然不能自已。聊復寄心於動靜之際。豈曰必然。

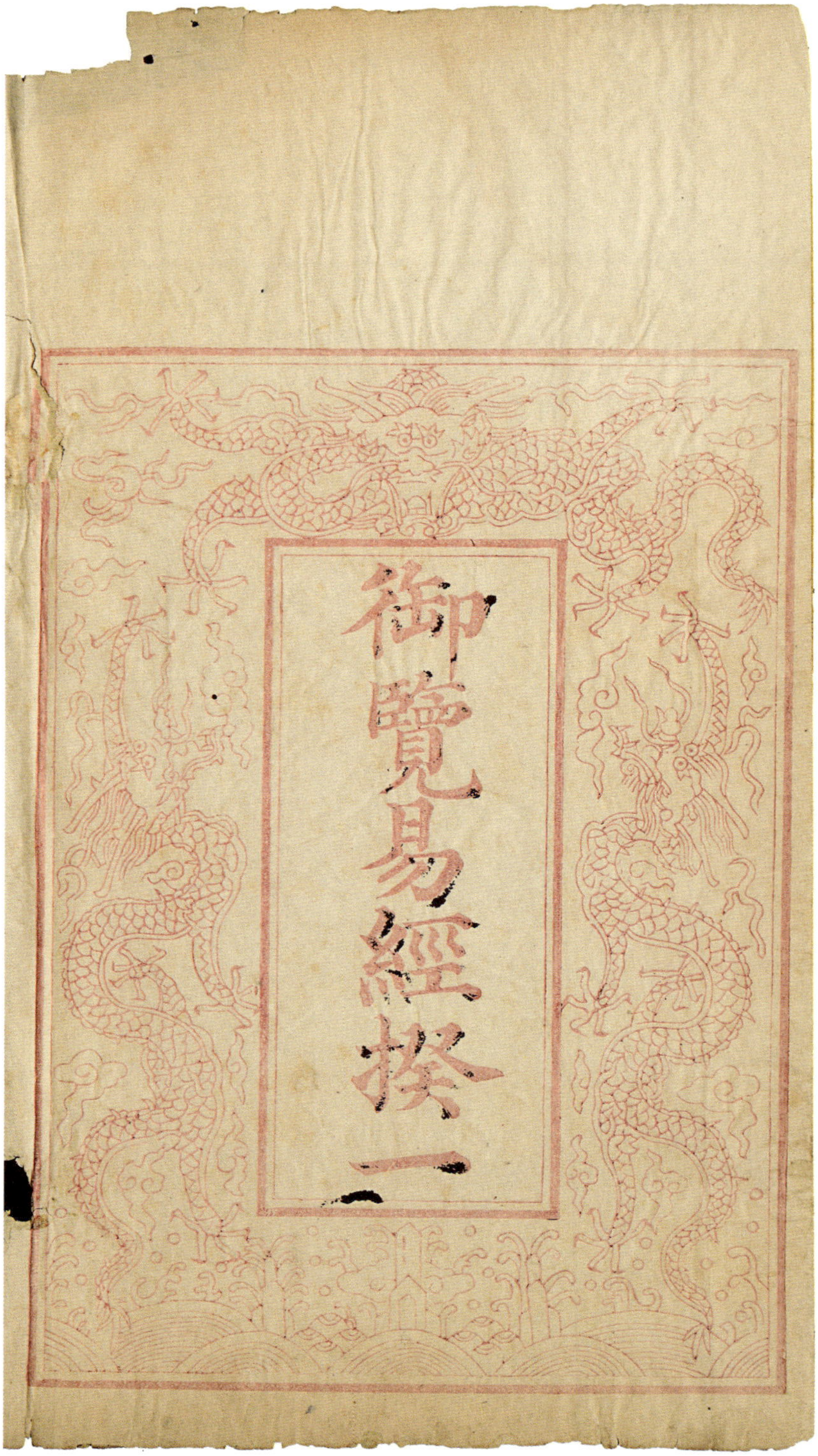

0149　易經揆一十四卷　（清）梁錫璵撰　清乾隆十二年丁卯（1747）刻本

框高19.2厘米，廣14.3厘米。半葉十行，行二十一字，小字雙行同，白口，四周雙邊。

易經揆一卷一

周易上經

臣 梁錫璵集傳

周代名。易書名。夫成於代者以代名。故書分屬於虞夏商周。而禮作於周者專屬之周。蓋書以紀事。禮以定制。固皆一代之事。易以明理。豈一代之事乎。故繫傳屢言易而不著周。即論易之興而言殷周之際。亦因興而推其時。非以時而槩夫易。況興非創也。犧先之矣。彖爻因畫而繫耳。特周禮因連山歸藏而於易著周以別。後遂沿以爲名云爾。易從日從月。取坎離之象乎。繫傳曰易有大極。大極者易之原也。又曰易

逸語

0150　逸語十卷　（清）曹庭棟輯注　清乾隆十二年丁卯（1747）刻本

框高19.2厘米，廣14.6厘米。半葉九行，行十七字，小字雙行同，白口，左右雙邊。

逸語卷之一

曹庭棟輯幷註

學必第一

程子曰。古之學者一。今之學者三。異端不與焉。一曰文章之學。二曰。詁訓之學。三曰。儒者之學。欲趨道。舍儒者之學不可。此篇乃趨道之階。學之始事也。凡二十二章。

子曰。學必由聖。所以致其材也。

學。兼知行言。由。從也。致。推極也。木之可入於用者曰材。人有可用之具。如木有可用之材也。聖爲人道之極。故學必從聖者。所以推而極之。大其有用之具也。○程子曰。莫說將第一等讓與別人。且做第二等。纔如此說。便是自棄。又曰。百工治器。貴於有用。器而不可用。工不爲也。學而無所用。學將何爲也。愚謂學惟由聖。而後有用。亦惟由聖。而後用非小用也。○此章見子思子○

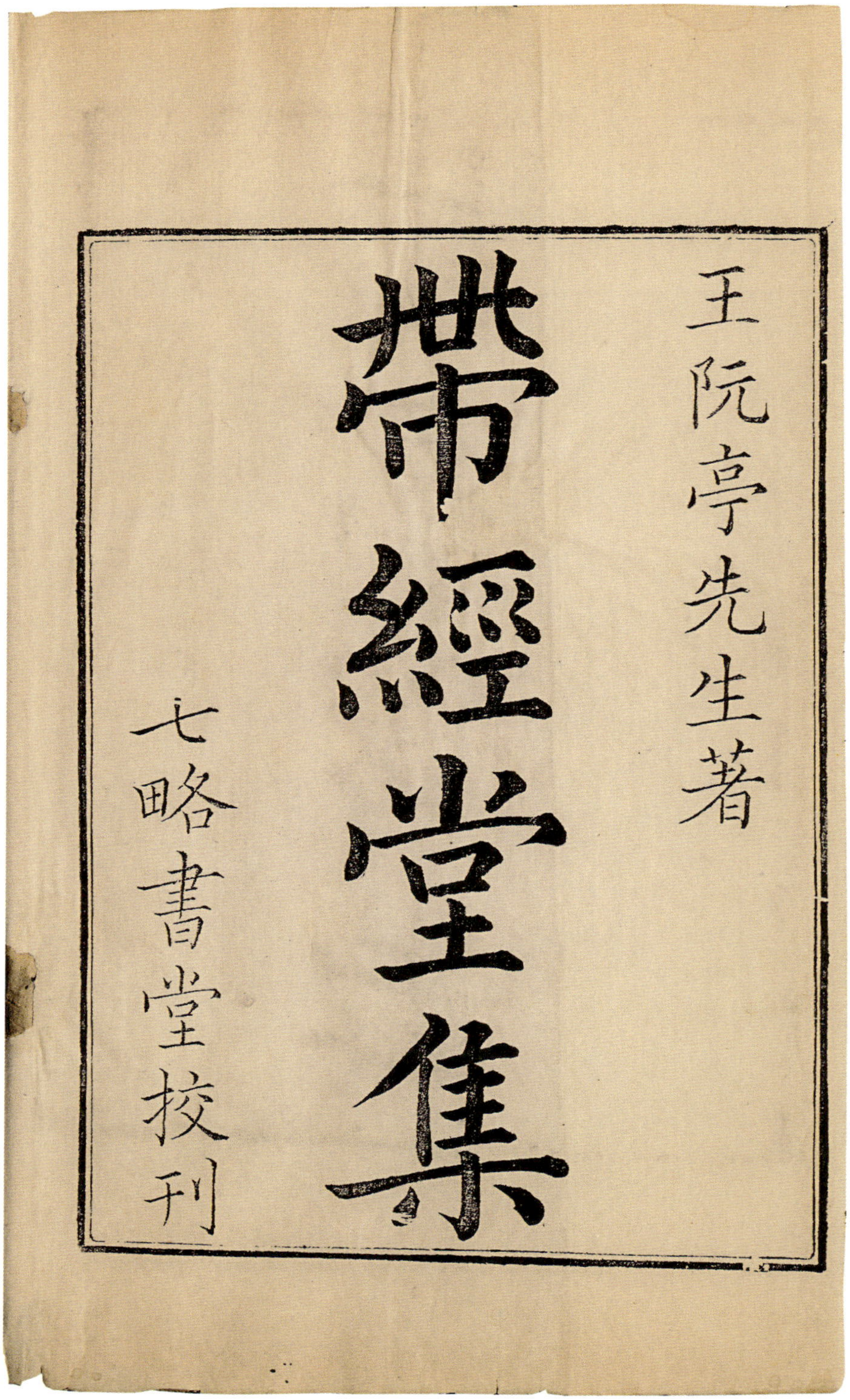

0151　帶經堂集五十二卷　（清）王士禛撰　清乾隆十二年丁卯（1747）七略書堂刻本

框高18.7厘米，廣13.9厘米。半葉十行，行十九字，小字雙行不等，白口，左右雙邊。

帶經堂集卷一

歙門人程哲校編
新城王士禛貽上

漁洋詩一 丙申稿

幽州馬客吟歌 五曲

虯鬢鐵裲襠來往城闕東臂上黃鷂子胯底綠螭驄

鷂子喜秋風一日三奮飛憎馬走千里脫韁不言饑

相逢南山下載獫從兩狼共作幽州語齊醉湖姬旁

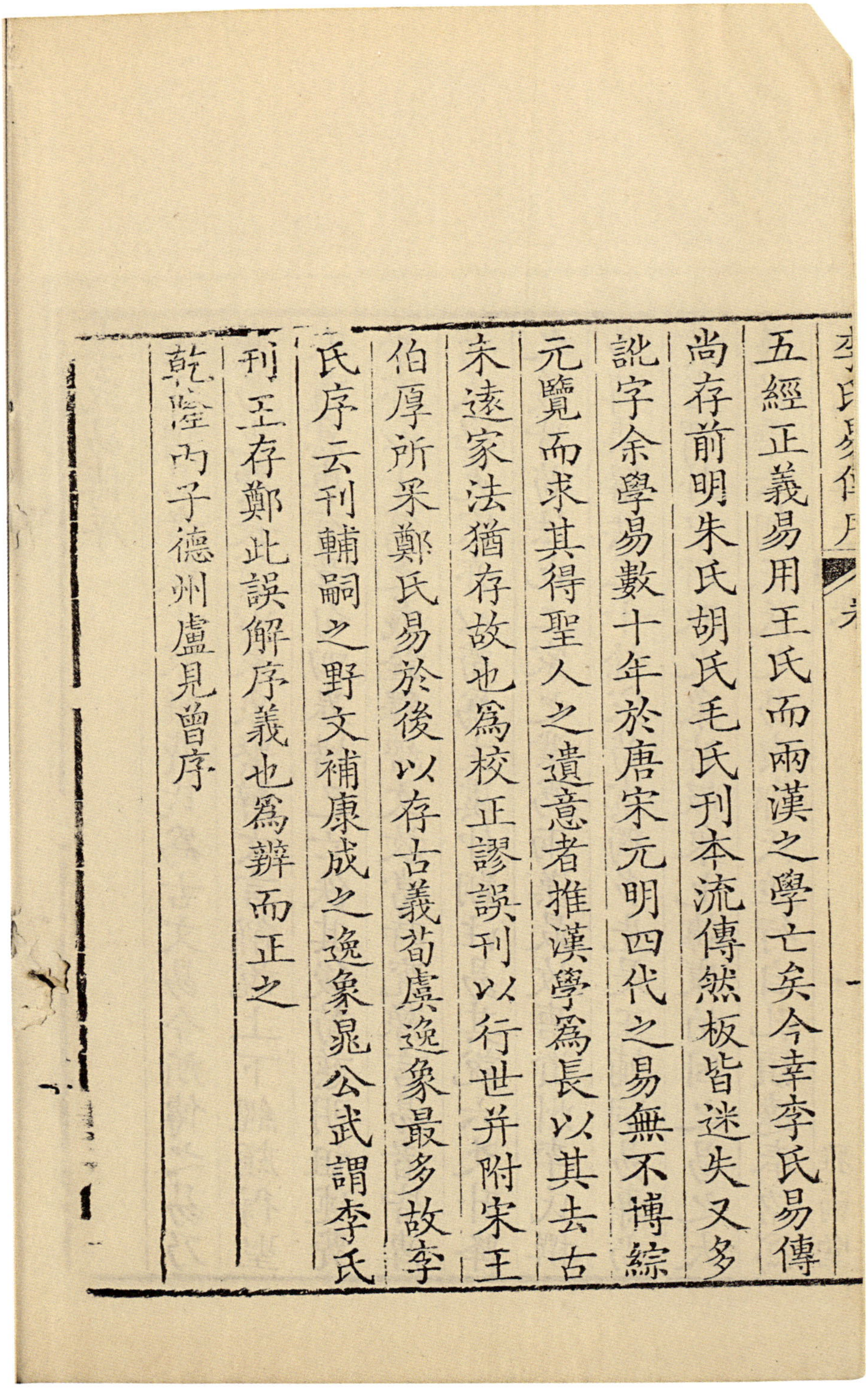
李氏易傳序　一

五經正義易用王氏而兩漢之學亡矣今幸李氏易傳尚存前明朱氏胡氏毛氏刊本流傳然板皆迷失又多訛字余學易數十年於唐宋元明四代之易無不博綜元覽而求其得聖人之遺意者推漢學爲長以其去古未遠家法猶存故也爲校正謬誤刊以行世并附宋王伯厚所采鄭氏易於後以存古義荀虞逸象最多故李氏序云刊輔嗣之野文補康成之逸象晁公武謂李氏刊王存鄭此誤解序義也爲辨而正之

乾隆丙子德州盧見曾序

0152　李氏易傳十七卷　（唐）李鼎祚集解　清乾隆二十一年丙子（1756）雅雨堂刻本

框高18.2厘米，廣14.5厘米。半葉十行，行二十一字，小字雙行同，白口，四周單邊。

易傳卷第一

唐　資州　李鼎祚　集解

䷀乾下乾上　乾元亨利貞

彖說卦乾健也言天之體以健爲用運行不息應化无窮故聖人則之欲使人法天之用不法天之體故名乾不名天也〇子夏傳曰元始也亨通也利和也貞正也言乾稟純陽之性故能首出庶物各得元始開通和諧貞固不失其宜是以君子法乾而行四德故曰元亨利貞矣

初九潛龍勿用

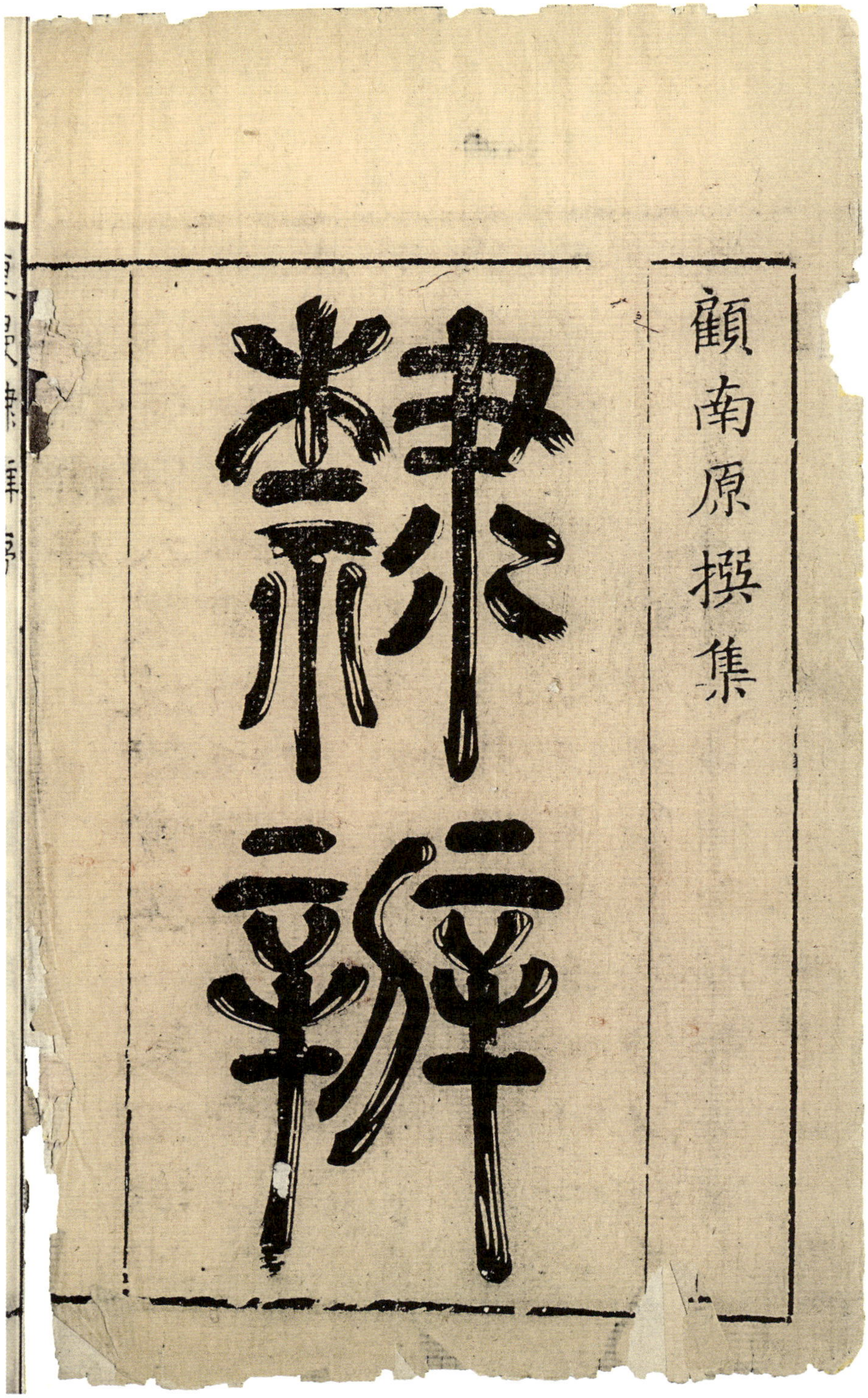

顧南原撰集

隸辨

0153　隸辨八卷　（清）顧藹吉撰　清乾隆二十二年丁丑（1757）刻本

框高19.2厘米，廣14.7厘米。半葉十二行，行二十字，白口，四周單邊。

隸辨卷第一

平聲上

〔東〕第一

東 尹宙碑ㅣ平相

東 北海相景君銘辨秩ㅣ衎

東 夏承碑ㅣ萊府君之孫

東 韓勑碑河ㅣ大陽

東 曹全碑陰河ㅣ安邑〔按〕說文東從日在木中碑變從木凡從木之字亦或從朩朩讀若髕與木異

東 韓勑碑陰ㅣ平陸

同 武榮碑遠近哀ㅣ

同 曹全碑ㅣ儦服德

童 婁壽碑ㅣ孩多奇

偅 張公神碑緜白鹿兮從仙ㅣ隸釋云以偅爲僮〔按〕玉篇偅章用切儱偅行不正也嚴訢碑人偅復復亦以偅爲僮諸碑從重之字或借用

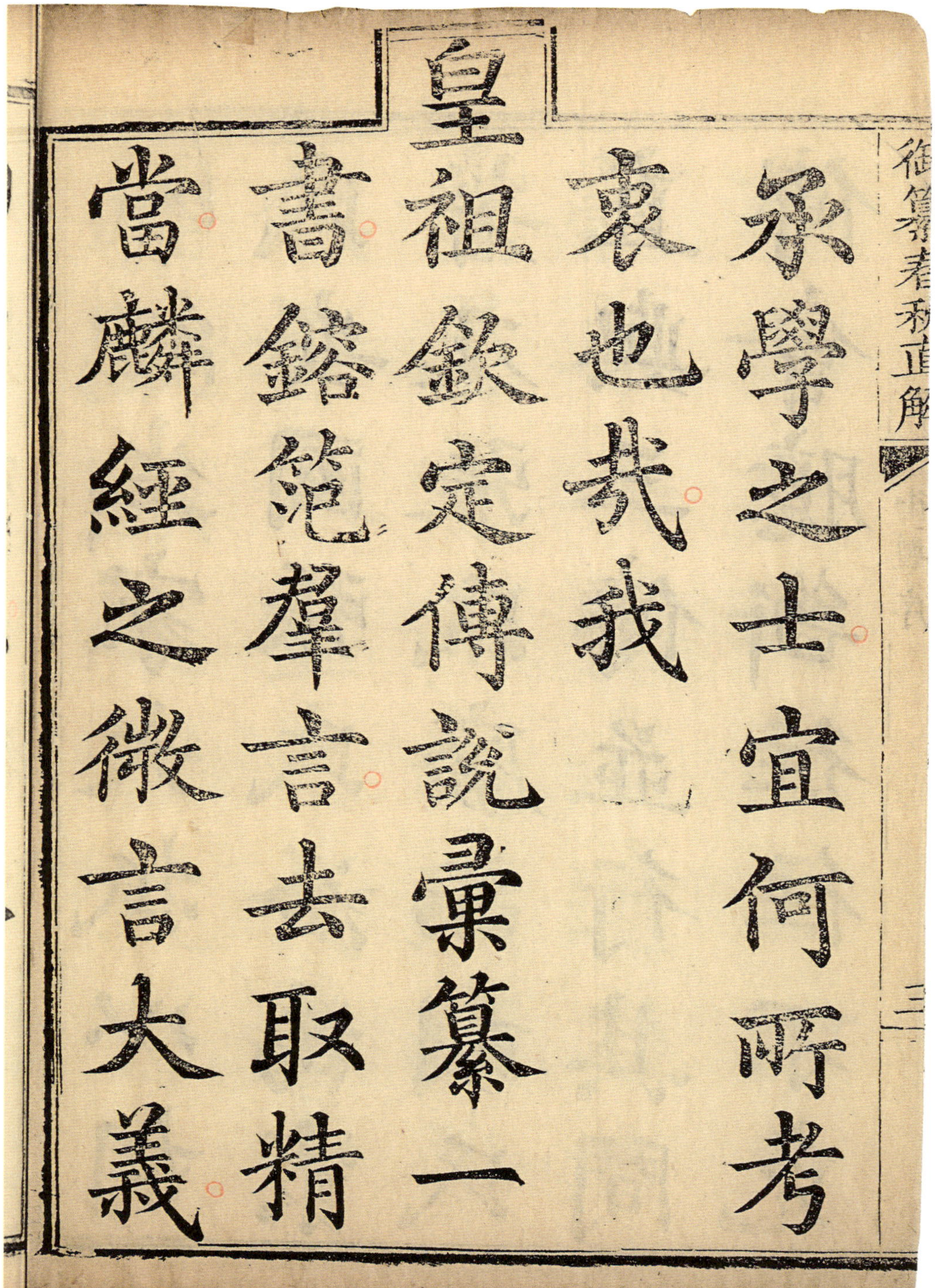

御纂春秋直解 三

承學之士宜何所考衷也其我

皇祖欽定傳說彙纂一書鎔範羣言去取精當麟經之微言大義

0154　御纂春秋直解十二卷　（清）傅恒等奉敕撰　清乾隆二十三年戊寅（1758）刻本

框高21.1厘米，廣16.2厘米。半葉八行，行二十字，白口，四周雙邊。

御纂春秋直解卷第一

春秋繼詩書也。雅亡於黍離，書終文侯之命，斯春秋作焉。託始隱公，時相接也。據時事以維王迹，而是非著，治亂具，法戒昭，使後世得以考而鑒焉。孔子之志也。

平王四十有九年 在位五十有一年，孫桓王立。己未

春秋爲尊王而作，而用魯紀年者，本魯史也。後人因以干支與天王之年冠其上，其意善矣。第經所

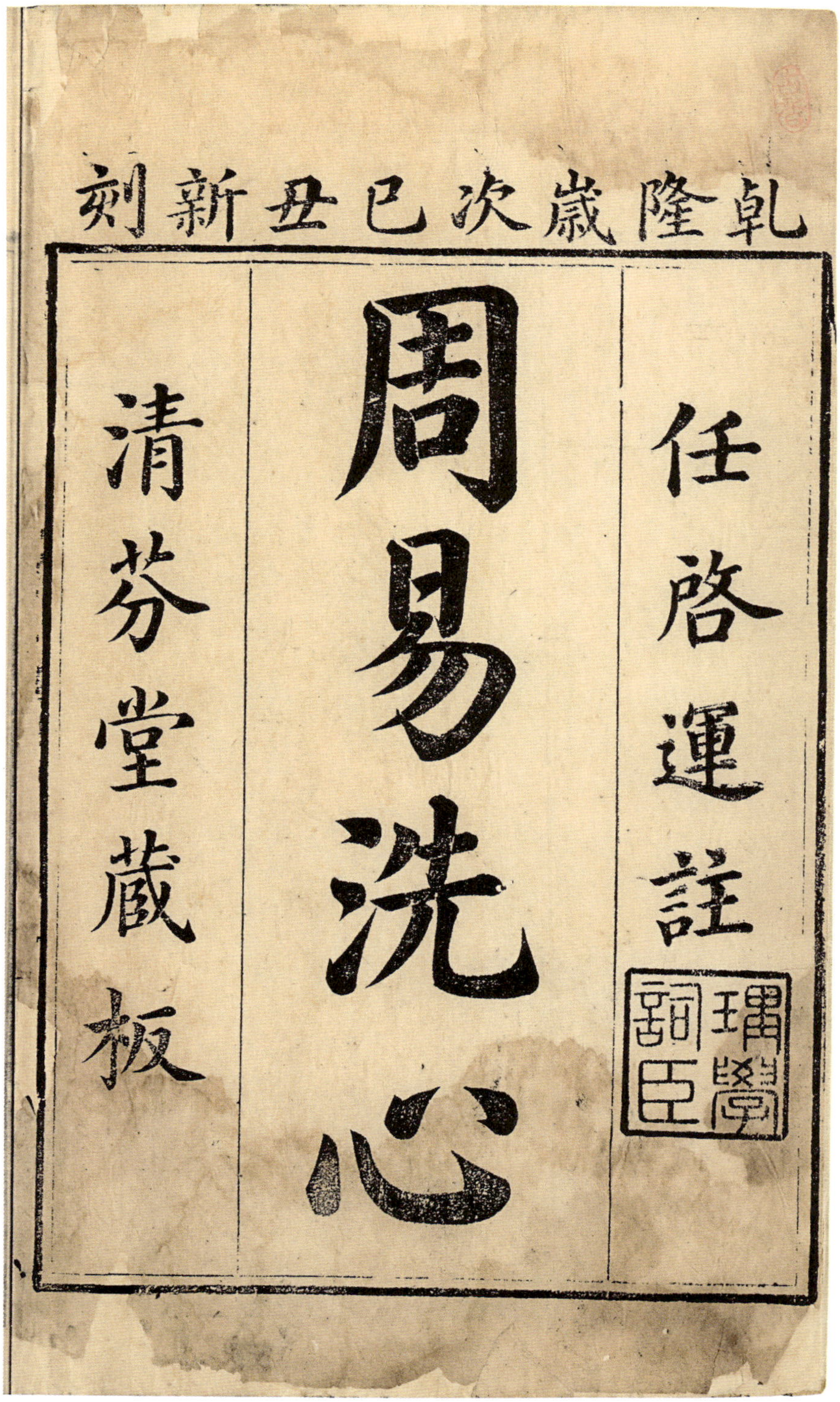

0155　周易洗心十卷　（清）任啓運注　清乾隆三十四年己丑（1769）清芬堂刻本
框高20.2厘米，廣14.3厘米。半葉八行，行二十字，小字雙行同，白口，左右雙邊。

周易洗心

圖象

河圖第一 古河圖凡點皆作旋毛形後人易之

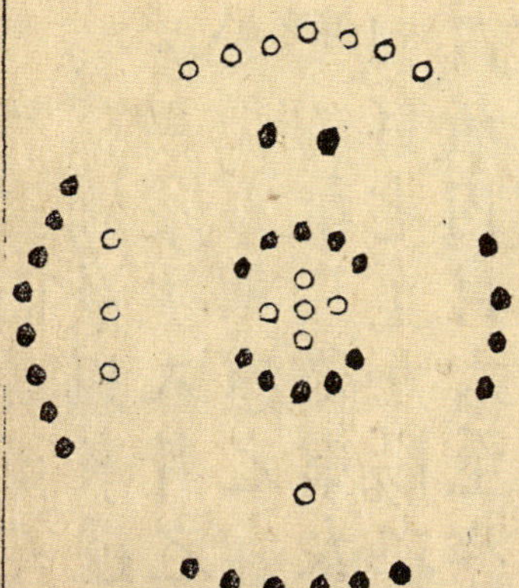

此舊圖

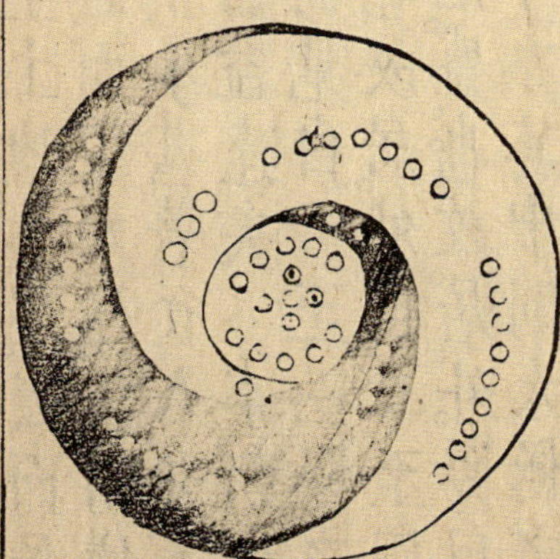

此圖本之光山胡氏

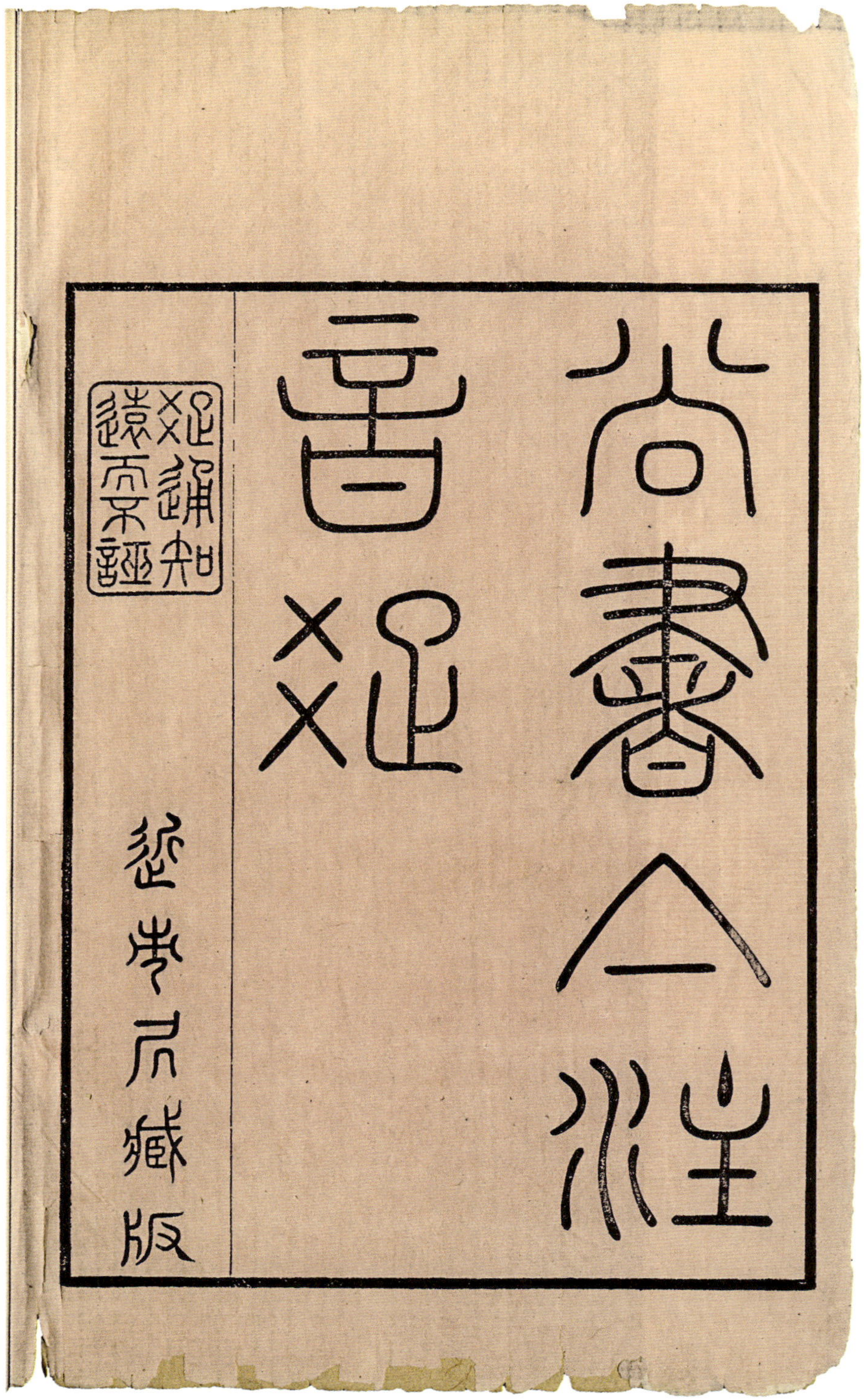

0156　尚書今註音疏十二卷末一卷　（清）江聲撰　清乾隆五十八年癸丑（1793）精刻本
框高17.7厘米，廣13.3厘米。半葉十行，行二十一字，小字雙行同，白口，左右雙邊。

堯典弟弌 古文一

疏 堯帝嚳之子帝摯之弟也帝嚳崩帝摯立摯崩帝堯立典經也常也灋也言經常之道可爲天下後世之常灋也說文解字云典从冊在丌上尊閣之也一曰典大冊也莊都說弟次弟也字不从竹俗書从竹于上非也云弟一者百篇之次此篇于百篇爲弟一也

虞夏書弌

疏 虞者舜有天下之號夏者禹有天下之號也今合言虞夏書者以類緈書正義云馬鄭王本及別錄皆題曰虞夏書以其從虞夏書者堯典至胤征二十篇之大名堯典者當篇之小號今得大名在小號之下者小號各自其篇當題于上大名則識其篇之時後纏得于下古書體例皆然儀禮則士冠禮在上儀禮在下毛詩則周南關睢在上毛詩國風在下詩正義云鄭注三禮周易中候尚書皆大名在下孔安國馬季長盧植王肅之徒其所注者莫不盡然聲案史漢三國等書亦皆如是自宋人注書必大名在上小號在下非古也

尚書

疏 說文禾部引尚書曰稘三百有六旬心部引尚書曰五品不遜則古者曰堯典爲尚書尚書者堯有天下之號故堯典謂之尚書上綜

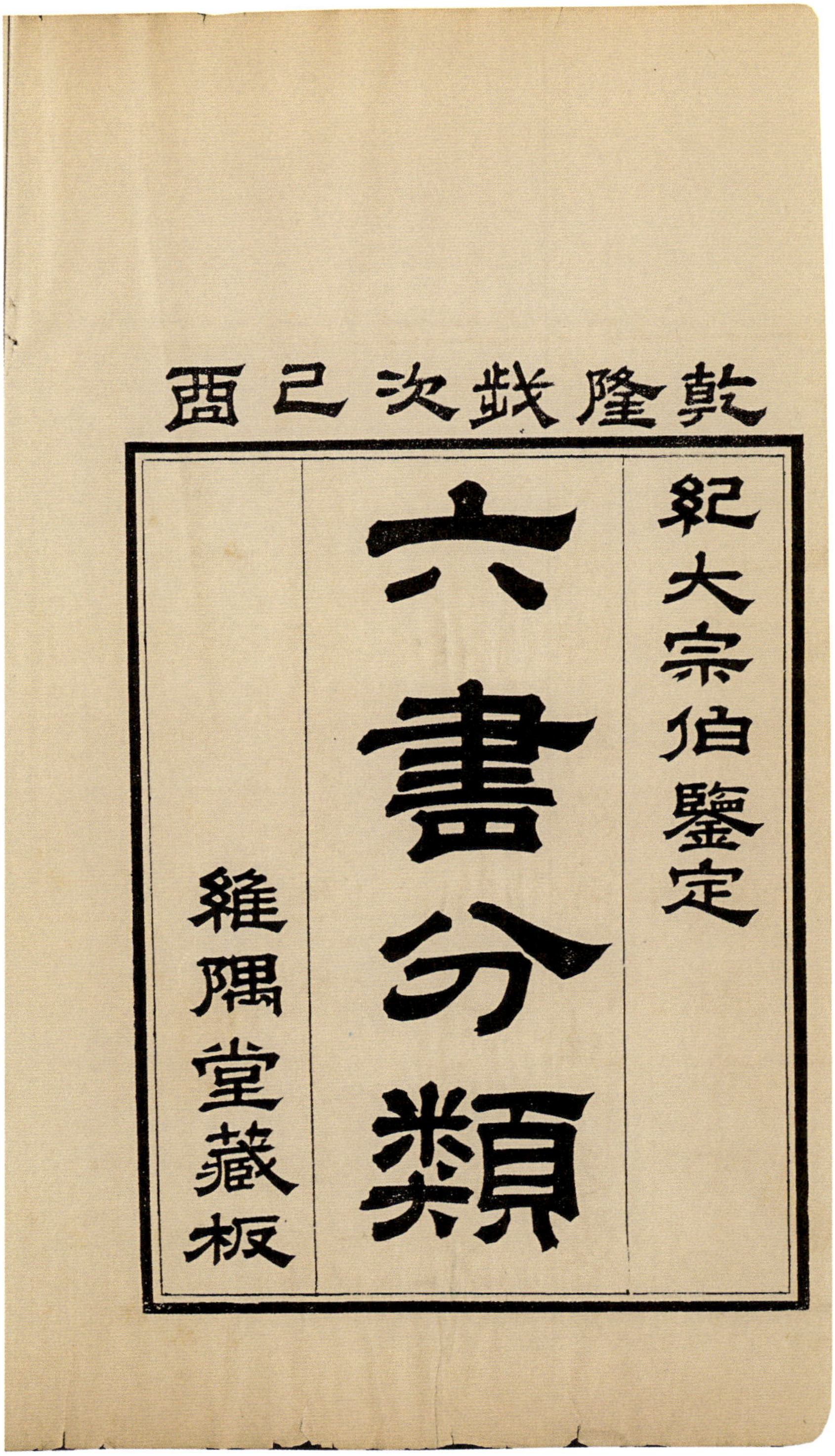
乾隆歲次己酉

紀大宗伯鑒定

六書分類

維隅堂藏板

0157　六書分類十二卷卷首一卷　（清）傅世垚撰　清乾隆五十四年己酉（1789）維隅堂刻本
框高19.7厘米，廣14厘米。半葉八行，行二十七字，小字雙行同，白口，四周單邊。

六書分類辨疑

汝南傅世垚叅論

一 丨 丿 乀 厂 乀

一　伊悉切數之始也羲皇一畫闡先天之秘一爲字之大母亦爲畫之大母千變萬化皆自一而出也

丨　古本切象數之縱也上下逼也一者定體變而爲丨動以應用也是以陰陽立于奇耦之中變化行乎縱橫之內矣

丿　匹茂切自一而右戾之象左引下形若有棄而不取之意故曰撇也凡丿在右者皆从此

乀　分勿切自一而左戾之象右引下形似有拂逆其初之意故曰拂也凡乀在左者皆从此

厂　余舌切同拽象用力挖拽形自一而左斜爲勢最難故爲挖拽字也厂之在右者皆从此

乀　弋枝切同移取順流而下之形自一而右斜爲勢最順故爲遷移字乀之在左者皆从此

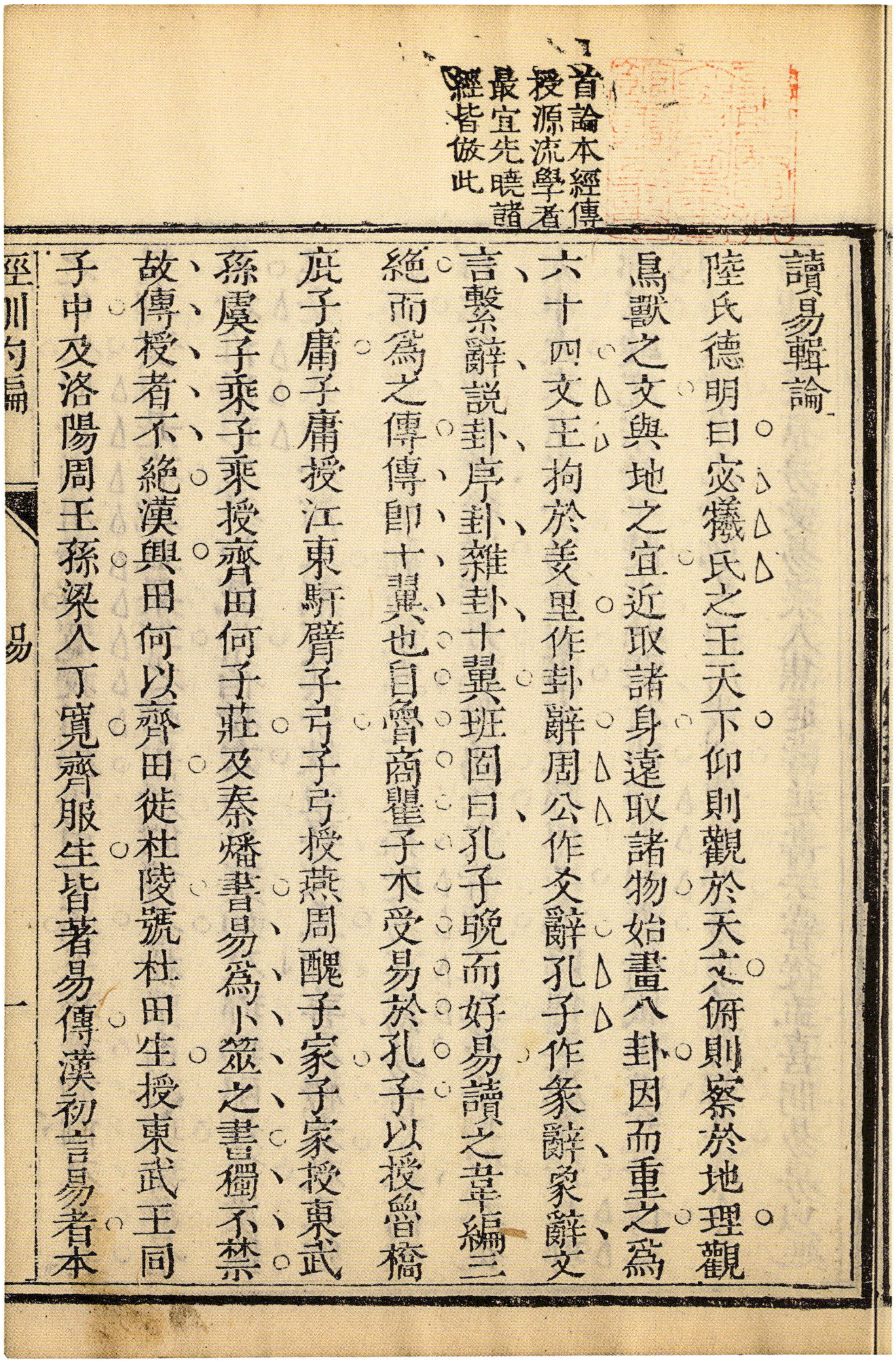

首論本經傳授源流學者最宜先曉諸經皆倣此

讀易輯論

陸氏德明曰宓犧氏之王天下仰則觀於天文俯則察於地理觀鳥獸之文與地之宜近取諸身遠取諸物始畫八卦因而重之爲六十四文王拘於羑里作卦辭周公作爻辭孔子作彖辭象辭文言繫辭說卦序卦雜卦十翼班固曰孔子晚而好易讀之韋編三絶而爲之傳傳卽十翼也自魯商瞿子木受易於孔子以授魯橋庇子庸子庸授江東馯臂子弓子弓授燕周醜子家子家授東武孫虞子乘子乘授齊田何子莊及秦燔書易爲卜筮之書獨不禁故傳授者不絶漢興田何以齊田徙杜陵號杜田生授東武王同子中及洛陽周王孫梁人丁寬齊服生皆著易傳漢初言易者本

經訓約編　易　一

0158　蘭山課業經訓約編四種　（清）盛元珍輯　清乾隆四十二年丁酉（1777）漢南書院刻本
框高20.1厘米，廣15.7厘米。半葉十行，行二十五字，白口，四周雙邊。

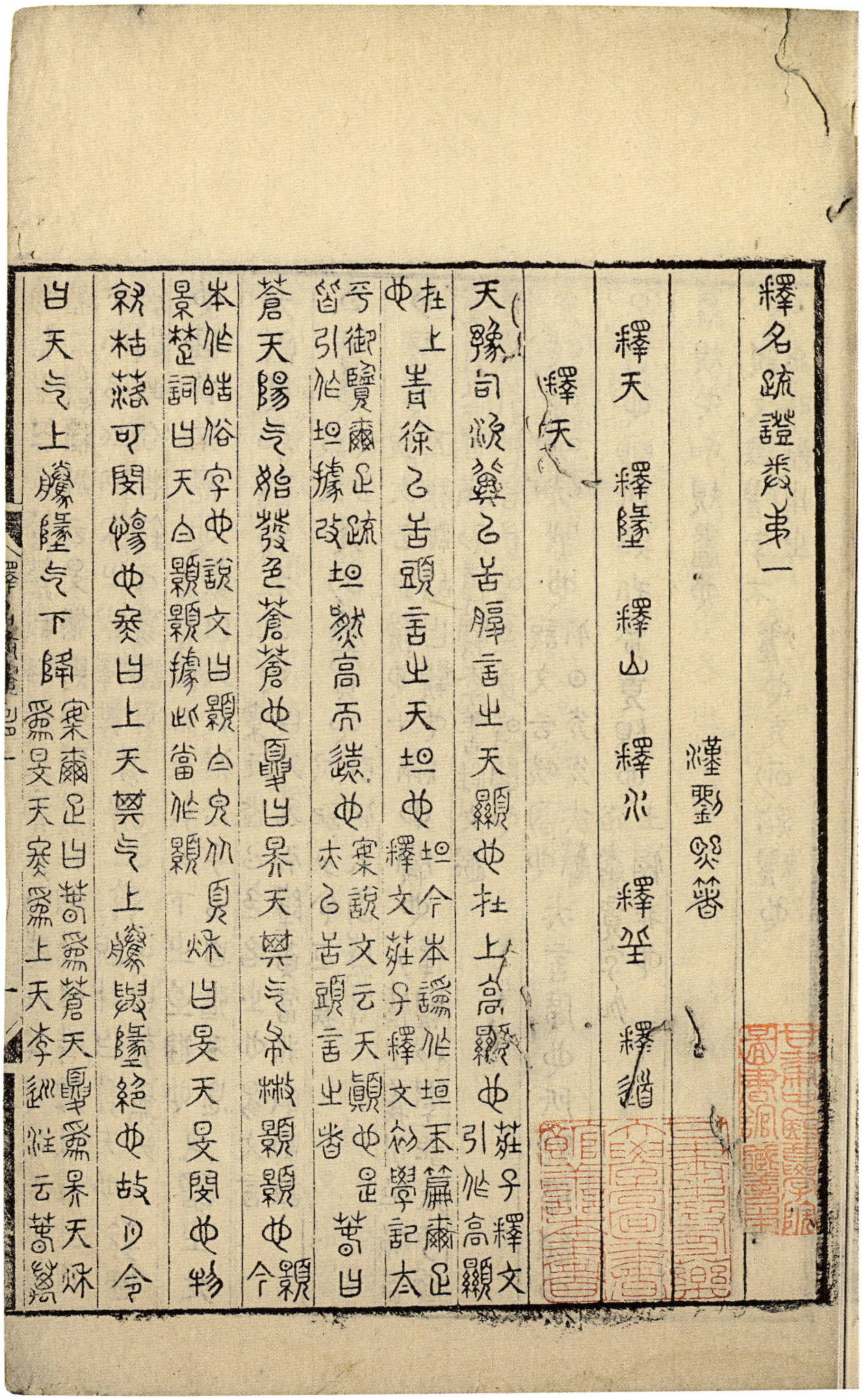
釋名疏證卷第一

漢劉熙著

釋天 釋地 釋山 釋水 釋丘 釋道

釋天

天豫司兗冀以舌腹言之天顯也在上高顯也青徐以舌頭言之天坦也坦然高而遠也

0159 釋名疏證 （清）葉德輝撰 清乾隆五十五年庚戌（1790）刻本

框高19.6厘米，廣14.8厘米。半葉十一行，行二十二字，小字雙行同，白口，四周單邊。

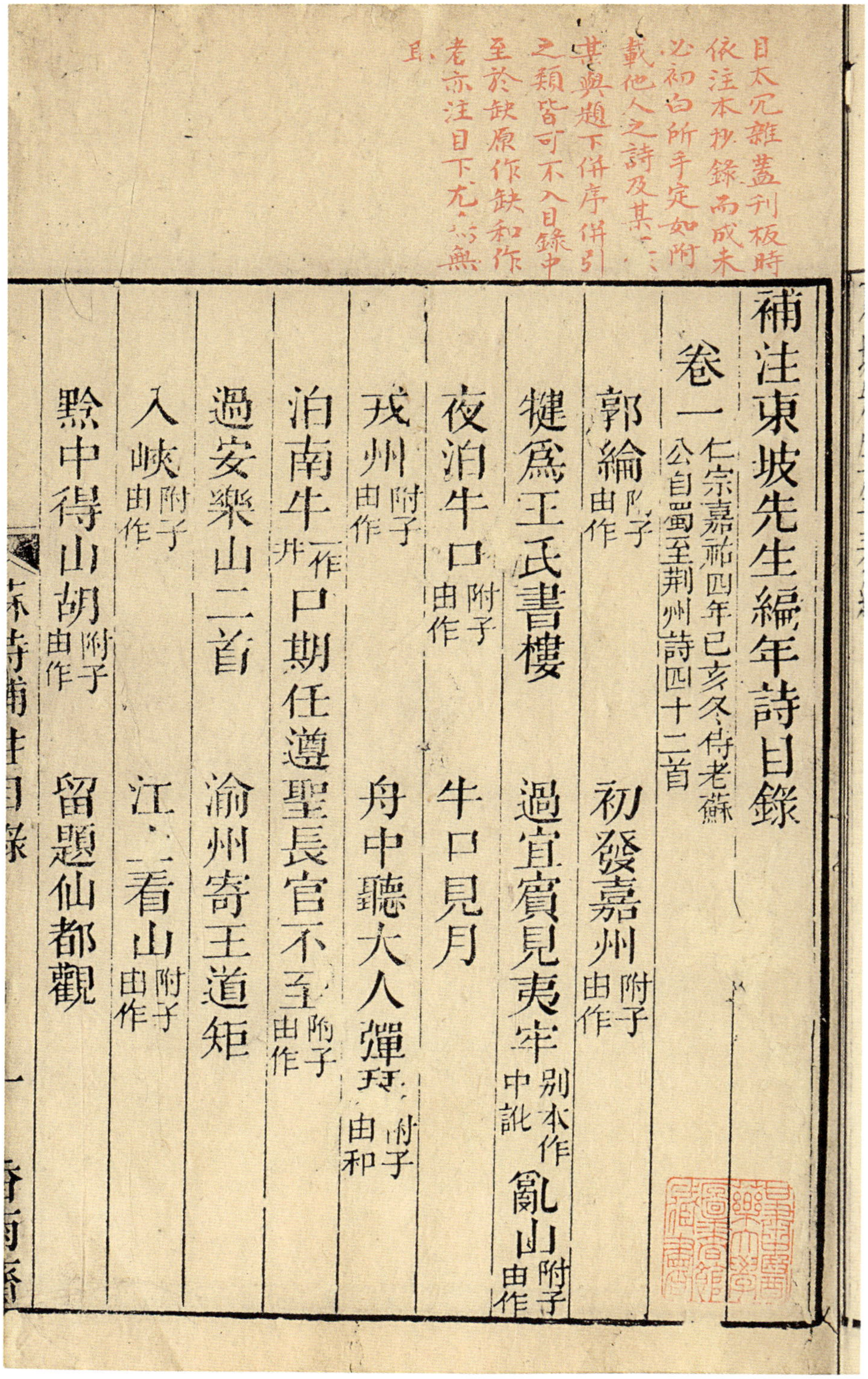
補注東坡先生編年詩目錄

卷一 仁宗嘉祐四年已亥冬侍老蘇公自蜀至荊州詩四十二首

郭綸 附子由作　初發嘉州 附子由作

犍爲王氏書樓　過宜賓見夷牢 別本作中訛　亂山 附子由作

夜泊牛口 附子由作　牛口見月

戎州 附子由作　舟中聽大人彈琴 附子由和

泊南牛一作井口期任遵聖長官不至 附子由作

過安樂山二首　渝州寄王道矩

入峽 附子由作　江上看山 附子由作

黔中得山胡 附子由作　留題仙都觀

0160　蘇詩補注五十卷　（清）查慎行著　清乾隆香雨齋刻本

框高18.4厘米，廣13.9厘米。半葉十行，行二十一字，小字雙行不等，白口，左右雙邊。

東坡先生編年詩卷一

後學查慎行補註　姪男開校刊

古今體詩四十二首仁宗嘉祐四年已亥冬侍老蘇公自蜀至荆州作

慎按南行集叙略云已亥之歲侍行適楚舟中無事凡與耳目所接者雜然有觸於中而發於咏歎蓋家君之作與弟轍之文皆在凡一百篇謂之南行集十二月十八日江陵驛書又按子由詩云初來寄荆渚魚雁賤宜客楚人重歲時爆竹聲礫礫新春始涉五田東未生麥相攜歷唐許花柳漸芽坼蓋已亥十

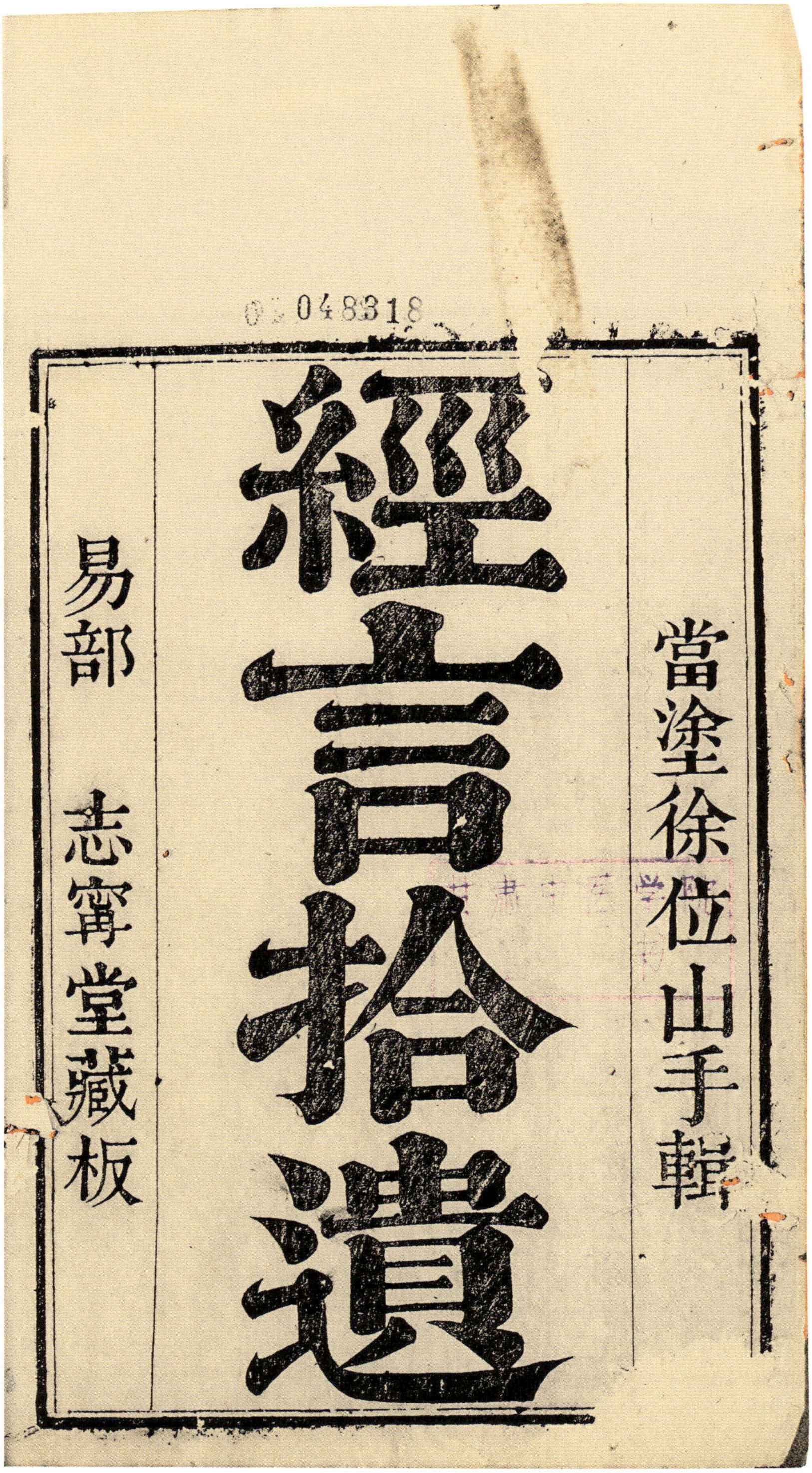
當塗徐位山手輯

經言拾遺

易部　志寗堂藏板

0161　經言拾遺十四卷　（清）徐文靖撰　清乾隆志甯堂刻本

框高18.6厘米，廣12.9厘米。半葉九行，行二十字，小字雙行同，白口，左右雙邊。

經言拾遺卷之一

當塗　徐文靖位山學

侄壻毛大鵬雲翼訂

周易卦爻上

乾元亨利貞　唐孔氏曰此乾卦本以象天何不謂之天而謂之乾者天者定體之名乾者體用之稱故說卦云乾健也言天之體以健爲用聖人作易本以教人欲使人法天之用不法天之體故名乾不名天也

靖按文王作易以明天道首曰乾元亨利貞王弼略例曰凡體具四德者則轉以勝者爲先故曰元亨利貞也邢璹注曰元爲生物之始春也亨爲合聚於物夏也利爲和諧於物秋也貞能幹濟於物

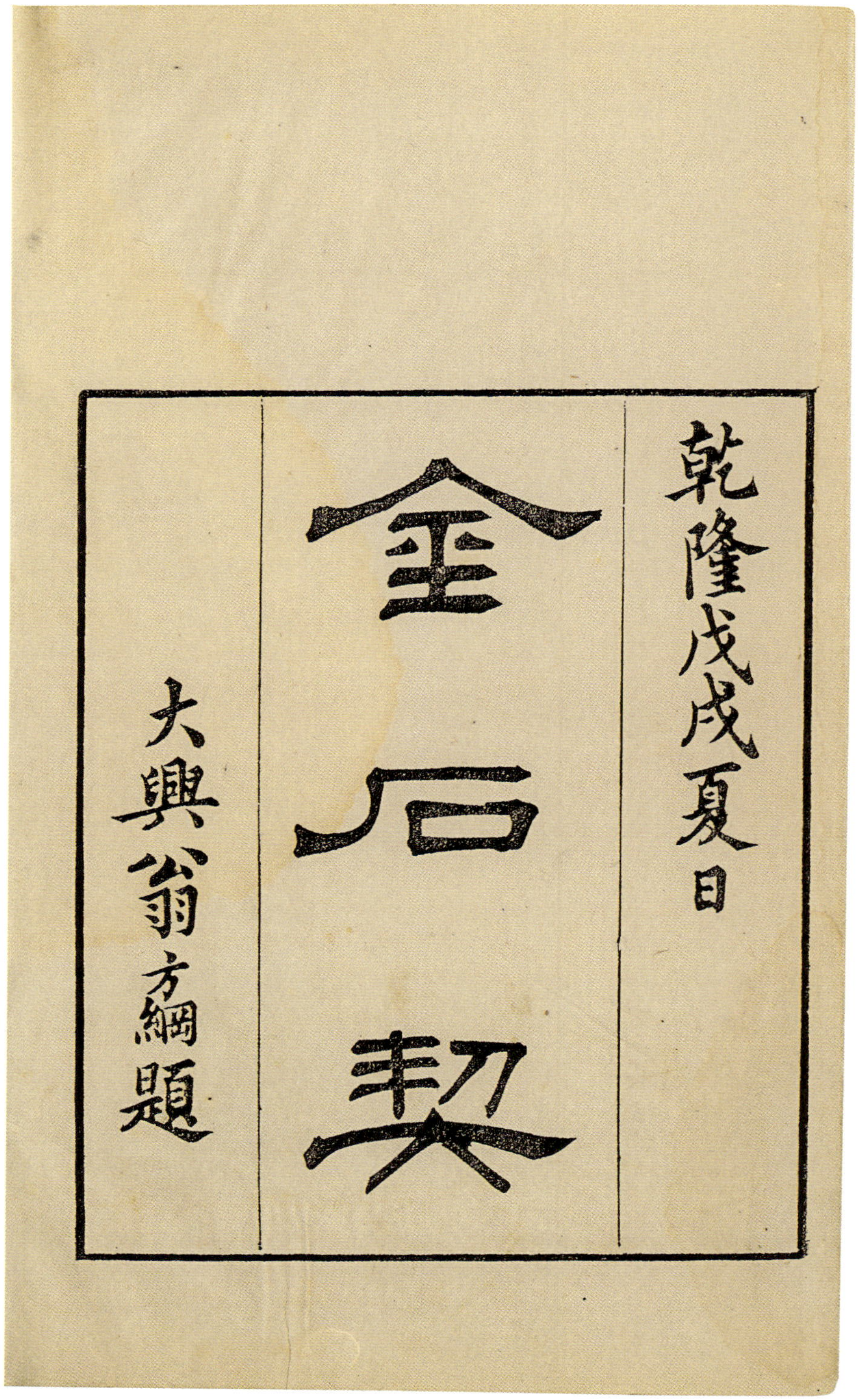

乾隆戊戌夏日

金石契

大興翁方綱題

0162　金石契不分卷　（清）張燕昌撰　清乾隆刻本

框高16.9厘米，廣14.2厘米。半葉十行，行十六字，小字雙行同，白口，四周單邊。

重定金石契

卷首

嘉興府優貢生薦舉孝廉方正加六品銜臣張燕昌恭錄

高宗純皇帝

聖製表觀錢鏐鐵券作歌

表忠觀永祀錢唐鐵券却在台州藏久聞其名未覩物秋卿同族今呈將（向曾問及刑部尚書銜錢陳羣云在台州今其族姪錢選自台州攜來陳羣即以呈覽作歌仍還之俾爲世寶）鑄鐵如瓦勒金字乾寧歲月猶存唐皇帝若曰咨爾錢鏐董昌僭僞爲

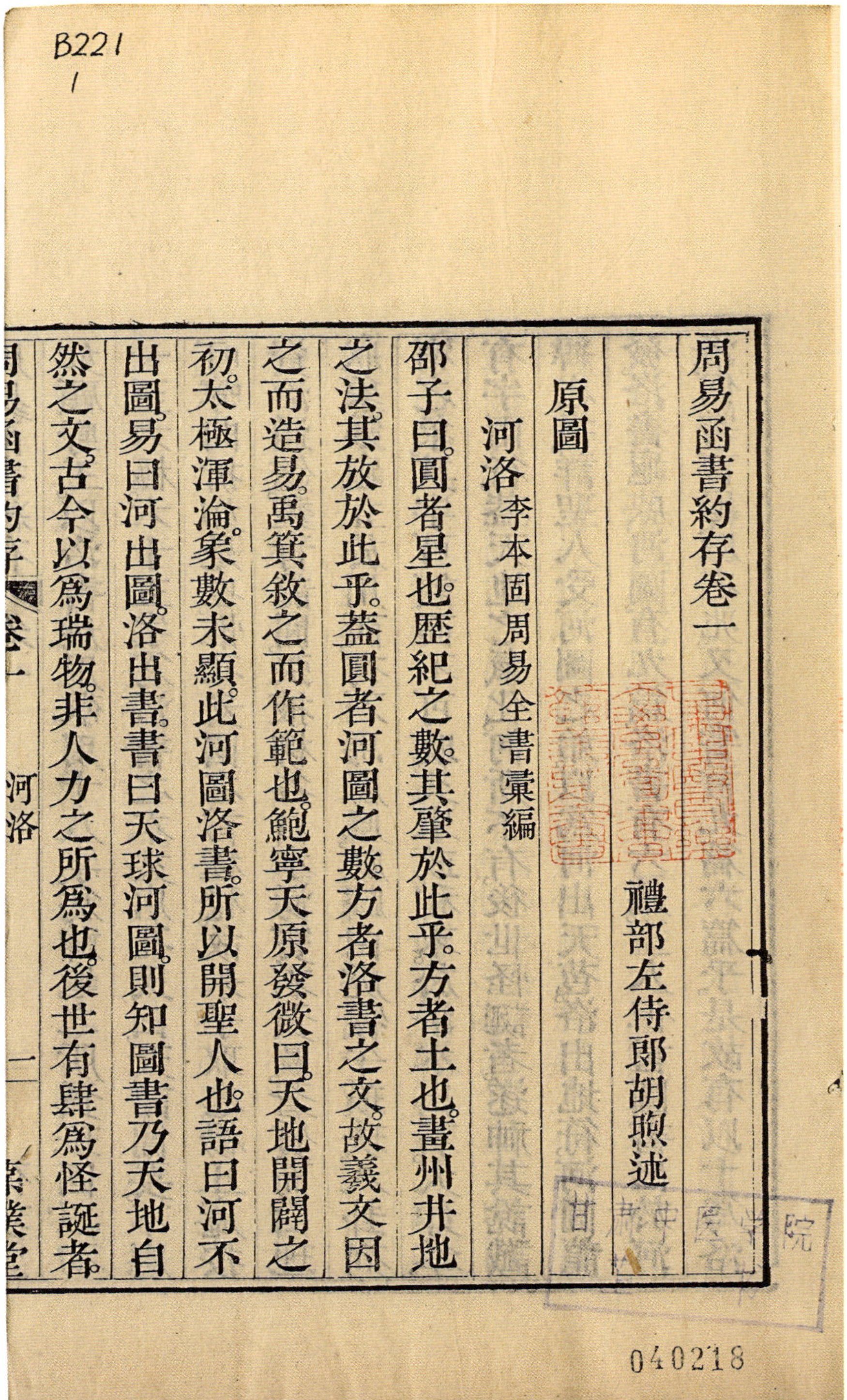
周易函書約存卷一

禮部左侍郎胡煦述

原圖

河洛 李本固周易全書彙編

邵子曰。圓者星也。歷紀之數。其肇於此乎。方者土也。畫州井地之法。其放於此乎。蓋圓者河圖之數。方者洛書之文。故羲文因之而造易。禹箕敘之而作範也。鮑寧天原發微曰。天地開闢之初。太極渾淪。象數未顯。此河圖洛書。所以開聖人也。語曰河不出圖。易曰河出圖。洛出書。書曰天球河圖。則知圖書乃天地自然之文。古今以爲瑞物。非人力之所爲也。後世有肆爲怪誕者

周易函書約存　卷一　河洛　一　葆璞堂

0163　周易函書約存　（清）胡煦撰　清乾隆葆璞堂刻本

框高18.6厘米，廣14.1厘米。半葉十行，行二十四字，小字雙行同，白口，四周雙邊。